语用新论:
语言模因论文选

A NEW UNDERSTANDING OF PRAGMATICS: SELECTED PAPERS OF MEMES AND MEMETICS

主编: 何自然 魏在江 戴仲平

上海外语教育出版社
SHANGHAI FOREIGN LANGUAGE EDUCATION PRESS

图书在版编目(CIP)数据

语用新论：语言模因论文选 / 何自然，魏在江，戴仲平主编. —上海：上海
外语教育出版社，2020
ISBN 978 - 7 - 5446 - 6555 - 1

Ⅰ.①语… Ⅱ.①何… ②魏… ③戴… Ⅲ.①语言学—研究 Ⅳ.①H0

中国版本图书馆 CIP 数据核字(2020)第 185008 号

出版发行：**上海外语教育出版社**
　　　　　（上海外国语大学内） 邮编： 200083
电　　话：021-65425300 （总机）
电子邮箱：bookinfo@sflep.com.cn
网　　址：http://www.sflep.com
责任编辑：李昱斐

印　　刷：上海信老印刷厂
开　　本：635×965　1/16　印张 29　字数 503千字
版　　次：2020 年 11 月第 1 版　2020 年 11 月第 1 次印刷
印　　数：1 100 册

书　　号：ISBN 978-7-5446-6555-1
定　　价：90.00 元

本版图书如有印装质量问题, 可向本社调换

质量服务热线：4008-213-263　电子邮箱：editorial@sflep.com

序

陈新仁

　　欣闻《语用新论：语言模因论文选》即将付梓，除了祝贺更是激动。不只是因为又一批专注于研究语言模因理论与应用问题的论文得以顺利结集出版，更不是因为其中也有自己的作品，而是因为本文集的出版代表着中国语用学人在将模因论这一国外文化理论加以本土化、进而用来观照中国语用实践方面又迈出了坚实的一步。

　　中国语用学的迅速发展是令人瞩目的，也是需要学界高人进一步引领的。自胡壮麟先生率先发表"语用学"一文（1980）、何自然先生出版国内第一部语用学教材《语用学概论》（1988）以来，中国语用学业已经历了以引介、应用为主的阶段，目前正逐步迈入以创新为主的阶段。创新之路，路在何方？如何才能走出一条创新之路？这是当下中国每位坚持"理论自信"的语用学研究者需要思考和探索的问题。窃以为，中国语用学的创新之路至少有三条：一是密切关注西方语用学主流理论的前沿发展，共同参与完善现有的西方语用学理论，在西方主流范式或框架下提出具有原创性的理论；二是借鉴日本同行的经验，本着"解放语用学"（Emancipatory Pragmatics，EP）的精神，用"文化主位观"的分析立场或"局内人"的主位视角，发掘中国本土语用文化特有的文本与阐释资源，建设中国语用学本土理论；三是将国外语用学甚至其他学科理论本土化或本地化，提出本土化的语用学理论，用来阐释中国语用实践。从国内语用学近二十年的研究局面来看，这三种创新之路上都有学者在辛勤探索着，中国语用学的国际影响力也因此与日俱增。可喜可贺！

　　很显然，由中国语用学奠基人、中国语用学研究会创始人——广东外语外贸大学何自然教授率先倡导建构的语言模因理论是中国语用学人在第三条创新之路上取得的最丰硕、最系统的成果。自 2003 年发表国内乃至全世界第一篇将模因论运用于社会语用问题研究的文章以来，何先生十数年如一日，始终专注于语言模因理论的研究与创建，发表语言模因研究文章，指导语言模因研究学位论文，组织语言模因研究小组，举办语言模因专题论坛，并终有大成——由他领衔撰写、出版的专著《语言模因理论与应用》（2014）第一次系统呈现了本土化后的、带有中国知识版权的语用学新理论,超越了零散语言与语用现象的描写阶段,进入了完整概念与话语体系的建构阶段,初步完成了对原本用于阐释文化进化现象的模因论这一异域理论进行本土化的过程。概括而言,语言模因理论创立中涉及的本土化工作体现在以下几个方面:

首先,在原有模因概念的基础上第一次提出了语言模因的概念并给予充分、明晰的界定与分类。术语"语言模因""语言模因论"已经成为中国学术话语体系的一部分。

其次,撇开模因论覆盖的其他文化现象,专门、明确将语言模因的产生、使用、传播等看作是该理论唯一的研究对象。

再次,明确将语言模因论定性为一种语言理论特别是语用理论,并与语言顺应论、关联理论等现有语用学相关理论进行有机整合,将其进一步"语用化",用来阐释语言模因的形成、传播、作用、修辞等机制。

此外,重点关注当今中国社会语境下人际交往、社会互动中带有模因性质与特点的语用现象,基于中国语用实践丰富、完善该理论。

最后,将语言模因论广泛运用到中国语境下的翻译、教学等实践领域,在发掘该理论应用空间的同时,也有效地检验了该理论的合理性和解释力。

与 2009 年出版的《语言模因研究》相比,《语用新论:语言模因论文选》明确使用了"语用新论"的字眼,这可以看作"理论自信"的一种宣示。毫无疑问,文选中收录的近年来发表的许多研究文章充分体现了异域理论中国化、本土化的突出成就。再次祝贺并期待本文选能引发新一波语言模因研究热潮!

不忘初心,方得始终。期待中国语用学理论创新之路越走越宽、越走越顺畅!

前　言

何自然

　　2003 年,我和何雪林博士在《现代外语》发表了题为"模因论与社会语用"一文;接着于 2005 年,我在《语言科学》发表了题为"语言中的模因"的另一篇文章,从语用学的角度提出"语言模因论";2007 年,承沈家煊先生相邀,我和陈新仁、谢朝群教授合作撰写了《语用三论:关联论·顺应论·模因论》,收入上海教育出版社的"西方最新语言学理论译介"丛书。这是我们从事语言模因论研究的三部开篇之作。

　　我在这里不再重提 2001 年我国学者引入 Blackmore 于 1999 年写的 *The Meme Machine*,也不涉及 1981、1988 和 2012 年我国学者译介 Dawkins 于 1976 年写的 *The Selfish Gene*,该书的第 11 章就谈到模因。以上两部经典论著早已家喻户晓。模因论最初不是专注于研究语言的,它是一种用以解释文化进化的理论,研究范围比较广,涉及社会、文化、心理、认知等领域。模因论者多从有别于基因的非生物性观点解释文化的进化,强调模因是从心智到心智之间的模仿和传递。但我们在桂诗春先生的推介下接触到模因理论之后,看到模因中信息复制和传播的特性,感觉到它对语言的使用和在使用过程中产生的变异有很强的解释力,于是我们暂且撇开模因论的其他研究角度,专门考虑它对语言使用的启发意义。我们特别关注模因论原理中信息的模仿、复制和传播,刻意从语用学的角度认识"语言模因",试图用我们对模因论的理解去研究话语信息表征的特征,从而提出"语言模因论",拓展和深化我国的语用学研究。

　　从语言学和语用学的角度研究模因论是得到国际语言学界认同的。2006 年,闻名遐迩的权威辞书《语言与语言学百科全书》(第 2 版)(*Encyclopedia of Language and Linguistics*, *Second Edition*, 2006)就已经将 meme(模因)作为正式词条入列。词条的撰写人是英国伦敦大学学院(University College London)的 G. Powell 教授。这部百科巨著曾于 1994 年出第 1 版,主编是 R. E. Asher,共 14 卷,15 年后于 2006 年出第 2 版,改由 Keith Brown 担任主编(我国顾曰国教授是该百科第 2 版荣誉编辑顾问委员会的五位成员之一),新版的内容得到广泛的更新,meme 作为新增词项正式入列表明 meme 和 memetics 理论已得到了国际语言学界的关注和认可。

除了 meme 和 memetics 被收入《语言与语言学百科全书》(第 2 版)，美国的权威词典 *Merriam-Webster* 在 2012 年就已经正式将 meme 列选为当年"十大词"之一了！这条消息表明"模因"是韦氏词典使用者整年最感兴趣或最想知道是什么意思的热词，是年度公认最具影响的活跃词。这条消息也表明，模因不但引起了我国学界和语言爱好者的兴趣，它同样也是国外同行和爱好者给予注意的单词了。

随着模因和模因论研究的深入，有越来越多的人了解模因和模因论，并通过模因论的视角审视我们社会的语用现状，探索网络语言的传播特性，研究如何从语言模因的视角看待语言学习的规律和翻译的技巧。为了"把我国的模因研究和外语教学提高到一个新的水平"，四川大学出版社于2009 年出版了一部名为《语言模因研究》的文集，主编谭占海先生从语言模因论引入我国六年间发表的有关论文中遴选出 30 多篇，汇集成册，为进一步推动语言模因论的研究和发展起到了一定的促进作用。

2014 年 10 月，我们完成了《语言模因理论与应用》一书，这是国内外第一部从理论建构和应用探讨两方面系统研究语言模因的专著。该书的出版既是对语言模因论引入中国语言研究特别是语用学研究十余年来成果的一个总结，也是对国内语言研究者今后在更多层面开展理论与应用的一种引领。在该书的发行日，我们在南京大学召开了"第一届语言模因论专题论坛"，倡导进一步开展语言模因论的研究。作为全国第一本有关语言模因理论的专著，《语言模因理论与应用》一书受到学界的广泛欢迎，让广大读者对语言模因论产生极大兴趣。该书初版已售罄多时，我们应出版社的要求，正在认真修订中，俟后将交由出版社再版发行。

相当数量与语言模因论有关的论述散见于全国有关学术刊物和学报。据知网 CNKI 提供的信息，从 2003 年至 2018 年底，我国学者在国内发表有关模因和语言模因的论文有 3 600 余篇，平均每年达 240 篇。为了进一步普及和开展语言模因研究的活动，我们在中国逻辑学会语用学专业委员会的支持下，于 2018 年 12 月在广东肇庆学院召开了"第二届语言模因论专题论坛"，给语言模因理论研究带来新的课题和思路。与此同时，《语用新论：语言模因论文选》最后定稿，且得到上海外语教育出版社的大力支持，就要和学界广大读者见面了。

在《语用新论：语言模因论文选》里，我十分高兴地看到我国学者对语言模因的研究愈发深入。本书分四大部分：模因理论总论；模因与语言；模因与教学；模因与翻译，共收论文 47 篇，是继《语言模因研究》之后另一本内容较新、论述较系统、国内引用率较高的文选。它的出版必定会引起学界对语言模因现象的广泛兴趣，从而产生更多的学术成果。同时，我们也期盼今后有更多的优秀文选出现。

目　录

模因理论总论

模 因 与 语 言

模 因 与 教 学

模 因 与 翻 译

模因理论总论

《语言模因理论与应用》序

桂诗春

　　由何自然和陈新仁教授主编的《语言模因理论与应用》即将问世①。这是一本体系完备而又组织严密的著作：它涉及语言模因的各个领域，既有理论，也有实例；用通俗易懂的语言娓娓道来，引人入胜。全书共有10章，覆盖面甚广：从模因论的提出和发展，其运作机制的产生，应用到一些具体相关领域，如触发环境、意义和理解、修饰维度、翻译、二语习得、媒体语言等均有所介绍和讨论，最后归结为"我们赖以生存的模因"，说明语言模因的重要性不容忽视。这是一本很值得向读者推荐的好书。

　　模因也好，语言模因也好，都是早已存在的一种社会文化现象，并非因为有了这样说法才产生的。我们应把它们作为有待于深化和提高的一种科学探究、一种观察问题的视野和角度；实例可不断收集，理论却非一次完成，而是随着科学技术发展日趋完善。例如模因论者一直把模因看成是一个别于基因的非生物性的文化单位，强调其从心智到心智之间的文化传递，但近年来 FOXP2 的发现和研究却显示一些先天性言语障碍患者由于 FOXP2 突变，其编码产物丧失了它作为调控因子诱导大脑神经元迁移后分化的重要功能，影响了个体言语能力的发展。作为一个言语障碍者家族（Ke 家族），FOXP2 有一定遗传关系。FOXP2 是目前发现的第一个与语言有关的基因，它虽也存在于许多动物中，但人类的FOXP2 基因是在最近 20 万年间经历一系列进化而来的。如果语言基因是存在的，那么作为文化主要内容的语言模因是否也还和基因一样，都是非生物性的呢？这是一个耐人思考的问题。

　　语言模因论源于 Dawkins 于 1976 年发表的名著《自私的基因》。它有三个历史根源：一是达尔文进化论及其自然选择的著名论述，所谓"物竞天择，适者生存"。二是 20 世纪 50 年代后发展起来的分子生物学（molecular biology），其主要研究领域包括蛋白质体系、蛋白质-核酸体系（中心是分子遗传学）和蛋白质-脂质体系（即生物膜）。达尔文在讨论到物种进化时也涉及遗传，但却和孟德尔遗传学擦肩而过，Dawkins 承认他的书"无意于全面提倡达尔文主义，而且还要探索进化论对某一特殊问题所产生的种种效果：我的目的是研究自私行为和利他行为在生物上的意义。"三是信息化时代。Lesk 在麻省理工学院为纪念 Vannenar Bush 著名文章 As we may think（《诚如所思》）发表 50 周年的讨论会上宣读了他的文章《信息检索的七个时代》（Lesk，1995），谈到上一世纪 70—80 年代是从"成人"走向"成熟"的信息时代。这正是 Dawkins 写作和发表《自私的基因》的时代背景。其特点是互联网已经建成，全文本检索已经能够在网上进行，信息的传递和交流大大加速。Dawkins（1998）不但应用信息论来分析基因的组合，而且在他介绍达尔文主义时，如在《伊甸园之河》（1995）（伊甸园河就是 DNA 河、信息河）里，均强调信息在生物学的中心地位。

任何新生事物的成长都不是一蹴而就的，而是要经过一个更新和扬弃的过程。模因论也不例外，Dawkins 在 1976 年谈到复制因子（replicators）时，还一起谈到维持其不断生存的运载工具（vehicles），但是到了 1994 年却写了一篇《埋葬运载工具》（Dawkins，1994）。文中承认他创造这个词是为了埋葬它，因为 Hull 也提出了另外一个意义大致相同的词（interactor），而运载工具往往被看成是一个有机物体，其实并非一定如此。

作为一个模因论的支持者，我最后想对模因论研究提出几个我也没有现成答案、但觉得可供思考和探索的问题：

（1）把达尔文主义引入社会和文化进化问题。Dawkins 的基因和模因的比喻是一个很好切入点，但可供研究的问题却是众多而繁复的。我们不妨看看 Aunger（2000）所主编的《文化的达尔文化主义趋向》。这本书的前言由哲学大师 Daniel Dennett 所写，同时还约请了 Susan Blackmore、David Hull、Henry Plotkin、Rosaria Conte、Kevin Laland、John Odling-Smee、Robert Boyd、Pelter Richerson、Dan Sperber、Adam Kuper、Maurice Bloch 等名家各抒已见。Blackmore 是正方的代表，其他专家也并非都是反方，而是从不同角度提出一些问题。Dennet 首先点出这本书的目的并非保证模因的繁荣，而是保证如果模因能够繁荣的话，它就应该繁荣。它的目标不是建立一个学说，而是建立其证据和方法的路标或固定点，让人们了解它的拥护者和批判者对怎样研究这个问题的一些共享知识。例如，系统生物学家 Hull 认为，模因学是一个正在开展研究的课题，应该支持，但是模因论者必须通过检测来增加其连贯性和表达方式的清晰性；要回应反对者意见，如果我们的目的是发展一种群体模因学，就要考虑对传统群体遗传学在概念上和社会文化上所进行过的修正。社会和认知语言学家 Sperber 则认为："意义不是一些可以服从和复制的东西,它只能被推断。……同一语言社区内不同成员所内在化的语法和词汇之所以相同,靠拷贝的并不多,而是更多地靠已经存在的语言、交际和概念的素质。……没有一个心理学家会相信文化学习是主要靠模仿的。实际上这个思想和所有发展心理学、发展心理学的最近发展相悖的。"心理生物学家 Plotkin 的看法是,要使模因论为社会科学家所接受并非像对文化科学自然化的碱性检测那么简单,社会科学家比生物学家更懂得文化。他们传递给我们的信息是文化是建筑在像遵守礼仪、神话起源、追求幸福、服从上帝法则、金钱市场那样的知识、信念和价值上的,并非像系鞋带和使用刀那么简单。通用达尔文主义的概念,如复制因子(replicator)和作用者(interactor),可能是模因论对了解文化一种有效方法,也是把生物科学和社会科学连接在一起的概念之桥。但模仿不是一个过程,而是一个被错误理解的机制。它对文化的复杂性并不能提供一个解释力的基础。人工智能与认知科学家 Conte 从计算机模拟技术的角度来看模因,指出模因的说法既有利于模型的建立,但也很不足,主要问题在于怎样对待模因因子(memetic agent)和对模因过程要求的看法,他认为Dawkins 的保真性、多产性、长寿性应该改为保真性(copying-fidelity)、多产性(fecundity)、稳定性(stability)或耐久性(durability)、可调节性(adjustability)、快速传递(speed transmission)、快速消亡(speed extinction)、偶然性(contingency)、垂直度(verticality)。动物行为学家 Laland 的看法是,文化是一个思想、行为、组织和人工制品相互交错地结合在一起的复合体,如果我们不能把它从概念上分解为可供分析上的离散单位,我们就难以理解文化的进化,所以模因可以是这样一个宝贵科学工具,它是一些经过学习,而又在社会上传递,储存成为离散单元,而却可以串联在一起、成为高一级的知识结构。模因虽然对我们了解文化至关重要,但是文化不是一些模因的简单集合。他从利基建设②的角度指出,模因的成功与否取决于 Dawkins 所说的保真性、多产性、长寿性,以及其"病毒性"。同时他进一步指出,病毒之所以能够传播是因为宿主的"敏感性"和促使宿主之间联系的社会环境。我们应该对模因怎样在过去进化不同阶段里,对不同环境的人进行传播有更好的认识,这样才能对文化的进化有更多理解。生态学家Robert Boyd 指出,要认识达尔文主义文化观有三点众所周知的事实:1)在人类的族群之间存在持续的文化差异;2)文化是储存在人类大脑里的信息;3)文化是派生的。达尔文主义基本点是群体思维,文化的变化是一个群体过程。它所传递的技能和信念可能不是模因论者所说的复制因子,起码不像基因那样。第二个大脑的信息和第一个大脑的信息并没有什么保证是一样的。对任何表现型的行为来说,可以有无数生成该行为的规则;如果多数人都能推导出唯一的规则,信息才能从一个大脑向另一个大脑传递。但是在人们之间存在着遗传的、文化的和发展的差异,他们很可能会从一个外显的行为推导出不同的信念。这些差异都会塑造未来的文化变化,所以复制因子的模型只能部分地反映文化进化。如果顺着达尔文的群体的思路,那么以群体为基础的模型必须考虑人类合作的问题,而合作是在族群(group)的基础上进行的。社会人类学家 Kuper 也同意族群选择,而且赞成在人文科学里引进新达尔文主义研究方案。不过模因论似不很合适,因为 1) 基因和模因的比喻有毛病;2) 如果模因指的是我们通常所说的意念或技巧,那么意念和技巧不能看成是独立倾向;3) 意念和创新可以传递,但其传递方式和基因很不一样。人类学家 Bloch 则觉得,模因的传递过程并非在被动的接受者之间进行,而且如果确有模因的话,也不是一种孤立的编码信息,不能离开社会生活而理解。它应该牵涉到特定环境里的许多内部与外部的制约。Bloch 也指出 Dawkins 让自然科学家注意到人类学家长期以来所关注的重要问题,取得丰富成果,这可以引导大家去建立人类进化的综合理论,社会和文化人类学家应该积极参与这种合作的探讨,这也正是 Dawkins 和 Dennett 所希望的。应该指出的是,独立作家 Distin 写了两本书,一本是《自私的模因》(2005),另一本是《文化的进化》(2010),后一本书附录里是她的一篇文章:《那么模因论又怎样?》。在文章里她谈到这本书完全可以用模因论来解释,但她却刻意避开模因的说法,因为这个术语受到很多批评,而且广泛地被误用,特别在互联网的许多网页上既没有定义,又含糊地使用。她的第一本书的观点虽然理论上站得住,但尚没有为社会所接受。这说明:模因的概念还有待于明确表达,并需要对一些问题进一步研究和澄清。

(2) 模因和信息的问题。Distin 故意不使用模因论语言去讨论文化的进化,而是用信息及其继承理论来把生物和文化信息集合在一个具有更大解释力的红伞下,说明人类怎样从生物进化里独立出来。那么信息和模因是否就是一回事? 这是亟待厘清的,因为什么是信息,也有不同说法。不管怎样,信息论起码能够加深我们对模因论的认识:1) 按照信息论的看法,整个宇宙和宇宙中生命体都是建筑在几率(chance)而不是偶然性(accident)的基础上的,所以信息是和不确定性相联系的。按照 Shannon和 Weaver 的模型,通信系统由信源(information source)开始,通过传递器(transmitter)把消息编码(coding),然后发出信号(signal),再经由信道(channel)而到达接收器(receiver),通过译码(decoding),把消息传递给信宿(destination)。在信道中必然会有噪音(noise)干扰,这当然会影响消息的保真性。所以要保证消息传递的正确无误,就要有羡余(redundancy)。

语言中的羡余发生在信源、消息和信宿三个地方，正好说明它们也是保真性容易出问题的地方。模因的传递也是如此，要想信宿完全无误地复制，只是例外而非规则(rule rather than exception)。所以 Atran 指出，这是对模因论可能性的一个严重挑战，不像基因，意念的拷贝是很难接近绝对保真的；在多数情况下，一个意念会在交际过程中经过某些修正。如果意念的转换速度大于保真性的复制速度，所产生的有利或不利的偏颇就不能发展复制的(遗传的)信息。达尔文式的选择就难以做到。2) 困扰着模因论者的其中一个大问题是，我们难以确定模因的单位，但信息论的信息是可以量化的，信息的测量单位是比特(bit)，一个二进制的单位。一个钱币有正反两面，如果它是无偏的，在数学上就是 2^1，即 1 个比特。信息量有可加性，而且还可以有平均信息量，即熵(entropy)。在信息论中，熵被用来衡量一个随机变量出现的期望值。它代表了在被接收之前，信号传输过程中损失的信息量，又被称为信息熵。信息熵也称信源熵。Gleick(2011)说，"信息就是熵。熵已经是一个困难的、不大为人理解的，但却是一个最奇怪、最有力的概念，它是热力学里用以测量无序的手段。"模因传递不可能都是有序的，它有许多不确定性；把信息论应用到模因论很有前景。Dawkins 在他的几本书里都对基因的"信息挑战"展开讨论，但还未延伸到模因的探讨。3) 信息论已经引领我们走入了信息革命的时代，技术革命(从复印机到互联网)大大加速了信息(也可以说模因)的传递和交流，以网络为基础的电脑和手机的 email、微博和微信，已经成为现代人的生活方式。现在已经不是信息越多越好的时代，信息爆炸造成泥沙俱下、鱼龙混杂，真正重要的信息反而淹没在一大堆无用的信息里，这就突出了信息管理和检索的重要性，而 Dawkins 所提出的长寿性就成了一个核心的问题。

（3）关于语言模因的问题，也有一些有待商榷的问题。我们可以有不同的角度：一个是从文化的角度看模因，而语言是其中之一；既然模因的单位一下难以确定，语言模因的单位是否也难以确定呢？呼啦圈(Hula Hoop)和跳舞者(dancers)本身都不是模因，但在 1958 年却疯魔了世界。跳呼啦圈成了一种时代风尚，那就成了模因。它的单位是什么，确实是讲不清。如果模因的核心不是物质世界的呼啦圈和生物世界的跳舞者，那么它们的语言载体是否就是语言模因呢？Dawkins 在谈到模因时，起初把流行语(catch-phrases)，后来又把词语(words)也算在内。但是他没有明确地说明模因是流行语或词语本身的载体，还是它们所蕴含的意义。Dennett (1995)倒是明确地指出，在文化进化中保存的和传递的是信息——在媒体中性和语言中性的意义上，所以模因主要是一种意义上的分类，而不是在"大脑语言"或"自然语言"里可以直接观察到的句法上的分类。另一个角度则是从语言学的角度来看模因，把模因纳入所讨论的语言学的一个内容，如认知语言学、历史语言学、语用学、语义学等学科里面。例如 Croft（2011）也提出相当于模因的另一概念，称为语基（lingueme），它和基因与模因一样，也有一个语基库（lingueme pool）。语基库就是一个语言所有话语的群体，即所有说话人作为一个总体的语法的全部东西。语言知识主要就是在合适的社会交际环境复制这些语基。生物进化包括两个过程：复制者（即复制因子）变异和作用者（interactor，即 vehicle）的选择，语言进化也包括这两个过程：有常规复制（normal replication）和变异复制（altered replication），其中变异复制即违背已有规约而产生变体的过程。语基的单位是话语（utterances），所以这个模型可称为话语选择理论。从语言学的角度，语义模因覆盖范围似应大大延伸，随着网络传播的速度和范围的增加，很多生拼硬凑的语言得以流传，本来词汇学就有所谓临时凑合词（nonce words），这些词应该筛选，不一定要"有闻必录"，它们本身的寿命可能会很短（例如书中所提到用"绳名"代替"生命"），倒是有些语言学常见的语言事实似应纳入讨论范围，作为例证。例如书中谈到相同信息异形传播，就不一定只举流行语为例，在句子结构方面，要谈到我的姐妹和她的自行车的所有关系，就可以说 my sister's bicycle；the bicycle of my sister；the bicycle that belongs to my sister。这三个说法不正是三个等位基因吗？还有被动语气和主动语气不也可以纳入选择范围来讨论其异同？至于每一种语言都有大量同义词，不也正是"顶尖的"（*par excellence*）等位基因？我觉得在语言学的许多领域，例如语言机能（language faculty）、习语原则、词语搭配、型式化语言（formulaic language）、语义韵（semantic prosody）、句子理解和记忆……都可以引入语言模因的概念来认识和讨论，必能发出异彩。

（4）模因是否人类独有的？这也是一个富有争议的问题。Hauser、Chomsky 和 Fitch（2002）认为语言机能可分为广义和狭义两种，而狭义语言机能则是人类独有的，其核心是递归（recursion）。无独有偶，Blackmore 在《科学美国人》（同期杂志里还登了 3 篇反方的文章）里著文《模因的力量》（2000）则认为，模因论对解释人类独有性和精致的文化和社会的兴起，十分有用，足以把人类和其他动物区分开来。但生态学家 Dugatkin 则认为其他动物也会模仿，Dawkins 在 1976 年也说过，文化传递并非人类独有的。Boyd 和 Richerson 指出，模因理论把文化变化过于简单化了。而 Plotkin 则认为 Blackmore 的建议是把文化归结为模因的集合。文化的各个方面都是通过模仿来进行的，其经过类似于从使用石器到建立银行那样复杂。不过这些文章还没有涉及一个问题：如果模因是人类独有的，所导出结论必然是：它是人脑发展的结果，由基因进化而来（生物性的），那么模因才变成基因，基因-模因的比喻也就再不存在了。

注释

① 该书于 2014 年 10 月由暨南大学出版社出版。

② 利基建设（Niche construction）是一个有机体在其中改变其自己环境的过程，这个过程经常会、但不是永远会增加其生存机会。有的生物学家认为它和自然选择同样重要。

模因论与社会语用 *

何自然　何雪林

　　20世纪的分子生物学(molecular biology)和信息科学相结合的最瞩目成果,就是基因(gene)的发现。基因被定义为传递生物信息的单位。这引发了人们认识观念上的两个转变,一是生物体内存在装载信息的实体,二是转向从基因的角度看待物种进化。物种只是基因传承繁衍的工具,在生存竞争中获胜的都是能够大量复制自身的"自私"基因。然而世界如此恢宏,包罗万象,这一切显然不能只是基因这一种复制因子的功力,特别是建立在人类经验知识基础之上的文化,不论是从历史发展的历时角度,还是各区域民族的共时角度,都曾出现过诸多一脉相承的相似现象,比如说,语言、宗教、传统风俗等,这些都是另外一种复制因子存在的有利证据。这种与基因相似而又不同的复制因子,我们称之为模因(meme)[①]。模因指的是通过模仿进行自我复制的任何实体。模仿是人类的一种重要天性。模仿理论的奠基者 Gabriel Tarde 于1890年出版了一本书,名为 *The Laws of Imitation*。在这本书中,他阐述了自己的观点,认定整个人类历史就是一部模仿的历史,是模仿得以使某一个人的发明灵感成为大家共有的财富。Tarde 的一句名言就是"Society is imitation"。

1. 模因的由来

　　1976年,牛津大学动物学家 Richard Dawkins 在其畅销著作 *The Selfish Gene*(《自私的基因》)[②]的最后一章首次提出文化传递的单位——模因(meme)。作者的这本书主要探讨基因如何通过自我复制以及相互竞争促进了生物的进化;在描述基因作为复制因子的特征的基础上,大胆构想了存在人类社会文化传递的复制因子——模因。"模因"的原词meme 在拼写上模仿了基因的原词 gene,词源上它来自希腊语词 mimeme("模仿");现在,几本主要的英语辞典都正式收录这个词,保留着源语mimeme 的根义。牛津英语词典对 meme 的解释是:An element of culture

---

　　* 本文原发表于《现代外语》2003年4月第2期。

that may be considered to be passed on by non-genetic means, esp., imitation（文化的基本单位,通过非遗传的方式、特别是模仿而得到传播）。美国韦氏辞典释义为:an idea, behavior, style, or usage that spreads from person to person within a culture（在文化领域内人与人之间散播开来的思想、行为、格调或习惯）。也有学者把 meme 定义为个人记忆中的信息单位,它能够从一个人的记忆中复制到另外一个人的记忆中去。通俗地说,它像是一种大脑的病毒(virus of the mind)(Brodie, 1996)。

模因这个概念一经产生,就引起了各学科的广泛关注。著名心理学家 Dennett(1995)就认为人的大脑就是由很多的模因构成的。1998 年 8 月在比利时召开的第 15 届国际控制论会议上,专门组织了一个为期三天的模因论研讨会。来自教育学、社会科学、管理学、神学、临床化学的专家讨论了模因的研究现状以及作为独立学科的可能性。大会达成的一致意见有三条:一是发展模因理论时,不要将模因的定义限定过窄;二是模因学作为一个学科,它的创立既要有社会科学的研究方法,也要有建模或者模拟方面的技术;三是提议建立模因分类学。

总的说来,模因定义的形成经历了两个阶段:前期模因被看作是文化遗传单位或者模仿单位,模因的类型在生活中有曲调旋律、想法思潮、时髦用语、时尚服饰、搭屋建房、器具制造等模式(Dawkins, 1976:206)。"一座教堂的建筑、仪式、规则、音乐、艺术、书写方式都是相互协作传播的模因集合。"(*ibid*.:212)至于后期,模因作为大脑里的信息单位,是存在于大脑中的一个复制因子,而在现实世界里,模因的表现型是词语、音乐、图像、服饰格调,甚至手势或脸部表情(Dawkins, 1982:109)。

2. 模因研究的不同观点

赞成模因学的学者们在研究中主要形成了以下几个流派。

2.1 信息观

这一派以 Lynch 和 Dennett 为代表,把模因看作是一种信息图式。Dennett(1990,1995)认为模因载体既存在于头脑中,也体现为物体本身。比如,车轮是一个模因,它本身可以作为仿照的样本,或者它落在一个造车轮的木匠那里,这个木匠就可以按照自己头脑中的车轮形象制造车轮。这已经不同于 Dawkins 所下的模因定义,Dawkins 只认为模因存在于人的头脑之中。

Lynch(1991)声称要建立非隐喻性的模因学,也就是说,他要用实证手段寻找模因在人大脑中的生物现实基础（biological reality）。他认为，模因是储存在大脑神经中的记忆信息元件，但是不等同于神经学中的记忆单元（mnemon），模因是记忆复制的单位。他的基本思路是：如果说两个人想法一致，这种一致性并不是面面俱到的、具体的一致，而是说这两种想法具有某种相似的实质。这个实质就是想法的复制。人们把这些类似想法连同最初的想法，在大脑中按抽象的归纳方式归入相同的集合中来。因此，在他看来，模因或许能解释大脑的这种抽象思维特征。

Lynch 针对模因信息无法量化研究这一观点，提出可以用集合来说明简单模因如何构成模因复合体。比如"惩恶扬善"这个人类道德观念可能以以下几种模因形式储存在不同人的大脑中：

模因 A：凡是邪恶的就该被消灭。　　模因 B：邪不胜正。
模因 C：人人有权捍卫自由。　　　　模因 D：以牙还牙，以眼还眼。

我们虽然不能说模因 A 比模因 B 的信息量大，但是却可以说模因 AB 复合体（即，集合 A 与集合 B 的并集）的信息量比模因 A 大。由此可推测，模因复合体可能发挥的作用也比简单模因更强烈。

不同模因之间具有相互竞争，而相似模因之间却有协调推广宣传的作用，从而有可能形成较大的模因复合体。我们试以美伊海湾战争为例来说明模因复合体的威力。美国总统布什在"9·11"事件之后的一系列公开演讲中，抛出了不少模因，例如[③]：

模因 E：“Either you are with us，or you are with the terrorists.”

模因 F：“America was targeted for attack because we're the brightest beacon for freedom and opportunity.”

模因 G：“There can be *no peace* in a world of sudden *terror*.”

模因 H：“On September the 11th，enemies of freedom committed an act of *war* against our country.”

模因 I：“Today，our nation saw *evil*，the very worst of human nature.”

这里的模因 I 用宗教色彩浓郁的"evil"给 9·11 恐怖袭击定了性，而模因 H 给那次恐怖袭击冠上了战争之名，模因 G 把 terror 和 no peace 联系在一起，更是为了突出恐怖活动是对美国开战，和模因 H 相呼应。模因 F 则是说恐怖袭击破坏了美国人民最为崇尚的生活方式——自由。布什的这些模因加入到美国人民头脑中存在的"惩恶扬善"这个人类道德模因之中，就形成了模因复合体。复合体中的这些模因在相互宣传、协调之下，让多数美国人最终接受了模因 E，空前团结地支持布什发起的对伊战争。而一些美国知识分子及某些社会团体倡导的"blame America first"模因,却没能和"惩恶扬善"人类道德模因结合起来形成复合体,他们的反战呼声最终只能作为简单模因,仅发挥了有限的影响力。

2.2 思想传染(thought contagion)观

这一派以 Gatherer(1998,2001)为代表,他反对将模因看成是储存在于大脑神经中的信息单位,而坚持模因论在出现初期所下的模因定义,即:模因是文化遗传单位或者模仿单位。他也反对把模因与其宿主分离的做法,反对将模因看作是寄居在大脑中的信息病毒,坚持每个模因都应该是一种可以直接观察到的文化现象。这类文化现象可以是具体的,比如人的行为、人工制品,也可以是抽象的,比如指令、规则、制度、社会实践。持思想传染观的这一派因为否认模因具有生物现实基础,因此反对套用遗传学的方式来解释文化的演变。他们认为生物科学已经证明基因在生物体中有对应的实体,即基因序列,但是持信息观的一派却不能证明模因在人的大脑中也有对应的实体。Gatherer(2001)比较了用这两种观点来解释温莎领结打法④的传播现象之后,认为信息观模因论无法分辨出什么时候信念(belief)被复制了。这一派的学科目的是要将模因理论发展成建立在观察和量化基础上的文化传播理论,从而有别于社会学和社会心理学的文化理论。

2.3 文化进化观

这一派把模因看作是连接生物进化和文化进化的桥梁,认为模因既有生物基础,也有文化表象。他们强调文化和生物进化相似,将文化看成是可以进化的一个系统。

进化体系形成必备的四要素	生 物 进 化	文 化 进 化
信息模式	基因编码的 DNA	模因
产生变异的方式	突变和重组	变形、合并、分裂、传递过程中的误差
选择适应性变异的规则	自然选择	自然或人为选择
复制和传递选择后的变异方式	基因型⑤	表现型

代表这一派的 Gabora(1997a,1997b)就认为模因是基因之外的第二种进化方式,它不仅能从社会角度探讨文化产物及概念的流变,而且能解

释个体的大脑里的表象是如何产生、储存、组织和表达。具有生物特征的模因得以传播,说明生物能对文化进化产生影响;反过来,文化对生物行为的影响,也说明它可以改变物种的适应性。我们可以设想,对一个原始人来说,如果他的大脑里存在一个用兽皮裹住身体御寒的模因,那么他在冰天雪地中的生存机会,比起大脑中缺少这一模因的原始人要大得多。这种模因的文化进化综合观可以推进社会科学和认知科学的研究,并可以与生物进化交织在一起(事实上,大脑的形成和发展就不应简单地看成是生物进化的结果),作为社会科学和认知科学相结合的潜在理论框架。文化进化观的研究目的是,模因论应该用以解决人们的现实经验如何变成人们头脑中的模因,并如何因此而得以丰富和取得发展。

2.4　模因符号观

对模因的研究持符号观的学者主要从人类学角度出发,希望解决模因研究在生物基础上遭遇到的困难。模因符号观的代表是美国波士顿大学生物人类学教授 Deacon。

Deacon(1999)把模因当作是一种符号,或者确切说,是一种符号载体。把模因论引入符号学,是因为模因这个概念有助于解决以往符号学理论中无法解释的难题。符号学者们一直不能满意地说明符号是如何从文化中产生、演变并不断获得丰富内涵的这一动态过程。模因论如果缺少了符号学观点,就会显出其不足:虽然模因可以看作像基因一样的信息单位,但它却没有 DNA 序列那样的图式。如果把语言符号看成是模因,那么模因不但具有了能被复制的物质外形,而且也具备了通过物质外形的复制而使信息得以传递的功能。

Deacon(1999)还阐述了符号学和模因论相结合的可能性。首先,符号学认为思想的交流就是说话人和听话人的头脑中建立起了某种暗含的象似性(iconism)。这一观点和模因论主张的思想复制类似。其次,符号学认为符号存在从象似符(icon)到指示符(index)再到象征符(symbol)的进化过程。符号和符号之间或许也存在像模因那样的复制竞争,竞争获胜的符号得以保留并流传下去。最后,模因复制虽然像个自动机(automaton),但是也不能忽略模因系统的内在影响(systemic embeddedness),类似于符号必然受制于符号之间的句法关系一样。

3. 反对模因论的意见以及模因论支持者的回应

虽然大部分学者都承认模因论对揭示文化形成的奥秘有不可低估的

作用,但是对该理论的具体操作却提出一些疑问,如模因在传递过程中的保真性问题,以及如何识别模因和模因的表现型。因为模因与模因的表现型之间的区别并不明显,远不如遗传学中基因型及其表现型(见注5)之间的区别。这就是说,人们难以分辨模因在现实中的实体,也就无法确定模因的分析单位。

反对意见里较有代表性的是关联理论的作者之一 Sperber。他在一篇反对模因文化进化观的文章(Sperber,2000)中指出:首先,模因作为文化传播理论来说,并不新颖,因为人类学者早就提出文化是以非基因的方式传播。其次,他怀疑 Dawkins 的观点,认为文化并非由模因复制。在 Sperber 看来,文化产物是不断生产出来的,文化产物之间具有按先后顺序出现的因果关系,比方说,人类社会最初使用石器,然后出现陶器、青铜器、铁器。每个特定时期,都会出现具有该时期特色的文化产物。这些都不能算作复制,因为复制品之间有时候是无法判断先后出现顺序的。再则,文化传递过程中的相对稳定性也不一定能作为复制的证据。Sperber 认为复制必须同时满足三个标准:(1)B 是由于 A 而产生;(2)B 在某些方面与 A 相似;(3)B 必须继承 A 的某些能体现它们之间有关联的特点。

Dawkins 在其著作 *The Extended Phenotype*(《扩展的表现型》)(1982)以及他为 *Blackmore* 的 *The Meme Machine*(《模因机器》[⑥])(1999)一书撰写的序言中都对模因复制保真性的问题给予了说明。他举了一个人们对演示进行模仿的例子,说明观众能够通过自我纠正推导出演示行为中的隐含指令,从而保证了模仿的保真性。比如,一名英国儿童向一名日本儿童学习如何制作一种玩具。他们彼此之间语言不通。英国儿童只能通过仔细观察才能获得制作的指令信息。这时我们可以设想,如果日本儿童不小心把锤子砸在手指上,那么这个明显的错误是不会被英国儿童模仿的。在整个学习过程中,英国儿童不会对日本儿童的一举一动都加以复制,而是推导出制作的指令信息,并对该信息进行复制。他进一步举例说,如果找来二十个儿童,首先向第一个儿童演示如何折叠中国式平底船,在他学会之后,就让他用同样的演示方式去教第二个小朋友,如此传递下去,最后会有二十只平底船。有的折得漂亮,有的难看,但都基本维持了平底船的模样。其中那些动手能力差的儿童所犯的明显错误,并不会被下一个手巧的儿童模仿。这二十只复制品和第一个儿童折叠的平底船之间的关系,完全能满足 Sperber 提出的三条复制标准。而那些折叠得漂亮或者难看的复制品,就是平底船这个模因的二十种不同的表现型。Dawkins 因而坚持认为,模因复制的保真性是相当高的,语言、宗教、传统风俗之中的代代相传、延续的准基因遗传特征(quasi-genetic inheritance)

都说明了模因传递的保真性(Dawkins，1982：xii)。

但是 Sperber 认为这个过程根本不是具有自我纠正的复制过程，而是对演示者意图的识别过程。当观众看到演示者将一张白纸的四个角向中心折叠时，观众只是假定演示者瞄准的是中心，并把最后出现的形状假定为自己熟悉的某个规则形状的非理想状态，而不会是不熟悉的某个非规则形状的理想状态。他强调指令信息无法模仿，只能推导。特别是当演示过程不是由动作而是由语言传递时，就涉及复杂的语言解码和意图推测的过程。此外，他进一步说明，在不同文化领域里，模因发挥作用的程度是不一样的，比如，学跳踢踏舞比学走路更看重模仿，学习诗歌也比学习哲学更借重模仿。他承认自然选择在文化进化之中的重要性，但是反对文化的产生是因为模因起作用的结果。

最近，对模因理论的兴趣掀起了一次新高潮。这个高潮的标志是1999 年 1 月牛津大学出版社出版了 Blackmore 的关于模因论的力作 *The Meme Machine*，该书总结了此前十几年来模因论的发展，揭示了模因概念的新内涵，给模因研究注入了新活力。她的贡献体现在三个方面：首先，她将模因的概念放宽，综合了各类研究的成果，主张用模因表示任何形式的信息复制，既可以表示思想，也可以表示容纳该思想的具体的大脑结构，或者这种大脑结构产生出的行为，也可以涉及书籍、菜谱、地图、乐谱之类物品体现出来的复制现象，所有这些信息都可以用模因来表示。Blackmore 的模因论，除了以生物进化论和因子复制论作基础之外，还设想模因具有流变的物质外形，可观察到其行为和产物。其次，她具体提出了模因的两种复制和传递方式，即对结果复制的传递和对指令复制的传递。这在很大程度上消除了人们对模因传递保真性的质疑。最后，她用模因论来解释宗教、大脑、语言、利他、自我等现象，其中不乏精彩的论说。比如，她提出基因和模因相结合的文化进化观点，认为模因的传播受到基因自然选择的制约，模因是基因的"奴隶"，它的繁荣是为了帮助基因的增生。再如，用模因的观点解释"自我"(self)的形成。她指出，性别平等这个观念本来是很抽象的，但是它一旦和"自我"这个模因联系起来，就形成"我相信性别平等"。这样，原来的"性别平等"这个抽象观念如今变得具体而且有分量了，因为"我"会起来捍卫这个观念，"我"会同朋友进行争论，"我"会表达"我"的意见，甚至"我"会为"我"的性别平等而上街游行。这样一来，很多简单的抽象观点，和语言中的"我"相结合，其表达形式就成为"我相信""我希望""我想"，原本存在于文化思想领域中的抽象观念，在"我"的大脑中复制，成为一个模因。而这类模因相互集结，形成了"自我"这个强大的模因复合体。

模因论除了上述这些新发展之外,目前又出现有关模因的实证研究。Sussex 大学的 Marsden(2001)做了一项模因的实验研究,调查"自杀"是否会像模因那样传染。参加实验的志愿者被分成两组,阅读同样的一份有关一位大学生产生了心理压力的文章,然后判断该学生是否会自杀。两组受试不同之处是,一个实验组被告知这是有关学生自杀的调查,而另一组则被告知这是一项有关学生压力的调查。实验的结果是,在事先被灌输了自杀概念的实验组里,受试判定该学生自杀的可能性比另一实验组里的受试所作的判断要高出很多。有关模因的量化研究目前更多的是集中在模因基因混合进化的模式研究上。剑桥大学动物系的 Kendal 和 Laland(2000)为模因进化建立了可行的数学模型。

4. 语言中的模因现象

综合以上所述,我们可以得出有关模因论的几点认识:(1)模因以模仿为基础;(2)模因是信息传递的单位;(3)模因会像病毒那样到处传染;(4)模因和基因一起,相辅相成,成为进化的驱动力。

自从模因论出现以来,人们已经不限于只讨论模因论的定义。有很多学者开始用模因论解释社会文化领域的各种现象,比如,精神病病因,同性恋的社会禁忌,建筑中的现代主义风格,科学生态学等等(Preti and Miotto,1997;Gatherer,2001;Salingaros and Mikiten,2002;Blute,2002),但是语言学界却对模因论没什么反响。我们认为,语言既是文化传播的主要载体,也是一种显著的文化现象,模因论在语言研究中大有用武之地,它在语言的社会演化和语言交际中所起的作用更值得我们注意。

4.1 语言模因中的仿制

语言的生物属性是 Chomsky 语言观带给语言学界的新认识,他认为人的语言知识是由大脑中的某种机制决定,而这种机制是人与生俱来的,并在人的一代与一代之间遗传。语言成为人和动物之间的种属差别之一,被视作人的本能(Pinker,1994)。Chomsky 的这种语言观可以说假定了语言起源的基因属性,在此基础之上,有些语言学者做了不少有关语法基因(grammar gene)的研究(Gopnik,1990;Bishop,1996)。在语言演化过程中,他肯定了后天经验的重要作用,但他只是提到语言环境的"触发效果"(triggering effect)和"成型效果"(shaping effect),并未具体说明语言知识是怎样丰富成熟起来的。

Chomsky 的理论强调了人的语言创造性,但是他没有说明这种创造性在最后形成规范的社会语言体系之中起了什么作用。个体创造的新词是通过什么样的方式成为群体使用的词汇呢？Kripke(1979)在分析了语言中存在说话人指称(speaker reference)和语义指称(semantic reference)的区别之后，认为这种区分不仅有助于分清语义含糊，而且有可能在此基础上构建语言的历时演化理论。这种从说话人指称到语义指称的过程，是个体词语社会化的过程，只能表现为一种进化。问题是在这个过程中什么样的力量在起作用？是模因。模因的信息传递并不像基因那样求数字化的精确，它只求模仿。不过模仿得再像，也始终是赝品，偏差是必然的。每种新的语言表达方式都存在被模仿的可能(语言中的模仿和语言形式分不开，为了将语言的模仿与行为的模仿区别开来，我们下面特意将语言的模仿称为语言的仿制⑦)，在汉语中我们就能发现大量和仿制有关的现象。虽然这些仿制现象有的出现在短语层次，有的在句子层次，有的甚至在篇章层次，但是我们不按照结构语言学的语法单位将它们归类，而是从仿制方式上分类。汉语中的仿制大致有以下几种：

（1）**引用**：直接引用，不做任何改动，相当于直接引语。各类文章出现的引文，以及日常交谈引用的名人名言，或者听话人重复说话人的话都属于这类仿制。比如，朱镕基前总理在当年的任职演说中，复制了三国蜀汉丞相诸葛亮的"鞠躬尽瘁，死而后已"来表达自己也会像那位古代丞相一样尽忠国事。

（2）**移植**：形式上没有变化，但是使用的语境变了，成为换喻。很多词语在使用时意义发生了变化，这都是移植的结果。

比如，现代汉语中无人不知道空气的意思，但是宋朝苏东坡在《龙虎铅汞论》里说的"仍以空气送至丹田"，则指道教的元气。网络语言中的"青蛙"和"恐龙"分别指相貌不佳的男女。

（3）**嫁接**：结构没有变化，但其中的关键词语变成了同音异义词，这是一种情况。比如广告中的伪成语"一明（鸣）惊人"（眼药广告）、"有痔（恃）无恐"（治痔疮的药物广告）等。另一种情况是形式意义都没有变化，但嫁接于不同地方导致产生不同的联想。如某百货商店挂出的招牌写着"难以抗拒的诱惑"。还有一种情况是在结构形式不变的情况下内容完全作了改变，由另外的词语所取代。这在网页的某些搞笑版面中最常见。比如，有人按照学习律诗对仗的启蒙课本的形式，旧瓶装新酒般杜撰一些朗朗悦耳的"顺口溜"，使人忍俊不禁："天对地，虚对实，鼠标对水泥。泡沫对干粉，昏招对臭棋。月皎皎，日迟迟，上火对着急"（转自光明网）。

（4）**词语变形**：复制了发音，但是字形改变，和嫁接不同的是变形词语的意义最终还是要回溯到原来词语表达的意义。比如，网络语言中的斑竹(版主——网页版面的主持人)、DD(弟弟)、JJ(姐姐)、7456(气死我了)、8147(不要生气)等。

汉语在体裁上的模因复制现象更多。诗词歌赋,杂曲散文,骈文八股,在历朝历代的文人作品中,都可以见到相似的影子。甚至汉字的发展,也和复制现象密切相关,复杂的字形中有简单字体的重构。这一切都说明仿制对于汉字,汉语,汉语文化的形成和发展发挥着重要的作用。一般说来,用模因论这种进化论观点解释个体词语的社会化过程,也能说明为什么有的个体词语最终消失了,而没有成为大众词汇,因为这些词语模因存在激烈竞争,显然更利于仿制的模因获胜了。我们可以从术语翻译名称的淘汰与保留说起。对术语的翻译通常采用两种复制方式,一是直接对声音拷贝,另一种是对意思拷贝。因此,一个外来术语往往有好几个翻译名称,经过竞争选择,有的译名渐渐被人淡忘。有人就曾利用模因论研究各种化学术语译名之间激烈的生存竞争(Blackmore,1999:185)。不仅翻译术语如此,汉语的韵律形式也在承受考验。现在能做像样律诗的文人已不多见,更鲜有善填辞赋的人。不过,另一方面,产生于唐代、不拘泥于平仄韵律的民俗"打油诗"却不断地得到复制翻新,尤其在当今网络时代更为流行,很多街传巷议的话都是以顺口溜的形式流传着。

4.2　交际中的"感染"

Blackmore 在 *The Meme Machine*(1999)中提到一个有趣的问题:为什么在地球各物种之中,只有人才使用语言?我们设想有两个新出生的婴儿,如果一个在狼群中长大,与狼为伍,他不讲话一点不奇怪;但是另一个在人类社会中竟然也是不说话的孩子,(在没有自闭症的前提下)那就让人太奇怪了。说话的一个很重要的功能是交际,维持自我和他人的关系。大家聚在一起,不说话的情况简直不可想象,而且避免沉默也成了交谈原则,比如,大部分美国中产阶级人士在交谈中奉行"No gap, no overlap"原则。一旦交谈中出现冷场,其中一个人就开始讲一些无关紧要的事情来填补这段空白(Fasold,1993:40)。闲聊几乎是人人都会的消闲方式,这也是语言的功能之一。此外,人们就算不开口,他们身边也充满语言的媒介,比如,电视、电话、报纸、信件、传真、互联网等等。在这些滔滔不绝的言辞之中,有没有模因的作用呢?

我们认为,交际中除提及交际所指事物或表明交际意图之外,还存在信息和语言的"感染"现象(模因的表现型)。在互联网上,我们能观察到模因信息的感染和复制。信息感染的典型是连环信(chained letter)。这种电子邮件依靠两种方式进行传送,一种是令人兴奋的,许以某人某种幸运（比如邮件末尾说，如果你将这个邮件转发给若干人，多少天后，你就会看到或遇上什么奇迹）；另一种是令人沮丧不安的、发出某些虚假、威胁的信息，比如我们就曾经收过谣传说某名牌汽水毒死人、某感冒药会导致白血病等一类虚假邮件；最近还收到过按另外一种方式"感染"的电子邮件：邮件的附件是一份药方，说是为防治"非典型性肺炎"的，药方最后特别叮嘱：为了怕口传走样，请一定以文字为据，因为剂量多少，性命攸关云云。这样，收读邮件的人就会相信该处方，并原封不动地将邮件的信息进一步向外传递、扩散。互联网给模因创造大量构成信息感染的条件，比如，任何和图文有关的软件都提供复制的方便。电子信箱中设置了"转发"键。很多网站的网页底部都有一个诸如"将此页发给你的朋友"或"请添入你朋友的邮件地址"的小设置以方便人们复制。还有各种各样诱使浏览者下载的内容，如学术文献、电影、音乐、手机铃声、短信、笑话、图片，等等。

除了信息感染，交际之中还存在语言感染。语言本身的讹传也是典型的模因感染。一次春节晚会上有一个小品《英雄的母亲》，导演替母亲编了一段英雄小时候救人的故事，台词中提到"司马光砸缸"，可是扮演母亲的那位演员老把这句台词说成"司马缸砸光"，于是导演就一遍一遍地给予纠正，结果连导演自己竟然也说成了"司马缸砸光"了！我们可以设想，语言中的模因就像寄生虫找到宿主一样地传染，人们的言语交际特性为这种传染打开了方便之门。如果人们的言语交际是严格的编码和解码过程，那么只要没有干扰而且双方使用的代码（code）一致，就能保证信息传递的真实性。不过人们已经认识到言语交际还含有推理（Grice，2002），而且推理对成功的交际还很重要，因为推理只有形成语境假设，才能找到最佳关联（Sperber and Wilson，2001）。事实上，这些交际推理研究都假定了听话人和说话人的语义知识相等以及话语权力相等。现在的问题是，如果说话人的话语里出现了新词语时，情形会怎样呢？其实，不管听话人态度如何，这个新词语都会占用他的"注意力资源"（attention resource）。他或者追问新词语的意思，或者根据语境自行推导，或者按照字面意义或望文生义地作出猜测。一般说来，听话人不大可能拒绝接受这类词语。美国加州大学的 Gabora 在一篇论文（A Day in the Life of a Meme，待发表于 Philosophica 杂志）中就假设了一个新词的诞生和传播情况：有一位女大学生叫 Memela 的，被一个叫 Tony 的男生欺负了，她很生气，就对她的好朋友们说了这样一句话："Tony Testosteroni made a pass at me." Memela 故意将 testosterone（睾丸素）一词的发音稍做修改，杜撰一个类似意大利人的姓氏来作为 Tony 的姓氏（Tony 原来就是一个意大利名字），从而创造了一个新词来讽刺 Tony 对别人非礼（make a pass at sb.)的行为。此后，Tony Testosteroni 这个新创的姓名连同它代表的流氓行为也就一起传播出去了。我国在 20 世纪 60 年代"文革"期间出现很多过激过度的说法和语言文字表达方式，从新生儿取名到发言、写作都片面地讲究表面的"政治影响"。这些现象都是模因引致的语言感染。

今天，互联网上的语言感染现象也屡见不鲜。所谓网络语言⑧，其形成多亏了模因之力。网络语言的特色词语有属于我们前面提到的第(4)类语言仿制——"词语变形"的，即，对语言正规词语的声音进行拷贝。从中文发音拷贝过来的如，菌男（俊男的反语——丑男）、霉女（美女的反语——丑女）、水饺（睡觉）、斑竹（版主）、DD（弟弟）、JJ（姐姐）。从英文发音拷贝过来的如，烘焙鸡（homepage——主页）、猫（modem——调制解调器）、伊妹儿（email——电子邮件）。或者用数字模拟汉字发音，比如 94（就是）、7456（气死我了）、8147（不要生气）、1314520（一生一世我爱你）、770（亲亲你）、886（拜拜喽——再见）。此外，也有属于第(2)类语言仿制现象——"移植"的。比如，青蛙（丑男，来自"癞蛤蟆想吃天鹅肉"）、恐龙（丑女，以侏罗纪公园中难看的动物作比喻）、公鸡（公家的计算机）、偶像（呕吐对象）、天才（天生的蠢材）。互联网的语言模因特色还不只是这种通过复制创造新词语，而且每一次的个人创新将通过仿制方式传递。模仿者们不仅借用别人的仿制成品，而且还仿制他人的创意。比如新华网论坛 2002 年 3 月 28 日出的一张帖子，标题是："《大腕》经典对白又出爆笑姐妹篇！！"作者"丑男"作了如下说明："李成儒的这段独白出人意料地成为《大腕》中最出彩的一段……于是一夜之间网上便冒出了 N 个模仿版……"如果我们比较一下原台词和它那林林总总的模仿版，我们就能体会到模因的模仿、复制和传递过程（原帖过长，为省篇幅，这里只录帖子的原台词及其中三个模仿版的前 10 行供比较）：

《大腕》经典对白原台词 一定得选最好的黄金地段//雇法国设计师//建就得建最高档次的公寓//电梯直接入户//户型最小也得四百平米//什么宽带呀，光缆呀，卫星呀//能给他接的全给他接上//楼上边有花园，楼里边有游泳池//楼子里站一个英国管家//戴假发，特绅士的那种……

模因现象之一：《大腕》之泡妞版 一定得选最漂亮的女孩//特有气质的那种//泡就泡最骄傲最矜持的女孩//情书直接送到她手中//字数最少也得比资本论多八九倍//什么雀巢啊，德芙啊，梦特娇啊//能送的都给她送过去//早上递热牛奶，晚上奉鲜橙汁//包里还藏着一支玫瑰//带着水滴，特精神的那种……

模因现象之二：《大腕》之泼硫酸版 一定得是动物园嗅觉最灵敏的

畜生//还得是珍贵野兽//害就来最厉害的手段//直接用硫酸//让黑熊痛苦起来感觉特惨//什么黑熊呀,马熊呀,氢氧化钠呀//能来的全给这些动物来一遍//目标事先筛选,行动干净利索//在动物园先看好撤退路线//特职业、特麻溜的那种……

模因现象之三:《大腕》之春节联欢晚会版 一定要选最弱智的人来当导演//最好是个白痴//排就要排一出特折腾人的晚会//信号直接入户//整人怎么也得整四个小时//什么姜球球啊,小朱啊,老倪啊//能整死观众的都给他请来//观众席里有托儿,耳麦里有提示//舞台中间来一水池//有喷泉,特唬人的那种……

这种相互仿制的现象在网络上举不胜举。互联网在中国初具规模还不到几年,网络语言却已经发展到对于不常上网的人来说如读天书。中央电视台《对话》栏目宣读了一位小学生写的作文(李军,2002),内容如下:

昨天晚上,我的 GG(哥哥)带着他的"恐龙"GF(丑陋的女朋友)到我家吃饭。饭桌上,GG 的 GF 一个劲向我妈妈 PMP(拍马屁),那酱紫(样子)真是好 BT(变态),7456(气死我了),我只吃了几口饭,就到 QQ 上"打铁"(发帖子)去了。

尽管这是出自小学生的"杰作",人们仍会将这类网络语言和黑话联系在一起的。2001 年 3 至 4 月,新浪网聊天室网友们讨论了如何看待网络语言,有 383 人参与讨论,其中支持网络语言荣登大雅之堂的占67.10%,要求制止网络语言泛滥的占 14.36%,中立态度的占 18.54%。从数据上看,尽管网民并不认识网络语言中的模因现象,但它在他们心目中的地位还是相当稳固的,国家新闻出版署对报纸杂志电视等媒体的语言使用都有相应的规范,但是目前对网络语言尚无什么法规,2001 年起施行的《中华人民共和国国家通用语言文字法》也没有提及网络语言。

5. 结语

综上所述,我们认为模因论会给语言研究带来如下启示:

模因论为语言演变引入了信息复制的观点。在模因作用下,新词语得到复制,创造新词语的创意也同样得到复制,从而形成了人和语言的互动模式,因此可以说,语言中的模因具有某些符号特性,但它又是超符号的。

模因论对言语交际的研究也提供了新思路,特别是对研究网络交际时代的言语行为特征会有所启发。以往的言语交际理论侧重研究会话中的言语理解和言语策略,而忽视了言语交际中的动态特点,特别是忽视了新词语在交际中所起的模因复制与传播作用。目的论(teleology)将语法化的动因归于说话人和听话人的交谈策略和交际目的，但是这种学说是失败的，其主要原因之一是找不到语言中的证据。

　　模因论提出的语言感染和信息感染，或许能增加人们对词语语法功能转变的认识。被模因传染的词语个体数量达到一定程度，就会导致语言对社会交际产生正面或负面的影响。语言中模因的力量一旦得到认识，就须要有相应的语言政策和语言规划来引导，从外部来抑制恶意模因的自我复制，从而创造良好的语言环境。

注释

① 模因是对 meme[miːm]的汉译。目前在我国的出版物中对此术语的翻译曾出现过"拟子""觅母""谜米""仿因"。我们考察了 meme 的理论成因，并在此基础上结合该术语与"基因"的关系及其近似的发音，最后决定译为"模因"。

② 该书于1989年由牛津大学出版社再版，至今已有13种语言的译本。汉译本已于2000年作为"支点丛书"之一由吉林人民出版社出版。

③ 布什的言论均转引自 Sandra Silberstein，*War of Words*，London：Routledge，2002：18 - 28。引文中的斜体着重部分为笔者所加。

④ 温莎领结（Windsor knot），指爱德华温莎公爵（Edward, Duke of Windsor）结领带的方式：在衬衣领上将领带连绕数圈成为一个大三角形。此后仿效的人们认定此为温莎领结。

⑤ 基因型和表现型（genotype and phenotype）是丹麦遗传学家 Johnson 在1911年提出的两个遗传学方面的术语。基因型是产生表现型的内因，而表现型是基因型和环境共同作用的结果。基因型可以遗传，而表现型无法遗传。相同的基因型在不同的环境中会出现不同的表现型。Dawkins 在根据基因创造模因这个名称时，也同样借用了"表现型"这个说法，作为模因在社会中的实体。

⑥ 中文版译名为《谜米机器》，高申春、吴友军、许波译，2001年作为"支点丛书"之一由吉林人民出版社出版。

⑦ 最早研究模仿的 Thorndike 只根据行为的模仿给模仿下这样的定义："learning to do an act from seeing it done"，引自 Blackmore（1998）。

⑧ 网络语言有广义和狭义之分。广义网络语言泛指一切和网络技术或与网络使用有关的专业词语，比如：软件、登录、浏览器、网民、网吧、网虫、黑客等等。狭义网络语言则专指网民在网聊或论坛上使用的一些表现为网络字符和网络数字的语言（海中，2001），我们这里指的是后者。

参考文献

Bishop，D. V. M. A gene for grammar[J]. *The Semiotic Review of Books*，1996，7(2).

Blackmore, S. Imitation and the definition of a meme[J]. *Journal of Memetics-Evolutionary Models of Information Transmission*, 1998(2).

Blackmore, S. *The Meme Machine*[M]. Oxford: Oxford University Press, 1999.

Blute, M. The evolutionary ecology of science[J]. *Journal of Memetics-Evolutionary Models of Information Transmission*, 2002(7).

Brodie, R. *Viruses of the Mind: The New Science of the Meme*[M]. Seattle: Integral Press, 1996.

Dawkins, R. *The Selfish Gene*[M]. New York: Oxford University Press, 1976.

Dawkins, R. *The Extended Phenotype*[M]. Oxford: Oxford University Press, 1982.

Deacon, T. W. Memes as signs[J]. *The Semiotic Review of Books*, 1999(3).

Dennett, D. *Darwin's Dangerous Idea: Evolution and the Meanings of Life*[M]. London: Allen Lane Press, 1995.

Fasold, R. W. *Sociolinguistics of Language*[M]. Oxford: Blackwell, 1993.

Gabora, L. The origin and evolution of culture and creativity[J]. *Journal of Memetics-Evolutionary Models of Information Transmission*, 1997(1).

Gabora, L. Taking memes seriously[J]. *The Semiotic Review of Books*, 1997, 8(2).

Gatherer, D. Why the thought contagion metaphor is retarding the progress of memetics [J]. *Journal of Memetics-Evolutionary Models of Information Transmission*, 1998(2).

Gatherer, D. Modelling the effects of memetic taboos on genetic homosexuality[J]. *Journal of Memetics-Evolutionary Models of Information Transmission*, 2001(4).

Gopnik, M. Language and genes[J]. *The Semiotic Review of Books*, 1990, 1(2).

Grice, P. *Studies in the Way of Words*[M]. Beijing: Foreign Language Teaching and Research Press, 2002.

Kendal, J. R. and K. N. Laland. Mathematical models for memetics[J]. *Journal of Memetics-Evolutionary Models of Information Transmission*, 2000(4).

Kripke, S. Speaker's reference and semantic reference [A]. In S. Davis (ed.), *Pragmatics: A Reader*[C]. New York: Oxford University Press, 1979.

Lynch, A. Thought contagion as abstract evolution[J]. *Journal of Ideas*, 1991(2).

Marsden, P. Forefathers of memetics: Gabriel Tarde and the laws of imitation[J]. *Journal of Memetics-Evolutionary Models of Information Transmission*, 2000(4).

Marsden, P. Is suicide contagious? A case study in applied memetics[J]. *Journal of Memetics-Evolutionary Models of Information Transmission*, 2001(5).

Pinker, S. *The Language Instinct*[M]. New York: Morrow, 1994.

Preti, A. and Miotto, P. Creativity, evolution and mental illnesses[J]. *Journal of Memetics-Evolutionary Models of Information Transmission*, 1997(1).

Salingaros, N. A. and T. M. Mikiten. Darwinian processes and memes in architecture: A Memetic Theory of Modernism[J]. *Journal of Memetics-Evolutionary Models of*

Information Transmission，2002(6).

Sperber，D. An objection to the memetic approach to culture[A]. In Robert Aunger (ed.)，*Darwinizing Culture: The Status of Memetics as a Science* [C]. Oxford：Oxford University Press，2000.

Sperber，D. and D. Wilson. *Relevance: Communication and Cognition* （2nd ed.)[M]. Beijing：Foreign Language Teaching and Research Press，2001.

海　中.网络语言知多少[J].瞭望新闻周刊,2001(1).

李　军.浅谈网络语言对现代汉语的影响[J].社会科学战线,2002(6).

语言中的模因 *

何自然

1. 模因论与模因

模因论（memetics）是基于达尔文进化论的观点解释文化进化规律的一种新理论。它试图从历时和共时的视角对事物之间的普遍联系以及文化具有传承性这种本质特征的进化规律进行诠释。模因论中最核心的术语是模因（meme）。该术语是由新达尔文主义（Neo-Darwinism）倡导者Richard Dawkins 在其 1976 年所著的《自私的基因》（*The Selfish Gene*）中首次提到。它是基于基因（gene）一词仿造而来。meme 源自希腊语，意为"被模仿的东西"。我们将 meme 译成"模因"，是有意让人们联想它是一些模仿现象，是一种与基因相似的现象。基因是通过遗传而繁衍的，但模因却通过模仿而传播，是文化的基本单位。

在模因论中，模因往往被描述为"病毒"（virus），它可以感染（infect）其他人的大脑或者传染到其他人的大脑中，而一个人一旦被这种"病毒"所感染，它们就会寄生（parasitize）在他的头脑中，在往后的岁月里，这个人又会将这种"病毒"传播给其他人或者他的下一代。这种病毒会改变被传染者的行为，并同时也引起他们着力去宣扬这种行为模式。比如说，对某种事物，如标语口号、时髦用语、音乐旋律、创造发明、流行时尚等，只要有谁带个头，人们就会自觉不自觉地跟着模仿起来，并传播开去，成为"人云亦云""人为我为"的模因现象。我们说模因是思维病毒，因它从一个宿主过渡到另一个宿主，不断变化着形态，但始终保持其固有的模式。我们无法指出模因是些什么，但当我们看到某种现象出现并得到传播时，我们能够认出那是模因作用所导致。

模因定义的形成分两阶段：前期被认为是文化模仿单位，其表现型为曲调旋律、想法思潮、时髦用语、时尚服饰、搭屋建房、器具制造等模式；后期的模因被看作是大脑里的信息单位，是存在于大脑中的一个复制因子。在现实世界里，模因的表现型可以是词语、音乐、图像、服饰格调，

---

* 本文原发表于《语言科学》2005 年 11 月第 6 期。

甚至手势或脸部表情。模因只是一些思想,它本身没有明确的目标或意图,就像基因只是一种化学物质,并没有接管整个世界的计划一样。它们的共同点是:基因和模因都来自复制,而且将不断地被复制。另一位新达尔文主义者 Blackmore(1999:66)指出,当某种思想或某种信息模式出现,在它引导别人去复制它或别人对它重复传播之前,它还不算是模因。只有当这种思想或信息模式得以传播、仿制才具有模因性。总而言之,任何一个信息,只要它能够通过广义上称为"模仿"的过程而被"复制",它就可以称为模因。

模因与模因之间会相互支持,集结在一起形成一种关系密切的模因集合,这就是模因复合体。模因的表现可以是单个的模因,也可以是模因复合体,大脑里的信息内容直接得到复制和传播是模因的基因型,而信息的形式被赋予不同内容而得到横向扩散和传播的,则是无数的模因表现型。下面我们试从语言表现方面谈谈这些问题。

2. 语言模因的复制和传播

模因作为文化基因,靠复制、传播而生存,语言是它的载体之一。模因有利于语言的发展,而模因本身则靠语言得以复制和传播,可见模因与语言有着极其密切的关系。从模因论的角度看,语言模因揭示了话语流传和语言传播的规律。更进一步说,语言本身就是模因,它可以在字、词、句乃至篇章层面上表现出来。从整体看,自然语言中的模因主要是从三个方面体现的:教育和知识传授、语言本身的运用和通过信息的交际和交流。

2.1 教育和知识传授使模因得以复制和传播

Dawkins(1982:109)最初说过,模因是存储于人脑中的信息单位。后来他更进一步表明,模因自我复制的途径是从一个人的大脑复制到另一个人的大脑;从人的大脑复制到书本,又从书本传播到人的大脑,再从人的大脑传播到电脑,又从一个电脑复制到另一个电脑……(Dawkins, 1986:158)由此可见,存储于大脑中的信息是模因,而通过各种传递方式传播出去的信息也是模因;语言中的模因就是在教育和知识传授过程中表现出来的:我们从别人那里学来的单词、语句以及它们所表达的信息在交际中又复制、传播给另外的人。当这些信息在不断地复制、传播的时候,模因也就形成了。

教育和知识传播来自学校和社会。例如从学校和书本中学会的成语、隐喻,在人们日常交往中得到反复的复制和传播,这正是模因的表现;

而人们学会了某些新词语或者经历了新词语所代表的事物之后，这些词语在语用中得到复制和传播也会形成模因。2003 年初出现的一种非典型性肺炎，因其传染性强、病死率高，引起社会的极大关注。这种传染病就被简单称为"非典"或英语的 SARS，这种说法在人们交往中广泛传播，成了一个语言模因，专指这次具有某些特定病征的非典型肺炎。再如英语的 clone，意为无性繁殖，当人们学会 clone 所表达的意义，并将它译为"克隆"在汉语语用中出现之后，它便成为一种模因现象被不断地复制和传播，最终还被收进了《现代汉语规范词典》。人们不但从首先听到的"克隆羊"学会复制为"克隆文"（指抄袭）、"克隆片"（指翻拍或续拍旧的影片），而且还见到"克隆"在语言中不断被复制而形成的有趣的模因现象：

(1) ……1979 年 1 月在《湖南文学》发表"秋夜"的小说，从构思、人物、语言、情节均与 1990 年《莽原》发表的小说"遍地萤火"绝对地"克隆"！（《广州日报》1997/04/13，4 版）

(2) 尽管很多影评都大肆抨击重拍或续集的电影，都说一集不如一集。但好莱坞似乎不管那么多……疯狂克隆以往大受欢迎的各类型经典电影。（《广州日报》1999/04/03，C1 版）

人们一旦将学来的新的词语或外来词语引进自己的语言中就能满足交际、交流的需要，那些新的语言模因就会被广泛接纳和复制。

2.2　语言本身的运用促成模因的复制和传播

人们将存在于大脑中的信息模因在语用中不断重复、增减、变换、传递，或从一组旧的模因集合重组成新的模因集合，使语言的单个模因或模因复合体在使用的过程中此消彼长，通过各种媒体不断地复制和传播。例如，"保姆"在《现代汉语词典》（汉英双语 2002 年增补本）里释义为"受雇为人照管儿童或为人从事家务劳动的妇女"。这个词在日常语言中也会改称为"阿姨"，在幼儿园工作的还会称呼为"保育员""老师"，在别人家里从事家务劳动的，除了称呼"保姆""阿姨"之外，如今更尊称为"家政服务员"。但不管怎样称呼，从事这类职业的大都是妇女这一点似乎是一个不变的模因。当我们在语用中提及保姆、阿姨、幼儿园老师、家政服务员的时候，我们大脑中的储存的信息自然是女士。可是曾几何时，我们在报章中惊奇地发现很多新用法：

(3) "男阿姨"从大学来（《广州日报》1997/01/12，1 版）

(4) 胡老师是江西师范大学数学系的本科毕业生，在当地中学教了几年电脑后南来发展，1995 年成为"男阿姨"……（同上，2 版）

（5）他高高的、壮壮的，瞧上去憨厚老实。难道，他也去干家政？当男保姆？他回头冲我笑笑："怎么，不相信呀？"（《北京日报》《京华周末》1998/05/22）

上面各例中的"男阿姨""男保姆"正是语言本身运用而促成的新模因，它经过重新组合，成为新的模因变体，在人们言谈交际中不断地复制和传播着。一个鲜明的对比是，我们也见到这样的报章标题："北京幼儿园雇女保安，精通擒拿格斗又温柔可爱"（《广州日报》2004/11/07，A4版）。同幼儿园"阿姨"相反，幼儿园"保安"在人们心目中似乎都是男的；如今"女保安"出现了，说不定什么时候就会听到幼儿园小朋友说"保安阿姨"，可是，大概不会出现"女保安叔叔"吧，那样的模因必然是一个复制能力很弱的，即使偶尔出现也会很快消失。

2.3 通过交际和交流而形成的语言模因

这里说的是根据语境即兴而发、随后得到广泛复制和流传的信息。这类语言模因也有可能在跨语言和跨文化的交流中出现。一种语言模因可以通过交际和交流而在另一种语言中传播。这种现象大都从国际间商务和文化往来开始。这类跨语言、跨文化的模因传播到异族中去，其广泛程度对不同民族，甚至对同一民族不同地区的人们都有所不同。外来的语言模因一旦成为本民族语言的词汇和结构，相互间往往会出现一个为抗拒或接受而互斗的局面。例如，汉、英语码转换和混用，这个模因在当今中国社会的某个阶层中也许是乐意受用的，但这种现象还不一定能得到普遍的接受。下面是见诸报章报道的"散装英语"：

（6）Hi，你好呀！This morning 我们对你的 case 进行了 discuss，我们发现，这件事情不 make sense。所以我们不得不遗憾地告诉你：与这件事相关的所有 project 都将被 cancel 掉。（《广州日报》2004/02/20，B14 版）

记者引述说这类"散装英语"的一位自称 Lisa（丽莎）的白领人士的话（注意：中国人给自己起个洋名也是当今社会在年轻人中间广为流行的模因现象）：这"并不是我自己愿意这样［说话］的，但我们平时接触的英文资料太多了，在外企要升职上位，就要努力让自己习惯用英文进行思维，时间长了，在中国同事之间就会用这样一种方式交流……"其实，记者们也何尝不在自己的新闻报道中冒出一些英汉夹杂的东西！我们在《广州日报》里就常常见到有些记者不喜欢用汉语现成的"……对……"而爱用英语的 versus，以"… vs …"来表示；不喜欢说"不"，而爱用英语的 NO。例如出现这样的大字标题："氧吧，深圳说 NO"（《广州日报》1997/04/12，9 版）。这种不伦不类的说法并不可取，把 NO 改为"不"字不是更好吗？

可见，语码混用这类还称不上是健康的模因现象在人们自觉或不自觉的语言交流中形成、复制和传播着。

此外，同一语言在不同地域会因人们的语言习惯和对语言的态度不同而对某些语言模因表现出抗拒或接受，这对模因本身来说，就是它们是否得以实现自我复制和生存的过程。香港地区的粤方言有"质素"的说法，但在标准汉语中只说"素质""质量"，同样操粤方言的广州地区人士也只使用"素质""质量"。但在珠三角的局部地区却受了香港地区的影响，也流行着"质素"的说法，既指素质，又指质量；再如，我国内地常说的"有可能……""会……"等中性的情态词语，但在香港地区却几乎完全被一般表示褒义的"有机会……"所取代。于是就有"你有机会死去""你有机会倒霉""你有机会迟到""你有机会受伤"等与具有贬义的词语搭配，从而形成只在那个地区流行的一个特殊的语言模因，听起来感到别扭：

(7) 当你想入升降机(电梯)时升降机门正在关闭，你通常会怎样做？机电署的调查显示，百分之二十一受访者选择用手或物件阻止门关上，百分之五更会尽快冲入升降机，但市民采用这些方法，有机会被升降机门夹伤。(《明报》2000/12/23，电子版)

人们对"充电"的形象意义大都理解为补充知识，有再学习、再提高之意。但香港地区的方言里却常将"充电"理解为紧张、劳累过后为使身心、精神得到休整和恢复的行为(如旅游、户外活动等)。尽管这两个意义都被收进《现代汉语规范词典》，但作为模因现象，两个意义各自流行的地区和使用的频率都不是一样的。最近，表示再学习、接受再培训的模因在广东又出现了新的变体："补脑"。

(8) 面对五花八门的培训，不知该如何选择：广州过半白领盲目"补脑"(《广州日报》2004/12/22，9版)

另一方面，"埋单"是广东方言，它与后来才流行的"买单"意思不同，两者不宜混用①。但模因的作用，使这两个说法双双被收入《现代汉语规范词典》，被人们随意互用，在语义上甚至有扩大为"负责"的倾向。下面是这两种说法在同一张报纸、同一天刊出的不同新闻中同时出现：

(9) 第三者责任险：无过错责任谁买单！(《广州日报》2004/10/1，A22版)
(10) 42万元被冒领……冒领存款谁来埋单？(《广州日报》2004/10/1，A7版)

人们在交流中不知不觉地复制、传播的语言模因，有一些有较强的生命力，得以广泛流行，而另一些也许只是即兴地出现，昙花一现之后就消失,逐渐地甚至很快地就被人们遗忘。"空姐"指空中小姐,民航客机上的年轻女服务员。尽管现在的民航客机也有男性服务员,但"空男"一类的说法还没有成为模因被复制和传播。不过有趣的是,人们竟然从空姐的年龄差异上区分出"空姐"和"空嫂",从而以"×嫂"作为一种模因现象广为传播。这个模因经过不断复制和传递,组成新的模因复合体,形成新的集合:"空嫂"之后出现了"护嫂"(医院内专为家属护理病人的中年"陪护",多为下岗女工)、"芭嫂"(练习芭蕾舞纤体健身的中老年女学员)、"呼嫂"(电信部门聘用的中年女话务员,流行于无线电信传呼业务兴旺时期)。

人们在言语交际和交流过程中形成的类似上述的模因还有据"酒吧"复制出来的"×吧"。其中与原意稍为近似、与"喝"有关的营业性场所就有:"啤酒吧""洋酒吧"(但没有"白酒吧")、"水吧""咖啡吧""茶吧"(带西式风味的小茶馆)、"鲜果吧"(供应鲜榨果汁的地方)、"书吧"(提供饮料和图书供阅览的场所)、"网吧"(提供饮料和使用互联网供娱乐或查询信息的场所)、"露吧"(休憩喝饮料的露天地方)。此外还复制出一些营业的"吧"与"喝"无关的,例如提供自我制作工艺、劳作以自娱的场所:"陶吧""瓷吧""玻璃吧""布吧"(纺线、织布、蜡染)、"影吧""泥人吧""首饰吧"(选宝石及金银首饰)、"水车吧"(踩水车及体验农村生活);提供从事文体康乐活动的营业性场所:"乒乓吧""钢琴吧""健身吧""剑击吧""猎人吧"(模拟打猎)、"电脑吧";提供艺术观赏的便利的营业性场所:"名画吧""漫画吧""奇石吧""歌剧吧";提供社交聚会的场所:"自助吧"(吃自助餐的地方)、"新潮吧""怀旧吧""球迷吧""炒股吧"(买卖股票的地方);参与现场制作或品尝食品的地方:"巧克力吧"(现做现卖各色各样巧克力的地方)、"冰淇淋吧""西菜吧""氧吧"(提供吸氧服务的营业点)。这个语言模因的复制、传播能力较强。以"吧"开头的时尚词语(新的模因复合体)也在传播的过程中应运而生:从"(做)吧女"(在上述营业场所的女服务员)到"(演)吧戏"(在上述营业场所表演文娱节目),应有尽有。

其他一些流行的语言模因还有"板块",最初它是一个地质学术语,指地质板块论,但近年来这个模因就像"病毒"一样到处传播:炒股票的人热衷于选购某种"板块"。例如各种商业股说是"商业板块",科网股称作"科网板块",其实那只是指股票的类别罢了;房地产的促销商也凑热闹,让"板块"走进了他们的行业,他们到处宣传自己经营的商住楼地处某个什么"板块"。在广州,建筑在一条叫"华南快速干线"的高速路附近的商住楼被称为"华南板块",新机场附近的商业区及楼房叫"新机场板块",在南湖风景区一带的叫"南湖板块",沿珠江两岸矗立的商品楼宇则曰"望江板块"。"板块"作为一种模因正在不断地被复制,最近甚至看到 IT 行业也受到"板块"感染了。电视台、互联网网页就将他们节目或栏目叫"学英语板块""学电脑板块";还有"新闻板块""交通板块""手机板块",意思分别指学英语、学电脑、新闻、交通、手机栏目或版面,"板块"的说法在那些栏目和版面里其实是完全多余的。

上述这些模因有一些已具有较强的生命力,它们作为规范词语被收进了《现代汉语规范词典》,但另一些模因就不一定能得到广泛的流行和传播,它们到底有多强的生命力还有待以后观察。模因的存亡取决于它的语用功能。当词语作为模因得到广泛的应用,在交际中发挥着积极的作用时,这些模因就变得强大,并能融入这种语言中不断地进行复制和传播,反之,随着环境的变化,一些活跃不起来的模因就会逐渐消失,被人们遗忘。

3. 语言模因复制和传播的方式

Blackmore(1999:58)说过,我们还不能详细地了解模因是如何被储存和传递的,但我们已掌握足够的线索,知道如何着手这方面的研究。模因的复制不是说词语的原件与复制件从内容到形式都完全一致。语言模因在复制、传播的过程中往往与不同的语境相结合,出现新的集合,组成新的模因复合体。从模因论的角度观察,语言模因的复制和传播有基因型的"内容相同、形式各异"和表现型的"形式相同、内容各异"两种方式。

3.1 内容相同形式各异——模因基因型传播

我们说过,思想或信息模式一旦得以传播和仿制就具有模因性。表达同一信息的模因在复制和传播过程的表现形式可能一样,也可能不一样,但其内容却始终同一。同一信息可以先后在不同的语境中以不同的形式传递。Blackmore(1999:61)在分析模因进化时指出,这类以传递信息内容为主的模因储存在我们的大脑之中,可以比喻为基因型的模因。

3.1.1 相同的信息直接传递

这类信息可以在合适的场合下不改动信息内容而直接传递。它包括各种引文、口号、转述,以及日常交谈引用的名言、警句,或者重复别人的话语等。例如,复制三国时代诸葛亮的"鞠躬尽瘁,死而后已"来表达自己要像那位古人一样尽忠国事;各种口号、标语、常用套话用于合适的场合,如:"钱不是万能,但没有钱却万万不能""高高兴兴上班去,平平安安回家来""双赢""反恐"等。"文革"时期流行、如今已不再使用的模因:带强烈政治色彩的词语、口号、标语、图画等等。以上这些大都是通过引用方式将相同的信息直接复制和传递的模因。

3.1.2　相同的信息以异形传递

这也是一种以复制信息内容为主的模因,它以纵向递进的方式传播。尽管在复制过程中出现信息变异,与原始信息大相径庭,或者说信息在复制过程中出现模因的移植,但这些变化并不影响原始信息,复制出来的仍是复制前的内容。汉语在日常交际中,不同时期对同一信息有不同的说法,例如对餐厅、食肆女服务员的称呼就很典型。这个模因在不同时期曾先后以"同志""师傅"等称呼出现,也曾经尊称为"小姐"。可是由于"小姐"会引起不健康的联想而被迫放弃,于是这个模因的表现形式出现了各种各样的变异:广东有人把女服务员叫"靓女",湖北一些地方却将一首流行歌曲的内容联想在一起,把她们称为"翠花",诸如此类,不一而足。

相同信息的异形传递在汉语的网络语言中也特别流行:"青蛙""菌男"的原始信息是"丑男",前者意指丑陋的癞蛤蟆(想吃天鹅肉),后者作为"俊男"的同音反语;"恐龙""霉女"的原始信息是"丑女",前者表示"丑得像侏罗纪公园中难看的动物",后者则是"美女"的同音反语;"天才"="天生的蠢材";"灌水"=网上"发表冗长、空洞的文章";"公鸡"="公家的计算机";"偶像"="令人作呕的对象"。

网络语言的异形传递往往与原始信息的发音近似。"竹叶"这个模因从"主页"复制;"斑竹"="版主"、"水饺"="睡觉";"美眉"源于台湾腔的"妹妹"(有认为此称亦表容貌姣好之女性)。汉语在网络上会复制为汉语拼音字母缩略或用数字取代,也有按原来的英语词语音译,复制成为汉语的新词或表达一个新义:如"拍马屁"与复制的"PMP"同义,"弟弟"="DD","妹妹"="MM",email 被复制为音译的"伊妹儿",modem(调制调解器)复制为"猫","亲亲你""气死我了""不要生气"分别复制成数字"770""7456""8147"等。所有这些异形传递的模因,其原始信息也都是不变的。

3.2　形式相同内容各异——模因表现型传播

根据前人的研究成果(Cloak,1975;Dawkins,1982;Blackmore,1999)可以将复制、传播模因过程的行为表现看作是模因的表现型。这种类型的模因采用同一的表现形式,但分别按需要表达不同的内容。民谣流传到今天,其内容有些已失去现实意义,于是人们在复制这些民谣的过程中只保留其形式(字数、行数、排列方式)而换以各种新的内容反复传诵;流行歌曲保留原来曲调,但填上不同内容的歌词反复传唱等。这类以所谓"旧瓶新酒"或"移花接木"方式出现的就是横向并联传播的模因,它按需而发,形式近似,内容迥异,是模因的表现型。

3.2.1　同音异义横向嫁接

语言模因在保留原来结构的情况下,以同音异义的方式横向嫁接。例如广告中常用的伪成语,就是根据需要将其中的关键词语换成同音异义词:"一明(鸣)惊人"(眼药广告)、"有痔(恃)无恐"(治痔疮的药物广告)等。

3.2.2　同形联想嫁接

语言形式没有变化,但嫁接于不同场合导致产生不同的意义联想。如一种丰胸保健品的商业广告词说:"做女人挺好";某百货商店挂出的招牌写着"难以抗拒的诱惑",都是通过模因的联想嫁接以招徕顾客,为商品宣传。后一个例子与女色无关,实指某商品大降价、大优惠,这样故意渲染,只为引诱大家都去购买罢了。

3.2.3　同构异义横向嫁接

指语言模因的结构和形式都不变,但内容变了,为另外的词语所取代。例如,随着电视连续剧《爱你没商量》的成功播出,"……你没商量"这一表达形式很快就被复制和传播,在不同的场合出现同构异义的模因现象:除了原来的"爱你没商量"之外,流传着"宰你没商量""骗你没商量""赚你没商量""罚你没商量""套你没商量""炒你没商量""离你没商量"等模因变体。即使是一些常见的词语,一旦定格为模式,便会被到处复制、模仿,成为活跃的语言模因。例如近年来,"非常"一词的非常搭配就非常流行,它作为模因先在港台地区传播,渐渐感染到内地,被到处复制。我们有电影叫"非常爱情",有话剧叫"非常球事",有电视节目叫"非常男女""非常档案",有报纸专栏叫"非常男人",有一种饮料叫"非常可乐"(顺便说说,"可乐"成为一种定型饮料被反复复制,也是一个颇为活跃的模因:从"可口可乐""百事可乐"到"少林可乐""崂山可乐""天府可乐""健怡可乐"等等,不一而足)。

同构异义横向嫁接的模因不限于单个词语,有时是语句,甚至是整段篇章。这类模因往往别出心裁地以某个特定结构为样板套以不同的内容。下面这个同构异义模因来自互联网,按现代中国著名作家朱自清的《匆匆》[②]一文的首段句式结构仿制,但内容与之毫无关系[③]:

(11) 燕子去了,有再来的时候;杨柳枯了,有再青的时候;桃花谢了,有再开的时候。但是,聪明的,你告诉我,我们的日子为什么一去不复返呢?……(朱自清《匆匆》)

    a. 朱自清《匆匆》之电脑故障版:

        硬盘小了,有再换的时候;内存低了,有再加的时候;屏幕窄了,有再买的时候。但是,聪明的,你告诉我,为什么刚买的电脑就出现故障呢?……

    b. 朱自清《匆匆》之.com版:

        股票跌了,有再涨的时候;工作没了,有再找的时候;老婆跑了,有再娶的时候。但是,聪明的,你告诉我,我们的风险融资为什么一去不复返呢?……

4. 研究语言模因的意义

模因论在我国学界还是一个新理论,到目前为止,我们只见到高申春等译的《谜米机器》[①],即 Blackmore 著的 *The Meme Machine*(1999)的译本;互联网上还可以读到 Dawkins 的 *The Selfish Gene*(1976)的中译本:《自私的基因》(卢允中、张岱云译);此外还有数篇介绍模因论和模因的文章(何自然、何雪林,2003;韩江洪,2004;王斌,2004)。我国外语界桂诗春教授很早就提醒我们注意研究模因的问题。他给顾嘉祖、陆昇主编的《语言与文化》第二版(2002)作序时也不忘提到模因,指出模因与大脑、语言和文化三方面都有密切关系,值得我们深入探讨。此外,海外学者王士元(1991)、戴浩一(2002)等也提到模因作为人类语言的心理、社会及文化基础的问题。下面我们仅就语言与模因有关的几个方面,谈谈研究语言模因的意义。

4.1 模因与翻译

关于模因与翻译,国外谈论得最多的是 Chesterman。他通过研究,提出了"翻译模因论",把那些有关翻译本身以及翻译理论的概念或观点作为研究对象。他纵观翻译的历史,认为翻译理论进化(即理论的更迭和演变)的本身就是翻译模因(translation memes)不断复制和传播的结果(Chesterman,1996:63-71;1997:7)。他认为,有些翻译模因由于不能得到普遍接受而消亡;另一些翻译模因则流行一时而最终被新的模因集合所取代;但还有一些翻译模因却具有很强的生命力,从而得以生存和发展。Chesterman 的翻译模因论指出,在翻译模因库中存在大量的翻译模因。一方面,每一种模因既是对以前模因的复制和继承;而另一方面它也会在复制和传播的过程中产生一定的变异,在变异中求得发展。

我们说过,模因复制的结果不一定是内容前后完全相同,更非形式的等同转移。翻译模因的复制可能出现增值或删减的过程。因此,模因传播是动态的,而非静态的。根据 Chesterman 的见解,我们可以认为翻译模因库里也会有各种各样的模因基因型和模因表现型,前者意味着源语与译出语的转化是一种原信息的等值或等效的纵向传播,这里面我们可以区分出等值和等效两种模因复制形式,其中还可以区分出语义等值/等效模因和语用等值/等效模因。至于后者,翻译模因表现为信息从源语到译出语的转化过程是一种非对等的横向复制和扩散。这时的译出语尽管没有脱离模因的基因,但它的表现则是多样的,包括意译模因、节译模因、略译模因、译述模因、译评模因等等翻译模因变体。我们设想,结合模因论来研究翻译的等效论和等值论,研究翻译的变体论,这些都会加深我们对翻译模因现象的认识,从而为丰富翻译学理论作出贡献。

4.2 模因与文化

我们说过,模因作为文化的基因,通过非遗传的方式、特别是通过模仿将一些思想或主意加以传播,并代代相传下来。可见模因与文化有极其密切的关系。语言模因中的文化因素指我们无论操本族语还是外语,都带有我们受到陶冶的汉文化烙印。汉语继承了一些汉文化的特性,汉语的成语或歇后语里就有文化典故,不懂就难以得到复制和流传至今。例如(何自然,2000:358):

> (12)"……序言事我以为不必,因为足下现在创业时期,一切宜自创新义。倘使我……有权威性见解,又当别论,但我所知不如足下,装样不如藏拙,谅为足下谅解。否则沐冠于市,反为识者所笑。"

例中的"沐冠于市"源自成语"沐猴而冠",讲的是猕猴戴帽装成人样,比喻为装扮像个人物,而实际并不像。这个成语作为模因被反复复制,相传下来,有时直接以"沐猴而冠"来引用,有时又用它的变体,如"沐冠于市"。但无论如何使用,这个深具文化底蕴的语言模因,源出史记、汉书的故事,在人们的交际和交流中不断自我复制,得以世代流传。

汉语的语言模因与中国文化甚至外国文化都有着千丝万缕的联系。当代中国文化使我们觉察到下面这些说法正是传播着的语言模因:某电视剧中反映现实的一句对白"钱不是万能的,但没有钱却万万不能",其句式"……不是万能的,但没有……却万万不能"到处传播,成了形式模因而被复制成:"懂外语不是万能的,但不懂外语却万万不能";电影《红高粱》插曲中的一句"妹妹你大胆地往前走"被广泛复制,它在老学者笔下甚至成了勉励年轻人做学问的一个语言模因⑤:

(13)"……我们要向认知科学,包括认知语言学进军,这就是我们要在21世纪攀登的高峰之一。当我仰望这个高峰时,我发现赵艳芳老师已经先我一步,走在前面了……赵艳芳老师,您大胆地往前走!"

美国喜剧电影 *Sister Act* 的汉译名仿效了内涵酷似的另一部电影 *The God is Crazy*(《上帝也疯狂》),称为"修女也疯狂",内容讲修女们冲破某些宗教规条的禁忌,让一个严肃的圣诗班变成修女们乐意积极参与的、又唱又跳的流行歌曲合唱队。现在,"……也疯狂"用来泛指社会上发生某事表现出格外的热情,作为语言模因广泛传播:报章在报道爱美的老大娘们积极报名参加时装模特训练时就用了这样的一个醒目标题:"老大娘们也疯狂"。这个模因的变体"为……疯狂"也出现了:报章报道国际通信设备技术展览会上与会者对第三代数字移动通信表现出极大的热情时,用的标题就是:"北京通信展为 3G 疯狂"(《广州日报》2004/10/27"三电 e 本通",1 版)。多年来炒作得沸沸扬扬、主张学英语要大声吆喝、手舞足蹈的"疯狂英语",其实也可算是这个模因的变体,因这个名称也源于"学英语也疯狂""我为学英语而疯狂"。再如,某调查公司发布消息,说就业人士年底在"机会"与"金钱"两者选择上犹疑不决,报章竟复制了莎士比亚的名句"To be or not to be, that's the question.",以中、英语码混用的形式,加以报道:

(14)"年底跳槽:跳还是不跳,That is the question"(《广州日报》2004/11/5"求职广场",2 版)。

以上例子说明语言模因与文化的密切关系,说明只有结合文化知识来观察语言模因的表现,才能深刻地理解语言和恰当地运用语言。

4.3 模因与语言教学

语言模因能不能有助于指导我们的语言特别是外语的教学?这是我们很感兴趣的一个问题。我们认为,模因论对语言教学,特别是外语教学颇有启发。在模因论的指导下,过去一些丢弃了的、被认为不合理或不可取的传统教学模式和教学主张也许要重新作出评价,甚至要恢复和再次提倡。例如,根据模因论和语言模因复制、传播的规律,语言背诵教学不但不应放弃,而且还应大力提倡。背诵本来就是我国的传统教学模式,笔者的经验是,少儿时熟背的语言材料,不管是汉语的还是英语的,直至垂老之年仍能在大脑中复制出来,在言语交际中应用。今天,当人们过于热衷地应用分析性、启发性的语言教学法时,往往会像倒洗澡水同时把盆里的婴儿也倒掉那样,将背诵这个有效的教学手段毫不吝啬地遗弃了。

除了背诵,我们从模因论里还可以悟出模仿对语言学习的积极意义。学语言本身就是语言模因复制、传播的过程,学到手的各种语言表达手段,要靠复制来与别人交流,达到传播的目的。模仿、复制不只是百分百的"克隆",而是模因集合的重组。有一些模因保存着内容,以不同形式出现;而另一些模因则根据相同的形式放进不同的内容来扩展。因此,模因的复制和传递方式也启发我们应如何学习语言:既要学会以不同形式表达同一信息,又要学会以相同形式去套用不同的内容。在语言教学,特别是外语教学的过程中,我们要教会学生根据不同语境掌握不同的表达方式来表达相同的思想,同时还要他们学会依照英语的地道表达形式来与别人交际,交流各种各样的不同思想。

模因论使我们认识到,在语言教学中引入联想教学是启发学生活学活用语言的重要手段。例如,家喻户晓的《灵格风英语课程》(*Linguaphone English Course*)第 1 册第 8 课课文对话中有这样一句话:I don't think there's much to choose between the two, but on the whole I prefer yours. 这是比较两件事物优劣的英语表达方式之一,我们要求学生不但背下来,学会复制这个信息的各种同义结构;而且要求他们联想两个不同事物,按此结构进行比较。如用来比较两篇作文、两件物品、两种建议等等。

总之,我们深信,随着模因研究的深入,它将给语言教学带来更多的启发和帮助。

5. 结语

模因论为语言引入了信息复制的观点。在语言模因作用下,新词语得到复制,创造新词语的创意也同样得到复制,形成了人和语言的互动模式,从中可以窥探语言的变化和发展。

以往的言语交际理论侧重研究会话中的言语理解和言语策略,但忽视了新词语在交际中所起的模因复制与传播作用。模因论对言语交际的研究也提供了新思路,特别是对研究网络交际时代的言语行为特征会有所启发。

模因复制和传播的两种方式,内容相同形式各异和形式相同内容各异,可以解释模因作为文化基因的自我复制和进化发展规律。深入研究这些规律有助于解释社会语言现象的产生和消亡。

模因的复制和传播会导致语言对社会交际产生正面或负面的影响。语言中模因的力量一旦得到认识，就须要有相应的语言政策和语言规划来引导，从外部来抑制恶意模因的自我复制，从而创造良好的语言环境。

语言模因见于教育和知识的传授、语言本身的运用和语言的交际和交流。因此，研究语言中模因的复制与传播将对语言教学、外语教学和翻译教学等产生影响，有助于观察语言自身的表现，发现语言发展和进化的规律，有助于如何在社会文化的交际和交流中学习语言。

注释

① "埋单"还是"买单"？（《咬文嚼字》2004/11，第 36—42 页）
② 见《朱自清全集》，江苏教育出版社，1988。该文最早刊于 1922 年 4 月 11 日《时事新报·文学旬刊》第 34 期。
③ 类似的例子在何自然、何雪林的"模因论与社会语用"一文中也有提及（见《现代外语》2003 年第 2 期，第 207—208 页）。这类仿制往往有嘲讽意味，或用作鞭挞社会的不良现象。
④ 支点丛书（第二批），吉林人民出版社，2001 年。
⑤ 摘自胡壮麟为赵艳芳（2001）写的序言。

参考文献

Blackmore，S. *The Meme Machine*［M］. Oxford：Oxford University Press，1999.

Cloak，F. T. Is a cultural ethology possible? ［J］. *Human Ecology*，1975(3).

Chesterman，A. Teaching translation theory：the significance of memes［A］. In Cay Dollerup and Vibeke Appel（eds.），*Teaching Translation and Interpreting*［C］. Amsterdam：John Benjamins，1996.

Chesterman，A. *Memes of Translation*［M］. Amsterdam：John Benjamins，1997.

Dawkins，R. *The Selfish Gene*［M］. New York：Oxford University Press，1976.

Dawkins，R. *The Extended Phenotype*［M］. Oxford：Oxford University Press，1982.

Dawkins，R. *The Blind Watchmaker*［M］. Harlow：Longman，1986.

Wang，William S -Y（王士元）. *Explorations in Language*［M］. Taipei：Pyramid Press，1991.

戴浩一.概念结构与非自主性语法：汉语语法概念系统初探［J］.当代语言学，2002(1).

顾嘉祖，陆昇.语言与文化［M］.上海：上海外语教育出版社，2002.

韩江洪.切斯特曼翻译规范论介绍［J］.外语研究，2004(2).

何自然.语用学探索［M］.广州：世界图书出版公司，2000.

何自然,何雪林.模因论与社会语用[J].现代外语,2003(2).

黄忠廉.翻译变体研究[M].北京:中国对外翻译出版公司,2000.

王　斌.密母与翻译[J].外语研究,2004(3).

赵艳芳.认知语言学概论[M].上海:上海外语教育出版社,2001.

模因与文学作品互文性研究[*]

徐盛桓

1. 引言

  文学作品互文性研究,旨在以考察语篇间关系的方法来分析文学作品,为文学研究提供一种新的有益的切入视角。文学作品的互文性研究可以从多种理论进行探讨,本文认为,"模因"论(memetics)可以是其中一种可供考虑的选择。模因是文学作品互文性发生的一种"酶源"。本文试以我国古典诗词(周邦彦的词)为例,以模因(meme)为分析手段,建立起一个可供文学作品互文性研究的理论框架。根据我们的观察,这样的互文性研究,除对文学研究外,对语言学特别是文学语用学研究、文化研究、翻译研究、语文教学研究,都会有所启示。

2. 模因的简单说明

  "模因"是英国学者 Richard Dawkins 在他于 1977 年出版的一本专著 *The Selfish Gene*(《自私的基因》)提出来的一个概念。庄锡昌等(1987)摘译了该书同模因有关的部分章节,译文的标题是"觅母:新的复制基因"(本小节关于模因的说明,主要参考该译文,还有一些从网上读到的材料,不一一注明)。Dawkins 从达尔文的进化论观点出发,首先说明,有机体是以基因(gene)作为遗传机制而实现进化的,即"一切生命都通过复制实体的差别性生存而进化";他进而说明文化传播则通过模因的自我复制而得以实现,即模因通过被模仿和模仿在人群当中传播,这就是模因的"繁殖",从而实现文化的传播和"进化"。

  根据 Dawkins,词义、概念、妙句、时装、制锅、建筑等,都是模因。由此可见,模因可大可小,大至例如一幢建筑的式样,小至一个词的妙用;可视的如时装,抽象的如下文提到的达尔文主义。上面所列举的事物可以具体化地化为一个个的学说、观点、思想、习俗、喜恶、风气、行为方式、文

---

 * 本文原发表于《暨南大学华文学院学报》2005 年第 1 期。

化风尚、文艺流派、言辞表达等，这就是一个个的模因；它们可以从一个个体的人传到另一个个体的人，从一代人传到另一代人，从一个地区传到另一个地区。这样看来，模因实际上是充当了思想和文化传播的载体。

Dawkins 认为，模因是以实在的形式或感觉存在的。他举例说，达尔文的进化论这种学说，如果把它看作模因，就是一切认识达尔文理论的人头脑中关于达尔文主义的共有概念；但在不同人的头脑里若有不同的认识，如甲对某达尔文主义理论的认识为 A，乙的认识为 B，这就逐渐发展成为两个不同的模因。

Dawkins 在书中不同的地方分别谈到过模因的特性。他在谈到模因是一个有"生命力"的结构时，曾论述了模因的两种特性：稳定性和渗透性（penetration）。在另一个地方，他又更详细地阐述了模因另外的 3 个特性：长寿性、保真性和多产性。根据我的认识，Dawkins 提到的这些特性，可以这样来把握：模因在传播当中不断按照它相对稳定的性质和特征被复制，并向着"他者"渗透，使这个模因具有"长寿性"的"繁殖"能力。例如，唐朝诗人常建在灵岩寺先写了两句诗，期待另一位诗人赵嘏来游灵岩寺时看见后会即兴将后两句补上。这一逸事以四字成语的形式"抛砖引玉"加以概括，就成为一个模因，从唐朝一直流传至今；也就是说，它从一千多年前的唐朝起，就在一切或详细或粗略地知道这一逸事或听说过这一成语的人的认识中传播繁殖，成为他们头脑中的一个共有的概念，一直到今天仍然"长寿"地"活"着，用以表示以较粗浅的意见或文章引出较高明的意见或文章之意。人们在写文章或说话中不断加以复制，除了直接复制为"抛砖引玉"之外，还可能因行文等原因有所改变，如说成"引玉之砖""我的用意是把'美玉'引出来"等；在流传过程中，还可能发生其他的变化，例如，有人在提到两位名家的先后发言时，他可能会说："他们两位可以说是以玉引玉"。这些都是同一个模因的变体。但请看毛泽东曾举过的一例：他说"对牛弹琴"原是用以比喻听话人达不到所要求的水平或修养，但若放进了尊重听者的意思，反过来就可以用以揶揄说话者说话时不看清楚对象，瞎说一气了。这样，前后两种用法为后人所复制，就发生了变异；变异之后，就成为两个模因。"满园春色关不住，一枝红杏出墙来"（［宋］叶绍翁）是描写春天景色的名句，人们可以复制"满园春色"或复制成"春色满园"，仍然用来描写欣欣向荣的春天景色；但也有人用以比喻色情泛滥，现在"出墙红杏/红杏出墙"通常还用来比喻女人有婚外情，这些都是模因变异的例子。有人根据行文意思的需要将"前仆后继"戏说成"前腐后继"；"走马观花"也因行文意思的需要被说成"下马看花"等，这些都成为新的模因。但是，尽管发生了变异，原来的模因的"影子"还在,有关变异中的"牛、琴""马、花"等的说法,还在很大程度上与原来的模因一脉相承;而可能带来联想的"春色"和"红杏出墙",也源于原来的表达。这有点像基因,尽管发生了变异,但变异前后的基因不会是毫无联系的,后者一定或多或少地继承了前者的特征和性质。这是模因复制过程中不同程度的排他性的表现。根据以上的认识,我们试将模因的特性揭示如下:

(1) 有复制能力,这一特性的实质可以用 *Oxford English Dictionary* 对 meme 的解释来说明:an element of culture that may be considered to be passed on by non-genetic means, esp. imitation,这里所说的模仿就是"复制",就是某一成为模因的观念、观点、思想、习俗、风气等通过人们的模仿而得以"遗传";

(2) 有长的延续性,即可以世代相传;

(3) 具有继承性,即观念、观点、思想、习俗、风气等在传播过程中会因其惯性使有关的模因在相当大的程度上维持其原来的某些特征和性质,即使发生了变化或变异也不会完全与原来的模因无关;

(4) 具有变异性,即在传播过程中因时空的变迁而发生模仿过程中的调适变迁,原来的性质发生了变异。

正是这 4 种特性,使模因可以在文学作品的互文性研究中成为一种可供考虑的手段。

3. 互文性和模因

互文性是语篇形成的一个基本特征。Barthe 认为,每一个语篇都具有互文性,因为每一个语篇都可能是另一个语篇的互文(Barthes R., 1979),亦即每一个语篇,口头流传的或书面流传的,都有可能化用另一语篇或为另一语篇所化用。这表明,一个作者在写作自己的语篇时,会通过对另(些)语篇的重复、模拟、借用、暗仿等,有意识地让其他语篇向本语篇产生扩散性的影响,这有点像著名诗人 T. S. Eliot 以调侃的口吻所说的:"小诗人借,大诗人偷"。(Karl Beckson 和 Arthur Ganz:《文学术语词典》)换句话说,当我们讲一个语篇的互文性,就是指它作为一个语篇同它所引用、改写、吸收、扩展或在总体上加以改造的其他语篇之间的关系,并且只有依据这种关系才可能真正全面地理解这个语篇。从模因论的角度看,一个语篇的某一部分被另一个语篇所化用、改写、吸收、扩展或在总体上加以改造,这个部分就是一个模因;化用、改写、吸收、扩展、改造等就是对它不同程度的复制。

一般认为,关于互文性,有代表性的看法有两种:狭义的认为互文性指一个语篇与可以证明是存在于此语篇中的其他语篇之间的关系;广义的认为互文性指任何文本与赋予该文本意义的知识、代码和表意方式之总和的关系,而这些知识、代码和表意方式是一个潜力无限的网络。从文学作品互文性研究出发,我们采用以下一个有比较广泛认同基础的定义:互文性指"一个语篇中出现的融汇(merge)其他语篇的片断这样的现象,而这(些)片断在该语篇中可能被明确认出,或者是被吸纳(assimilate)其中;该语篇可能认同这一(些)片断,也可能表现为相拒而作出揶揄性的回应"(Fairclough,1992)。这一定义实际上是认同了狭义说,但事实上文学作品的互文性又不能完全摆脱那个"潜力无限的网络"。

在文学作品的互文性研究中,我们还要区分可能存于"一个语篇与可以证明是存在于此语篇中的其他语篇之间的关系"中的两种情况:一、只要在一个语篇中出现了另外一个语篇,这就出现了互文,头一个语篇就具有互文性;二、仅指语篇的化用。我们参照上文所引的 Fairclough的定义中的"融汇""吸纳"等的词语,倾向于认为:文学作品所说的互文性,以指某一语篇对另一语篇的化用较为适宜,而不是指把另一语篇作为事实所作出的事实性的报道。例如,某一语篇报道某人在演说中(演说也是一个语篇)说了什么,这是向读者提供某人发表了什么见解的信息,这只是将某一语篇(演说)的出现作为一个事实加以报道,同在新闻中报道拍了一个关于什么的电影、某书的出版、某人到来访问这样的事实是一样的,这不是本文研究的互文性现象。所谓化用,是指在该语篇中对被化用的语篇作同向或非同向的引用、显性或非显性的吸纳,被化用的语篇同该语篇的行文或主旨具有或多或少的相关性,而且更重要的是两语篇织体的肌理(texture)相互缠绕。请比较:

(1) 前度刘郎重到,访邻寻里,同时歌舞。唯有旧家秋娘,声价如故。(周邦彦《瑞龙吟》)

(2) [周邦彦]……初回京师时写的《瑞龙吟》一词,从"人面桃花"的陈旧爱情故事里,翻出"前度刘郎重到"的新意,寓有人世沧桑,宦海升降的深沉寄慨,即所谓"以身世之感打并入艳情"。(蒋哲伦《周邦彦选集·前言》)

例(1)是周邦彦(1056—1121)词(以下例句均摘自周词)。"前度刘郎重到"一句,是化用了刘禹锡(772—842)的"[种桃道士归何处,]前度刘郎今又来"(《再游玄都观绝句》)句入词,用刘禹锡的遭遇比况自己,无论是内容上的主旨意趣,还是形式上的行文织体,刘句已经化入了周词,一气呵成,完全糅合在一起了;周词的语句不但部分地产生于刘诗,而且也只有理解了刘诗"前度刘郎今又来"的背景和深意(两次被贬返回京都后有感而作)，才有可能真正读懂周词(周也是从京师外贬庐州后重召回京师后作)。例(2)也有"前度刘郎重到"句，但那是说周邦彦曾经写过这个句子，用以介绍周邦彦的生平和创作，是一种引文，并不是将周句融汇到文章的织体里。前者是本文所研究的文学作品的互文性现象，后者不在本文研究范围。

互文性要以两个以上语篇存在为其条件，以前存在的一个语篇被一个新的语篇不同程度地化用了，这才产生互文。不同程度的化用，也就是不同程度的复制；这样，从模因论的视角来看，互文性的实际运行，就表现为模因以不同的程度和不同的方式进行复制。被化用的语篇中被化用的部分就是一个或若干个模因，由化用的语篇进行复制，从而在新的语篇中进行繁殖，获得了新的生命。在互文性现象中可以非常充分地体现模因的存在和复制，模因是互文性得以发生的酶源。

互文性的作用是什么？从语用学的观点来审视，互文性就是一个语篇借用另一个语篇来实现自己(部分的)言语行为，因为语篇的表达就是言语行为。言语行为理论认为，任何言语行为都是为实现一定的意图的。从意图表达的策略来说，可以是直白的，也可以是迂回的；用复制模因的方式，借别人的口来说自己的话，就是迂回表达的一种方式。因此，互文性研究的一个重要方面，就是研究说话人如何在语篇中借互文性来传递自己说话的目的意图。说话意图的一个重要体现是含意。根据我国新格赖斯理论的研究，含意可分意义含意和意向含意(徐盛桓，1994)。意义含意由具体的语义内容体现；意向含意从方式原则推导，除了可能也有具体的语义内容以外，还可以体现出说话人据即时语境、惯例语境或文化语境而寓于话语里的社会学、美学、文体学、修辞学、心理学等诸方面的意向，更为隐性地寄寓了说话人的交际意图。如果说，在语篇中出现的互文性主要是为了让说话人借互文传递自己说话的意图，那么，这里的意图也应包括了这两方面：意义性的和意向性的。

互文性所实现的这两方面的意图的传递，是一种"场"效应。这里的"场"就是化用和被化用的语篇相互作用所存在的语篇空间，我们分别称为意义互文场和意向互文场。互文性在语篇里的展开，就是通过这样的互文场实现的。无论是意义互文场还是意向互文场，为了体现有关的意义或意向，都会牵涉到下面3个方面：互文场是如何和在多大程度上表现出互文性的存在；互文场是如何和在多大程度上支持了被化用的语篇的维持或变异；互文场是如何和在多大程度上对被化用的语篇的解读产生影响。第一个方面实际上是要研究模因在互文性实现的过程中在新语篇中是如何被复制的；第二个方面是要考察模因在互文场中的运作；第三

个方面涉及在实现互文性过程中模因如何在新语篇中发挥作用。研究模因与互文性,可以从这三个方面展开。试考察下面两个例子:

(3) 大堤花艳惊郎目,秀色秾华看不足。(《玉楼春》)

(4) 素肌应怯余寒,艳阳占立青芜地。樊川照日,灵关遮路,残红敛避。传火楼台,妒花风雨,长门深闭。亚帘拢半湿,一枝在手,偏勾引、黄昏泪。别有风前月底,布繁英、满园歌吹。朱铅退尽,潘妃却酒,"昭君"乍起。雪浪翻空,彩裳缟夜,不成春意。恨玉容不见,琼英漫好,与何人比!(《水龙吟·梨花》)

《玉楼春》化用了南朝梁《清商曲·襄阳乐》句:"朝发襄阳城,暮至大堤宿。大堤诸女儿,花艳惊郎目"和白居易(772—846)的《和梦游春》:"秀色似可餐,秾华如可掬"。这里的复制很明显,用复制的词语加上作者自己的词语共铸一首新词形成互文场。在这个互文场里,在字面上就可以看出,明显地化用了《襄阳乐》和《和梦游春》。这在意义上是表达对《襄阳乐》所说的"[襄阳]大堤诸女儿,花艳惊郎目"的认同,同时,在意向上似乎还要技巧地点明地点,而在自己的作品中明显地化用了以襄阳的地名作题目的词曲,也隐约透露出作者对这个地方的兴趣和好感,渲染了亲和力。白居易的"秀色似可餐,秾华如可掬"已经成为赞美女性美貌的传世名句;这样的同向的明显复制,大大加强了该语篇对当地女性美貌的赞美的表现力。

《水龙吟·梨花》一词通篇将许多典故作为模因加以复制,同其他一些词语一起,着力渲染开在三月风雨季节的梨花的洁白典雅。但"若通篇只说花之白,则凡是白花皆可用,如何见的是梨花?"([宋]沈义父:《乐府指迷》)所以这些模因又是要同"梨树/梨花"有一定关系的,以词句出现先后为序,至少有:

"樊川照日":《艺文类聚》所引之《三秦记》云:"汉武帝园,一名樊川,一名御宿,有大梨如五升瓶……"

"灵关遮路":谢朓(464—499)《谢隋王赐紫梨启》提到梨子"出灵关之阴"。

"长门深闭":刘长卿(718—789)《长门怨》云:"何事长门闭,……梨花发旧枝。"

"一枝在手":白居易(772—846)《长恨歌》句"玉容寂寞泪阑干,梨花一枝春带雨"。

"满园歌吹":白居易《长恨歌》:"梨园子弟白发新"。("梨园"事可见《新唐书·礼乐志》:"玄宗既知音律,又酷爱法曲,……选坐部伎子弟三百人,教于梨园。")

"'昭君'乍起"：陈元龙注《详注周美成词片玉集》引东汉蔡邕《琴操·昭君歌》云："梨叶萋萋其叶黄"。

"恨玉容不见"：见"一枝在手"的说明。

先从内容来说，如果说《玉楼春》的互文是明显套用的例子，是同向的复制，那么例（4）却要仔细欣赏，才可以发现上述模因化用之妙，从中领会化用的旨趣。这是非同向的复制，构成了一种很有趣的互文现象：不管原作品原来说的是什么内容，表现什么主旨，只要句中曾提到了"梨"或同"梨"有关，就会被化用来暗示"梨树""梨花"，例如从"满园歌吹"隐含玄宗教歌于"梨园"的典故，再从"梨园"暗转指"梨"，通过如此转折隐晦的暗示才能得其妙用。为什么要用"暗示"？原来作为咏物词，自古以来所讲究的技巧是"咏物最忌说出题字"（沈义父：《乐府指迷》）；正如沈义父说，周邦彦在词中咏梨花，"何尝说出一个'梨'字？"周邦彦将这些语篇融汇得如此天衣无缝而全都暗指向一个"梨"字，真不愧大词家的美誉；如果说"借"是明"偷"是暗，这正好印证了 Eliot 所说的"大诗人偷"。有关语篇的作者对于他们的词句会为后世的周邦彦"偷"来作为暗示"梨花"的模因而复制，可以发生如此的变异，大概是他们所始料不及的吧？这里许多被化用的语篇原来并不是描述梨树梨花的，只是为了表现某种感情而提到了梨花，例如"玉容不见""长门深闭""一枝在手""满园歌吹""昭君乍起"等句所引的都是。"雨打梨花深闭门""玉容寂寞泪阑干""梨花一枝春带雨"等作为模因，在这里已经发生了变异，但为什么在这里提到"玉容不见""一枝在手"等，就可以"不言而喻"地理解为暗指梨树梨花呢？这是互文场在起作用：互文场里各被化用的语篇相互作用，营造了一个把语义都指向"梨树/梨花"的语篇环境。

再从行文来说，无论是《玉楼春》还是《水龙吟·梨花》，化用和被化用的语篇缠绕在一起，生成了新的语篇织体的肌理，组成了一个你中有我、我中有你的互文场，似乎要人看不出引用的痕迹。"不着一字，尽得风流"，这正是这样的互文场带来的影响。例如，在《水龙吟·梨花》中，为了能够使化用和被化用的语篇缠绕在一起，由于上文有"'艳阳'〔占立青芜地〕"一说，紧接下来一句提到同"梨"有关的御花园"樊川"，就同"照日"搭配在一起，说樊川园沐浴在阳光中。从这里可以看到这一互文场对化用和被化用的语篇的影响。

4. 文学作品的互文性

文学作品互文性的研究，不是对文学作品作全面研究，只能着重在一些方面。根据我们对文学作品的语篇同文学作品的表现力之间关系的理解，我们设定，目前以模因为手段对文学作品互文性的研究，着重在语篇的文学表现力方面。

根据上文第 3 小节的讨论，可将模因同互文性关系的讨论小结如下：可将模因看成是互文性发生的酶源；复制模因构成互文可作为文学作品的语篇表达交际意图的一种手段；寄寓意义和寄寓意向，这些都通过模因复制所形成的互文场体现；模因的复制可以是同向的复制或非同向的复制，从而分出两大类：模因的维持与变异；模因的复制还可用明显或暗含的方式。我们将据此作为理论框架，展开以模因为手段对文学作品的互文性研究。

参考 Eliot"小诗人借，大诗人偷"的形象的说法，无论是"借"还是"偷"，都可能具有很好的文学表现力，但一般说来，暗"偷"比明"借"要求化用者有更巧妙的匠心，化用和被化用语篇之间所形成的较大的张力可以诱发读者更大的想象空间，而所形成的互文场也会因而使得新语篇更耐人寻味。因此，模因被复制时表现出的维持或变异、同向或非同向、显露或暗含等各种情况，可以作为考察文学作品互文性表现力的一些维度。

根据初步的观察，被化用语篇的文句或内容作为模因被复制时表现出维持或变异、同向或非同向、显露或暗含等各种情况，大体可以体现为以下 4 种形态：仿照、压缩、另铸、移就。德国学者 Wolfganglser 认为，互文性的发生可能包含 3 个层次：第一，选择本语篇外的典故、话语、传统等，建立联系；第二，吸纳这些外部内容，化用在本语篇内，组织语义表达；第三，通过仿照、重新安排或改变原来的话语等，编织成包括化用和被化用的语篇在内的新语篇（参见王逢振，1988）。上面提到的这 4 种形态，都是互文性发生的这 3 个层次相互作用、相互影响的结果；一般地，从趋势来说，这 4 种形态，从左到右是从维持向变异发展、从显露向暗含演变。

仿照（imitation）是对模因最大限度的维持性的复制，同化与被同化的有关话语应是同向的，化用是显性的。**压缩**（condensation）也是维持性的复制，只是不是逐字逐句的复制，而是将一个模因压缩为几个字。**另铸**（re-organization）是将模因相对较长的内容作为一个典故，重新组合为几个字，铸造出一个新表达。**移就**（displacement）是利用模因已有的说法来"将就"新的语篇，这已向着变异和暗含演变了。下面举一些例子。括号里的 I、C、R、D 分别表示仿照、压缩、另铸、移就。

(5) 何况怨怀长结，重见无期。想寄恨书中，银钩(I)空满；断肠声里，玉箸(I)还垂。（《风流子》）

(6) 低鬟蝉影动，私语口脂香。(I)（《意难忘》）

(7) 追念绮窗人，天然自，风韵娴雅。竟夕起相思，谩嗟怨遥夜(I)。（《塞

垣春》)

(8) 故乡遥,何日去? 家住吴门,久作长安旅(I)。(《苏幕遮》)

(9) 荆江留滞最久,故人相望处,离思何限! 渭水西风,长安乱叶(C),空忆诗情宛转。(《齐天乐》)

(10) 宾鸿(C)漫说传书,算过尽,千俦万侣。始信得,庾信愁多(R),江淹恨极须赋(R)。(《宴清都》)

(11) 吟笺赋笔,犹记"燕台"句(R)。知谁伴,名园露饮(C),东城(R)闲步,事与孤鸿去(I)……断肠院落,一帘风絮(D)。(《瑞龙吟》)

(12) 信流去,想一叶怨题(R),今在何处?(《扫花游》)

(13) 遥知新妆了,开朱门,应自待月西厢(R)。最苦梦魂,今宵不到伊行,问甚时却与,佳音密耗,寄将秦镜,偷换韩香(R)。(《风流子》)

(14) 前村昨夜(R),想弄月,黄昏(R)时候。孤岸峭,疏影横斜(R),浓香暗沾襟袖。尊前赋予多才,问岭外风光(R),故人知否? 寿阳(D)谩斗,终不似,照水一枝清秀。风娇雨秀,好乱插,繁花盈首(R)。须信道,羌管(D)无情,看看(我回开封后查一查)又奏(R)。(《玉烛新·早梅》)

上例(3)《玉楼春》对《襄阳乐》有关词语的复制是仿照很好的例子。再如例(6)的"低鬟蝉影动,私语口脂香"二句分别全引元稹(779—831)"低鬟蝉影动,回步玉尘蒙"(《会真记》)和五代词人顾敻《甘州子》:"山枕上,私语口脂香"。元顾的这些句子,在文学史上是有名的艳词,复制这些模因所得来的意境,同《意难忘》语篇一起,营造了一种表达爱意绵绵的儿女私情的话语氛围。例(11)《瑞龙吟》中的"事与孤鸿去",见杜牧诗《题安州浮云寺楼寄湖州张郎中》有句"恨如春草生,事与孤鸿去"。在《西平乐》,周邦彦还有"叹事逐孤鸿尽去"句;周邦彦在该词的"序"中云:"感叹岁月,偶成此词"。这些都可以看出复制此模因的话语意图。此外还有例(5)"银钩空满"和"玉箸还垂":"银钩空满"之"银钩"指字。西晋索靖(239—303)所著《草书状》论草书有云:盖草书之为状也,宛若银钩,漂若惊鸾;索靖说自己的字是:"银钩虿尾"。"玉箸还垂"之"玉箸"指泪。南朝梁孝威诗云:"谁怜双玉箸,流脸复流襟"。例(7)的"竟夕起相思,谩嗟怨遥夜"是仿制张九龄(678—740)名句"情人怨遥夜,竟夕起相思"。还有一些仿照是仿被化用语篇的句式口气,这样的互文场能唤起对被化用的语篇的联想。如例(8)是仿苏东坡(1037—1101)的《醉落魄》:"家在西南,常作东南别"。

例(9)之"渭水西风,长安乱叶"是据贾岛(779—843)《忆江上吴处士》"秋风吹渭水,落叶满长安"诗句压缩而成。例(10)之"宾鸿"是据《礼记·月令》"季秋之月,……鸿雁来宾"压缩而成。例(11)的"名园露饮":

"露饮"指露发痛饮,见沈括(1031—1095)《梦溪笔谈》云:石曼卿(延年)"每与客痛饮,露发跣足。"压缩造成的互文场其作用与仿照同;之所以要压缩,可能是为了行文需要或文字略为翻新。

例(10)"庾信愁多、江淹恨极须赋":庾信有《愁赋》,江淹有《恨赋》,故得此句。这是"另铸"的例子。例(11)"犹记'燕台'"句:据李商隐(813—858)《柳枝五首并序》,李曾写"燕台"诗,妓女柳枝读后爱上李,但后离李他去;"东城闲步":"东城"事见杜牧诗《张好好》并序,杜牧最初见美貌女子张好好于江西,几年后重见于洛阳东城,人事已非,感旧伤怀,题诗赠之。周词两句话用这两事,均意谓记起自己在京师也有过此类事发生。

例(12)的"一叶怨题"是据唐人卢渥在御沟捡到一片题诗红叶事重铸。例(13)的"应自待月西厢"句指等待与心上人幽会,语据元稹《会真记》崔莺莺给张生的诗"待月西厢下";"秦镜""韩香"均指代情人赠送的信物,"秦镜"之说来自汉秦嘉赠妻以镜的轶事,"韩香"之说来自晋韩寿身上散发出他的情人送他的香料的香气。例(14)更是通篇都是据典故重铸的新语:"前村昨夜"来自前人《早梅》的诗句"前村深雪里,昨夜一枝开";"疏影横斜"剪裁自林逋《山园小梅》名句"疏影横斜水清浅,暗香浮动月黄昏";"岭外风光"用《六帖》中句"大庾岭上梅";"好乱插,繁花盈首"用杜甫《苏端薛复筵简薛华醉歌》"安得健步移远梅,乱插繁花向晴昊"句。这些说法,都是用以指"梅"。这样的重铸,是为了言词的锤炼。《乐府指迷》说:写诗词"炼字下语最是要紧",要说"桃"咏"柳",不可直说破桃柳,而分别可用"红雨""章台"等。所以这里说等待与心上人幽会、情人信物、梅等,均不直说。在我国的文化宝库里,已经流传了许许多多这样从历代典籍中提炼出来的模因可供化用。融入这样的模因所建立起来的互文场可以营造一种典雅精炼的文风,并表现出作者的文采。当然,头脑清醒的作家在引用这样的模因时会注意避免陈词滥调。

上面例(4)《水龙吟·梨花》的许多用例,是"移就"很好的例子,不重复。另例(11)之"一帘风絮"借用东晋才女谢道蕴事:其叔谢安问"雪"何所似,安侄答曰:撒盐空中差可拟,谢道蕴曰:未若柳絮因风起。但周此词"风絮"移指柳花(上文有"官柳低金缕"句)。例(14)因寿阳公主梳理有名的"梅花妆",故用"寿阳"移指梅花,因有《梅花三弄》曲而用"羌管"移指梅花,都是"移就"的例子。

5. 结语

我们通过分析,并用例子说明了互文性理论的一个基本假设:语篇的生成以作者的经历包括他对其他语篇的吸收为前提,产生于同其他语篇的互动。在这个过程中,先前语篇的内容表达以模因的形式通过多种方式的被复制,同新语篇共同形成互文场,生成了新的作品。文学作品有储存、守望文明的使命,负载着传递人类文化价值的重担。在这方面,互文性和作为互文性产生的酶源的模因,有着重要的贡献,因为长寿性的模因可以作为其中一种重要的手段使人类的文明和人类文化的价值通过文学作品的互文世世代代地传播下去。

互文性的分析不是目的,它可以作为多种研究的分析手段。我们在"前言"说过,它除对文学研究外,对语言学特别是修辞学和文学语用学研究以及成语研究、文化研究、翻译研究、语文教学研究,都会有所启示。我们希望这篇短文能成为引玉之砖。

参考文献

Barthes R. From work to text [A]. In J. V. Harari (ed.), *Textual Strategies: Perspectives in Post-structuralist Criticism* [C]. London: Methuen & Co Ltd, 1979.

Fairclough N. *Discourse and Social Change* [M]. Cambridge: Polity Press, 1992.

卡尔·贝克森,阿图尔·甘茨.文学术语词典[D].纽约:努恩戴出版社,1989.

王逢振.今日西方文学批评理论[M].桂林:漓江出版社,1988.

徐盛桓.论意向含意[J].外语研究,1994(1).

庄锡昌等.觅母:新的复制基因[A].多维视野中的文化理论[C].杭州:浙江人民出版社,1987.

语言模因现象探析[*]

陈琳霞　　何自然

　　基于达尔文进化论观点来解释文化进化规律的模因论(memetics)研究,正在西方学术界如火如荼地展开,国外现已有模因中心、控制论原理等专题网页,网上已有模因讨论小组,还有模因学期刊,"模因"一词已得到广泛传播,进入了心理学、社会学、文化学、哲学等领域。我国学者也开始积极介入,见诸刊物的文章有:"模因论与社会语用"(何自然、何雪林,2003),"模因论与人文社会科学"(夏家骃、时汶,2003),"从密母的角度谈异化翻译的趋势"(张莹,2003),"密母与翻译"(王斌,2004),"语言中的模因"(何自然,2005),"幂姆与文学作品互文性研究"(徐盛桓,2005),"文化进化的 meme 理论及其难题"(郭菁,2005),"翻译模因论与翻译教学"(马萧,2005),"模因论与隐喻的认知理据"(尹丕安,2005)等,为我们研究语言进化问题提供了一种崭新的思路。本文尝试以国内外模因学研究成果为依据,探讨语言模因的传播、变异和发展。

1. 模因的概念

　　模因论或模因学认为,模因是一种与基因相似的现象。基因通过遗传而繁衍,模因是通过模仿而传播。作为文化传播单位,模因的表现形式繁多,像"音乐曲调、思想观念、谚语、服装样式、房屋建筑样式、链式信件和电子邮件病毒、宗教"等等,传播开来就是各种各样的模因(Blackmore,1999:6)。任何一个信息,只要它能够通过"模仿"而被"复制",就可称为模因。模因学有着悠久的历史渊源。早在古希腊时期,哲学家 Democritus、Plato、Aristotle 等就提出过模仿说。Democritus 曾说:"从蜘蛛我们学会了织布和缝补;从燕子学会了造房子;从天鹅和黄莺等歌唱的鸟学会了唱歌"(伍蠡甫,1979:4-5)。这就是说,模仿是人获得知识、生活和艺术创作的根源。Plato 强调文艺是对实在之物的模仿,Aristotle 认为模仿是人类的自然倾向,是人的本能之一。Darwin 认为人和大多数动物都有这种

　　* 本文原发表于《外语教学与研究》2006 年第 2 期。

模仿的本能。这种对模仿行为的"本能论"在社会心理学领域产生了巨大影响。19 世纪末 20 世纪初 Gabriel Tarde 和 William McDougall 等人都持这种观点。Tarde 在 1890 出版的著作 *The Laws of Imitation* 中指出：社会交际起源的所有相似物都是各种模仿形式直接或间接的结果,整个人类历史就是一部模仿的历史,模仿是社会发展和存在的基本原则,是社会进步的根源(参见 Marsden,2000)。

1976 年,英国牛津大学动物学家 Richard Dawkins 在探讨基因自我复制以及相互竞争促进生物进化的基础上,撰写了 *The Selfish Gene* 一书,首次正式提出文化进化的单位 meme。Meme 在国内有多种译法,何自然译为"模因"(何自然、何雪林,2003)。模因的定义很多,Dawkins 把它定义为：文化传递的单位,它通过一个过程从一个人的头脑跳入另一个人的头脑。广义而言,这个过程可称为模仿(Dawkins,1976：192)。《牛津英语词典》对模因的定义是：文化的基本单位,通过非遗传的方式,特别是模仿而得到传递。这两个定义概括了模因是复制的文化信息,它通过模仿而得以复制传递。模因概念提出后,受到许多学者的关注。Richard Brodie 于 1996 年出版了 *Virus of the Mind*；同年 Aaron Lynch 出版了 *Thought Contagion: How Belief Spreads Through Society*。这两本书就模因如何在社会上传播提供了很多例证,并且着重揭示各种具有危险性和毒害性的模因类型。哲学家 Daniel Dennett 也接受了模因的观点,并在 *Consciousness Explained* 和 *Darwin's Dangerous Idea* 两本著作中运用模因理论阐释心灵进化的机制。Dawkins 的学生 Susan Blackmore 在 *The Meme Machine*[①]一书中,把模因看作是和基因等价的复制因子,基因之间相互竞争,自私地、不顾一切地要进入到下一代的身体之中,最终决定了生物世界的格局及其结构；与此类似,模因之间也相互竞争着,自私地、不顾一切地要进入到另一个人的大脑、另一本书、另一个对象之中,这最终决定了我们的文化以及心理结构。在他们的努力下,20 世纪末逐步形成了用模因解释文化进化的新领域。

2. 模因的特点和类型

模因是一种与基因相似的现象。基因由上一代遗传给下一代,是代与代之间的纵向传递。模因则一方面以上一代传至下一代这种纵向的方式在代际之间进行传递,如父母将他们自己的许多社会行为准则教授给子女,教会子女在什么情况下说"请""谢谢"等等,另一方面也以横向的方式进行传递,如在同一代人之间,一个观念或行为可以从一个人传向另一个人,然后再传向第三个人,如此等等。模因除了人与人之间直接传递,还可通过广播、电视、报纸、书籍、杂志等途径传播。模因充当了复制因子的角色,因为它具备了作为复制因子所具备的所有三个方面的条件,即保留、变异和选择。模仿是模因的主要传递方式。通过模仿,想法从一个人的脑中传到另一个人的脑中,不断地被复制与传递。

模因可分为基因型和表现型两种(何自然,2005)。基因型模因的特征是"相同的信息异型传递"。如长期以来人们习惯于使用"理发店"一词,改革开放后珠江三角洲出现了"发廊",内地开始大量使用,频率远远超过原有词"理发店"。接着又出现了"发屋",后来又出现了"理容城""理容中心""剪吧",再到"形象设计室""发艺工作室"②。模因在传播复制的过程中尽管名称越来越时尚,与原始形式大相径庭,但实质没变,形成了内容相同、形式不同的基因型模因。表现型模因的特征是"不同的信息同型传递"。如语言信息"网虫"用来指沉迷于网络或可称为"网迷"的人,随着网络的普及,它出现的频率越来越高。人们在"网虫"的基础上,继续复制出一批与"X虫"同型的其他信息。比如:"房虫"指热衷于从事房产购销的人;"票虫"指熟悉票务、设法到处弄票的人;"棚虫"指乐于或专职从事录音棚中配音的人;"拍虫"指精通或从事拍卖业务的人;"会虫"指擅长组织、策划会展的人。此外,还有其他一些表谐谑甚至表贬义的"虫",如"签证虫"指通过给人办出国护照以获利的人;"车虫"指倒卖汽车牌照的人;"垃圾虫"本指那些不爱护公共卫生、随地乱抛垃圾的人,现兼指在网上群发垃圾邮件者等等③。上述按"X虫"的形式传播,分别表达沉迷于某事或热衷于不同业务的人群,从而构成内容各异、形式相同的表现型模因。

3. 语言模因的变异

语言变异是普遍存在的一种社会语言现象。凡是活的语言,应当说无时无刻不在变异之中,这也可以解释为语言模因在复制、传递过程中出现变异。如一则故事或一个句子在转述时都或多或少地被转述者润色:或增添某种内容,或删减某个细节(Blackmore,1999:14),此后又得到别人的模仿,不断更新。语言正是语言模因经过不断变异而丰富和发展起来的。

3.1 模因复合体的形成与传播

模因可以是简单模因或模因复合体(memeplexes)。简单模因就是单个模因,模因复合体就是相互结合在一起而能够同时被复制的一组模因。模因复合体的形成不是因为选择过程迫使它们必须相互结合成群,而是为了自身的生存,即为了得到复制和传播。Dawkins曾指出,构成模因复合体的诸模因成分,在某些特殊的环境条件下,要是能够以某种方式与在这种条件下占支配地位的模因结合,就有利于它们的生存(*ibid*.:Foreword XIV)。Blackmore认为,构成模因复合体的诸模因,作为复合体的整体组成部分,比处于分离状态时更容易得到复制,发挥比简单模因更大的影响(*ibid*.:20)。

在市场经济的推动下,很多人摒弃传统轻商、贬商的观念,一大批文人纷纷"下海",办企业,开公司,做各种买卖,从事商业活动,从而出现了学者式的商人。于是人们就在"儒将""儒医""儒官""儒生"的基础上复制出"儒商"这个语言信息,用来指具有儒家传统人文美德又深谙经商之道的商人。在当今"全民皆商"的浪潮中,儒商发挥越来越大的作用,"儒商"这一语言信息也随着这种现象的增多而得到广泛传播,并进一步复制出"儒商氛围""儒商精神""儒商文化""儒商单位""儒商企业""儒商形象""儒商风范""儒商论坛""儒商法则"等模因复合体④。

随着艾滋病的传播、扩散,"艾滋病"这一语言信息不断得到复制和传播,迅速成为模因现象。人们在防治艾滋病的过程中将"艾滋病"与不同语境结合,产生出新的组合,除常见的"艾滋病日""艾滋病患者""艾滋病村落""艾滋病官司""艾滋病热线""艾滋病保险"等模因复合体,最近还出现了"艾滋高速公路"这一变体。"艾滋高速公路"指的是艾滋病由东南亚传入我国沿四川、甘肃到新疆境内的一条快速感染蔓延的路线。"艾滋病"和"高速公路"是人们熟悉的两个语言信息,但分属不同的语用领域,一个是医学术语,另一个是路桥建筑名称。两者本是风马牛不相及的事物,只因在某一点上的关联而被拉扯在一起,形成了一个新的模因复合体⑤。此外,还有一个新合成的模因复合体"金融艾滋病"。在这个流行开来的说法中,"艾滋病"作为形式还保留着,但其意思已发生变异,是世界金融与经济秩序面临全面大危机的一个形象比喻⑥。诸如此类的模因复合体正好说明语言模因在复制传播过程中会不断地产生变异现象。

3.2　弱势模因的强化和陈旧模因的新生

一些不常用的、古旧的模因,因社会生活变化的需要而被强化,形成强势模因,或变得时髦起来,广泛地得到复制和传播。这是语言模因的另一种变异现象。例如"翘楚",源出《诗经·周南·广汉》:"翘翘错薪,言刈其楚。"郑玄笺:"楚,杂薪之中尤翘翘者。"本指高出杂树丛的荆树。唐代孔颖达《春秋正义》序："刘炫于数君之内,实为翘楚。"比喻杰出的人才。这是一个古旧的、弱势的模因,但现在由于社会条件和客观交际的需要,人们让这一语言信息重新活跃起来,组成一些强势的、新生的模因和模因变体。请看下面的例子:

(1) 女人中的翘楚——全球五大洲最富有女性评出(大洋网 2004 年 7 月 21 日)

两厢轿车翘楚之作　高尔夫让人放心驾驶(《北京晨报》2003 年 7 月 22 日)

珠江钢琴　全国同行翘楚(《南方都市报》2003 年 2 月 27 日)

可见"翘楚"的使用范围不但指"人",而且扩大到应用于业绩突出的公司和性能优越、质量上乘的产品,如例中的轿车、钢琴。此外还可用于描绘群星璀璨的球队、走势强劲的股份、功能优良的手机等等⑦。

模因具有变异性,但离不开保留性。尽管其形式或内容会不断变化,但始终保留着原始模因的定型或精髓,继承着原始模因的基本特征和性质。人们凭借对原来模因的认识、理解和感受,在头脑里经过类推、联想会很快辨认出新模因的形式,或者轻松破译新模因所表达的涵义。从语言形式上看,它是对旧模因的复制;但从内容上看,更形成一种独具匠心的新概念,让人们在熟悉的言语经验中悟出新意。可见,模因变异是语言发展、进化的一种重要方式。

4. 语言模因形成的原因

美国心理学家 Donald Campbell 认为"有机进化以及文化进化之所以彼此类似,是因为它们都是演化的系统,而对于所有的演化系统而言都存在着复制单元的盲目变异和对其中某些变异的选择性保留,以及对另一些变异的选择性淘汰"(Blackmore, 1999:17)。模因具有选择性,是因为模因的传播能力是不同的,某些信息更易于引起人们的注意,更易于被人们记住,更易于被传递给别人,成为模因;而另一些则从来得不到传播,成不了模因。Blackmore 认为"在模因进化的过程中存在着巨大的选择压力。所以在数量极大的潜在的模因中,能够生存下来的模因为数并不是很多,只有很少一部分模因能成功地从一个人的头脑被拷贝到另一个人的头脑,从人的头脑拷贝到印刷品,或是从人的声音拷贝到光盘上"(*ibid*.:38)。语言的选择和使用的过程就是各种模因相互竞争的过程。模因的存亡取决于其功能。当词语作为模因得到广泛应用,在交际中发挥积极作用时,这些模因就变得强大,并进入全民语言而被不断地复制和传播,成为"成功的模因";有些则为个别现象,转瞬即逝,成为"失败的模因"。

一种模因要被人们普遍地模仿,必须具有下述特性或其中的一种。

4.1 实用性

语言信息实用,人们才乐于模仿、复制、传播,从而形成语言模因。就其社会功能来看,语言是人类最重要的交际工具,语言信息的产生源于社会交际的需要。一个新的语言信息,一般都源于个人的创造,有时只是根据语境即兴而发,由于有用,得到更多人的认可,被大众接受,就使这个用法有了普遍性。随着使用范围的扩大和复制、传播次数的增加,它就成了语言模因。模因学者认为,一些模因的成功是由于它们对我们人类确实有用,语言信息越是能充分满足人们的需要,就越能得到人们的模仿。改革开放后,大量新事物、新现象不断涌现,为适应社会交际的需要,人们需要对这些事物、现象给予新的语言表达。如"豆腐渣工程"这个词语,比喻施工质量低劣、未达到设计要求的建筑工程。这个当年出自朱镕基总理之口的"豆腐渣工程",最初只是一个偶发的语言信息,但由于这个比喻形象、贴切,具有很强的实用性,于是马上传播开来,得到了广泛应用,成为语言模因[⑧]。现在"豆腐渣工程"的使用范围已不再局限于建筑行业,其新的变体应运而生,可泛指因偷工减料、缺斤少两、以次充好而质量堪忧的各项工作或服务。如:

(2) 法律服务岂容"豆腐渣工程"(《检察日报》2004 年 12 月 7 日)

一些反映新的认识成果的语言信息,由于对人们有用,也会得到复制、传播,形成语言模因。近年来,"潜规则"已经成了一个非常热门的语言信息,官场有之,股市有之,娱乐圈有之。甚至在刚刚出版的一本小说《诺贝尔的囚徒》的封面上,也赫然标着"刻画中外皆然的学界潜规则"的字样。"潜规则"一词源于吴思先生的《潜规则》一书,他把"未成文却很有约束力的规矩"称为"潜规则"。概括准确、揭示深刻,"潜规则"一词便随《潜规则》一书的畅销而得到复制、传播:

(3) 建设领域"垫资施工"的潜规则将有望在北京被打破(《中国建设报》2004
年 4 月 12 日)

由于"潜"和"显"相对,"潜规则"出现了意义上相对应的变体"显规则"。由于"显规则"一般是显而易见、可公开、可明说的,故其本身又同时出现了"明规则"这一变体。"明""暗"相反,潜规则是暗地里运行的,于是,又一模因变体"暗规则"的出现也在情理之中了。"潜"与"显"、

"明"与"暗"相对,亦可互相转化,而当曾经隐身在桌面下的潜规则被发现、被揭示、被拿到桌面上来讨论的时候,其实已经"明朗"化了,于是便有人进一步将那种介乎明暗之间的规则变体为"浮规则"。"浮规则"实际上就是露出了水面的"潜规则"⑨。这一系列的词语现已陆续进入现代汉语词汇,它们都是基于人们认识的发展而被创制、使用及传播的模因。

4.2 合理性

　　语言信息表达出来的意义合理,人们就会复制、传播,从而形成模因现象。语言模因要得到强化或保留,一个重要因素是该语言信息具有较强的表现力。在当今这样一个多元开放的社会中,一些同义的语言信息因其能满足语言表达的需要被广泛传播,被不同的人们用于不同的语用场合和语境中。同义语言信息的共存,意味着处于竞争状态,如果某一构成同义关系的新的语言信息更加生动形象,在某种意义上更具合理性,就会被人们普遍接受,得到广泛复制和传播。"流莺"本指鸣声婉转的黄莺,但是近年来各种媒体上的"流莺"却更多是指在街头拉客的妓女,是很形象的说法。例如:

(4) 厦门卖淫猖獗,"流莺"拉客竟拦公安车(《东南快报》2003 年 9 月 3 日)

　　显然,由"流莺"引申指妓女,其外部特征、性质状态等的相似性似可从貌美、善歌、流动、思春等方面予以说明。正是具有以上若干相似方面,"流莺"词义的引申就很容易联想到了。可以说用"流莺"来代替人所不齿的妓女,即用好听的言词来掩盖令人不快的话题,显然更加委婉得体。最先用"流莺"比喻妓女的大约要数唐宋八大家之一的王安石。"惊回一觉游仙梦,又逐流莺过短墙",王安石巧妙地将"流莺"比作"逾墙而去"的妓女。用"流莺"比喻妓女可谓形神兼具,生动的语言最具生命力,"流莺"迅速受到大小媒体的青睐,得到复制、传播⑩。
　　一些外来词语信息因借用合理而被人们接受,从而得到广泛复制、传播。汉语词与外来词的语言风格不同,在现实中,往往因说话人的身份、志趣不同,会使用不同的词语。老年人习惯说地道一点的汉语,年轻人则喜爱引用一些外来词。翻阅以前的报纸、杂志,常常能看到许多生活"小常识""小窍门"栏目。现在,这些"小常识""小窍门"有了一个更俏皮的外来词:"小贴士"。"贴士"是个音译外来词,由香港经广东进入内地。英文单词"tip"有一个义项为"指点、指导,忠告",在英语中一般用复数形式"tips",音译为"贴士",现在被比较广泛地应用、复制、传播,出现了各种各样的贴士,运用于日常生活的方方面面。如:"旅游贴士""减肥贴士""健康贴士""装修贴士""求职贴士""购房贴士""健身贴士""考研贴士""美容贴士""足球贴士"等等^⑪,构成了形式相同内容各异的模因表现形式。

一些体现高尚道德的语言信息因符合人们的道德理想,也会得到广泛的复制和传播。如今最时尚的一句话莫过于"做人要厚道"。这是电影《手机》里的一句台词。过去许多人家门口的对联经常有这样两句:"忠厚传家久,诗书继世长。""做人要厚道"是中华民族的传统美德,也表现了人们对做人的道德标准的追求。这句台词一出,很快便成为流行语,出现了"做 XX 要厚道"的形式模因,被灌入各种内容组成新的模因复合体:

（5）明星,做广告要厚道(《新闻晨报》2004 年 8 月 24 日)
　　做明星要厚道(环球娱乐网 2004 年 6 月 29 日)
　　做数码要厚道　疯狂炒作之下的市场让人失望(数码时尚导购网 2004 年 7 月 7 日)
　　做营销人要"厚道"(你的博客网 2005 年 3 月 2 日)

此外,还出现下面的模因变体:

（6）做人要厚道　做生意也要厚道(《华西都市报》2004 年 2 月 6 日)
　　做人做事都要厚道　"价格游戏"别玩过火(《重庆晨报》2005 年 5 月 25 日)等等。

4.3　时尚性

所谓时尚,就是语言要有时代气息。如果语言时髦,人们就会不自觉地模仿起来,从而让其广泛地复制、传播,形成语言模因。时尚从来就是和模仿紧密结合在一起的。人们倾向于复制那些最为流行的语言信息。被模仿的语言信息越时髦、越新潮,人们就越是模仿它。流行歌曲歌名、畅销书书名、电影、电视剧片名、新闻报道标题和广告短语、作家短语、校园语言、网络语言等因为时髦,让人感到新奇、刺激、爽口、悦耳,能够及时反映某一时期的社会潮流或切合大众心态,被人们广泛复制、传播并在日常生活中引用,成为流行的时尚。如流行歌曲《老鼠爱大米》的歌名是一句民间对白式的顺口溜,它用调侃的方式表达爱情,用幽默的语言、乐观的生活态度表现出现代年轻人对传统文化的挑战。它突破陈规的潮流感、前卫感,引起人们感应神经的高度兴奋,被人们当作时髦的东西,赋予不同的内容,得到复制、传播,于是出现:

（7）汽车汽车我爱你,就像老鼠爱大米(天纵网 2003 年 12 月 5 日)
　　老虎老虎我爱你,就像老鼠爱大米(新浪网 2004 年 10 月 14 日)

2004 年雅典奥运会上,杜丽在女子十米气步枪比赛中夺冠,为中国代表团夺得第一枚金牌时,人们不由自主地喊出"杜丽,杜丽我爱你,就像老鼠爱大米!"。(《江南时报》2004 年 8 月 16 日)

4.4 权威性

语言信息如果具有权威效应,就会得到人们的复制、传播,从而形成模因现象。一般来说,拥有权威、名望、魅力的人士和其他有影响的人,往往成为众人关注的焦点,人们愿意模仿他们,从而使他们所拥有的模因得到传播。权威人士对语言信息的创造、理解和运用,在很大程度上影响着普通社会成员对语言信息做出相同或类似的举动。邓小平同志在南巡讲话中提出了"发展才是硬道理",这句名言通过文件、电视、报纸等舆论宣传得到迅速传播,在人们心目中具有权威性和持久性,很快就家喻户晓,成为人们竞相模仿的对象,用它来表达人们认为最根本最重要的事情:

(8)家装行业:发展才是硬道理(千龙新闻网 2001 年 11 月 21 日)

这句名言在复制、传播的过程中,当然会根据"**XX 才是硬道理**"这个形式模因,创造出各种变体,如:

(9)创新才是硬道理(《中华建筑报》2004 年 8 月 11 日)

稳定才是硬道理,网吧路由器选择攻略(搜狐网 2004 年 3 月 10 日)

中高档车降价才是硬道理(搜狐网 2005 年 2 月 17 日)

城市营销:效益才是硬道理(《中国企业报》2004 年 3 月 4 日)

澳柯玛空调:质量才是硬道理(《中国质量报》2004 年 3 月 12 日)

标志性建筑,外观才是硬道理(《青年参考》2004 年 9 月 22 日)

人们更易于接受他们所喜爱的人的影响和劝导,更倾向于同意他们所喜爱的人的观点。微软董事长 Bill Gates 是许多人仰慕的偶像,他的名言"拥有了网络,就等于拥有了世界"就被当作正确的楷模,受到人们青睐,被大量复制、迅速传播。于是就有了:

(10)拥有好口才,就等于拥有了辉煌的前程(中国新书发布网 2005 年 2 月 1 日)

拥有一台激光设备就等于拥有一棵"摇钱树"(泽林商贸网 2004 年 12 月 29 日)

拥有一套高品位的房子就等于拥有一种高品位的生活(《西安开发区导报》2003 年 12 月 15 日)

拥有了客户关系就等于拥有了品牌(《深圳特区报》2002 年 10 月 31 日)

拥有了北京,就等于拥有了社会地位,拥有了更多成功的机会(《平顶山日报》2002 年 11 月 12 日)

5. 结语

模因学涉及的范围非常广,从生物学、心理学、社会学直到语言学,都有很大的研究潜力。语言模因论将进化论的思维方式应用于对语言发展的分析,为我们探讨语言的进化问题提供了一种崭新的研究思路。语言模因论对于语言中的许多现象具有独特的解释力,借此理论来观察社会文化语用问题是很有意义的。

注释

① 此书有中译本:苏珊.布莱克莫尔著,高申春、吴友军、许波译:《谜米机器》,长春:吉林人民出版社 2001 年版。该书译者把 meme 译为"谜米",故书名被译为《谜米机器》。

② 杨华:《汉语新词语研究》,哈尔滨:黑龙江教育出版社 2002 年版,第 23 页。

③ 莫蕾:"'虫'者,人也!"《咬文嚼字》2002 年第 12 期,第 16—17 页。该文对上述各例的释义与本文的解释有不尽相同之处。

④ 陈建民:《中国语言与中国社会》,广州:广东教育出版社 1999 年版,第 12 页。

⑤ 陈晓宁:《十字街头的语言文字》,北京:中国经济出版社 2004 年版,第 110 页。

⑥ 于亚琳:"'金融艾滋病'及其形成机理",《中国城市金融》1997 年第 2 期,第 40—43 页。

⑦ 付晓文:"说'翘楚'",《语文知识》2005 年第 5 期,第 4 页。

⑧ 韩导勤:"有感于'豆腐渣'工程",《中国监察》1998 年第 11 期,第 41 页。

⑨ 刘丽辉:"'潜规则'系列流行语",《语文建设》2004 年第 10 期,第 41—42 页。

⑩ 班吉庆:"从'流莺'词义变迁看词义引申与社会文化的关系",《扬州大学学报》2004 年第 2 期,第 48—50 页。

⑪ 李玮:"从音译外来词'贴士'的流行说起",《语文学习》2005 年第 5 期,第 57 页。

参考文献

Blackmore, S. Imitation and the definition of a meme[J]. *Journal of Memetics - Evolutionary Models of Information Transmission*, 1998.

Blackmore, S. *The Meme Machine*[M]. Oxford: Oxford University Press, 1999.

Brodie, R. *Virus of the Mind*[M]. Seattle: Integral Press, 1996.

Dawkins, R. *The Selfish Gene*[M]. New York: Oxford University Press, 1976.

Lynch, A. *Thought Contagion: How Belief Spreads through Society*[M]. New York: Basic Books, 1996.

Marsden, P. Forefathers of memetics: Gabriel Tarde and the laws of imitation[J].

Journal of Memetics-Evolutionary Models of Information Transmission，2000(4).

郭　菁.文化进化的 meme 理论及其难题[J].哲学动态,2005(1).

何自然、何雪林.模因论与社会语用[J].现代外语,2003(2).

何自然.语言中的模因[J].语言科学,2005(6).

马　萧.翻译模因论与翻译教学[J].山东外语教学,2005(3).

王　斌.密母与翻译[J].外语研究,2004(3).

伍蠡甫(主编).西方文论选[C].上海：上海译文出版社.

夏家骃、时　汶.模因论与人文社会科学[J].科技进步与对策,2003(9).

徐盛桓.幂姆与文学作品互文性研究[J].暨南大学华文学院学报,2005(1).

尹丕安.模因论与隐喻的认知理据[J].西安外国语学院学报,2005(2).

张　莹.从密母的角度谈异化翻译的趋势[J].深圳大学学报,2003(6).

中国大百科全书(心理学)编辑委员会.中国大百科全书(心理学)[Z].北京：中国大百
科全书出版社,1991.

广告语言中的模因[*]

陈琳霞

1. 引言

　　模因论是基于达尔文进化论观点解释文化进化规律的新理论。它借用生物进化模式探讨模因的复制、传播和进化,对事物之间的普遍联系以及文化中出现的诸多一脉相承的相似现象进行诠释。语言模因论揭示了语言发展的规律,为我们探讨语言的进化问题提供了新的视角。自从模因论出现以来,很多学者开始用模因论解释社会文化领域的许多现象。成功的广告语也是通过模仿而传播的语言模因,体现了文化进化的规律。本文以模因论为切入点,尝试从新的角度剖析广告语言中模因的传播现象。

2. 模因的概念

　　模因(meme)这一概念源于社会生物学,最早见于新达尔文主义倡导者英国著名动物学家 Richard Dawkins 于 1976 年出版的 *The Selfish Gene*(《自私的基因》)这本畅销书中。Dawkins 在该书的最后一章引入了与基因相对应的模因概念,用以说明文化的传播,把它定义为:文化传递的单位(Dawkins,1976:192)。术语"模因"进入了《牛津英语词典》,定义为:"文化的基本单位,通过非遗传的方式,特别是模仿而得到传递"(Blackmore,2002)。也就是说任何能够通过"模仿"的过程而被"复制"并得以传播的东西都可以称为模因。模因作为文化传播单位,表现形式繁多,Dawkins 指出,像"音乐曲调、思想观念、谚语、服装样式、陶罐制作方式、房屋建筑样式"等都是不同形式的模因(Blackmore,1999:6)。Ayling(1998:4)把广告中的模因定义为:在广告中,模因是这样的一个想法或观念,它经过提炼、浓缩,是存留的精华,然后用最简单的方法使人人都能立即且毫不费力地掌握其意义。模因的操作是,将复杂的概念或想法组装在一起,使之变得简单并易于交流。目前,模因的研究在西方越

---

　　* 本文原发表于《外语教学》2006 年第 4 期。

来越受到专家学者的注意,模因学涉及的范围非常广,从生物学、心理学、教育学、社会学直到语言科学等。模因论作为文化进化的新理论,可以诠释语言中的诸多现象,尤其是广告语言中模因的传播现象,从而帮助广告设计者,通过精心选择设计出强势广告语。

3. 模因的周期与广告语

广告是一种文化传播活动,广告语言和模因有着密切的联系。广告的目的是通过在社会不同群体中传播,与广告受众沟通,让他们理解、接受,并在其传播过程中不断发展和变化。广告语言的社会化即得到广泛流传,就是模因作用所导致的。模因与基因都被认为是一种复制因子,但它们有着不同的行为特征。基因作为复制因子推动着生物进化过程,模因作为新的复制因子驱动着文化的进化。基因通过遗传而繁衍,而模因通过模仿而传播。基因在不同的代际之间纵向传递,模因一方面以纵向的方式在代际之间进行传递,但另一方面也以横向的方式进行传递。基因传播需要一代人的时间,模因传播力远胜于基因,它能在短时间内得到迅速的传播和扩散。模因像基因那样得到继承,像病毒那样得到传播,它是一种可传染的信息模式,它可以感染人类的大脑,模因也是一种认知或行为模式,由一个人传输到另一个人,从一个宿主到另一个宿主。模因在被新的宿主选择并在随后被传递要经过不同的阶段。它的生命可分为以下四个周期(Heylighen,1998:423-418):

同化(assimilation)。同化指呈现的模因被宿主注意、理解和接受。注意是指模因载体的显著程度足以引起宿主的关注,理解意味着宿主能将该呈现的模因纳入自己的认知体系。宿主会下意识滤掉与积累起来的传统文化相异或相斥的模因,选择性接触、理解、记忆与之一致的信息。如果新模因与宿主的已经存在的认知体系相适应,就有可能被接受。

记忆(retention)。模因必须在记忆中停留,否则它们就不能被称为模因。Dawkins 将模因的传播过程比喻为寄生虫对宿主的侵染(Blackmore,1999:6)。模因在宿主的大脑里停留的时间越长,传播和影响其他宿主的可能性越大。

表达(expression)。为了能广泛传播,模因必须由记忆模式转化为宿主能够感知的有形体。这个过程就是"表达"。话语是最突出的表达手段。

传播(transmission)。模因表达需要有形载体或媒体。模因载体可以是书本、照片、人工制品、光碟等。在传播阶段,模因从一个宿主被传播到一个或更多的潜在宿主,传播的过程也叫做复制。

在广告中模因的复制和传播也是如此。广告语言模因成功的基础是引起广告受众的注意,进入他们的记忆中,使其受到感染,并最终获得他们的接受和认同。广告的特性要求它必须立即见效,在有限的篇幅和时间内攫住读者的注意力。广告语言中模因的自我复制能力各不相同。在模因进化的过程中存在着巨大的选择压力,所以在数量极大的潜在的模因中,能够生存下来的模因为数并不是很多,只有很少一部分的模因能够成功地从一个人的头脑拷贝到另一个人的头脑,从人的头脑拷贝到印刷品,或是从人的声音拷贝到光盘上(Blackmore,1999:38)。在自我复制的过程中,有些广告语胜过了其他的广告语,从而得到广泛传播。国外最新研究成果显示:同时看 10 条广告留在记忆里的只有 3 条,当爱挑剔的消费者有 1 个需求时,只有 3 个品牌进入他的选择范围,而最终能打动他的只有 1 个品牌(陈新,2005:7)。这时富有创意的广告产品便成为其首选。

广告语之间具有激烈的相互竞争性,以争取被宿主采纳、接受,得到表达和传播。怎样的语言模因才能成为成功的广告语?Dawkins 认为用三个指标来衡量:保真性(copying-fidelity)、多产性(fecundity)和长寿性(longevity)。这三方面表现值均比较高的模因才有可能获胜(Blackmore,1999:58)。有效的模因应该是那些能够引起高度真实而又长期保存记忆的模因。有很多模因之所以能够成功地广为传播,在很大程度上是因为他们易于被记忆。汉语中的成语、谚语、俗语、名言、诗词名句是中国人民千百年来智慧的结晶,是中华民族语言的精华。它们作为语言模因由于复制能力强,传播范围广,存活时间长被广泛复制,得以世代流传。它们内容丰富,语言精练,便于记忆,为宿主所熟知,能与宿主已有的认知结构相连接,容易被宿主理解和接受,引发同化反应。用它们做广告语容易感染新的宿主,进入他们的记忆。读者受到感染,成为宿主,便会对模因进行重新编码和传播,使这些模因得到了表达。模因被传输的次数越多,感染新宿主的机会也就越多。现代的广告词作者们理解、体会模因四个生命周期,利用它们通俗易懂、有广泛的群众基础的固有优势,借助或依附于旧有的强势模因,为广告商品增加了文化附加值,增添了文化吸引力,增强了生命力。

4. 广告模因的种类

从模因论的角度观察,模因传播的途径是多元化的(Blackmore,1999:62)。语言模因的复制和传播有基因型的“内容相同、形式各异”和表现型的"形式相同、内容各异"。前者被喻为基因型的模因,后者被喻为表现型的模因(何自然,2005:54-64)。

4.1 基因型的广告模因

广告语中的基因型模因指原封不动地完全照搬固有的成语、谚语、俗语、名言、诗词名句等作广告语的现象。整个广告就是通俗用语本身,未掺杂其他语言成分。广告词作者信手拈来便让它们对号入座,收到的效果却是非凡的。基因型的广告模因如果切题切境,运用得当,有独特且隽永的广告魅力。

4.1.1 相同的信息直接传递

这类语言信息不改动任何内容,直接用在广告语中,是通过直接引用的方式,复制和传递的模因。它引用人们熟悉和赞赏的语句,使接受者闻之而生亲切、温馨的感觉。广告词作者把商品信息寄托在这样一个大众熟悉的语言环境中,并用成语、谚语、俗语、名言、诗词名句等与广告产品的主要功效及相关情感联系起来,突出广告的主题,诱导受众付诸购买行动。

如河南杜康酒广告语:"慨当以慷,忧恩难忘。何以解忧? 惟有杜康!"自古以来,中国众多名人与酒有着不解之缘。如曹操写了《短歌行》,从内心发出:"慨当以慷,忧思难忘;何以解忧? 惟有杜康"的感慨。河南杜康酒产于杜康故里,用传说中的我国酿酒业的鼻祖"杜康"来为自己的酒命名,用深受人民喜爱的名诗句作广告语,把曹操与杜康酒联系在一起,扩大了产品的知名度,实现"酒"与"文化"的良好嫁接,使该广告语带上了显著的文化意蕴,成为强势模因,人们在不知不觉中接受广告信息。这则广告寥寥数语,既使人了解商品,又领略模因所起的传播作用,杜康酒也因此而被评为"中国十大文化名酒"[①]。

还有如日本理光传真机的广告语"远在天边,近在眼前",借用这条中国俗语的内涵把传真机方便、快捷的特性完全反映出来了[②]。微型摄像机广告语"麻雀虽小,五脏俱全"直接引用俗语,利用微型摄像机的性能、特点与俗语"麻雀虽小,五脏俱全"意义相通,把两者搭配在一起,名实相符,恰如其分[③]。江苏沙洲灯具广告语"东风夜放花千树",直接引用宋代大诗人辛弃疾《青玉案·元夕》中的名句,将灯饰绚丽多姿与万紫千红表达得十分恰当而又生动[④]。这些都是通过直接引用的方式,复制和传递的模因。

4.1.2 相同的信息,表达不同的内容

这里指的是用相同的基因型广告模因,作不同事物的广告语。也就

是说不同产品的设计者,选中了相同的语言模因作为他们产品的广告语。

如王勃《送杜少府之任蜀川》中两句传诵千古的名句:"海内存知己,天涯若比邻",不少厂商把它作为广告语,迅速成为模因。这一名句被用作北京海天书苑的广告语,意味深长,立意巧妙。书店用此来表明自己决心做广大读者的天涯知己,用邮购方式为南北各地读者服务,如同近邻一般。视远方读者为知己、待他们如同近邻的态度,给人一种十分亲切的感觉,自然受到读者的欢迎⑤。"海内存知己,天涯若比邻"也同样被中国移动通信公司用做广告语,让人们悟出了:正是移动通信公司把"海内存知己,天涯若比邻"的美好梦想变成现实,是这个公司通过电讯方便人们交流,从而消除时间、空间的遥远距离,让人们相互间随时保持联系,互通信息,使天涯终于咫尺⑥。

源出《论语·卫灵公》的"工欲善其事,必先利其器"说明工匠要做好他的工作,必须首先使他的工具精良。此名句分别被用作快调两用活扳手广告语⑦、仪器仪表广告语和菜刀广告语⑧。普达汽车防盗器广告语是"高枕无忧",而星航保险柜的广告语是"一柜在手,高枕无忧"。成语"高枕无忧"被汽车防盗器生产厂家和保险柜生产厂家不约而同选中⑨。"出手不凡"一句也被易通名片和钻石手表的商家选中作为广告语,可谓慧眼识珠⑩。不同的广告设计者,把这些相同的信息,选来做自己产品的广告语。

4.2 表现型的广告模因

表现型的广告模因,是根据实际需要对固有的语言或言语成分灵活变动,被不同的人们用于不同的语用场合和语境中,按需表达不同的内容。它们形式相近,内容迥异。像成语、谚语、俗语、名言、诗词名句等作为语言模因,虽有很高的保真性,但有时候由于它们形式和内容都难以反映变化了的时代和情形,难以满足当今社会广告的需求,对它们进行改动,进行创新,由熟悉推向陌生,使之与时俱进,不仅能够保持其权威性和吸引力,而且广告效应可能还要更大。

4.2.1 同构异义传播

在一些原有的比较固定的语言框架上换上新的词或调换某些词的位置,对耳熟能详的原型稍加改动,这就是同构异义传播的模因。广告创作者在一些已被人们所普遍认识的背景语言上做了一些巧妙的改动,不但符合产品制造商的意图,又能给人耳目一新的感觉,让人一目了然,并且过目不忘,大大提高了该广告语的注意价值和记忆价值,取得良好的艺术效果。用这些模因来为广告服务，能让人感到巧妙、新奇、诙谐。

三九胃泰的广告语为"悠悠寸草心，报得三春晖——三九胃泰的承诺"，它是从唐代诗人孟郊《游子吟》中的千古流传的佳句"谁言寸草心，报得三春晖"改写而来的。它利用原诗在民间固有的影响力为产品作宣传，在原句的基础上平添了几许新意。句中的"谁言"换成了"悠悠"，两字之改，使观众感到似曾相识又耳目一新。新句并未削减原句固有的含义，却寄托了广告厂家炽烈的情怀，把普通而伟大的人性美——母爱转化为三九胃泰对患者充满爱心的"承诺"。Heath（2001：1028－1041）认为：某些模因经常被选择和被记忆是因为它们能够激起人们共有的情感反应。亲情的融入，不仅让广告拥有了生命力，更重要的是它能激起诉求对象情感共鸣⑪。

中国人民保险公司广告语"天有不测风云，人有人身保险"是从人们熟悉的谚语"天有不测风云，人有旦夕祸福"复制而来，用来说明人身保险能与人们一起抵御天灾人祸，保障家庭平安⑫。日本东芝电冰箱公司广告语"此时无霜胜有霜"引用人们熟知的白居易《琵琶行》中的"此时无声胜有声"这一诗句，把原来的"声"换成"霜"，改动一字，效果立现，突出地表达了冰箱的功能⑬。这些都是同构异义传播的广告模因。

4.2.2 同音近音异义传播

同音近音异义传播指语言模因保持原来的结构，利用同音词、近音词对固有成语、谚语、俗语、名言、诗词名句等进行谐音换字，在尽量保持原来读音的情况下，用一个更贴近商品的词替换原文，使其语义更靠近广告所宣传的商品。同音近音异义复制传播是以语音的相同相近为必要条件的，其形式、音节与原型相似，意义却完全改变了。

如江铃汽车广告语："千里江铃一日还"，源自唐代诗人李白的名诗《朝发白帝城》："朝辞白帝彩云间，千里江陵一日还，两岸猿声啼不住，轻舟已过万重山。"南昌江铃汽车制造厂将李白的名句用来作广告语，而且在复制、传播过程中采用同音替代的办法，改"陵"为"铃"，把古诗名句"千里江陵一日还"复制成"千里江铃一日还"，成功地运用了同音异义，将地名改成了产品的品牌名称，给这句广为传诵的不朽名句注入了新的蕴含。就总体而言，更换一字并没有毁损原诗的韵味和意境。江铃汽车是一种现代交通工具，"千里江铃一日还"当在情理之中，大多数受众能够理解它的特指，不至于产生误解。广告语借助"千里江陵一日还"这一成功的语言模因来宣传自己的产品，突出其速度之快，性能之佳，表达产品性能的同时，又能使受众自然联想到李白的名句，借用了名诗句本身所已经具有的"知名度",移花接木,便于流传,取得了很好的宣传效果[14]。

胆舒胶囊广告语"大石化小,小石化了"则是模仿俗语"大事化小,小事化了"而成。采用近音替代的办法,改"事"为"石"[15]。山西汾酒的广告词"汾酒必喝,喝酒必汾"是模仿罗贯中在《三国演义》开篇中的那句经典名言:"分久必合,合久必分"而杜撰出来的,此例既有同音复制,又有近音复制。生动地说出了汾酒在消费者心目中的地位[16]。它们都是同音近音异义传播的广告模因。

4.2.3 同型联想传播

这类语言模因的形式没有变,但运用于不同的语境导致产生不同的意义联想。这种方法是借助原成语中某词或字与产品的功用、性能或形态等词的相关关系,引导人们抛开原成语的常用义或比喻义作新的理解。在广告中,为了达到宣传商品的目的,利用一定语境撇开原成语的整体义(比喻义)而回归到成语的表面义,从而使广告语言效果更为新奇有力,在形式上保持了成语原貌,在意义上却暗换词义,这样造成了强烈的意义反差,出人意料,又在情理之中,幽默风趣,耐人寻味。

台湾地区孕妇服装广告语是"挺身而出——展露女性最美的曲线",既形象生动,又诙谐幽默。成语"挺身而出"通常是"形容遇到危险时,勇敢地站出来,担当其任"。字典中解释出来的是它的比喻义。这则广告改变了成语的语义,造成一种幽默诙谐或吸引人的效果,成语"挺身而出"的意义发生了变化,"挺"在这里用的不是"勇敢地担当艰险的事情"这个意义,"挺"的语义又回归到了本义上,是对孕妇体态的白描。作者大胆打破有关女性曲线美的常规思维,它突出了孕妇"挺身""曲线"的特点,蕴意含蓄,能引发人们的联想,使整个广告情趣盎然、格调健康、风采别致。大腹便便的孕妇在常人眼里,根本无法与曲线玲珑的少女媲美,然而女人的伟大正在于她孕育了生命。那"挺身而出"的曲线,又何尝不是女人生命中最美的曲线?作者幽默地表达了对女性和母亲的赞美,如此曲折的表达,显示出表达的技巧,表达的艺术,能激发受众的想象,使他们感到愉悦,产生美感。同时宣传孕妇装特点的主题得到了完美展示,消费者在领首微笑中领悟了广告的主旨,感受其意味深长的画外音,并在恍然大悟之后很快地记住了广告所要推销的商品,从而使商品增加了一种亲和力[17]。

台湾地区相机保藏箱广告语"外强中干"抛开贬义成语"外强中干"用来"形容外表强壮,内部虚弱"的原意。而取其字面意思,对成语做出与通用语义相反但自然贴切的新解释,表明这种相机保藏箱,外壳是坚固的,而里面却十分干燥,有利相机的保藏特点,使感情色彩大变[18]。德国一打字机广告语的汉语译文是"不打不相识"。广告巧妙地活用了一个妇孺皆知的俗语"不打不相识"。利用汉语的多义性，充分地对汉语语言的魅力进行了展示。"打"字改变了"打架"的原义，而指在"打字"中相交相识，意为使用了这种打字机就知道它的特点和优越的性能，引人遐想，给人无穷的回味空间⑩。这些都是同型联想传播的广告模因。

5. 结语

　　模因为广告语的分析和创作提供一个新工具。带有强势模因的广告语言，其传播能力会格外引起人们的注意，易于被人们记住，更易于被传递给别人，了解模因论，了解模因的基因型和表现型及其复制、传播方式，可以为我们打造强势模因广告语提供帮助。广告制作者在设计广告语时借助或依附于成语、谚语、俗语、名言、诗词名句等创造出强势模因，将使广告语具有自我传播的效应，能够大大增强广告效果。

注释

① 迟双明主编：《广告文案创作 50 法和精彩实例》，北京：中国国际广播出版社，2004 年版，第 347 页。

② 曾庆璇：《著名广告词修辞艺术》，重庆：重庆出版社，2001 年版，第 36 页。

③ 宁人、张为力：《广告妙语大观》，北京：国际文化出版公司，1997 年版，第 26 页。

④ 迟双明主编：《广告文案创作 50 法和精彩实例》，北京：中国国际广播出版社，2004 年版，第 98 页。

⑤ 金涛声、徐舟汉主编：《中外广告精品探胜》，北京：国际文化出版公司，1995 年版，第 301—302 页。

⑥ 谢伦浩主编：《绝妙广告》，北京：石油出版社，2003 年版，第 356 页。

⑦ 宁人、张为力：《广告妙语大观》，北京：国际文化出版公司，1997 年版，第 495 页。

⑧ 张秀贤、马军主编：《广告语创作技巧与金句 15000 条》，中国国际广播出版社，2002 年版，第 298—415 页。

⑨ 谢伦浩主编：《绝妙广告》，北京：石油出版社，2003 年版，第 394—407 页。

⑩ 施妨："移花接木　貌合神异——小议广告语言的新趋势"，《修辞学习》1994 年第 2 期，第 11—12 页。

⑪ 孔祥宇等编著：《成功广告案例评析》，北京：中国商业出版社，2001 年版，第 110 页。

⑫ 何新祥：《广告语言修辞策略》，长沙：中南大学出版社，2003 年版，第 393 页。

⑬ 火面："好的广告词自己会'说话'"，《公关世界》2002 年第 6 期，第 31 页。

⑭ 汪建新、周玫：《破译广告》，北京：中国经济出版社，1999 年版，第 171—172 页。

⑮ 金涛声、徐舟汉主编：《中外广告精品探胜》，北京：国际文化出版公司，1995 年版，第 118—119 页。

⑯ 曹石珠："谐音仿拟广告词浅谈"，《三峡学刊》，1995 年第 2 期，第 79—85 页。

⑰ 樊丽丽：《趣味广告案例集锦》，北京：中国经济出版社，2005 年版，第 73 页。

⑱ 何新祥：《广告语言修辞策略》，长沙：中南大学出版社，2003 年版，第 193 页。

⑲ 孔祥宇等编著：《成功广告案例评析》，北京：中国商业出版社，2001 年版，第 173—174 页。

参考文献

Ayling，G. *Rapid Response Advertising*［M］. Warriewood，N. S. W.：Business and Professional Pub.，1998.

Blackmore，S. The evolution of meme machines［A］. Conference paper delivered at the International Congress on Ontopsychology and Memetics，Milan，May 18 - 21，2002. Also published in Meneghetti，A. et al. *Ontopsychology and Memetics*［C］. Rome，Psicologica Editrice，2003.

Blackmore，S. *The Meme Machine*［M］. Oxford：Oxford University Press，1999.

Dawkins，R. *The Selfish Gene*［M］. New York：Oxford University Press，1976.

Heath，C. Emotional selection memes［J］. *Journal of Personality and Social Psycholog*，2001，81(6).

Heylighen，F. What makes a meme successful? ［A］. *Proceedings of the 15th International Congress on Cybernetics*［C］. 1998.

陈　新.广告词与修辞［J］.高中生，2005(3).

何自然.语言中的模因［J］.语言科学，2005(6).

何自然、何雪林.模因论与社会语用［J］.现代外语，2003(2).

王　斌.密母与翻译［J］.外语研究，2004(3).

夏家驷、时　汶.模因论与人文社会科学［J］.科技进步与对策，2003(9).

语言模因说略[*]

谢朝群　何自然

1. 引言

英国牛津大学著名动物学家和行为生态学家 Richard Dawkins (1976)在他的 *The Selfish Gene*(《自私的基因》)最后一章中问道:文化领域有没有一种类似基因的东西,也在文化进化过程中起重要作用呢? Dawkins 的回答是肯定的。他认为,除了 DNA 以外,还存在另外一种复制因子。他将这种复制因子命名为"模因(meme)"。"meme"源自希腊词 "mimeme",意指"被模仿的东西"。模因是文化传递单位,或者说是文化复制因子,它的核心是模仿。具体说来,它可以是曲调旋律、想法思潮、时髦用语、时尚服饰、搭屋建房、器具制造等的模式(Dawkins,1976:206, 2006:192),也可以是科学理论、宗教信仰、决策程序、惩罚模式、客套常规,等等。简而言之,任何想法、说法和做法都有可能成为模因。现实生活中的模因现象可以说比比皆是,当看到某种现象出现并得到传播时,我们能够认出那是模因作用的结果(何自然,2005)。

最近,有学者宣称,模因学说在西方已被搁置起来。事实并非如此。近年,Sperber(2000,2006),Levinson(2003,2006),Millikan(2004,2005)等研究均对模因论给予了不同程度的关注。2005 年,剑桥大学出版社出版了 Kate Distin 在其博士论文基础上修改而成的专著 *The Selfish Meme* (《自私的模因》)。Distin 的论述让我们看到,既然语言是人类文化生活中最重要的因素之一,模因论能够也应该对语言起源和语言使用问题作出新的解释。Chilton(2005)则从语言和认知层面分析了具体语篇中的隐喻表达,认为思想观念传播问题可以从模因的角度进行解释。Johansson(2005:29)指出,虽然模因论存在一些不足和缺陷,但它有助于我们进一步理解文化、思想和语言的进化问题。为了纪念《自私的基因》一书出版 30 周年,牛津大学出版社 2006 年隆重推出《自私的基因》第三版(Dawkins,2006)[①],同时还出版了由 Dawkins 以前的学生 Alan Grafen

---

[*]　本文原发表于《现代外语》2007 年第 1 期。

和 Mark Ridley 负责主编的论文集 *Richard Dawkins: How a Scientist Changed the Way We Think*（《理查德·道金斯：一位科学家如何改变我们的思维方式》），著名学者如 Daniel C. Dennett、Steven Pinker、Philip Pullman、Matt Ridley 等在书中就 Dawkins 对当代科学与文化所做出的贡献各抒己见②。此外，美国 EBSCO 学术期刊数据库目前已经将专门研究模因论的网上学术期刊 *Journal of Memetics* 全文收录，读者可以从该数据库全文下载该刊发表的所有论文。这不但有助于模因论得到更为广泛的传播，而且还可能在一定程度上为模因论"正名"，帮助模因论逐渐走出学术边缘化的尴尬处境。应该说，模因概念及其相关学说已经进入人们的研究视线，成为当前人文社会科学研究热点之一，而模因论与语言之间的界面研究则才刚刚起步，还比较零散，尚未形成一定的系统性（如 Worden，2000；Ritt，2004；Xie，2007；He & Xie，forthcoming；何自然、何雪林，2003；何自然，2005；何自然、谢朝群，2005；陈琳霞、何自然，2006；蔡少莲，2006），值得开发的重要研究议题还不少。本文主要通过现实生活中的具体实例来阐述语言模因概念和解释语言模因现象，希望能为语言学习、理解及其使用带来一些新启示。不当之处，敬请方家斧正。

2. 语言是一种模因

2.1 语言与模因

　　Dawkins 起初认为模因是文化模仿单位，后来又将模因看作是大脑里的信息单位，是存在于大脑中的一个复制因子（Dawkins，1982：109）。这样的提法比较抽象，Blackmore 的讨论则比较具体，她紧紧扣住模仿的概念，认为"任何一个信息，只要它能够通过广义上称为'模仿'的过程而被'复制'，它就可以称为模因"（Blackmore，1999：66）。如此看来，任何东西，只要有人带个头，并得到别人的跟进，加以模仿、复制与传播，都有可能成为模因。联系语言而言，我们可以认为语言本身就是一种模因，模因也寓于语言之中③，任何字、词、短语、句子、段落乃至篇章，只要通过模仿得到复制和传播，都有可能成为模因。语言作为一种模因，它之所以能够流传至今与历代语言使用者的不断模仿、复制与传播是分不开的。如果语言不再为人所模仿和使用，那它必然逐渐被人遗忘并走向消亡。"人"字虽然看起来普普通通，但实际上是一个十分活跃的模因，具有相当强的复制能力，可以复制出"男人""女人""媒人""美人""每人""鄙人""老人""人民""人家""人物""人缘""人员""人工""人流""人选""一个人""中国人""木偶人""人造卫星""人山人海""我是中国人"等词语模因和句子模因。由此可以看出,语言作为模因,其成功或失败与其本身复制能力大小密切相关。Dawkins 在 *The Meme Machine*(《模因机器》)(Blackmore,1999:vi)一书序言中曾举一例。在 meme 一词被创造出来之后,还出现了另一个与 meme 具有竞争意味的新词,叫"文化基因"(culturgen,详见 Lumsden & Wilson,1981)。由于 meme 与 gene 具有一定的相似性,与其他词组合还可以造出新词,形成新的模因或模因复合体,如 memepool,memetype 等,而 culturgen 在外形、发音和造词能力等方面均处劣势,因而没能打败 meme 而成为强模因。其实,就连 Wilson 自己似乎也认可了 meme:该词在他独立撰写的一部专著(Wilson,1998)中就用过八次,而他自己杜撰的 culturgen 在同一书中却只出现了一次。meme 作为一个模因,其复制力大大超过了 culturgen。

除了语词、句段乃至篇章本身之外,一定的社会实践也会令语言模因的意义得到扩展、延伸或变异。根据《辞源》提供的解释,"女郎"一词最早出现在乐府诗集里的木兰诗,"同行十二年,不知木兰是女郎",意指年轻的女子。"女郎"这个词语模因经过人们的长期复制传播一直存活到现在。1962 年,第一部 007 电影上映,片中与风流的詹姆斯•邦德搭档的漂亮女演员被称为"邦女郎"。从此,电影界被导演器重并最引人注目的漂亮女演员经常被称为"×女郎",张艺谋担任导演的影片中扮演女主角的就成了"谋女郎":

(1) a. 谋女郎"李曼"域名被抢注 可转卖 18 万?(搜狐网 2006 年 2 月 27 日)
　　 b. 张艺谋开口评价两代谋女郎:章子怡比巩俐强(人民网 2005 年 1 月 20 日)
　　 c. 董洁被打入冷宫"谋女郎"变成霉女郎(雅虎网 2005 年 4 月 20 日)

从(1c)可以看出,从"谋女郎"还派生出了"霉女郎"。再看"变脸"。我们知道,"变脸"是川剧表演艺术的特殊技巧之一,用于表现剧中人物情绪的突然变化,或惊恐,或绝望,或愤怒等。如今,"变脸"这个词语模因也发生了变脸,不再局限于指称川剧表演:

(2) a. 斯琴高娃、奚美娟荧屏忙"变脸"(《文汇报》2003 年 7 月 31 日)
　　 b. 冷空气迟到一天明日进广东 威力减弱天气要变脸(《南方都市报》2004 年 11 月 24 日)
　　 c. 快乐大本营昨日"变脸"(《三湘都市报》2004 年 11 月 20 日)

以上各句中,"变脸"之意义虽与"变化"大致相当,但具体指称内容并不一样:(2a)中的"变脸"指的是演员一改以前的屏幕正面形象,转型演反面角色,(2b)的"变脸"系指天气变化,而(2c)的"变脸"则是指"快乐大本营"这个电视节目内容发生变化。

2.2 语言模因、语境与意义

从例(2)可以看出,语言模因的解读的确需要借助语境,但这里的语境不一定就是指语言模因使用的具体语境,而很可能指语言模因经过频繁使用之后所沉淀下来的缺省语境,就是说许多时候语境早已内嵌于语言模因之中,语言模因具有自己的语境,每个语言模因总是流露或暗示自身在某个或某些语境中使用过的痕迹④。其实,语境先于意义而存在,当意义产生之后,语境就内嵌在意义之中,二者朝夕相处,形影不离⑤。另一方面,意义本身所具有的弹性使它能够应付各种各样的新语境⑥。这里我们似乎可以区分出两种语境,一种是缺省语境,即语言模因自身所携带的语境,这是语言模因在某个或某些语境中反复使用后逐渐固化的结果;另一种语境就是语言模因使用的具体新语境。在实际话语解读过程中,首先被激活的不一定是语言模因使用的实际语境,而经常是内嵌在语言模因里面的缺省语境。

据此,我们似乎还可以区分出两种意义,即与缺省语境对应的缺省含义和与新语境对应的浮现意义(参阅 Levinson,2000;Recanati,2004;Jaszczolt,2005;Wilson & Carston,2006)。时下颇受国内外语言学界关注的认知语言学(如 Turner,1991:206;Fauconnier,1994:xxiii;Dancygier,2006:6)宣称,语言表达本身不具有意义,它们只是促使我们借助已经掌握的认知过程建构出浮现意义(emergent meaning);话语的意义决不在语词之内。语言模因究竟有没有自己的意义?可以这么说,语言模因的意义最初是由语言使用者赋予的,后来逐渐演变成了缺省含义,语言模因的缺省含义也因此成为人际互动交流的重要基础之一(参阅 Lewis,2002:160-202;Gu,2005:1-48)。诚然,在新语境中,语言的确能够引领出新的意义,但我们不能因此贬低语言自身意义的重要性甚至否定语言自身意义的存在。如果语言本身不具有意义,为什么许多高校纷纷将原来的"外语系"更名为"外语学院"呢?如果语言本身不具有意义,为什么有人会说"虽然都是在食堂工作,但炒菜总比洗碗好听"呢?如果语言本身不具有意义,为什么某车主偷偷将他的车牌号"6657"用涂料改成"8887"呢⑦?如果语言本身不具有意义,人类言语交际何以成为可能呢?在实际语言互动中,如果没有以语言意义为基础,说话人意欲传递的意义又该如何引领出来呢?语言本身不但具有意义,而且还能引领出新的意义;换言之,语言的浮现意义是以字面意义或缺省含义为基础的。

需要指出的是,缺省含义与字面意义和语境意义既有联系又有区别。缺省含义可能是字面意义也可能不是,而语境意义可能是字面意义,也可能是缺省含义,还可能是由字面意义或缺省含义与互动新语境的诸多因素共同引领出来的浮现意义。若从语用化(pragmaticalization)角度考虑,缺省含义最初是由具体说话人意义所沉淀下来的,即模因宿主在互动交际过程中赋予语词以新的含义,这就是所谓的"浮现意义"。如果这些新的浮现意义使用频率比较高,能够得到广泛复制和传播,它们就有可能慢慢沉淀下来而成为该语词的缺省含义(参见 Levinson,2000:21-27)。当我们说语言意义中具有模因的成分时,我们主要指字面意义或缺省含义。当然,模因宿主还可以结合自己的表达需要或语用意图使原有的字面意义或缺省含义重新产生新的浮现意义,如此往复。比如"小菜"这个词语模因。根据《现代汉语词典》的解释,其字面意义主要是"小碟盛的下酒饭的菜蔬,多为盐的或酱腌制的"。不知从什么时候开始,"小菜"开始拥有了"轻而易举的事情"的浮现意义,后来,该浮现意义经过重复使用慢慢沉淀下来,逐渐演变成缺省含义。"小菜"在不同实际语境中可以有不同的语境意义,它可能是上面提到的字面意义或缺省含义,也可能是"这么容易的事情,你怎么都做不了呢?"或"你说容易,那你自己干嘛不做做看呢?"这样的浮现意义。语言和语言使用者就是如此神奇。

3. 社会实践与语言模因的传播

3.1 社会实践与语言模因的关系

3.1.1 语言模因是社会实践的产物

语言模因是社会实践的产物,它经常与具体的社会事件紧密联系在一起,新的社会实践活动促使新模因的产生。2005 年夏天,随着湖南卫视《超级女声》节目在全国范围内的热播,"超级女声""超级女生"以及它们的缩写形式"超女"在全国大江南北迅速流行开来,成为新的模因。2006 年 2 月 12 日下午,我们将上述三词输入网络搜索引擎,分别检索到约 5,710,000 项、6,710,000 项和 6,710,000 项的查询结果,试举几例:

(3)市场刮起"超级女声"服饰风(阿里巴巴网 2005 年 9 月 6 日)
　　超级女生 选唱还是选美?(四川在线 2004 年 8 月 24 日)
　　明星也成超级粉丝 徐静蕾狂追超女纪敏佳(《天府早报》2005 年 8 月 9 日)

顺便指出,"超女"的前身是"超男",因为"超男"比赛早在 2004 年就亮相湖南电视台娱乐频道,后来湖南卫视借鉴该节目推出了"超女"比赛。"超女"比赛无论是"不设门槛的报名",还是原生态的比赛环节都直接取材于"超男"比赛。"超级男声"播出后在湖南当地反响不错,但因外地观众关注不足,并没有在全国范围内打开知名度。由此可见,越受关注的东西,就越有可能成为模因。如今,与"超女"相对的"超男"也跟着流行起来了。2006 年 2 月 14 日上午,我们通过网络搜索引擎,共检索到约 225,000 项的查询结果,比如:

(4) 湖南卫视、天娱否认确定"超男"今年开唱(《华商晨报》2006 年 1 月 12 日)

　　19 岁超男"炮轰超女"10 天赶稿火速出书(《新闻晚报》2005 年 9 月 16 日)

　　辽宁"超男"徐明 两榜两价差距达 40 亿(《华商晨报》2005 年 11 月 4 日)

最近,还有几个从"超女"复制过来的模因,如"炒女"(指炒作)、"钞女"(指钞票)与"抄女"(指抄袭)也跟着流行起来了:

(5) 声势越造越大 超女变"炒女"(《新闻午报》2006 年 6 月 4 日)

　　李宇春 7 位数代言广告 天娱笑看"钞女"(新华网 2005 年 8 月 31 日)

　　李宇春:从"超女"到"钞女""抄女"?(人民网 2006 年 6 月 14 日)

不过,更为火爆的当属 PK 一词。借助《超级女声》的力量,PK 已经成为一个时尚、出镜率相当高的模因。PK 最原始的英文全名一说是"Penalty Kick",另一说是"Penalty Killing",中文意思是"罚球"。后来,随着网络游戏的流行,PK 又逐渐发展为"people killer" or "Player Killing",意为"砍人""攻击"或"玩家杀手"。如今,PK 经常用来指"一对一的决斗或单挑",具有"比赛一定分出胜负"的含义,但一般可泛指"较量""对决"的意思。2006 年 2 月 12 日下午,我们将 PK 一词输入网络搜索引擎,检索到的查询结果竟有约 42,900,000 项,远远超出"超级女声""超级女生"或"超女"的检索结果,大有"超女歇了,PK 火了"之势。试举数例如下:

(6) 液晶 PK 等离子(《广州日报》2006 年 10 月 19 日)

　　空间、动力、油耗、技术参数——福克斯 PK 标致 307(《新京报》2006 年 1 月 23 日)

　　元宵晚会今日上演揭晓评选结果 春晚节目继续 PK(《北京晨报》2006 年 2 月 12 日)

如今,PK 模因火了之后,"PK"事件也多了起来,动不动就有谁找谁 PK,仿佛不 PK 一下,就对不起这个时代,就不够时髦、不够新潮一样。需要指出的是,如今 PK 热潮已经由风靡走向了泛滥,无论报纸、广播还是电视,只要牵扯到竞争、比较的意思,大都以 PK 代之。这些都在冲击着传统的语言规范,对语言政策和语言规划提出了新的挑战,应当引起我们的重视。

3.1.2　语言模因是社会实践的潜在驱动力

语言模因不但是社会实践的产物,它还是催生社会实践的潜在动力。

这一点在前面举的例子中可以看出来,这里主要从理论层面做些粗浅思考。我们在 2.2 中提到,从模因论角度看,语言本身不但具有意义,它还能引领、生成新的意义;语言使用者经常能够在语言字面意义或缺省含义的基础上附加上自己意欲传递的所谓浮现意义。语言模因能引领行动,引领社会实践,成为催生社会实践的潜在动力。当我们探讨语词力量的时候,我们其实就是在探讨模因的力量,因为语词在我们看来就是一种模因,模因也寓于语词之中⑧。许多时候,语词的确是中立的信息载体,但更多的时候,语词是一种武器,既可爱又可怕,甚至可恨,让人欢喜让人忧。语词能创造幸福,但也能制造痛苦。如此看来,语词不但有力量,而且力量还不小。汉语中的"言多必失""祸从口出""众口铄金,积毁销骨""一言以兴邦,一言以丧邦"等模因就足以说明语词的力量,而这一切的一切主要是因为语词不仅仅是语词,语词本身就是行动,而且还能诱发行动。

把语词看作行动并不是什么新观点。Wittgenstein(1998:53)就曾经明确提过:"语词是行动。"而 Austin(1979:249)也说:"当我们在陈述、描写或报道某件事情的时候,我们就是在实施某种行为。"但是,仅仅把语词看作行动还不够,还不足以把语词的力量挖掘干净。人们还把许多精力放在语词意义探究上面。Wittgenstein(1958),Austin(1979),Grice(1989)就是这样。关联理论也同样注重意义的探讨,认为交际成功的标志并不是看听者是否识别出话语的语言意义,而是看听者能否从话语推断出说者的意义(Sperber & Wilson,1995:23)。

从模因论角度看,语词本身不但是行动,它还可能催生新的行动。这在一定程度上是因为语词具有说服功能和暗示与引发联想的本质特征,它可能会使接收者在输入语词的基础上形成心理表征,并依据该心理表征对现存心理空间进行修改、糅合或离析,甚至把旧的心理空间删除,构筑出新的心理空间。而这一切之所以可能,在一定程度上就是多亏语词字面意义或缺省含义的帮忙。在日常交际过程中,尤其是那些涉及利益关系的交际场合,交际一方经常利用另一方对语词字面意义或缺省含义的认同来传递自己的语用意图,力图控制另一方的思想,诱发、改变或抑制对方的行动,最终产生符合自己一方的利益。因此,当涉及利益关系的时候,交际的最终目的并不是传递意义,而是诱发、改变或抑制行动。也就是说,从说话人角度来看,交际不但要传递意义,更重要的是要催生行动,催生出符合说话人意图的行动。正是在这个意义上,我们说语言模因是社会实践的潜在动力。

3.2 语言模因的传播机制

根据我们目前的理解,语言模因主要有两种复制方式,即重复与类

推。"发展才是硬道理"这句话最早是由邓小平同志提出来的,后来得到人们广泛模仿复制,逐渐成为一个模因:

(7) a. 发展才是硬道理 小平一句话促进了中国面貌的改变(新华网 2004 年 8 月 18 日)

b. "深圳速度"彰显"发展才是硬道理"(新华网 2004 年 8 月 18 日)

c. 高级车新趋势:安全才是硬道理(中国汽车网 2006 年 8 月 29 日)

d. 免费才是硬道理:简评几款非盈利截屏软件(太平洋电脑网 2006 年 8 月 2 日)

(7a)和(7b)属于直接套用即重复。在实际互动交际中,很多话语与其说是表达者临时自由生成或创造的结果,不如说是记忆的再现,这是一种重复。

此外,语言使用者还可以在原有基础上通过类推的形式创造出新的模因变体。(7c)和(7d)就是如此。再比如,当一个人学会了"我是中国人。"这个模因之后,他或她可能会类推出"你是中国人""我们都是中国人"等语言模因变体。由此可以看出,模因使用者经常会根据表达需要,在原有模因基础上类推出新模因,这与其说是模因本身的创造性,不如说是模因使用者的创造性。模因使用者经常会利用谐音关系类推出新模因,而语言也随着新的模因变体不断涌现而得到扩散和传播。比如例(8):

(8) 治理"跑部钱进",制度规范是关键(《工人日报》2005 年 12 月 6 日)

"跑部钱进"折射行政权力运作失范(网易网 2006 年 1 月 31 日)

"跑部钱进",不跑不前进(《南方都市报》2005 年 12 月 5 日)

时下许多传媒经常用"跑部钱进"来形容一些地方驻京办事处的不恰当做法,即到国家相关部委打探消息,看哪里有钱和项目,然后写报告、找关系,争取获得经费。该模因巧妙地利用了"跑部"与"跑步"、"钱进"与"前进"之间的谐音关系,相当形象。2006 年 2 月 15 日晚,我们将"跑部钱进"输入网络搜索引擎,共检索到约 1,690,000 项的查询结果;2006 年 3 月 2 日上午,相关查询结果已经攀升至 1,830,000 项。"跑部钱进"模因目前颇为流行,而且,还由此类推出了"要想富,多跑部""跑部公关""大跑大发展、小跑小发展、不跑没发展"等相关模因。

再举一例。影片《大话西游》不乏精彩台词,而最经典的有以下一段独白:

(9) 曾经有一份真诚的爱情放在我面前,我没有珍惜,等我失去的时候我才后悔莫及,人世间最痛苦的事莫过于此。你的剑在我的咽喉上割下去吧!不用再犹豫了! 如果上天能够给我一个再来一次的机会,我会对那个女孩子说三个字：我爱你。如果非要在这份爱上加上一个期限，我希望是……一万年！

上面这段话被反复炒作，在网上广为流传，成为一个强模因，语言使用者或是一字不改，直接套用原模因，或是根据表达或语境需要在旧模因基础上类推出新模因变体。2005 年 4 月 23 日，我们将"大话西游之……版"输入网络搜索引擎，共检索到约 358,000 项的查询结果，2005 年 7 月 10 日，约 872,000 项。到了 2006 年 2 月 13 日上午，相关查询结果已经攀升到约 1,680,000 项。限于篇幅，这里只摘录数例与原对白相对应的部分：

(10)《大话西游》之彩票版：曾经有一组号码摆在我面前，我没有好好珍惜，等到我失去的时候才后悔莫及，人世间最痛苦的事莫过于此。……如果上天能够给我一个再来一次的机会，我会对那组号码说三个字："就是你"。如果一定要给这组号码加个期限，我希望是……下星期！

《大话西游》之 IT 版：曾经有一堆宝贵的钞票放在我面前，我没有珍惜，等我烧完的时候我才后悔莫及，人世间最痛苦的事莫过于此。……如果上天能够再给我一个烧钱吹泡的机会，我会对那个女孩子说三字：我爱e。如果非要在这份爱上加上一个期限，我希望是……e 往无前、泡沫一万年！

《大话西游》之考研版：曾经有一份认真的复习放在我面前，我没有珍惜，等我失去的时候我才后悔莫及，人世间最痛苦的事莫过于此。……如果教委能够给我一个再来一次的机会，我会对自己说三个字：学彻底。如果非要在这份学习上加上一个期限，我希望是……就半年！

如今，网上还流传着该经典台词的各地方言版和外文版，如湖北话版、山东话版、四川话版、广东话版、东北话版、德文版、英文版等等，不一而足。在当今社会，网络、报刊以及电视等传媒为模因的大量复制提供了方便快捷的通道，在很大程度上为模因的此消彼长提供了条件，而类推对于语言使用和发展的作用由此可见一斑。

实际上，隐藏在类推现象后面的是人的认知能力。汉语成语"举一反三"说的其实就是类推。类推不仅有单一类推，还有多重类推。类推也离不开重复，类推经常以重复为基础。我们甚至可以说，许多时候，重复就是类推，我们经常可以从重复使用话语中类推出新的浮现意义。也正因如此，我们认为模因在传播过程中可能会发生变异，就是说重复和类推都可能导致语言模因发生变异。模因的变异从本质上可以说就是意义的变异，虽然有些模因在形式方面并没有发生丝毫的变化，但其意义很可能因语言使用者的表达需要而发生变异。"谁动了职业新人的'奶酪'？"中的

"奶酪"是一个模因变体,这里的"奶酪"指职业新人的利益问题。此外,模因的传递不仅仅依赖其自身的条件,许多时候,它也可能是人为力量强加的结果,受人为的操纵。也就是说,语言模因之所以能够传播,不仅在于其本身的内容,还在于使用模因的主体。不过,模因形成的一个重要保证就是它必须不断得到复制,在复制中得到生存。

下面谈谈模因复制与模仿之间的关系。重复与类推都必然涉及模仿,而复制本身就是一种模仿。因此,模仿可以说是模因得以传播的关键。模仿是人类具有的天性,但模仿却是一个容易引起误解的概念。"模仿"一词的传统意义使我们不能对它的作用和功能做出正确的理解和客观的评价,总以为模仿是不好的,模仿缺乏主见或创见。其实模仿行为的实施过程往往会有一种"令人意想不到的聪慧"(Blackmore,1999:3)隐藏其中,模仿甚至是一种创新。模仿是多种多样的,可以是形式方面的模仿,也可以是意义方面的模仿;模仿不是百分百的原样"克隆",创造经常源自模仿。当某种想法、说法或做法出现,在别人对它进行复制或重复传播之前,它还不算是模因。只有当这种想法、说法或做法得以仿制与传播,它才具有模因性。模因就是模仿的产物。我们这样说还有另一层意思,即任何新想法、新说法或新做法的产生都不是空穴来风、无中生有,而是以模仿现有存在物为基础的。当然,人的模仿能力会存在着个体差异,不同个人从不同角度出发对同一个问题给出不同答案,做出不同解释,这是很正常的现象。总之,语言模因的传播机制是一个相当复杂的问题,因为它归根结底与人类心智密切相关。

4. 余论:我们赖以生存的模因

我们认为语言模因是一个概括力比较强的概念。隐藏在语言之中的概念、意义、思想、信念、知识等可以用一个词来概括,那就是模因。也就是说,语言模因不但指语言形式本身,它还包括隐藏在语言形式背后的东西。这东西既可以是语言形式所表达的预设、概念、意义或思想等,也可以是语言形式使用者透过语言形式意欲表达的预设、概念、意义、思想、信念、欲望或意图等。从这个意义上说,语言模因是一个总括性的概念。

其实,现实生活中的许多现象似乎都可以借助模因概念作出合理的说明与诠释。如果仔细观察周遭的世界,我们或许能发现,模因现象几乎无处不在;可以说,我们生活在模因的海洋,我们的世界被模因包围着;人的一生就是选择、淘汰、学习、积累模因的一生。模因左右着我们的存在,左右着我们的交际,并在我们生命旅途中不断更迭或升级,直至生命停止的那一刻⑨。模因能给我们带来快乐和幸福，但也会给我们带来悲伤和痛苦。模因是我们赖以生存的东西，它不但是社会实践的产物，而且是催生社会实践的潜在动力。人类本来是也应该是模因的主宰，人类在模因使用和传播方面本来具有也应该具有主体性，可是，富有讽刺意义的是，和语言一样，模因的魔力、模因所表现出来的诱惑力，恰恰在于模因经常可以超越人类而成为主宰。举例来说，人在与社会互动的过程中逐渐习得了各种各样的模因，而名利模因就是其中的一种，它经常在各种模因中占据着主导地位，深深地影响着一些模因宿主的言语行为，许多人的许多言语行为正是受到了名利模因的驱动。人本来是也应该是模因的主人，但却经常成为模因的机器，这是很耐人寻味的。

　　一些学者对模因论持怀疑或反对态度是可以理解的，毕竟，任何一种理论或方法都可能存在这样或那样的缺陷，模因论也不例外。模因问题我们既熟悉又陌生：熟悉是因为现实生活中模因现象几乎无处不在，模因可以说是我们赖以生存的东西；陌生是因为隐藏在模因现象背后的东西经常加重我们思考的负担。目前，我们关注的焦点主要是模因与语言之间的界面研究，其目的是从模因论的角度审视和解释语用现象，并进一步加深对人自身的认识。我们似乎更应该去思考模因论能够给我们带来什么，而不是去争论模因论不能给我们带来什么。我们相信，模因论或许可以加深或改变我们对语言、文化、大脑以及人性的一些看法和认识，更多的相关成果必将随着研究的进一步展开和深入而涌现出来，为我们更好地学习、运用语言以及理解人类自身带来更多启示。

注释

① 有关该书的评论可参见 Sperber(2006)发表在国际顶尖学术期刊 Nature 上面的文章"Evolution of the selfish gene"。

② Queller 曾在国际顶尖学术期刊 Science 上面发表文章，对 Grafen & Ridley(2006)一书内容做出评论，指出 Dawkins 的理论是"essentially correct"(Queller，2006：443)。

③ 这样说并不意味语言是模因的唯一载体，因为模因也可以蕴涵于非语言形式之中，比如建筑、服饰、习俗、曲调、图画、相片等各种各样事物。

④ 这也就是为什么"凡是能在现实生活中通用的语言形式(或称'话语')都应带有语境标识，隐含形式的使用场合、对象、时间等语境信息，帮助人们正确理解、解释和运用语言"(王初明，2006：79)。

⑤ 语境的内嵌程度与使用频率息息相关。

⑥ 语言有好多神奇之处，其中之一就在于它能够被适用于任何场景。Fauconnier &

Turner(2002：179)曾经将语言的这种重要属性称为"恒势"(equipotentiality)。

⑦ 参见《海峡都市报》2006 年 8 月 16 日 A14 版内容。

⑧ 我们这么说只是想强调模因在话语解读过程中的重要作用,并无意否认其他各种因素(如社会化程度、教育背景、知识结构、人生体验、情感态度、人际权力、人性弱点等)对话语解读的影响。话语理解过程永远都是各种各样简单或复杂因素综合而成的结果。

⑨ 这里的意思是说,当我们生命停止的时候,模因对我们的影响也将随之终止,这是不言而喻的。不过,这并不等于说跟我们相关的模因也将随之终止或消亡,因为模因还将对新的宿主产生这样那样、或轻或重的影响。也正是通过这样的方式,模因的生命不断得到延续。

参考文献

Austin, J. L. *How to Do Things with Words*〔M〕. Cambridge：Harvard University Press, 1962.

Austin, J. L. *Philosophical Papers* (3rd edition, eds. by J. O. Urmson & G. J. Warnock) 〔M〕. Oxford：Oxford University Press, 1979.

Blackmore, S. *The Meme Machine*〔M〕. Oxford：Oxford University Press, 1999.

Chilton, P. Manipulation, memes and metaphors：The case of Mein Kampf〔A〕. In L. Saussure & P. Schulz (eds.), *Manipulation and Ideologies in the Twentieth Century: Discourse, Language, Mind*〔C〕. Amsterdam：John Benjamins, 2005.

Dancygier, B. What can blending do for you? 〔J〕. *Language and Literature*, 2006, 15(1)：5 - 15.

Dawkins, R. *The Selfish Gene*〔M〕. New York：Oxford University Press, 1976.

Dawkins, R. *The Extended Phenotype*〔M〕. Oxford：Oxford University Press, 1982.

Dawkins, R. *The Selfish Gene* (*30th Anniversary Edition*)〔M〕. Oxford：Oxford University Press, 2006.

Distin, K. *The Selfish Meme*〔M〕. Cambridge：Cambridge University Press, 2005.

Fauconnier, G. *Mental Spaces: Aspects of Meaning Construction in Natural Language* 〔M〕. Cambridge：Cambridge University Press, 1994.

Fauconnier, G. & M. Turner. *The Way We Think: Conceptual Blending and the Mind's Hidden Complexities*〔M〕. New York：Basic Books, 2002.

Grafen, A. & M. Ridley (eds.). *Richard Dawkins: How a Scientist Changed the Way We Think*〔C〕. Oxford：Oxford University Press, 2006.

Grice, H. P. *Studies in the Way of Words*〔M〕. Cambridge：Harvard University Press, 1989.

Gu, Y. Conventions of language〔A〕. In J.-O. Östman & J. Verschueren (eds.), *Handbook of Pragmatics 2003 - 2005 Installment*〔C〕. Amsterdam：John

Benjamins, 2005.

He, Z. & C. Xie. Memes in language [A]. In H. Haberland, C. Caffi, M. Hiraga & R. W. Janney (eds.), *Future Prospects for Pragmatics: Festschrift for Jacob L. Mey* [C]. Oxford: Elsevier, 2005.

Jaszczolt, K. M. *Default Semantics: Foundations of a Compositional Theory of Acts of Communication*[M]. Oxford: Oxford University Press, 2005.

Johansson, S. *Origins of Language: Constraints on Hypotheses*[M]. Amsterdam: John Benjamins, 2005.

Levinson, S. C. *Presumptive Meanings: The Theory of Generalized Conversational Implicature*[M]. Cambridge: MIT Press, 2000.

Levinson, S. C. *Space in Language and Cognition: Explorations in Cognitive Diversity* [M]. Cambridge: Cambridge University Press, 2003.

Levinson, S. C. Evolution of culture in a microcosm[A]. In S. Levinson & P. Jaison (eds.), *Evolution and Culture*[C]. Cambridge: MIT Press, 2006.

Lewis, D. *Convention: A Philosophical Study*[M]. Oxford: Blackwell, 2002.

Lumsden C. J. & E. O. Wilson. *Genes, Mind and Culture*[M]. Cambridge: Harvard University Press, 1981.

Millikan, R. G. *Varieties of Meaning*[M]. Cambridge: MIT Press, 2004.

Millikan, R. G. *Language: A Biological Model* [M]. Oxford: Oxford University Press, 2005.

Queller, D. G. Dawkins's dangerous ideas[J]. *Science* 2006, 313: 443 – 444.

Recanati, F. *Literal Meaning*[M]. Cambridge: Cambridge University Press, 2004.

Ritt, N. *Selfish Sounds and Linguistic Evolution: A Darwinian Approach to Language Change*[M]. Cambridge: Cambridge University Press, 2004.

Sperber, D. An objection to the memetic approach to culture[A]. In R. Aunger (ed.), *Darwinizing Culture: The Status of Memetics as a Science* [C]. Oxford: Oxford University Press, 2000.

Sperber, D. Evolution of the selfish gene[J]. *Nature* 2006, 441: 151 – 152.

Sperber, D. & D. Wilson. *Relevance: Communication and Cognition* [M]. Oxford: Blackwell, 1995.

Turner, M. *Reading Minds: The Study of English in the Age of Cognitive Science*[M]. Princeton: Princeton University Press, 1991.

Wilson, D. & R. Carston. Metaphor, relevance and the 'emergent property' issue[J]. *Mind & Language*, 2006, 21: 404 – 433.

Wilson, E. O. *Consilience: The Unity of Knowledge*[M]. New York: Knopf, 1998.

Wittgenstein, L. *Philosophical Investigations*[M]. Oxford: Basil Blackwell, 1958.

Wittgenstein, L. *Culture and Value*[M]. Oxford: Blackwell, 1998.

Worden, R. P. Words, memes and language evolution [A]. In C. Knight, J. R.

Hurford & M. Studdert-Kennedy（eds.），*The Evolutionary Emergence of Language：Social Function and the Origins of Linguistic Form*［C］. Cambridge：Cambridge University Press，2000.

Xie，C. Controversies about politeness［A］. In M. Dascal & H. Chang（eds.），*Traditions of Controversy*［C］. Amsterdam：John Benjamins，2007.

蔡少莲.模因论与社会变异[J].广东外语外贸大学学报,2006(3).

陈琳霞、何自然.语言模因现象探析[J].外语教学与研究,2006(2).

何自然.语言中的模因[J].语言科学,2005(6).

何自然、何雪林.模因论与社会语用[J].现代外语,2003(2).

何自然、谢朝群.模因·语言·交际[A].第九届全国语用学研讨会大会发言,复旦大学,2005.

王初明.从补缺假说看外语听说读写[J].外语学刊,2006(1).

模因与交际 [*]

谢朝群　何自然

1. 引言

　　1976 年,英国牛津大学著名动物学家和行为生态学家 Richard Dawkins 出版了 *The Selfish Meme*(《自私的基因》)一书。该书在达尔文的生物进化理论基础上提出了文化进化理论,指出基因是生物选择单位,生物是基因的生存机器。Dawkins(1976)在最后一章讨论了基因进化与文化进化之间的类比关系,认为文化特征通过自然选择的过程得到进化。Dawkins 提出了模因(meme)概念,认为模因是文化进化的基本单位,它为文化的进化提供了机制,人类可以借助模因概念对文化进化的规律做出解释[①]。在模因论中,模因是一种复制因子,文化复制,或曰模因复制,通过信息在社会范围内的传播而产生,而文化信息被看作是自私的复制因子或思维病毒,它们利用人类相互模仿与复制的能力努力使自己不断得到传播,延续自己的生命。也许正因如此,模因经常被描述为思维病毒。在我们看来,模因是一个总括性的概念,现实生活中的许多现象均可以通过模因概念加以说明和阐释,"从'文革'的'红卫兵运动'到现在的传媒炒作,都可以看到'复制机'的运作"[②]。

　　总的说来,模因论正引起越来越多学者的关注,并成为人文社科研究的一个热点(如 Aunger, 2001/2002; Dawkins, 2006; Distin, 2005; Xie, 2007; Xie et al., 2005)。不过,目前有关模因与语言之间的界面研究尚不多见(如何自然,2005;何自然、何雪林,2003;谢朝群、何自然,2007;谢朝群、李冰芸,2006)。本文试从模因论的角度对语言与交际作一粗浅探讨,希望对模因、语言和交际三者之间的关系能有一些新认识。

2. 语言模因概说

　　Dawkins 曾经认为模因是文化模仿单位,其表现型为曲调旋律、想法

---

　　* 本文原发表于《暨南大学华文学院学报》2007 年第 2 期。

思潮、时髦用语、时尚服饰、搭屋建房、器具制造等的模式。后来,他将模因看作是大脑里的信息单位,是存在于大脑中的一个复制因子(Dawkins,1982)。Blackmore(1999)则是大大拓宽了模因概念的指涉范围,认为"任何一个信息,只要它能够通过广义上称为'模仿'的过程而被'复制',它就可以称为模因"。如此看来,我们通过模仿获得并加以传播的任何信息都可以看作是模因。2004年,82岁的首位华人诺贝尔奖得主、著名物理学家杨振宁教授与广外28岁的硕士研究生翁帆订婚。消息一经传出,立刻成为大街小巷、网上网下热聊的话题。四川甚至有一位81岁的独居老人约见记者放话:准备征婚,并且要像杨振宁一样找一个属于自己的"翁帆"。该新闻在网上刊登后,迅速成为模因,在网上广为传播。2005年7月10日上午,我们将该新闻的原标题"八旬老教师暗恋36岁女学生 称要效仿杨振宁"输入网络搜索引擎,共查到了约24,700项的相关结果。

可以说,模因现象几乎无处不在。概括而言,有三样东西可以成为模因:想法、说法和做法,即思想、言语、行为,简称思、言、行。当然,如果我们把"想"看成"不出声的说",那么,想法似乎与说法同义。而且,如果想法不表达出来并得到别人跟进,似乎很难成为模因。关于语言模因的概念,我们认为,语言本身就是模因,模因主要寓于语言之中。任何字、词、短语、句、段落乃至篇章,只要通过模仿得到复制和传播,都可以成为模因。汉语语言模因的基本单位是字,因为"字"是"汉语的天然单位"(潘文国,2002)。每个汉字都是潜在的模因。不过,如果一些汉字结构复杂,意思难懂,不容易书写,则不容易被人们所模仿,也较难成为模因;相反,那些结构简单、意思比较好懂、书写较为容易的字、词、句等就会经常被模仿和使用,也较容易成为模因。比如,下面这些都是常用字和以常用字组成的词语及句子,它们被人们普遍使用、模仿和传播,从而成为模因:

> 我;人;痛;花;鸟
>
> 校长;基地;文革;语言
>
> 随心所欲;暗送秋波;闻鸡起舞;海枯石烂
>
> 为人民服务;发展就是硬道理;让一部分人先富起来

18世纪欧洲浪漫主义诗人雪莱的"冬天来了,春天还会远吗?"是大家耳熟能详的诗句,下面的例子就是模仿和传播源自该诗句的结构"××来了,××还会远吗":

> 冬天来了,春天还会远吗? 进口车市有望触底反弹
>
> "台独"蚊子近了,巴掌还会远吗?
>
> 小贝来了,辣妹还会远吗?

"流莺"已入校园,艾滋病还会远吗?

Spencer Johnson(1998)所著的 *Who Moved My Cheese?* 出版后迅速成为畅销书,其书名也迅速成为模因,并因此衍生出了许多新的语言模因:

> Who Moved My Truth?
> Who Moved My Love?
> Who Moved My Cookie?
> Who Moved My Data?
> The Body:Who Moved My Cheeks?

Who Moved My Cheese? 一书中译本于 2001 年由中信出版社出版,中文书名《谁动了我的奶酪?》在很短时间内就家喻户晓,成为人们竞相模仿的对象,并派生出了许多语言模因。2005 年 7 月 7 日上午,我们在网络搜索引擎里输入"谁动了(我)的……?",约有 1,690,000 项符合要求的查询结果。下面所列举的几个例子都是在《谁动了我的奶酪》一书出版后才出现的:

> 谁动了我的房价? 网上售房惊现"密码漏洞"
> 经济观察:谁动了我的经济适用房?
> 患者,谁动了你的隐私?
> 谁动了职业新人的"奶酪"?

从上面的例子可以看出,模因在传播过程中可能会发生变异。语言模因的变异从本质上说就是意义的变异。虽然有些语言模因在形式方面并没有发生丝毫的变化,但其意义很可能已经发生了变异。"谁动了职业新人的'奶酪'?"中的"奶酪"一词就是如此,这里的"奶酪"一词指称职业新人的利益问题。

这里,我们似乎还可以区分出活的语言模因和死的语言模因。活的语言模因,主要是指按某种模式在适当语境中出现的模因变异,如"钱途"(来自与"前途"相同的语音模式)、"蓝颜知己"(来自与"红颜知己"相同的词语结构模式)等。死的语言模因是某个历史时期曾被频繁使用,但如今已不再流通甚至被人遗忘的语言形式,如"红太阳""走资派"等。当然,死模因也可能"死灰复燃",重新成为活模因。因此,死模因和活模因的区分只是相对的,不是绝对的。而且,这里面还可能存在个体差异:对我来说是活的模因,对你而言却很可能是死的模因。另外,许多活模因很可能只是昙花一现。

语言模因的传递是有一定的范围或区域的:并非每个人都(需要)知道"语用学",并非每个人都(需要)知道"孔子",也并非每个人都(需要)

知道"柏拉图"。语言模因的传递范围或区域小到个人,大到一个群体或多个群体,乃至整个社会或全世界。即使你和我都知道"语用学",但我们所理解的"语用学"不尽相同;不同个人所理解的语言模因所传递的意义也不尽相同。个人体验对模因认知的重要影响由此可见一斑。这里,还必须指出的是:如果有人说"谁动了我的蛋糕?"他或她并不一定就是受到了"谁动了我的奶酪?"模因的影响。不过,可以肯定的是,他或她的大脑至少已经贮存了下面常见的字和词语:

谁;动;了;我;的;蛋;糕;谁动了;我的;谁动了我的;蛋糕

可以说,大脑就是各种语言模因的集散地。模因的意义在于使用,模因的生命在于使用。

语言模因论告诉我们,语言本身就是模因,它也寓于模因之中。人只要一说话,他或她就是在传播模因,因为语言的功能就在于传播模因。从这个意义上说,人就是模因的机器。Dawkins 就曾断言:"我们生来就是生物基因的机器,后来被文化驯化成了模因的机器。"很多概念看似平淡无奇,但却经常加重我们思考的负担。"机器"就是这样一个概念。也许,我们应该重新认识"机器"这个概念。

3. 交际中的模因传递

人是社会中的人,人不可能生活在与世隔绝的真空中,而是(必须)时刻与外界进行互动交际。Bakhtin 有句话说得很深刻:"人的存在本身,便是最深刻的交际,存在就意味着交际。"③交际在很大程度上需要借助语言,没有语言,交际将会变得异常困难,更进一步说,语言无处不在,没有语言,存在乃至人自己可能变得不可思议,因为"语言是人的本质所在,人之成其为人,就因为他有语言"(Herder,1998)。从这个意义上说,人是语言的动物。

从模因论的角度看,在语言交际中,语言选择和使用的过程就是各种模因相互竞争的过程。在我们看来,模因以框架(Bartlett,1932;Minsky,1975)的形式贮存在大脑里,它们随时都有可能被激活。下面的例子均来自日常生活中所出现的真实语言互动情景:

(1) A:林老师,这学期课多不多?
　　B:哎,比较多,还要上利兹班。
　　A:利兹?
　　B:对,荔枝,不是龙眼。

(2)（某日午后，丈夫与妻子打羽毛球。）

  丈夫：我是林丹（中国羽毛球运动员）。

  妻子：你是灵丹，我是妙药。

  例（1）中的 B 故意将"利兹"说成"荔枝"，例（2）中的妻子则是故意将"林丹"听成"灵丹"。显然这些都是为了达到幽默的效果，营造一种轻松的交流氛围，促进语言交际的顺利进行。从例（2）还可以看出，许多时候，模因传递的不仅仅是语言，它还包括隐含在语言中的文化信息。从这个角度看，语言就是文化。

(3) A：考什么？

  B：两学啊。

  A：哦。

  B：两本书啊，好厚。

  B：不管，大不了通宵。

  A：是啊。

  B：反正以前也干过这种事。

  A：应该不会太难的。

  B：也要有时间念啊。

  A：那是。

  B：我去抱佛爷的脚了，88。

  A：88。

(4) A：在大城市里，经常看到的都是高楼大厦。到乡下去，发觉，哇，房子怎么这么矮啊，我都想一脚把它踩下去。

  B：哦，一览众楼矮。

  例（3）的"抱佛爷的脚"和例（4）的"一览众楼矮"显然分别模仿了"临时抱佛脚"和"一览众山小"，属于语言模因的变体④。

  此外，在语言使用过程中，语言使用者有可能随时随地构建语言模因并传递语言模因所蕴涵的意义。请看例（5）和例（6）：

(5) A：这红枣不错，可以多买点。

  B：买那么多干什么？会生虫。

  A：会生什么虫？是甲壳虫还是？

  B：是乙壳虫。

(6) A：师傅，请问泰恒大厦在哪里？

  B：一直往前走，然后往右拐。

  A：哦，谢谢。

  C：可能还要走好远。

A：泰恒大厦，太狠了点。

例(5)中的"甲壳虫"绝对不是指20世纪最知名的英国流行乐队"甲壳虫"乐队(The Beatles，亦称"披头士乐队")，而"乙壳虫"则是仿造"甲壳虫"临时构造出来的新模因。例(6)中的A借助"恒"与"狠"读音相近，满足了表达的需要，也传递了说话人当时当地的情感状态。现实生活中，虽然此类语言模因大都是昙花一现，但却是挺常见的，例(7)和例(8)亦是如此：

(7) 雾里看花，越看越花。

(8) 不要对我放电，我有来电显示。

例(7)的第一个"花"字意思是"泛指能开花供观赏的草本与木本植物"，第二个"花"字则是"模糊不清"的意思。例(8)的"放电"与"来电"属于喻式用法，非常巧妙地利用了"电"字的多义性，取得了幽默、诙谐的表达效果，让人回味无穷。

总而言之，语言交际过程就是语言选择和使用的过程，就是传播模因的过程，而这一切在很大程度上是因为"人是最富有摹仿能力的动物"(Aristotle，1994)，是因为人的大脑具有模仿的特性(Meltzoff & Prinz，2002)。可以说，人是语言的动物，更是模仿的动物，"我们每个人终其一生都在相互模仿着"。

最后简单谈谈模因论对交际成功的启示。从模因论的角度出发，我们认为，语言交际过程是一个传递、接收、接受或拒绝模因的过程。对说话人而言，交际就是传递模因，并努力使听话人接受自己意欲传递的模因；而对听话人而言，交际就是接收、接受或拒绝模因。必须指出的是，接收模因并不等于接受模因，这是两码事，这其中的区别是显而易见的。听话人接收到说话人意欲传递的模因并不等于他或她就接受了该模因。关联理论认为交际成功的标志并不是看听者是否识别出话语的语言意义，而是看听者能否从话语推断出说者的意义(Sperber & Wilson，1995)这一观点得到了不少学者的支持。Recanati(2004)指出，当说话人的意图被听话人识别出来，交际就获得了成功。Gauker(2003)认为，成功交际可以概括为听话人在说话人语词意义的基础上识别出说话人意欲表达的思想，即听话人根据说话人所使用的语词识别出说话人意欲传递的信息的命题内容。事实上，听话人推断出说话人的交际意图或命题内容并不能代表交际一定获得了成功，原因很简单：推断出交际意图可以说只是接收到交际意图，而接收的结果可能是接受，也可能是拒绝；接收交际意图与接受交际意图绝对是两码事，不能直接等同起来，就好比英语单词"receive"与"accept"之间不能简单画等号一样。也就是说，推断出说话人的交际意图并不是交际成功的必然标志。从模因论的角度看,在语言交际过程中,说话人不仅传递信息或意义,它还试图控制人的思想和行为。究其原因,在多数情况下,人是社会的人,与他人进行言语互动不是漫无目的⑤,而是为了实现某种或某些利益。如此这般,从说话人的角度来看,交际能否获得成功,不仅要看听话人是否准确解读了说话人逻辑形式背后的语用意图,更要看听话人的反应或行动是否符合说话人的利益诉求。说"当听话人识别出说话人的交际意图,交际就获得了成功"是不确切的。

4. 结语

在我们看来,模因是一个解释力比较强的概念,我们可以用它来分析、解释许许多多的社会文化现象。目前,国内外学界对于模因论与语言之间关系的研究还比较零散,可以说才刚刚起步,尚未形成一定的系统性。有些学者由于对模因概念及其相关学说不熟悉,不了解,因而出现了不同程度的曲解或误解,这是可以理解的(详见谢朝群、何自然、Blackmore,2007)。不过,我们似乎更应该去思考模因论能够给我们带来什么,而不是去争论模因论不能给我们带来什么。毕竟,任何一种理论或方法都可能存在这样或那样的缺陷。我们关注的焦点主要是模因与语言之间的界面研究,其目的是从模因论的角度审视并解释语言及其相关现象。模因论或许可以加深或改变我们对语言的一些看法和认识。说得具体些,模因论或许能够使我们加深或改变对语言起源、语言习得、语言使用等问题的认识,进一步梳理语言、思想、人与世界四者之间错综复杂的关系,进一步弄清楚思想如何控制着人,进一步探究人性的本质问题。这是我们目前研究语言模因论的主要兴趣和目的所在。

注释

① 我们考察了 meme 的理论成因,并在此基础上结合该术语与"基因"的关系及其近似的发音,最后决定译为"模因"。我们将 meme 译成"模因",是有意让人们联想到它是一些模仿现象,是一种与基因相似的现象。基因是通过遗传而繁衍的,但模因却通过模仿而传播,是文化的基本单位。"模因"这个译名可以说译出了 meme 的意义,且通俗易懂。

② 引自桂诗春为外语教学与研究出版社《外研社当代语言学丛书》所写的"总序"。

③ 见《外语教学与研究》2001 年第 5 期导言部分。

④ 有关模因与仿拟和互文性之间的联系与区别,我们将另文讨论。

⑤ 当然,不可否认,出于各方面因素的考虑,高明的交际者会精心设计、包装利益诉求的出场方式,漫无目的的闲聊里面经常隐藏了交际者的特别用心。

参考文献

Aunger, R.（ed.）. *Darwinizing Culture: The Status of Memetics as a Science*［C］. Oxford：Oxford University Press，2001.

Aunger R. *The Electric Meme: A New Theory of How We Think*［M］. New York：Free Press，2002.

Bartlett，F. C. *Remembering*［M］. Cambridge：Cambridge University Press，1932.

Blackmore，S. *The Meme Machine*［M］. Oxford：Oxford University Press，1999.

Dawkins，R. *The Extended Phenotype*［M］. Oxford：Oxford University Press，1982.

Dawkins，R. *The Selfish Gene*［M］. New York：Oxford University Press，1976.

Dawkins，R. *The Selfish Gene（30th Anniversary Edition）*［M］. Oxford：Oxford University Press，2006.

Distin，K. *The Selfish Meme*［M］. Cambridge：Cambridge University Press，2005.

Gauker，C. *Words with out Meaning*［M］. Cambridge：MIT Press，2003.

Johnson，S. *Who Moved My Cheese? An Amazing Way to Deal with Change in Your Work and in Your Life*［M］. London：Putnam，1998.

Meltzoff，A. N.，W. Prinz（eds.）. *The Imitative Mind: Development，Evolution，and Brain Bases*［C］. Cambridge：Cambridge University Press，2002.

Minsky，M. A frame work for representing knowledge［A］. In P. H. Winston（eds.），*The Psychology of Computer Vision*［C］. New York：McGraw-Hill，1975.

Recanati，F. *The Literal Meaning*［M］. Cambridge：Cambridge University Press，2004.

Sperber，D.，D. Wilson. *Relevance: Communication and Cognition*［M］. Oxford：Blackwell，1995.

Xie，C. Controversies about politeness［A］. In M. Dascal & H. Chang（eds.），*Traditions of Controversy*［C］. Amsterdam：John Benjamins，2007.

Xie，C.，Z. He，D. Lin. Politeness：Myth and truth［J］. *Studies in Language*，2005，（29）.

赫尔德.论语言的起源［M］.姚小平译.北京：商务印书馆,1998.

何自然、何雪林.模因论与社会语用［J］.现代外语,2003(2).

何自然.语言中的模因［J］.语言科学,2005(6).

潘文国.字本位与汉语研究［M］.上海：华东师范大学出版社,2002.

谢朝群、何自然,Susan Blackmore.被误解的模因［J］.外语教学,2007(3).

谢朝群、何自然.语言模因说略［J］.现代外语,2007(1).

谢朝群、李冰芸.礼貌・语言・模因［J］.福建师范大学学报,2006(3).

亚里士多德.亚里士多德全集(第9卷)［M］(苗力田主编).北京：中国人民大学出版社,1994.

模因宿主的元语用意识和模因变异 *

侯国金

1. 引言

　　模因(meme)[①]，亦译为"谜米""觅母""密母""媒母""拟子""仿因""理念因子"，是新达尔文主义(Neo-Darwinism)倡导者 Richard Dawkins(1976)在 *The Selfish Gene*(《自私的基因》)中提出来的概念[②]，指的是文化传播中像基因的遗传一样被不断复制和传播的东西，是从大脑到大脑的信息单位(Dawkins，1982：109)，如一种新思想、一个新词语、一个新行为。模因学(memetics)常把模因描述为"病毒"(viruses)——感染(infect)而寄生(parasitize)于新宿主的大脑，随时再"感染"给更多的(宿主的)大脑(何自然，2005)。假如基因等于生理(微)成分加上遗传，那么，模因就等于(大、小、广义、狭义)文化加上复制和传播。基因是生物的，是遗传，呈现出被动、惰性、静态；而模因是文化的，是复制和传播，是主动的、能动的、动态的[③]。人类区别于其他动物主要是文化模因复制和传播的效率(这一点归功于模仿能力)，而非语言优劣、大脑的大小或智商的高低(Blakemore，1999；转引自高纯娟，2005)。据 Marsden(2000)和何自然、何雪林(2003)介绍，Gabriel Tarde(1890)著书名曰"The Laws of Imitation"(模仿的法则)，其核心观点为人类历史是模仿的历史。从 Dennett(1995)开始，国际上探讨模因(论)的文章和会议越来越多，到 Blakemore(1999)时，模因论作为一个分支学科似已兴起。目前模因论有以 Lynch(1991)和 Dennett(1995)为代表的模因信息观、以 Gatherer(1998，2001)为代表的思想传染观、以 Deacon(1999)为代表的模因符号观等。Blakemore 主张拓宽模因的外延，这样就使上述观点和谐共处。本文赞成她的做法并略倾向于模因符号观。

　　值得说明的是，a. meme 在法语里意思为"相同"。如"模因(meme)"这个词所示，模因具有模仿的成分或"因子"，模仿有程度之别，这样一来，模因包括完全和部分复制两种。b. 模因可以大到整个宏观思想、行为方

---

　　* 本文原发表于《四川外语学院学报》2008 年第 4 期。

式、语篇,可以小到一个概念、一个词素、一个标点。c. 上面(b)所说的或大或小的模因以复制和传播为充要条件,不被复制或传播的就不是模因(Blakemore,1999:66)。d. 人类的文明、(语言)文字、文化等的进化与其说是"自然选择"(natural selection)④的过程和结果还不如说是"(文化)模因选择"的过程和结果(Vaneechoutte & Skoyles,1998)。e. 至于复制和传播,"大脑是复制器(replicators),文化实体(cultural entities),如词语、概念、思想、态度、知识等,本身不能复制"(Gabora,2004)。思想本身也不是复制器,互相联结的(associatively-structured)形成内化的世界模式、思想网络——统称为"世界观"(worldviews),才可成为复制器,亦可称为"原始复制器"⑤。世界观复制是零碎的(piecemeal),"在社交中主要是通过文化实体的表述、同化、调适"来实施。复制在文化进化中发挥重要作用。而且,我们认为复制以传播为目的,传播以复制为前提。f. 从结构看,有简单或基本模因,有模因复合体(Lynch,1991)。一个根隐喻(如莎士比亚的"世界是舞台")是简单或基本模因,其相应的派生隐喻(如"大家都是这个舞台的演员、有出场和退场、每人扮演多个角色、他是个丑角、我唱主角")就是模因复合体。g. 共时地看,模因的复制程度、传播范围和生存领地有大小之别,与其他模因一道构成"模因域"(meme register)或"理念因子库"(ideo-meme-pool)的能力也有大小之分⑥。h. 历时地看,模因的传播和生存的历史和寿命有长有短,有的横跨几世纪甚至永恒,有的则昙花一现。根据Dawkins(1982:xii),"成功的模因复制(与传播)"有"保真性"(copying-fidelity)⑦、"多产性"(fecundity)和"长寿性"(longevity)的特点⑧。所说的"成功的模因复制"仅指一些生命力强的、"同构取向度"高的模因。

既然模因以复制和传播为充要条件,而模因的生命力和存在特点就与新旧宿主复制和传播的复制——传播意识——模因的元语用意识(meta-pragmatic awareness,简称MPA)有关,而且我们关心的主要是(语言)语用模因,主要指为一定的语用目的(pragmatic goal/purpose)服务的实实在在地使用的语言模因(因子)或模因域,因此,下面我们着重讨论MPA的高低与语用模因的变异之间的关系。由于文化、思想和行为的复制有无形的"导向标准"(Baldassarre,2001),我们下面有时用形容词"(社会)语用的"表示的是"正确、恰当、策略的,符合语用原则(如合作原则、最省力原则)和导向标准"的含义,而"反(社会)语用的"指的就是其对立面。

2. 调控语用模因传播的 MPA

虽然关联论的创导者之一 Sperber(1996,2000)并不赞成模因论⑨,

本文还要提及并运用 Sperber & Wilson(2001)的关联论观点。交际者在交际中的任何一句话语都具有关联性和意向性,前者指话语与前言后语、交际者双方的认知环境、客观交际情景等的紧密联系,后者指交际意图或语用目的,关联性与目的性可以互相解释,它们也可以从交际者的 MPA 那里得到解释,因为,只有 MPA 才能确保话语的关联性和目的性。这样一来,话语者的 MPA 愈高,一般说来,话语就愈关联,除非言者有意弱化关联甚至不关联以达到特殊的语用目的;所实现的语(境)效(果)也就愈大或愈重要——该语效表现为隐含结论或语用目的。

也许不需要耗费多少心力去进行言语(语码)的选择的显性或隐性策划,交际者的话语就是也应该是关联的。这一事实不能否定交际者 MPA 的存在。而语用目的的实现与否、语效的大小以及能否兑现,则明显地依赖较高程度的 MPA。通常的情况是,你的语用目的越特别,或者语效越大,或者标记性越强,你为策划实现该语用目的或语效的话语方式所付出的心力就越大,你的 MPA 也就越高。假如你要向一个有一面之交的人借上千元,就得绞尽脑汁(高 MPA)启动某个/些语用策略,否则休想得逞。

语言意识(awareness)转化成一定的语用手段(如语用含糊)的运用和策划就是元语用意识(侯国金,2005)。语用过程中 MPA 较高,所进行的顺应过程——即对话语作出调整和商洽的自我监控过程(Verschueren, 2000:13-33)就顺利。这里所谓的"模因宿主"(meme carrier)主要指交际中的言者和听者(以话语的模因特点为前提),那么模因宿主的 MPA 就分为言者 MPA(s-MPA)和听者 MPA(h-MPA),而双方的 MPA 又可细分为(话语)生成意识和识解(construal)意识。就言者而言,他对自己的话语的形式和策略以及能否实现既定语效所携带的反思、思考、意识、预测(直至策划)就是言者话语生成 MPA(如如何用礼貌的谎言来回答一个隐私问题),而他对听者识解该话语语效的方式、难易程度、可能性等的思量、想法、推测(直至换词、改说、放弃),就是言者的话语识解 MPA。一个女子对自己的孩子说"妈妈、我""你爸爸、爸爸、他、我丈夫"的 s-MPA 各不相同,h-MPA 也互有差别。这种社会指别缩小或拉大双方或多方语用距离的策略在汉语、日语、法语等很多语言里都是司空见惯的。下面仅举例说明言者的话语识解 MPA。

(1) 郑州民警竹卫东抓小偷负伤抢救无效,妻子和女儿不断地呼喊他。2006 年 4 月 23 日晚上 CCTV 10 的"城市猎鹰"节目主持人说:"他的妻子和女儿不能跟他说一句话了。"

按理说,不论该民警是生是死她们都能说话,即对他(的真人、遗体、相片)说话,只是他可能听不见而已。但是该例说明主持人在说到生者和死者双方时强调的(即元语用地意识到的)是后者即听者的识解。主持人的话可以改说成"他的妻子和女儿跟他说话时他再也听不见了"或"他再也不能与妻子女儿说话了"。

与此类似,听者的话语生成 MPA 指对言者或对自己作为言者所说话语的 MPA,而听者的话语识解 MPA 则指她[10]对自己解码、推导、理解言者话语的方式方法、能力、努力(心力)、效果等的 MPA(以上例为例,她可能意识到难度而要求他重说、换词或者要求更多思考的时间)。

3. MPA 调控下的语用模因变异

人们在语用模因的复制与传播过程中总是带有一定程度的 MPA 的,而相对而言,MPA 有时高有时低。当生成或复制的为崭新的语用模因时其 MPA 就高,反之,生成(说出或写出)或复制而来的(旧)语用模因,或者复制旧语用模因时,其 MPA 就低,趋于零。假如我在网络空间的"博客"或什么"PK"里创造一个服务于某特定目的的字符或表达式时,我的 MPA 就很高。我知道它有多新颖多活泼有多大可能感染他人以至于被复制和传播(从而成为模因)。当然也有可能(元语用)意识到它绝对是昙花一现的说法,是"临时造词",一问世就蜕变为废弃词,有时是"非字词"。看一看于根元等(2001)的电子词典就可以想象出这些网络词汇(如"MM""美眉")诞生时的 s-MPA 一定很高。

语用模因在复制和传播中有"基因型的'内容相同、形式各异'"和"表现型的'形式相同、内容相异'"(何自然,2005,另见 Blakemore,1999:61)。所谓"相同"是相对的,不是绝对的。而"各异"则是绝对的。论内容相同的相对性,正如一碗水倒进另一个碗里就没有绝对的一碗水,量与质都可能发生变异(variation)或突变(mutation),语用模因的复制像复印文件、图像一般会有所走样,在传播过程中也会有所损耗。形式的相同也是相对的,因为物质与物质,甚至具有同一称谓的物质之间,也不会一模一样。那么我们凭什么判断模因和非模因以及是甲模因还是乙模因呢?除了第 1 节所说的充要条件外还有内容和形式的同构性或像似性,X 与 x 同构性大则是同一模因或模因变体,小则可能是(或蜕变为)其他模因。

3.1 纯语言层模因变异例析

我们先看语言的最小单位词素的若干例子。一个词素模因在复制时可能变异为若干个变体,如表示"进入"或"否定"的"in-",这两个模因在造词时为了声韵效果或发音便利,根据随后音节的特点而变异其形和音,而留其义。这样一来,第 1 个词素模因有"in-""im-"等模因变体,第 2 个词素模因有"in-""il-""im-"等变体。请比较:

(2) inject, inland, ingoing, implant, import, irrigate, irruption(但是 input 我行我素)

(3) incorrect, illegal, illiquid, impossible, immaculate, ignorant, irrelative, enemy("非"+"朋友",改变元音字母是"变异取向大")

再请看字词层面的例子:set up、set down、a TV set 中的 set,因为较大的同构性而基本作为一个模因处理。相反,flower 和 flour,see 和 sea,table 和 commence,汉语和日语的"团""靴""机""勉强"虽然从词源学、从历时的角度、从声韵角度、从(历史)对比语言学或类型学角度看,具有一定的象似性(同源、同音、同音同形、同音同形同义[⑪]),相关的词条是否能作为一个模因对待则较为复杂。其间的关联性不足以说明问题。英语的 table、commence 来源于法语,虽然发生语音变异(盎格鲁化)和语义变异(如 table the plan 的 table 有"取消"之义,commence 表达"开始"的意思比 begin 或 start 在语体上更文气)。日语的"团(団)""靴""机""勉强"是从汉语进口而发生变异的:"团"字的一撇变为一点,意思则基本不变;"靴""机""勉强"的意思分别为"鞋""茶几""学习",不论是汉字模因自身的变异还是这几个相同模因的日语宿主的变异,造成了"日语汉字"与相应(同源)字词的所谓"同字不同义、同义不同字"的局面,难怪我国的日语学习者和日本的汉语学习者常犯望文生义的错误。

比较起来,句法或句式模因的复制就更忠实于初始状态,或者说其变异较慢较小,传播较广。一个句式,如主谓宾结构、左移位结构、断裂句结构、倒装结构、被动结构、中动结构、后置定语(从句)结构、否定结构、冗余否定结构、特殊问句结构、回声问结构等等,一旦形成这样的句式,作为模因就会比较机械刻板地复制从而广泛地传播,几十年、几百年甚至几千年不发生根本性变化。据说现当代英国文人都很难读懂英国史诗 *Beowulf*,但与其说归因于句式或语法的嬗变,还不如归因于词汇和拼写的迥异。共时观之,一个语言的若干方言的语法结构具有很大程度的同构性或一致性,否则就沦为不同的语言了。普通话和鄂方言、川方言、粤方言等的语法就是这样的。另一方面,既然是不同的方言,就必然存在语音、语调、词汇、句法等各方面的或大或小的差异。例如,武汉方言常把"还""都"字尾置,而且比任何方言都更多地把"把"字实词化地使用,如

"把那多的盐!"广州人喜欢说"你走先"之类状语在动词之后的结构。此外,由于对外交流和国际贸易,更兼翻译和翻译腔的影响,外语(尤其是英语)的一些结构在用汉语复制和传播时保留了"洋相",有时具有积极意义有时则相反。例如,英语的定语从句是后置的,一些译者也后置处理(有时辅以括号)。还有英语的条件句,尤其是不表充要条件的条件句如"语用条件句"(pragmatic conditional),其"条件"往往居于句中或句末,而汉语对应体通常前置。请看笔者教学中常举的例子。

(4) I can not go to the cinema with you, dear, if you do not mind.

译1:我不能陪你去电影院了,亲爱的,如果你不介意的话。

译2:亲爱的,如果你不介意的话,我不能陪你看电影了。

译3:我不能陪你看电影了,亲爱的,希望你不介意/真不好意思呀。

不少译者完全仿效英语做法,译为译1的"反语用"样子。少数人求汉化/归化而选择译2(语用的,但是需要付出较大心力来调整语序)。其实归化未必要推倒原文结构,只需另作变通——看译3(语用的)。

3.2 语言—语用层模因变异例证

站在语用高度观察(语用)模因,不论是词素、字词、词语、短语、子句,还是句子、话语、语篇,作为模因的复制和传播必然是以功能(即上文的语用目或语效)为要旨。英语从外语(主要是希腊语和拉丁语)移植了大量的词素(词干、前缀、后缀),凡是引进必定是重其功能而相对地轻其形式。虽然没有形式也就没有意义,因为形式是意义的载体,但是在必须牺牲一方时就只能割舍形式。

假如一个句式表达一个基本功能(如陈述句表达陈述/表述的功能或意义),那么,这一句式在复制和传播中势必基本保留这一功能,而且在这一基础上产生一定程度的嬗变(如,陈述句可以作为间接请求或询问)。英语和汉语的基本句式或句型和它们相应的句法功能和意义具有很大程度的同构性,为等效翻译和"同传"铺平了道路。更为奇妙的是,各种句型所能表达的副功能、副意义(如陈述句的间接请求功能),也是惊人的相似。这样一来,在翻译这一模因复制传播的过程中,句式和功能的匹配对翻译者来说就不棘手了。

(5) Can you lend me ＄10? 你能借我 10 块钱吗?

I would like you to lend me ＄10. 我希望你借我 10 块钱。

Lend me ＄10. 借我 10 块钱。

How kind of you if you lend me ＄10! 你能借我 10 块钱就太好了!

当然,这并不是说交际中语用模因的复制和传播就没有少解、曲解、误解的情况。有时,由于语言的复杂和表达法的相对贫乏,加之客观世界和精神世界错综复杂而难以完全或准确地认知,话语存在以下 10 种状态:

　　A. 话语的结构特点尤其是词语多义性和含糊性使话语本身具有不确定性。

　　B. 话语存在遵守或违反合作原则的任何一条准则的可能,从而可能表达特定的含义,而含义是不确定的。

　　C. 话语可能是真话也可能是假话(deception),可能是隐喻、借代、弱陈(understatement)、夸张、委婉等,可能是调侃(banter),可能是反讽(irony)。

　　D. 话语存在多重语用模糊(pragmatic multivalence)的可能性。例如,老头子生老太婆的气但是不便直接说明就骂儿子,话语中隐约透露出对老太婆的怨言,属典型的“指桑骂槐”。因此,同一句骂人的话对儿子和老太婆的语力是不同的。

　　E. 话语存在双重/数重语用模糊(pragmatic bivalence/plurivalence)的可能性。就是说一句话对同一个听者具有双重或数重语力的潜能或可能性,如,“蛇!”可能是“我告诉你这里有蛇”(表述/representative),“我提醒你小心蛇”(指令/directive),或者“我很吃惊这里居然有蛇”(表情/expressive)。

　　F. 一些语句(如条件句)存在双重言外行为(bivalent illocutionary act)的可能性。每种语言都常说“我若是你/If I were you”的条件句,是建议呢,还是警告甚至是威胁呢? 是礼貌还是不礼貌呢? 此乃语力模糊。

　　G. 由于语言和人类历史的发展和变化可能发生词汇层的语法化和语句/话语层的语用化——此乃模因变异的极端化例证。前者指实词虚化,后者指话语的语力和含义与其字面义相去甚远。

　　H. 话语接受者可能存在两可(多可)或然性:把对方当作受话者、旁听者、旁观者还是窃听者呢? 一句话语对谁说,把他当作什么类型的听者,有多少听者和多少类型的听者,这些问题都影响该话语的意义识解。

　　I. 可能存在话语角色的两可(多可)或然性,也即言者可能是说话者、作者、传递者、代言者或者传声筒。

　　J. 词语和话语的语用模因复制和传播中广泛存在一语三相的现象,即一个词语或话语同时表达了字面义(literal meaning)相、显义(explicature)相和含义相。请看下例的“一语三相”。

　　有一个广告上的两个儿童说:“他们都说我很可爱”,就是以传递者身份巧借“他们”之口以表可信性。我们说话通常绝对代表自己,但是有的话语是半代表自己的(以"听说""我就是觉得吧"为证),甚至不负任何责任(以"下面完全是他说的呀""孔子云"为证)。言者说话对自己和对方的角色的 MPA 有高有低。赵白生(2002)的论文《我与我周旋——自传事实的内涵》说得好,自传"虽然表现了丰富各异的自我,但它们还不是严格意义的自传",因为自传展示的有"自我生存的事实和经验化事实"。"自传的头号问题是'我是谁'","自传是'自杀'"(传记是"他杀")。然而作者是几分的投入叙事呢? 展示的是几分真正的自我生存的事实? "我是谁"问题涉及作者自己几分? 作为隐喻的"自杀"是几分谁杀(还有如何"杀")几分谁? 美国先锋派女作家 Gertrude Stein(1874—1967)写的自传 *The Autography of Miss Alice B. Toklas* 的作者是 Stein 本人,叙述者却是秘书 Alice,讲述的主要是 Stein,其次是 Alice 和所有有关的人。作者创作时想必具有很高的角色 MPA。美国后现代小说作家 Vladimir Nabokov(1899—1977)的小说与小说之间具有互文性(co-textuality),而且作者自己要么隐秘地,要么以某角色(如 Vivian Badlock,Vivian Bloodmark,Vivian Darkbloom,Adam Von Librikov)参与小说的事件,造成"小说内有小说",作者的所谓"元小说性"(metafictionality)MPA 可谓相当高。

(6) sleep-walk 或 sleep-walker

字面义:睡觉时走路(的人),睡着了还能行走(的人)

显义:梦游(症)/梦游者。根据 *The Chambers Dictionary*(1995),一个"sleep-walker"是"one who walks in his or her sleep"或者是一个"somnambulist"。*Longman Modern English Dictionary*(1976)的解释是"someone who walks in his sleep"。

含义:不清楚自己的人生目的(的人),只管埋头拉车而不抬头看路(的人),胸无大志(的人)。*Webster's Ninth New Collegiate Dictionary*(1994)的定义虽然与上面的大同小异,但我们要注意它在 walks 和 in his sleep 之间插入了 as if 的比喻标识。

请看例句:

(7) 回答:Did you sleep well last night Sleep-walked so long.(伸出 3 个手指)
(8) 回答:What was your ideal or wish then(指的是 1999 年到 2005 年)? My father said I was sleep-walking.(摇头)

如果说言者只是编码,听者只是解码,那么言者和听者都只原地踏步于字面义(常常是望文生义)的圈内。但是,交际者的语用模因是需要推理的,"sleep-walk"在(7)中推理的结果是显义,在(8)中推理结果是"糊里糊涂、碌碌无为"的含义。就整个例句来说,(7)的字面义是"睡觉时走路这么久",显义是"昨天晚上在就寝后不知何时起我不知不觉地起来漫无目的地四处走走达 3 个小时之久",含义是"(基于上述显义)我昨晚睡得不好(从而给予你的问句以否定回答)"。例(8)的字面义不用多言,其显义为"我爹说我那时即 1999—2005 年一直像梦游者一样糊里糊涂浑浑噩噩的",含义是"我没有目标或人生理想",即否定了问句"有理想"的预设。

3.3 模因变异的极端化——不变与变异之辨

一个语用模因,小至字符、词素,大至话语、句群、语篇,只要成其为模因,即作为文化载物被复制和传播下去,就需要有一定的内容即功能或意义(空洞无物的乌托邦模因是不可想象的),以及一定的形式——即需要一定的承载体和承载方式/形式(物质存在于自然界必然有其方式即质、量、与他物的关系)。这个承载体就是上文所言之"模因宿主"即交际者(的大脑、口舌与手笔),这个承载方式就是交际者编码、传达的渠道、信道、语言、方法等。

我们知道,一个模因与它表征的实体(含"虚物")的实质内容或功能—意义内容具有一定的像似性,如语音像似、构造像似、语法像似、语用像似等(侯国金,2007)。假如有这么一个叫做 X 的模因,复制和传播中的承载体和承载方式可能变化万千,但是其实质性内容,即它像似于源实体的本质内容或功能—意义则不容太大的变化,变来变去还是 X 的变体,如 X_1, X_2, $X_3 \cdots X_n$,它们共有的核心模因因子是相同的,因此某些模因因子可以发生变化,但是变化不能太大,或者变化的模因因子不能过多,以致使 X 变为 Y 或 Z,那就是另一个模因了。我们发现模因在复制和传播中存在一对矛盾,即同构与变异。若没有同构模因就会失真走形、蜕化变质,若没有变异则会失去活力生机。同构性与变异性的对立统一驱动着模因的复制与传播,有静有动,有同有异。类似或同一语域、同一语义场的模因又有机会组合成这样或那样的模因组/群,也可叫做"模因域"(罗迪江,2008)。若干模因域若相关则可能形成一个模因域网。这样一来,俯瞰语言网络,模因域网与模因域网之间网网相连。细看起来,一个模因域网内部模因组与模因组之间组组相通,一个模因组内部模因与模因之间因因相关。

以上分析是对模因的同构与变异的整体上的、一般性的、原则性的(初步的)看法而已。我们联系实际语用地观察,由于特定语境的参与,因为特定言语(交际)事件的交际者的特定身份、他们之间的特定关系(权力关系、社会距离、语用距离),还考虑到他们特定的交际目的,一些模因苟求同构性,另一些模因则允许甚至要求较大的变异性。

不久前有人在东北搞了一阵子的"赵本山模仿秀"。顾名思义,他们以模仿赵的风格以及长相、方言(东北味普通话)、音质、演技(如二人转基本功)达到惟妙惟肖的程度为殊荣,虽然也有人(如笔者)却以为不能一味复制和拷贝,要有创新和突破。再以翻译为例,虽然翻译界对好翻译的标准还没有达成真正意义的共识,但是"信""忠实""等效/等值/对等"等不同标准的类似字眼足以说明,译文应该尽量做到与原文模因的同构。原文是爱情诗,译文也应该是爱情诗,既不能译为哲理诗、叙事诗或史诗——这是内容、主旨与原文同构,也不可译为爱情散文、爱情戏剧或爱情小品——这是形式、承载体、承载方式的同构。万一不能兼顾两类同构,就要多顾前者。马致远的《天净沙·秋思》有多种译文,我们凭语感就可以摈弃散文诗译文。翻译圈内对翻译模因同构性的极端追求的结果是所谓"零翻译",如英语的"WTO"有人译为"WTO"。2004 年,上海外国语大学的翻译理论家谢天振教授到四川外语学院讲学时,一开始就发问:"I come from SISU to SISU"如何翻译?"我从上外来到川外"? 他提出不妨译为"我从 SISU 到 SISU"。零翻译是以功能—意义为前提(假设读者理解,或无所谓真正意义的功能—意义)、只注重形式的同构性的翻译方法。人名的翻译大都如此(例外如 Pearl Buck 译为"赛珍珠")。2005 年 1 月 19 日汉城市长李明博正式宣布:汉城的中文名字从即日起改为"首尔",何止是投了音译一票? 据说与韩国民众的民族自豪感有关。

转述他人的话语时,话语越简短易懂就越能够也越可能与原话同构,反之越难以同构。试想,天下谁能一字不差地口诵《红楼梦》、W. Whitman(1819—1892)的长诗 *The Song of Myself* 或者 T. S. Eliot(1888—1965)的长诗 *Wasteland*。罗贯中在《三国演义》(60 回)里描写西川的张松对《孟德新书》"彼观一遍,即能暗诵"(对杨修),"并无一字差错",我们没有理由怀疑其价值(卖弄风骚和贬低曹操),但是有理由怀疑其极端同构性的可能性。日常交际中,我们没必要直接引用他人话语,完全可以间接引用,而且还可以增设自己的情态意义(modality,如通过"能""most probably")、程序意义(procedural meaning,如"首先呢""finally")、情感意义(affective meaning,如"那小子""that bloody woodenhead")、传信意义(evidentiality,如"据说""according to BBC")等。在一定语境里,言者为了某特定语用目的可能小改、大改、歪曲、彻底篡改原话。"文革"时期不少人就是这样复制和传播"毛选"的语句的。

写文章时免不了要引用他人的论点和词句,有直接和间接引用之分,有部分和整体引用之别。直接引用的话语要求百分之百地"保真"(原文的标点、正字法特征、措辞甚至字体等皆不变）。你若引用英国戏剧家G. B. Shaw(1856—1950)的话,他的"thats"就要写作"thats",而非正确的"that's"。间接引用呢? 要求内容高度同构而(部分)形式高度变异。原文是疑问句就可以(但不必)用疑问句,原文是复合/复杂主位(如 1 个语篇主位＋1 个人际主位＋1 个经验主位)＋简单述位(如含 3 个环境成分),你可以(但不必)如此。关键是要换词,相当于我国大学英语常做的"paraphrase"练习。根据 *MLA Handbook for Writers of Research Papers* (5th Edition)的标准,下例若出现于某人的论著中,a、b、c 是(社会)语用的,d、e、f 是反(社会)语用的,即剽窃。

(9) a. 面对五花八门的培训,不知该如何选择:广州过半白领盲目"补脑"。(《广州日报》2004/12/22,9 版)[12](承认复制原模因内容兼形式,是直接引用,无剽窃)

b.《广州日报》(2004/12/22,9 版)有一句话说:"面对五花八门的培训,不知该如何选择:广州过半白领盲目'补脑'"。(同上)

c.《广州日报》(2004/12/22,9 版)有一句话说,广州有很多培训班,不少人随意地报名而不管有没有效果。(承认复制原模因内容而非其形式,是间接引用,无剽窃)

d.《人民日报》(2004/12/22,9 版)有一句话说,广州有很多培训班,不少人随意地报名而不管有没有效果。(承认复制原模因内容而非形式,是间接引用,但是原宿主信息有误——应该是《广州日报》,属剽窃)

e. 某报说,广州有很多培训班,不少(过半)白领盲目"补脑"。(承认复制原模因内容,不承认复制其形式,可是后半句是没交代宿主的间接引用,属局部剽窃)

f.《广州日报》(2004/12/22,9 版)有一句话说,面对五花八门的培训,不知该如何选择:广州过半白领盲目"补脑"。(承认复制原模因部分内容,但是形式上同构取向度过高,假装是而实际不是间接引用,属剽窃)

在满足模因的一般复制和传播的条件下,有时趋于同构,有时偏向变异。无标记的语境和语用目的通常与无标记的同构/变异取向度(或趋向值)(isomorphism/variation orientation degree,简称 IOD 或 VOD)相匹配,有标记的语境和语用目的则跟有标记的同构/变异取向度相匹配。鹦鹉学舌自然应该七八成像人话,这是无标记语境,无标记的同构取向度(语用的)。若只有一成像人话,就是有标记语境(根本不是鹦鹉)和有标记变异取向度(反语用的),若有十成像人话,则为有标记语境(如电子鹦鹉,人学鹦鹉),有标记的同构取向度(同前)。一个男人学唱 Madonna 唱过的一首歌"阿根廷别为我哭泣"没必要追求女声语效,此乃有标记同构取向度(反语用的)。外语教学中的语言各层次的模仿,各种题材、体裁、需要的口笔译的"翻、译、翻译",都可以这样考察,这里就不再赘述了。

如前所述,模因复制时通常是有所变异的,有"赝品、偏差"(何自然,2005)。汉语的模因"仿制"主要有引用、移植、嫁接、词语变形等。变异有程度的大小,大小随语境和语用目的而定,而且变异的大小与模因宿主(即复制传播者)的 MPA 的高低成正比。在一般情况下,变异小甚至没有丝毫变异,是仿造、誊写、拷贝、复印或剽窃,保留原模因的风格和状态,有利于新生事物、新概念、新思潮、新模式的产生,但缺乏创造性、新颖性、动力、活力,不利于新模因的产生和(新)模因域的形成乃至"结网"。另一方面,在一般情况下,模因复制和传播时变异大甚至与原模因没有丝毫同构性,就是比拟、生造、杜撰、歪曲或篡改,牺牲了原模因的风格和状态,不利于传承文化传统和思想精华,但不乏创造性、新颖性、动力、活力,有利于新模因的产生和(新)模因域的形成乃至"结网"(图1)。

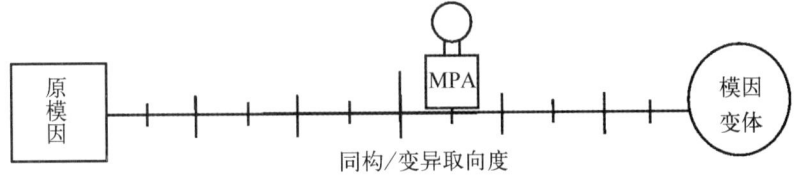

图 1　原模因—模因变体同构/变异度平衡

可见,模因的变异没有对或不对的问题,只有适度与否的问题,(社会)语用与反(社会)语用的问题,即该模因变体与原模因的同构/变异取向度和标记价值(无标记、有标记以及标记等级)是否适合传播或交际的语境、目的尤其是模因宿主即交际者关系等语用参数,是否达致一种和谐。"和谐美"是"中西方美学的会合点"(庞景平,1996)。内容的和谐,主、客观和谐,情与理的和谐,人与自然的和谐,国家与国家的和谐,原模因和模因变体的和谐——只有和谐才算得上美,最后一种和谐以 MPA 调节的同构取向度的平衡为基础。在原模因和模因变体的天平或秋千上要获得平衡,一般语境下,同构取向度高,MPA 也就高。假设交际者的认知水平没有问题而这个天平有所失衡,一定是其 MPA 出了问题。再者,适度与否是相对的,因人而异。例如,我国有不少年轻人在网络聊天时是如何复制和传播"等一等""蠢蛋""哥哥""变态"的呢? 在汉语语境下使用这些汉字词语自然是正确且合适的,但是由于网络方言和"网虫"自身的特点(如经济性、新颖性、多语性、国际性、公开性、娱乐性等),他们有时使用"w8t""CD""GG""BT"(分别对应上文的汉语词语),显然它们含有英语成分。"w8t"是"wait(等待)"的拟音压缩,连英美人都折服得大跌眼镜。"CD"是仿照英语的首字母缩写法压缩汉语"蠢蛋"的拼音字母而得。"GG""BT"也是如法炮制。目前,国内各界对此类"非字词"成分的看法不一,年轻人对之喜闻乐见,急于模仿、复制和传播,其传播媒体不限于网络;中学语文教师视之如毒蛇猛兽,禁止学生在作文、中考、高考中擅用。"教育部有关官员日前表示,网络语言不应该出现在高考作文中。"(《新京报》记者郭少峰报道⑬);更多的人(包括国家语文工作者)是折中、旁观、扬弃。最近网络上发表了数千篇介绍、点评网络方言词汇的文章。

模因变异的极端例子还有(词汇层的)语法化和(语句层的)语用化。"吃他一碗"的"他"字若不表"他"这个人,只是作为音节空位的填充物,它就是语法化。所有的实词虚化现象都是语法化,再如"把""了""着""过""来""去"的非实词用法。英语的"be going to"也是语法化。研究语法化的文章很多,这里就不赘述了。"How are you doing?""You're telling me!""你吃了吗?"都是语用化的例证——它们的字面义离其交际意图有千里之遥。重庆方言的"不存在!"(表示"小意思""没关系""不要客气")、"看不懂"(打斗地主时说,指"狠牌""大牌""接不起的牌"),作为词语/词组就是语法化,作为(省略)语句/话语就是语用化。这两个问题还有很多可以探究的空间。

4. 结语

模因论"因简单而迷人"(Sperber,2000),身处褴褛,自然嫩弱,"概念混乱","无甚实证研究",人们对模因(论)"存在误解"(Gil-White,2004),需要探索、充电、发展、完善。自其问世以来,一直存在两种"反调":其一为没有现成的办法判断模因的要素,其二为我们没有一套固定的标准用以判断一定单位的信息(块)是如何自然地切割成文化块。以 Atran (2001)举例来说,根据 Dawkins,人是模因的宿主/载体之一,模因的复制和传播过程中的模因变体要么是"共现模因"(mutual meme),要么是"寄生模因"(parasitic meme)。前者与模因宿主共同发展,后者压倒甚至消灭宿主而自灭(马萧,2005)。例如,翻译界的"翻译无用、不可译"模因是没有价值的寄生模因,最终必然消亡。那么到底还有些什么模因及模因宿主呢?语言和文化的各层面的两类模因是如何生存和相互作用的呢?人们广泛质疑的还有:1)如何识别模因和模因的表现型的问题;2)模因复制和传播的同构取向度的问题,或者说它在原模因和模因变体之间如何达到一种适度平衡的问题;3)模因(复合体)复制过程中有时难以区分孰先孰后、孰因孰果等的问题;4)模因论论中有论,诸论不一,形成了难以统一的观点等问题;5)模因难以像基因或 DNA 一样描述、度量、分析;6)既然每个拷贝/模仿事件都有突变,那么人们又如何选择(模因变体)呢? 7)模因的概念似乎兜揽了全部可以被复制和传播的文化实体,有过于宽泛之嫌。因此 Sperber 区分了触发(triggering)和拷贝(copying),虽然两者常能适度融合,但是,"文化刺激能触发的却是一定领域的习得机制和能力,而这样的机制本身既有生物遗传基础又有文化继承的一面。"

不过,这些问题都不能否定模因论的新颖性、学术价值和应用价值。新学科自然有新问题,新问题不能阻止反而催化了模因论的研究,一场生物学、信息科学、文化学、传播学、人类学、语言学、翻译学等多学科联袂的跨面研究。模因论对各个学科都提出了新的课题和启示。Sperber 也承认拷贝/模仿是值得探讨的,模因论有一定的(实践)应用价值(却需要做大量的实证调查);Chesterman(1997)运用模因论发起翻译理论的新探索;Vaneechoutte & Skoyles(1998)把现代人当作"乐感⑭灵长类动物"(musical primates)来研究语言的模因起源。在我国,王斌(2004)、韩江洪(2004)、马萧(2005)积极加入了模因与翻译的讨论;高纯娟(2005)浅探了模因与外语学习能力的关系;何自然(2005)和陈琳霞、何自然(2006)除了提及模因与翻译、模因与教学、模因与文化的关系,主要是介绍语言模因或模因的语言层;罗迪江(2008)试图用"模因域"代替"事件域"以解释人们如何使用语言、认识与体验世界。Blakemore(1999)运用模因论尝试性地解释了神学和心理学的一些现象;Gatherer(2001)试图运用模因论分析和解决社会问题(如同性恋)。目前有人在做模因论的实证研究,如 Kendal & Laland(2000)、Marsden(2001)、Baldassarre(2001)等。用模因论来研究语言的人毕竟不多(何自然,2005)。可喜的是,《外语学刊》(2008 年第 1 期)刊登了何自然等人的 6 篇讨论 Meme 的翻译,模因与修辞、幽默、广告和教学的关系的文章,开创了模因研究的新局面。

本文对语用模因的变异和 MPA 的关系做了一点浅薄的探究。作为跨面研究的新兴学科,模因论对各个学科尤其是语言学和语用学提出了不少问题,提供了解决新老问题的新思路和新启示。本文着眼于语言—语用模因的复制和传播规律,因此通过小至词素大至语篇的例证,指出现实世界的模因复制基本上有(社会)语用的和反(社会)语用的两类,本文着重论述了原模因和模因变体的"同异关系"合适与否取决于新旧模因宿主(交际者)在 MPA 调控下能否攫取一种"同构/变异取向度"的适度、平衡的和谐美。一个模因在复制和传播中与其模因(域/复合体/网)变体是一种什么关系呢? 应该是在新旧模因宿主的 MPA 的调节下,在模因生存的必要性、目的性、新老语境的特点等语用参数合力作用的影响下,形成的一个共时的(横向的)和历时的(纵向的)具有和谐美的互相补充、同构/变异取向度平衡的、和谐而且美的线(组/群),而一个模因域或模因复合体,乃至一个或更多的模因域网,就呈现出一个纵横交错的平衡、和谐、美丽的网。最后我们分析了一些极端的模因变异和识解困难的情况。当然,行文难免主观性、片面性,虚心求教于方家。

注释

① 采用何自然、何雪林(2003)的译法。

② 他在书的前言说我们可以把它作为科幻来读。他最初想到的是希腊语(词干)"mimeme"(模拟、摹拟),可是他喜欢单音节,于是又仿造"gene"和法语词"meme"(一样、相同),生造出"meme"。(见该书最后一章,另见 Willett, 2002)

③ 马萧(2005)谈到它的动态性。

④ 他们认为谁也不能证明语言基因的存在。如果说好视力、高智力、金嗓子等一般能力是自然选择或遗传、继承、进化而来的东西(相当于基因),那么,像说话和制造工具这样的可以直接模仿学习的能力就是社会群体"文化选择"的东西(相当于模因)。

⑤ 像"(自我)催化聚合物(集)"即(auto) catalytic polymer (set)一样复制;而非"代码复制器"(coded replicators),即不是像遗传代码(genetic code)般复制。代码复制器的复制系统复制的信息要么是"被解释的信息",要么是"未被解释的信息"。思想通过揭示世界观的特点而参与文化的复制或进化(Gabora,2004)。

⑥ 见罗迪江《模因域和模因域构成模因域网》。

⑦ 夏嘉驷、时汶(2003)、高纯娟(2005)和 Gabora(2004)都有介绍,类似于下文 3.3 的"同构取向度"。

⑧ Gabora(2004)不太赞同 Dawkins 的这些特点,因为她认为能复制的是大脑而不是思想。她在文章中所用的"self-description""self-replication"等措辞不是"被自己"(by the self)而是"自己被"(of the self)的意思。

⑨ 根据 Sperber(2000),"文化传播的相对稳定未必能说明是(模因)'复制'"。"Dawkins 的解释恰好需要解释,其结论恰好有问题需要解决"。例如,"大笑可以通过 Dawkins 的测试,可是,它不是模因。"他认为真正的复制要满足这 3 个条件:B 由 A(以及背景条件)引起,B 的相关方面类似于 A,产生 B 的过程必须使 B(在相关方面)类似于 A 的信息。(第 1、第 3 个括号的内容为笔者添加)(另见 Sperber,1996:106)

⑩ 我们分别用"他""她"指言者和听者。

⑪ 这里的顿号不表合取"并列"义,表析取"或者"义。

⑫ 该例借自何自然(2005)。

⑬ 下载于 www.ynet.com(2005 - 10 - 6)。

⑭ 他们认为唱歌对于鸟类和人类都具有很高的(系统)发生(phylogenetic/developmental)
的价值。唱歌是现代人语言和文化形成之前的"预适应"(preadaptation)。

参考文献

Atran, S. The trouble with memes: Inference Versus Imitation in Cultural Creation[J].
    Human Nature, 2001, 12(4).

Baldassarre, G. Cultural evolution of 'guiding criteria' and behaviour in a population of
    neural-network agents [J/OL]. *Journal of Memetics-Evolutionary Models of
    Information Transmission*, 4. http://jom-emit.cfpm.org/2001/vol4/baldassarre_g.
    html.

Blakemore, S. *The Meme Machine*[M]. Oxford: Oxford University Press, 1999.

Chesterman, A. *Memes of Translation*[M]. Amsterdam: John Benjamins, 1997.

Dawkins, R. *The Selfish Gene*[M]. New York: Oxford University Press, 1976.

Dawkins, R. *The Extended Phenotype*[M]. Oxford: Oxford University Press, 1982.

Deacon, T. W. Memes as signs[J]. *The Semiotic Review of Books*, 1977(10).

Dennett, D. *Darwin's Dangerous Idea: Evolution and the Meanings of Life* [M].
    London: Allen Lane Press, 1995.

Gatherer, D. Why the thought contagion metaphor is retarding the progress of memetics
    [J/OL]. *Journal of Memtics-Evolutionary Models of Information Transmission*, 2.
    http://jom-emit.cfpm.org/1998/vol2/gatherer_d.html.

Gatherer, D. Modelling the effects of memetic taboos on genetic homosexuality[J/OL].
    Journal of Memtics-Evolutionary Models of Information Transmission, 4. http://
    jom-emit.cfpm.org/2001/vol4/gatherer_d.html.

Gabora, L. Ideas are not replicators; minds are[J]. *Biology and Philosophy*, 2004,
    19(1).

Gil-White, F. J. *Common misunderstandings of Memes (and genes): The promise and
    the Lim its of the Genetic Analogy to Cultural Transmission Processes*[C]//S. Hurley
    and N. Chater. Perspectives on Imitation: from Mirror Neurons to Memes, Vol
    2[J]. *Philosophy*, 2005.

Grice, H. P. *Logic and conversation*[C]//P. Cole & J. Morgan. *Syntax and Semantics*,
    Vol.3: Speech Acts. NY: Academic Press, 1975.

Kendal, J. R. and K. N. Laland. Mathematical models for memetics[J/OL]. *Journal of
    Memtics-Evolutionary Models of Information Transmission*, 4. http://jom-emit.
    cfpm.org/2000/vol4/kendal_jr&laland_kn. html.

Lynch, A. Thought contagion as abstract evolution[J]. *Journal of Ideas*, 1991(2).

Marsden, P. Forefathers of memetics: Gabriel Tarde and the laws of imitation[J/OL].

Journal of Memetics-Evolutionary Models of Information Transmission，4．http：//jom-emit.cfpm.org/2000/vol4/marsden_p.html.

Marsden，P. Is suicide contagious? A case study of applied memetics[J/OL]. *Journal of Memtics-Evolutionary Models of Information Transmission*，5．http：//www.cpm.mmu.ac.uk/jom-emit/2001/vol5/marsden_p. html.

Sperber，D. *Explaining Culture: A Naturalistic Approach*［M］. Oxford：Blackwell Publishers，1996.

Sperber，D. An objection to the memetic approach to culture［A/OL］. In Robert Aunger（ed.），*Darwinizing Culture: The Status of Memetics as a Science*［C］. Oxford：Oxford University Press，2000.

Sperber，D. & D. Wilson. *Relevance：Communication and Cognition*［M］. Oxford：Blackwell Publishers Ltd.，1986.

Thomas，J. *Pragmatics: Lecture Notes*［M］. Lancaster University，1991.

Vaneechoutte，M. & Skoyles，J. R. The memetic origin of language：Modern humans as musical primates[J/OL]. *Journal of Memetics-Evolutionary Models of Information Transmission*，1998(2). http：//cogprints.org/171/00/ORILA.FIN.html.

Verschueren. J. *Understanding Pragmatics*［M］. Beijing：Foreign Language Teaching and Research Press，2000.

Willett，M. *Memes are ideas that spread*［OL］. http：//www. Pragmaticschina. com/Article/Article Show.asp? ArticleID=353.

陈琳霞、何自然.语言模因现象探析[J].外语教学与研究,2006(2).

高纯娟.模因论对提高外语学习能力的一些启示[J].桂林电子工业学院学报,2005(4).

夏嘉驷、时　汶.模因论与人文社会科学——生物基因理论在语言上的应用[J].科技进步与对策(下),2003.

韩江洪.切斯特曼翻译规范论介绍[J].外语研究,2004(2).

何兆熊等.新编语用学概要[M].上海：上海外语教育出版社,2000.

何自然.语言中的模因[J].语言科学,2005(6)：54-64.

何自然、何雪林.模因论与社会语用[J].现代外语,2003(2).

侯国金.语用含糊的标记等级和元语用意识[J].外语教学与研究,2005(1).

侯国金.语用像似论[J].语言教学与研究,2007(2).

侯国金."非字词"的语用理据和语用条件[J].外语学刊,2007(1).

罗迪江.语言使用中的模因域[J].北京邮电大学学报(社科版),2007(12).

马　萧.从模因到规范——切斯特曼的翻译模因论评述[J].广东外语外贸大学学报(哲学社会科学版),2005.

庞景平.和谐美——中西方美学的会合点[J].北京大学学报,1996(2).

王　斌.密母与翻译[J].外语研究,2004(3).

王　寅.认知语言学的翻译观[J].中国翻译,2005(5).

王　寅.事件域模型的认知分析及其解释力[J].现代外语,2005(1).

于根元等.中国网络语言词典[Z].北京:中国经济出版社,2001.

赵白生.我与我周旋——自传事实的内涵[J].北京大学学报(哲学社会科学版),
　　2002(4).

语言模因观初探[*]

张旭红

1. 引言

  自 20 世纪 70 年代以来,西方学术界开展了一场文化模因的热烈讨论,目前,已初步形成了模因信息观、思想传染观和文化进化观等三大主要流派(何自然、何雪林,2003)。而我国学术界目前对这方面的研究还寥寥无几,就连"meme"这个概念也还处于鲜为人知的阶段(杜世洪,2006)。对于"meme"的翻译①也未统一。西方学术界对模因论虽褒贬不一,有人认为它还不够成熟,还只是停留在理论层面上,但它带给我们的对文化机制进行研究的崭新视角是不容忽视的。这种新视角同时也给语言学的研究带来新的启发,它开阔了我们的视野,使我们可以借鉴其他学科领域所取得成就,从跨学科的角度去重新看待语言问题。这正是作者研究的目的所在。

  本文以 Dawkins(1976)的文化模因观为理论依据,初步构建了语言模因的观点,探讨了模因与语言的关系、语言模因的分类、选择适应(linguistic fitness)的先决条件等,旨在从一个全新的角度去审视语言的本质,并为模因论这一新兴的语言观在我国的推广做一点贡献。

2. 文化模因观

  模因论是建立在达尔文进化论的基础上,用于解释文化进化规律的一种新理论。它试图从历时和共时的两个维度,对事物之间的普遍联系、文化的传承性以及文化进化的规律性做出解释。

  19 世纪 60 年代,Mendel(引自 Dawkins,1976)发现了基因的存在。基因的发现不仅在自然科学上意义非凡,而且给人文学科带来了深刻的启示。既然基因是一切生物的物质基本单位,那么对于人类社会来说,除了存在控制人类遗传性状的基因外,人类遗传过程中,还有没有类似的基

---

  * 本文原发表于《外语与外语教学》2008 年第 3 期。

因起作用呢？带着这种思考，英国牛津大学的 Dawkins 于 1976 年首次提出了文化传递的单位："模因"（meme）。Dawkins 在其所著的 *The Selfish Gene*（《自私的模因》）（1976）一书的最后一章中写道："模因是文化传递的单位，或者说是模仿的单位。"模因的表现形式为："音乐、思想观念、流行词汇、服装式样、搭屋建房、器皿制造。"

以 Dawkins 为代表的模因论者指出，正如基因在基因库中进行自身繁殖一样，模因在模因库中自身复制并通过模仿从一个人的大脑到另一个人的大脑（参看图 1）。基因的遗传是由上一代传到下一代，代与代的单向传递。模因的传播在时空两个维度上延伸。一方面，它以代际间的纵向方式传递（模拟基因特性）；另一方面，它又以横向的方式传递，例如，在同一代人之间，一个观念或行为可以从一个人传向另一个人，从一个地区传向另一个地区。思想文化的传播和进化就是通过模因被模仿而实现的。模因是双向的传播。

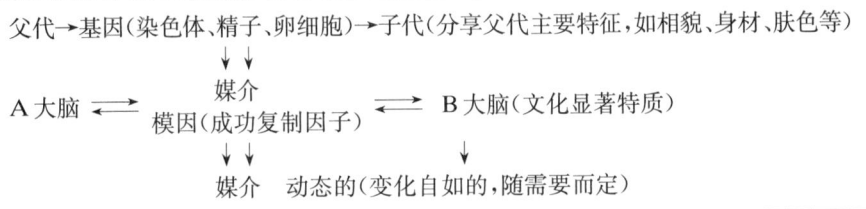

图 1　基因的生物遗传与模因文化进化的区别

3. 语言与模因的关系论证

现代生物学的新成就表明：生命的历史是系统发展的历史，如果某一种物种在长期内不能分化出另一种独立的种群，它就会产生某些独特的属性。在前进性发展中，这些属性会不断地得到加强，使这个物种和相近的物种区别开来。从进化的角度看，大脑经历了感觉-肌动阶段、边缘系统表征性阶段、皮质-表征性阶段和不对称-符号阶段。但这一过程却相当漫长。系统的发育完成后，人类进入了个体发育的进化过程（参看图 2）。

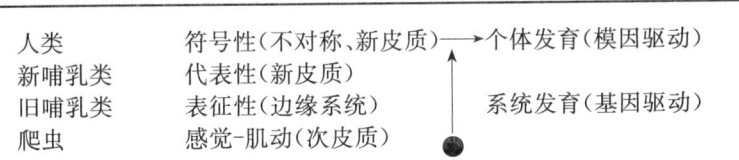

图 2　人类大脑进化的阶段（参照桂诗春，2000，有所改动）

英国社会学家 Hayek(2000)认为："我们的基因遗传可以决定我们能够学会什么,但肯定不能决定存在有什么等待学习的传统。有待学习的东西甚至不是人类大脑的产物,不是基因遗传的东西,不属于生物学现象。"

神经心理学家 Smith(1985)认为"语言和意识在人类进化史上一起产生,这意味着一种操纵以符号码为形式的信息的心理能力的发展,语言的产生和发展不仅仅是一个生物进化的问题,而且还是一个社会化的问题。语言一经产生,它就作为人类社会的共同财富,一代一代的传下去。"

Dawkins(1976)认为,在人类进化史中,基因和模因相辅相成,共同成为进化的驱动力。但在时间上具有错位性。

为了说明这一点,我们绘制了下面的人类基因染色体模型图。

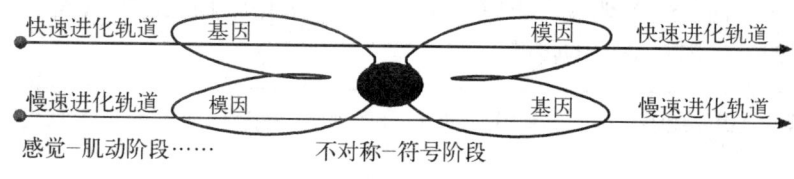

图3　人类基因染色体模型

从图中我们可以看出,在共同进化的漫长过程中,基因与模因处于平行的轨道上。进化之初,基因首先处于进化的快速轨道上,来驱动人类构建成熟的染色体的基因物质。这个过程使得人类从动物群中脱颖而出。其标志是:一方面,人类的发音、视听器官专门化,并已逐渐成为物种的一种独特的属性被保留下来,而且将遗传下去。这为语言的产生提供了生理基础。另一方面,人类认知大脑进一步成熟,分化为两半球。两个半球的功能不对称,语言偏向左半球(Broca Area),这为语言的发生提供了必要的物质和心理基础。但这一过程却相当漫长。这是因为,生物进化是环境无意识的自然选择的结果。在这一过程中模因则以缓慢的速度进化着。因为在生物的进化竞争中,生理系统的进化是首要的。系统发育完成后,人类进入了个体发育的进化过程。这一过程较之系统进化过程惊人的快。这是因为文化进化是以符号(特别是语言)的形式,通过社会交流,而不是基因遗传实现的。因此,它可以传播得更快、更迅速、更直接、更灵活地影响到更多的个体。在这个过程中,进化的内动力不再是基因而是模因。也就是说,模因处于进化的快速轨道上,而基因进化的步伐却变得缓慢了。文化进化是"拉马克式"②的,它可以有意识地适应环境,在语言方面更是如此。在语言产生以后,人类有能力,也有必要形成大型的社会,群体模因库随之变大;同时,对付和改造自然环境的能力随之增强,自然选择的压力减轻了。因此,人类的生物进化就变得更加缓慢,而文化进化的脚步却大大加快了。事实上,自十万年前到现在,人类的生物进化已相对停止,但是文化进化的速度却越来越快。这一点可从各民族语言的多样性(5,000—7,000 种之多),而人种本身却没有明显的变化(黄种、白种、黑种、棕种等)中得到验证。因此我们说语言和模因之间有着密不可分的关系。

在我国学术界,何自然(2005)率先提出了语言模因的观点,并从语言模因复制和传播的途径、传播的方式以及研究语言模因的意义等几个方面入手,对语言模因进行了探讨。在此基础上,本文将就语言模因的性质、界定、分类以及语言模因选择适应的先决条件等几方面,进一步探讨语言与模因的关系、语言的本质以及语言演化的一般规律。

4. 语言模因的性质

模因的概念是 Dawkins(1976)在探讨基因自我复制以及相互竞争促进生物进化的新达尔文主义的基础上提出来的。下面我们通过比较模因与基因的异同,来探讨一下语言模因的性质。

模因与基因的相同之处主要表现在以下四个方面:

1)模因与基因都要在传播中尽可能地自我重组、复制。它们的传播都要受某种适应性的选择,适者生存。

2)模因和基因自身都没有预见性。它们只关心自身的复制,不考虑有机体本身的利益。这就是 Dawkins 所说的"自私性"(selfishness)。

3)模因和基因在进化过程中都会发生变异。

4)模因和基因都是"语义实体"(semantic entities)(Dennett,1995),即它们所包含的信息可以进行多种多样的编码。

它们的区别主要有:

1)基因的单位是 DNA 片断,模因的单位是任何一种语义实体。例如,词素(morpheme)、词(word)、短语(phrase)、句子(sentence)、话语(discourse)等。

2)基因是先天的,模因是后天的。

3)基因通过遗传进化,模因通过模仿进化。

4)基因自我复制和遗传是通过大 DNA 数字化的(digital)化学反应实现的,模因的复制和传播只要求模仿,模仿的过程是以不稳定的电波(airwaves)或多种多样的光子(photons)为媒介的。

5)基因自我复制和遗传具有相当高的保真性(copying-fidelity),模因的保真性则相对较低。

6）基因的演变速度缓慢，模因的传播速度迅猛。

7）基因是生物遗传的单位，模因是语言基本成分要素（element）。

根据对模因性质的分析，我们尝试着把语言模因定义为：作为语义实体，即语言的基本单位的语言模因是语言的复制因子，是语言演化的基本单位，是自身复制、人文③选择的优胜者。为了得到成功的传播，单个的模因按照一定的规律进行重组，形成模因的复合体或多重体。语言模因的自身重组、复制、传播以及人文④等因素，是形成目前人类语言多样性的内因。

5. 语言模因的分类探索

Slobin（1985，1973）、Brown（1973）、Klima & Bellugi（1979）、Limber（1973）、Clark（1982）对儿童语言习得的实验研究表明，儿童语言习得其实是语言结构的习得，而不是对意义的习得。因为儿童在学习任何词和语法结构之前就已经能表达好多意思⑤，只不过他们的表达方式与成人语言不同，不易弄清楚（Halliday，1977）。比如，儿童在 10 个半月左右开始，能用声音来表示工具功能、调节功能、交互功能和表达个人功能。从 16 个半月至 18 个月开始，儿童用语言表达启发功能、学习功能。到了 22 个半月至 24 个月，儿童进入成人语言阶段，用语言表达意念功能和相互关系功能。Halliday（1977）认为，儿童在习得语言过程中，是在学习怎样表达意思，儿童习得语言的过程可以理解为逐步掌握以语言表达各种功能的各种可能方式的过程。

因此我们认为，语言模因是由结构模因（structural meme）和功能模因（functional meme）两个方面组成的。结构模因就是语言的表现形式，它可以是单个的语音、语素、词根等，也可以是他们的复合体，例如，词（word）、短语（phrase）、句子（sentence）、话语（discourse）等。因此，结构模因又分为简单模因和模因复合体。

功能模因即语言结构所要表达的语言使用者的心理功能，或意念表达的功能潜势。功能模因包括语言的意义，即 Halliday（1977）所说的"意念功能"，但它不等于意义，而意义不能概括所有的功能，如处理功能（processing, parsing）。例如，某些语序调整机制，具有减少人脑信息处理时短时记忆负担的作用。比方说，当界定模因的概念时，下面两个句子，意义相同，但读起来后者比前者更直截了当，更易理解。

1）模因是牛津大学的生物学家 Dawkins 在探讨基因自我复制以及

相互竞争促进生物进化的新达尔文主义基础上,于 1976 年首次提出来的,文化信息传递的单位。

2) 模因作为文化信息传递的单位是牛津大学的生物学家 Dawkins 在探讨基因自我复制以及相互竞争促进生物进化的新达尔文主义基础上,于 1976 年首次提出来的。

这种语序改变并不直接牵涉到意义表达,但显然具有功能的需要。

根究 Halliday(1977)对"意念功能"的研究,我们认为功能模因至少可以包括工具功能、调节功能、交互功能、表现功能、启发功能、个人功能、想象功能等。

功能模因是一种基因型模因⑥(genotype),是人与生俱来的,是人类系统进化的产物,是语言产生的内动力。正是因为人们有了表达愿望的心理要求,才会去创造它。因此我们说,从儿童发现环境到科学家发现世界,都是这种功能在起作用。功能模因又可分为基本语言功能和综合语言功能。基本语言功能表达人类的基本愿望,如,以言行事、与人交往、传达情感、启发诱导、传递信息等。有限的语言功能相互综合,会产生出新的语言功能,来表达人类更加复杂的愿望,例如,自我表现、炫耀身份、突出强调、掩盖事实、客套、委婉、娱乐,等等。

结构模因的符号性决定了它是最方便、最有效地满足人类心理愿望的手段。基本语言功能和综合语言功能决定了语言的基本结构和结构变体。由于符号的数量是有限的,而人们的欲望是无止境的,这就使得符号要进行重组,由单一体组合成复合体。如何使用结构模因表达心理功能是个模仿学习的过程,是后天行为。从这个意义上说,它是非生物遗传属性的,是表现性模因(phenotype)。

6. 模因选择适应性的先决条件的分析

Blackmore(1999)说:"在模因的进化过程中存在着巨大的选择压力,所以在数量极大的潜在的模因中,能够生存下来的模因的数量并不很多,只有少数的一部分模因能成功地从一个人的头脑被拷贝到另一个人的头脑,或到印刷品上,或是从人的声音拷贝到光盘上。"

那么什么样的模因⑦(指结构模因)才能在传播竞争中得以成功的复制呢? 换言之,模因适应性的先决条件是什么呢?

陈琳霞、何自然(2006)对此作过分析,并总结出了四个基本条件,即:实用性、合理性、时尚性、权威性等。

我们认为模因的独特属性,决定了它的自身复制是没有预见性的,也就是说,模因的自我复制是不会考虑它是否有"实用性""合理性""时尚性""权威性"。但它的传播却是受人的认知、心理以及社会、文化等人文因素所制约。从语言模因的角度看,上述这些条件只是人文因素对模因的选择条件,是外因条件的分析。因此,这种分析似乎不够全面。

我们还认为,除了人文因素外,模因的自身重组、复制才是它得以成功传播的内因。在此认识的基础上,本文将从语言模因本身入手,对模因选择适应性的先决条件做一些尝试性的探索,同时对上面已有的分析做一点补充。

为了得以成功地复制,结构模因的重组必须要满足下列一些必要条件:一致性(consistency)、可学性(learnability)、创意性(creativity)、韵律性(rhythmicality)等。

一致性指语言的结构模因要和人的认知结构模式一致。换句话说,语言结构越是符合人类的思维顺序,它就越容易得以成功地复制和传播。以现存的人类语言的基本模式为例,据统计在 SVO、SOV、OVS、VSO、VOS 五种语言类型⑧中,SVO、SOV 型语言(即施事在前,受事在后)大约占 85% 以上。

可学性指语言结构的可掌握程度。一般说来,结构越简单的模因越容易被成功地复制。尽管语言从理论上具有无限的递归性,但现实生活中人们用于日常交际的语句却是短小精悍的。简单的语言结构易于理解,有益于直截了当地表达说话者的用意,同时亦有助于听话者的理解和模仿。另外,如果我们对于语言进行一下历时的比较就会发现,语言发展的一个最明显的规律就是简化。以英语句法自 19 世纪以来的演化为例:

1) 修饰语的位置朝着简便的方式发展。例如:根据传统语法,英语中的普通名词在修饰人名时,一般是将该普通名词放在人名之后作同位语(Miss Smith,a teacher of English),现代英语中,人名的修饰与前置的情况越来越普遍,以至于任何表示职业、职务及一些表示特征的名词均可放在人名前,且不带冠词,如,writer Thomson,traitor and robber Dickinson 等。

2) 冠词省略的趋势日益明显。

3) 做表语的动词不定式可省略 to,这一现象越来越明显。有时,不定式作主语时,to 也可以省略。a) All he had to do now was(to)pack his bag. b) Turn off the tap was all I did(Quirk et al,A Grammar of Contemporary English,1973:743).

4) 介词的省略。She prevented him(from)going there.

5) 连词的省略。其中最引人注目的是 that。

句法的变化尚且如此显著,更不用说词汇和发音了。

语言是用来表达思想的最重要工具,但不是唯一的工具。人类之所以选择创造语言来表达他们日益复杂的思想,是因为它是最简单的思想表达式。假如语言变得比思想还复杂,那么,它的作用就彻底消失了,那它的命运也就可想而知了。

创意性是语言的旧元素的新组合,新元素的再进化的过程。创意性是新的语言模因得以复制的关键。Blackmore(1999)认为"有创意"就意味着摹仿、应用、变化、选择和继承的过程可以不间断地进行下去。创意性的表现形式是可变性、突破性和独创性。

韵律性是指构成语言模因的音位的超音段音位特征。语言模因越是富于节奏感,朗朗上口,就越是容易得到广泛的流传。歌曲的传唱,诗词、民谣、儿歌等的广泛流传都可以证明这一点。有些人甚至以此认为语言来源于音乐。韵律性使得模仿变得生动有趣。

以上论证了模因适应性的语言内部的(intra-linguistic)先决条件,下面再从语言系统外部(extra-linguistic)进行一下补充分析。除"实用性""合理性""时尚性""权威性"条件外,本文认为意义的可理解性(understandability)、语间可感染性(contagiosity)也是促使模因得以复制的重要条件。

意义的可理解性是指那些容易被人弄懂的语言模因。它是"实用性""合理性""时尚性""权威性"的前提。一句令人费解的话语,不论它有多么的实用、合理、时尚、权威,人们都不会、至少不情愿去模仿它。

语间语言可感染性,即语言的可接触性。Sankoff(2004)通过研究指出,(跨)语言的接触,往往会导致语言形态的简化。以古英语为例,诺曼底登陆,不仅把法语带给英国,还使得古英语在演变的过程中,逐渐失去了完整的格系统。另外,几乎每种语言中都有外来词,外来词的借用并得以成功地保留下来,没有语言跨语言的接触是办不到的。

我们认为,上述分析的模因选择适应性的先决条件是构成人类语言的多样性的根本原因。

7. 结语

文化模因论带给我们的是对文化机制进行研究的崭新的视角,这种新视角同时也给语言学研究带来了新的启发。语言模因论认为,要想对语言结构作出充分的解释,不仅需要对语言认知基础的彻底理解,同时还需要彻底搞清楚语言演变过程中的文化选择机制,即模因的演变机制。

注释

① 目前我国出版物中,对"meme"的翻译包括:"拟子""觅母""谜米""仿因""敏因""摹因"及"模因"等。本文采用的是何自然、何雪林(2003)的译法:"模因"。因为它不论发音还是语义都更接近 Dawkins 的"meme"。

② "拉马克式"遗传即"获得性遗传"。

③ 成功的传播过程就是有效的触发说话者和听话者头脑中的积极反馈链。

④ 这里人文因素包括认知、心理、社会、文化等因素。

⑤ 这里指想法、愿望等心理活动,被 Halliday 抽象成各种功能。本文采用 Halliday 的"功能"来指称儿童天赋的心理活动。

⑥ Dawkins 借用了丹麦遗传学家 Johnson 在 1911 年提出的 genotype、phenotype 这两个遗传学方面的术语区分了两类文化模因。这里仍然沿用。

⑦ 这里模因是指结构模因即表现型模因。功能模因是基因型模因,它的复制受自然的选择的生物进化过程。

⑧ 目前世界上没有发现 OSV 型的语言。有些语言同时使用 SOV 和 SVO 型语言。

参考文献

Blackmore, S. *The Meme Machine*[M]. Oxford：Oxford University Press，1999.

Brown，R. *A First Language: The Early Stage*[M]. Cambridge：Cambridge University Press，1973.

Clark，E. V. The young word maker：A case study of innovation in the child's lexicon. In Wanner E. & Gleitman，L. R.（eds.），*Language Acquisition: The State of the Art*[M]. Cambridge：Cambridge University Press，1982.

Dawkins，R. *The Selfish Gene*[M]. Oxford：Oxford University Press，1976.

Dennett，D. C. *Darwin's Dangerous Idea*[M]. London：Simon & Schuster，1995.

Halliday，M. A. K. *Learning How to Mean*[M]. New York：Elsevier，1977.

Hayek.冯克利等译.致命的自负[M].北京：中国科学社会出版社,2000.

Klima，E. and U. Bellugi. *The Signs of Language*[M]. Cambridge：Harvard University Press，1979.

Limber，J. The genesis of complex sentences. In Moore T.（ed.），*Cognitive Development and the Acquisition of Language*[C]. New York：Academic Press，1973.

Quirk，R. et al. *A Grammar of Contemporary English*[M]. London：Longman，1973.

Sankoff，G. Linguistic outcomes of language contact[A]. In Chambers，J. K.，Trudgill，P.，Schilling-Estes，N.（eds.），*The Handbook of Language Variation and Change*[C]. Oxford：Basil Blackwell，2004.

Slobin，D. I. Crosslinguistic evidence for the language-making capacity. In Slobin，D.（ed.），*The Crosslinguistic Study of Langauge Acquisition*，Vol. 2：*Theoretical*

Issues. Hillsdale，NJ：Erlbaum，1985.

Slobin，D. I. and C. A. Welsh. Elicited imitation as a research tool in developmental psycholinguistics[J]. In Ferguson，C. A. & Slobin，D. I.（eds.），*Studies of Child Language Development*. New York：Holt，Rinehart and Winston，1973.

Smith，Courtis. *Ancestral Voices: Language and the Evolution of Consciousness*［M］. New Jersey：Prentice-Hall，1985.

陈琳霞、何自然.语言模因现象探析[J].外语教学与研究,2006(2).

杜世洪.基因、摹因、摹因学——摹因研究在中国的现状与问题[J].湖南环境生物职业技术学院学报,2006(1).

桂诗春.新编心理语言学[M].上海：上海外语教育出版社,2000.

何自然、何雪林.模因论与社会语用[J].现代外语,2003(2).

何自然.语言中的模因[J].语言科学,2005(6).

模因论的一个评议性重估[*]

——Distin《自私的模因》读后

何自然　李冬梅

1. 引言

　　模因论是用达尔文进化论的观点来解释文化进化规律的新理论。曾有一个时期，该项研究在西方学术界开展得如火如荼，创办了模因论网刊并成立了网络模因讨论小组（网刊曾停顿过一个阶段，后来"化整为零"转到热心学者的个人网页继续交流）。目前仍有模因研究中心及相关网页链接，设有模因实验室等。然而，十多年来，有国外学者（如 Sperber，2000；Johansson，2005；Mameli，2005 等）认为，模因论还不成熟，还存在着诸多问题，如：模因是否存在？模因指什么？模因与基因的关系、模因与人的关系、模因的复制和储存的机制是怎样的？它在复制和传播过程中受到哪些因素的制约等。此外，也有国内学者（如雒焕国，2003；雒焕国等，2004；刘宇红，2006）提出对模因和模因论的质疑，认为人类是模因的主人，不是模因的机器；否认模因论作为学科的独立性及该理论本身的科学性，质疑模因论的研究对象、研究范围、术语体系等。而《自私的模因》一书的面世为这方面的研究和争议提供了一个全新的视角。该书还首次提出了文化中的 DNA、元表征能力和表征系统等关键性的概念，对模因论的某些基本认识提出自己不同的见解，因而受到模因论研究者的广泛关注。

2.《自私的模因》的内容撮要

　　《自私的模因》是英国学者 Distin（2005）对模因论颇具独立见解的一部专著。她仿效 Dawkins 的 *The Selfish Gene*（1976/1989）将自己这本书命名为 *The Selfish Meme*，于 2005 年由剑桥大学出版社出版[①]。正如出版社在扉页中添加的说明所提到的，该书通俗易懂，颇具可读性。作者在书

---

[*]　本文原发表于《外文研究》2013 年第 3 期。

中扩展和强化了 Dawkins 的理论,首次提出了所谓文化中的 DNA 的概念,并认为文化的发展既可被视为模因进化的结果,又可被视为人类创造力的产物;认为模因进化观与人类具有强自觉和高智慧的表现不谋而合。同时,她对模因论的一些基本认识提出了与模因首创者略有不同的看法,以致剑桥大学出版社未征得作者同意就为该书扉页上的书名 *The Selfish Meme* 添加了一个副题:*A Critical Reassessment*,特意强调该书是作者对模因论所做的一个评议性重估②。

《自私的模因》一书的独特评论受到了哲学家、心理学家和社会学家的关注,也引起了众多其他读者的兴趣,得到了多方的中肯评价③。该书的出版也同样受到我国学者的注意,出版后不久国内就有学者(李果红,2007)发表过介绍 Distin 重新评价模因论的论文。

《自私的模因》的作者开章明义地提出这本书的研究对象和方法,指出模因与社会文化有关,文化是社会上被传播的信息整体(由想法、概念和技能构成的整个范畴)。Distin 认为,文化是进化而来的,而模因则为文化进化提供了一种机制。与 Blackmore 和 Dennett 的观点不同,她认为模因进化与模因自由宿主所具有的意向观、意识观以及认真负责的观念非常一致。

作者为本书提出了一系列研究对象,如:文化进化与生物进化的过程究竟在哪些方式上是"相同的"?复制、变异或选择与文化可能存在什么关系?文化是由独立的单位构成的吗?什么样的遗传观念可以应用模因论来解释?人们在哪里才能发现模因?DNA 的模因对等物是什么?模因和大脑、心智之间是什么样的关系?等等。

作者在书中采用了一种既实用又传统的研究方法,即通过观察来证实或否定一个新理论。她认为,捍卫模因假说的最好办法,就是证明它对一些重要文化领域的发展能够提供客观的、令人满意的解释。另外,她还推崇一种检验法,即首先关注新理论的内在潜势,检验它是否能成为实际应用的坚实基础。

2.1　模因假说

《自私的模因》在谈论模因假说时,首先简要回顾了达尔文的遗传理论、Dawkins"自私的"基因的内涵,以及接受遗传理论的原因;接着解释了模因假说是如何产生的。Dawkins 指出:"一旦基因提供了能够快速模仿的大脑,模因就会自动占领"(Distin,2005:10)。据此,作者点出主题:模因像基因一样是自私的:一方面,它利用宿主的交际能力和模仿能力获得自我复制;另一方面则为了自身的生存而对世界产生效应。

《自私的模因》深入探讨了每一种进化的方式，作者认为这些进化方式均可在生物界和文化领域中观察到。通过基因和模因的类比研究，作者提炼出它们各自的关键性特征。

首先作者探讨了文化领域中类似于遗传学中 DNA 的因素，指出保存文化信息的是模因，它就是文化中的 DNA。作者认为，在任何形式的进化中，进化的内容基本上都是信息。在生物进化中，基因是保存生物信息的方式，它们所使用的载体是 DNA。然而，在文化进化中情况就没有那么明显。但通过分析一些表征内容，作者认为文化进化类似于生物进化，文化中 DNA 的对等物正好就是信息的"表征内容"（representational content）。该书注意到模因的潜势，即潜在的模因。作者指出，唯有具备明确内容的、可复制的元信息表征内容才能充当模因。

2.2　模因的复制与传播

基于对基因和模因复制的对比分析，作者认定，模因复制是信息表征内容的一个组合过程。模因的复制过程类似于构建拼图游戏，而基因的复制过程则像是拍照。不过两个过程的本质都是一样的。当然，基因传递的方式与模因起作用的方式会存在很多差异，特别是：基因是立即复制整个组合体，而模因则是逐渐地获取大脑组合体的内容；基因依靠生物体达到性成熟后才能被复制，而模因几乎一被拷贝就能再次复制。可见模因的复制速度要比基因快得多，模因的进化也就相应地比基因快得多。

关于文化信息在传播过程中如何变异、为何变异以及对于可能出现的变异是否有任何限制等问题，本书都有讨论。作者指出基因的变异方式是突变和重组。突变是"随机的"，重组尽管丰富，但却是有限的。作者认为文化领域中模因的突变和重组似乎比比皆是，并认为模因创新是一种心理过程，它依赖于人脑进行复制、创新和选择，在这些过程中的任何"偏爱"都仅仅是大脑能力的结果。模因变异通常是一个进化过程，而模因重组则可以发生在个体层面和社会层面上。模因重组可能是一种更重要的模因创新方式。

2.3　模因成功的因素

模因成功的因素讲的是模因进化中的选择。它和成功复制、创新一样，成功的选择是模因进化的重要因素。《自私的模因》一书提出，选择取决于模因本身（元表征能力），取决于人的心理和让模因得以表征出来的环境。

所谓成功的模因取决于模因本身的元表征能力，就是说在文化领域中，模因之间为生存而竞相争夺人们的注意力。被选择的模因要获得并保持人们对它的注意力，自然取决于它自身表征的内容。我们可以设想，社会上某一个让人震撼的事物,甚或只是一句反映社会某一事件的特殊表达,都可以被选择而得到复制、变异和传播。其实,模因能否成功可能是相当随意的,因为要看人们的心理取向是否以它作为注意的焦点,更重要的是要看它得以表征的外界环境:模因环境指相互为争夺人们的注意力而表征的环境;基因环境指模因宿主的遗传特性,如影响模因成功率的跨文化因素;物理环境指文化的包容与产生模因效应的外部世界;而心理环境则指人们的大脑潜能,成长经历中的社会对模因的敏感度。

没有得到人们注意的模因,没有获取让模因得以表征、复制、创新和传播的环境,模因的形成是不会成功的。模因之间为获取并保持人们大脑心智对它的注意力而进行的相互竞争,其成败受环境的影响比受自身内容的影响要大得多。模因的选择取决于人们的注意力,模因的复制和新模因的形成取决于它们是否能与现存的文化、环境以及人的心理准则相适应。

2.4 模因的表征内容——文化中的 DNA

前面说过,在任何形式的进化中,进化的内容基本上都是信息。在生物进化中,基因是保存生物信息的方式,文化进化类似于生物进化,模因是保存文化信息的方式;基因以 DNA 为其载体,模因则以表征内容为基础。换句话说,模因就是信息的表征内容,是文化中的 DNA,而文化中的DNA 或模因的表征内容所涉及的正是模因的选择、复制和变异的内容。

但是,并非所有的表征内容都能充当模因。只有内容明确、可以复制的表征内容才能充当模因。模因通过各种复制的方式来保存它们的基本形式或核心内容。这些基本形式和核心内容就是模因的元表征,它们是我们思维整体中的一些信息组成部分。当这些模因元表征未被触发时,它们处于潜势,在人的大脑心智中占据着一定的位置。但作为元表征,模因及其效应也存在于大脑心智之外。不过,倘若只有外部的模因库,没有人的心理推动,模因也就无法被传播出去;同样,倘若大脑心智内没有可以将信息表征作为潜势模因而保存的系统,那么模因复制就会失去稳定性。作者设想,大脑心智和外部信息库(如图书馆和因特网)都有模因存在的位置。为了让模因可以被选择,它的复制品必须存在;如果说大脑心智是靠现存文化之间相互影响而发育起来的,那么信息的表征始终都是来自大脑心智的内在结构。大脑心智和外部模因库的结合为信息复制的稳定性以及信息传播提供了巨大的容量。

2.5 模因的表征系统——模因中的 DNA

除了信息的表征内容、信息的元表征外,《自私的模因》一书还提到模因中的信息表征系统（representational system，RS），认为那是模因中DNA的对等物：信息表征通常并非单一的，它往往呈现出复杂多样的特征，因而形成了多个信息的表征系统。与生物进化及其DNA不同，文化进化并没有与生俱来的固定的信息表征系统，但它却是一个具有学习和发展多种不同文化信息表征能力的系统。

作者在谈到模因的信息表征系统（RS）时，用了一定篇幅分析语言就是一个表征系统，语言使人类具有元表征能力，语言也是人类元表征能力的产物。在一定程度上，语词就是模因，语词就是元表征。由于模因中的DNA就是模因的信息表征系统，语词就是模因，语词模因的DNA自然是一个语言信息的表征系统了。除了语言表征系统之外，还有许多非语言表征系统，它们无论规则或结构都是多样的、复杂的。

2.6 对模仿、文化进化的评议

《自私的模因》一书就模因论学者关于模仿的认识进行了评论。Blackmore（1999：61-62）在 *The Meme Machine* 中区分了模因的两种不同的传递模式："对结果的拷贝"（copy-the-product）和"对指令信息的拷贝"（copy-the-instructions）。但《自私的模因》的作者却认为这样的区分在复制和效应方面并无差别，这只是对同一模因的两种不同模仿方式。此外，Blackmore（1999：116）还提出了"模因推动"（memetic driving）这个概念，认为模因传播的推动力在于模仿，只有模仿才能维持一个真实的进化过程。

与 Blackmore 持对立意见的学者则从根本上质疑文化信息到底能否被真实地复制。Sperber（1996）就提出过三重论断来否定 Blackmore 关于模仿的观点，后来（Sperber，2000）又发文反对以模因方法论对待文化，认为文化进化过程的复制现象只是偶然的，因为复制需要满足一些复制的最基本条件，而文化进化靠的是人类的创造、再创造。Boyd & Richerson（1985）则很早就指出复制因子不能解释文化进化，认为文化信息是通过观察其他人的行为才推断出来的。然而，《自私的模因》的作者却认为复制不完全等同于模仿，他们的例子和论据并不能有效地挑战模因论，因为模因论实际上预示着，作为文化信息表征的模因，其变体本身就存在着变异，显示出创造，而且不同的心理表征还可以导致相同的显性行为，显示出模仿。

关于文化进化，《自私的模因》的作者认为，进化不能无中生有，因此必须了解模因从何而来。她相信，在某种特定的、合适的刺激下，第一个文化复制因子就会出现在最早的心理活动中，这就是模因的祖先。然而，直到我们人类的祖先学会复制并产生各种不同的心理表征时，现代模因的进化才算真正开始。模因的出现不只是因为它能表征周围的世界，更重要的是因为它要依赖人类的心理能力来发展。作者认为,模因尽管是通过模仿才被传播的,但是元表征能力才是它获得传播的重要依据。

2.7 模因和大脑心智

《自私的模因》探讨模因和大脑心智之间的关系。作者认为,我们天生的(即由基因赋予的)大脑心智潜能是因环境的相互作用而发展起来的,而环境中的一个关键的因素就是模因。这样说并没有否认文化进化的新颖性和自主性,没有否认它不同于自然界中物竞天择、适者生存的达尔文选择过程;这只是承认大脑心智的进化是完全依赖于基因的。在结论部分,作者指出模因与大脑心智相互分隔,心智既不是由模因复合体组成的,也不是像基因构建其生存机器那样由模因构建起来的。相反,大脑心智具有某种与生俱来的潜能,这种潜能的发展是心智与它的物质和文化环境相互作用的结果。作者认为文化进化是由我们自己的思维能力驱动的,而不是由模因这个文化复制因子推动的。

2.8 模因对科学宗教和社会的解释

《自私的模因》从模因论的视角考察了一些文化领域,探讨了模因论对科学、宗教和社会的解释。作者指出,模因论认为创新源于两个因素:重组和变异(recombination and mutation)。她首先从模因论的角度解释了新理论出现的原因和方式,指出模因论凸显的是科学家的主观世界和假想与验证的客观世界之间的互动。在探讨宗教问题时,她认为模因论就像基因论一样,不外是关于信息传播和发展的理论。在此,模因论很少谈及宗教信仰和其他信仰的真伪问题,而是提出"宗教的途径"与"宗教的可信性"两者互不相关,这样就维护了模因论认为宗教是思维病毒,而不是一种什么"好"模因的观点,同时又与信奉某种宗教的行为分开,不予涉及。最后,《自私的模因》的作者举例说明模因论能够成功地解释一些遗传学恰恰无法解释的现象,如自杀或避孕等行为。

要解释文化的内在变化,Dawkins建议应该探究文化本身的进化,他提议通过模因的复制、变异和选择来实现。文化的发展最终取决于模因和它们所处的环境之间的相互作用。关于文化中的 DNA 和模因中的 DNA,作者讲的其实就是模因的表征内容和模因的表征系统。

3. 评议

《自私的模因》一书对国内外学界颇具争议的模因论的研究具有重大

意义,因为该书详细且深入地探讨了模因论中的一系列核心问题,如:模因是什么? 模因在哪里? 模因的起源、模因和大脑心智的关系、模因的复制机制、模因适应性的先决条件是什么? 模因论如何解释科学、宗教与社会? 等等。该书提出模因是文化中的 DNA,是信息表征的内容,也提出模因中的 DNA 是信息的表征系统,从而将模因的生成、复制、传播做了详尽的分析。

《自私的模因》一书的下述观点值得注意:在生物学中所有的物种都使用相同的表征系统——DNA。但在文化领域中各种文化却使用不同的表征系统:文化中的 DNA。模因就是信息的表征内容,就是文化中的 DNA。语言中的模因是通过词语来表征的,该书作者认为,模因中的 DNA 有一个强大的表征系统,与生物中的 DNA 不同,模因中的 DNA 并没有与生俱来的固定的信息表征系统,而是由多种文化信息发展起来的信息表征系统。《自私的模因》的作者认为自然语言的进化与人类的关系十分密切。人类有一种"元表征能力"(capacity of meta-representation),语言习得远非只限于普遍语法在起作用。为了学习一种语言,人类需要一整套思维能力。首先,必须能够表征,即从环境中提取信息,并且可以操作这些信息,复制和储存它们。要操作从环境中提取的信息,就要进行元表征,即从信息表征系统中提取信息作为表征样本。当我们熟悉了从表征系统中提取元表征,我们就可以利用提取元表征的能力去发展其他的语言以外的信息表征系统。可见,人的大脑心智具有表征信息的普遍能力,而且还有能力提取元表征,即有能力从信息表征系统中提取潜势模因(信息的元表征),并在语境驱动下通过复制、传播,让元表征发展为各种各样的表征内容,促进自然语言和文化的进化。

早在 2003 年我们首次在国内提出语言模因论(何自然、何雪林,2003),2005 年我们更明确地指出,语言(字、词、句、篇等)本身就是一种模因,模因主要寓于语言之中,所以有语言模因(linguistic memes)之说(何自然、谢朝群,2005)。语言模因论主要是从模因论的视角审视语言的模仿、复制和传播。人的大脑心智中潜藏着的信息模因是信息的元表征。在语境的作用下,元表征得以模仿、复制,产生各种各样变异的信息表征内容,从而促使语言的进化和发展。我们可以开展模因与语言界面的研究,即在语言学领域内用模因论来解释语言,加深或改变我们对语言起源、语言习得、语言使用和语言进化发展等问题的认识。从模因论的角度看,语言模因揭示了话语流传和语言传播的规律。语言模因论的目的是从模因论的角度审视和解释语用现象,进一步理解与解释我们既熟悉又陌生的语言,进一步加深对人类自身的认识(谢朝群等,2007)。

4. 启示

根据《自私的模因》中的模因观,语言是一个表征系统,且在众多表征系统中具有领先性。既然模因是具备明确内容的、可复制的表征,那么语言也就是一种模因。凭借着语言表征系统中的语境、语言中词序和构词的变化,语言的含义才会做出相关的改变。语言不仅是一种模因,而且是最重要的一种模因,因为语言不仅丰富了语言文化,更促进了非语言文化的发展和进化。语言是元表征能力的产物,正是语言促进了其他表征系统的发展。

我们可以结合《自私的模因》一书中的一些独特的观点和研究方法,继续深入开展模因论尤其是语言模因论的研究,不断充实和完善语言模因论的术语体系、研究范畴和研究方法等。国内有学者认为,在模因论与语言现象相结合方面,国外似乎没有多少人在研究;但是,正因为模因论对语言现象有强大的解释力,放弃这一极具开拓性和创新性的研究课题殊为可惜!况且,我们更不应因为国内外少数学者对模因论持怀疑甚至否认的态度而忽视《自私的模因》一书存在的核心价值。

注释

① 该书的中译本《自私的模因》由李冬梅等主持译出,北京世界图书出版公司 2014 年出版。

② 此提法引自该书最后的结论(Distin,2005:205)。据作者告诉我们,剑桥大学出版社在该书扉页添加此副题前并没有知会作者本人,但因作者觉得可以接受,故对此不持异议。

③ 见国外的 *Philosophy TODAY*;*Social Science*;*Information Journal of Biosocial Science*(2008)40;*CAMBRIDGE*(*The Magazine of the Cambridge Society*)No.57;*Scientific and Medical Network Review* 等网刊及正式出版物。http://www.distin.co.uk/memes/index.html。

参考文献

Blackmore,S. *The Meme Machine*[M]. Oxford:Oxford University Press,1999.

Boyd,R. and P. J. Richerson. *Culture and the Evolutionary Process*[M]. Chicago:The University of Chicago Press,1985.

Dawkins,R. *The Selfish Gene*[M]. Oxford:Oxford University Press,1976/1989.

Distin,K. *The Selfish Meme*[M]. Cambridge:Cambridge University Press,2005.

Johansson，S. *Origins of Language: Constraints on Hypotheses*［M］. Amsterdam & Philadelphia：John Benjamins，2005.

Mameli，M. *Notre dame philosophical reviews（An electronic journal）*［OL］.［09－16］. http：//ndpr.nd.edu/news/24865/? id＝4001，2005.

Sperber，D. *Exploring Culture: A Naturalistic Approach*［M］. Oxford：Blackwell，1996.

Sperber，D. An objection to the memetic approach to culture［A］. In R. Aunger（ed.），*Darwinizing Culture: The Status of Memetics as a Science*［C］. Oxford：Oxford University Press，2000.

何自然.语言中的模因［J］.语言科学(6)，2005.

何自然、何雪林.模因论与社会语用［J］.现代外语(2)，2003.

何自然、谢朝群.模因·语言·交际［R］.第九届全国语用学研讨会大会发言.复旦大学，2005.

李果红.Distin 对模因论的新评定［J］.浙江工业大学学报(社会科学版)，2007(4).

刘宇红.模因学具有学科的独立性与理论的科学性吗［J］.外国语言文学，2006(3).

雒焕国.人类是谜米的主人，不是谜米的机器——对苏珊·布莱克摩尔《谜米机器》的批判［J］.甘肃高师学报，2003(1).

雒焕国等.关于谜米以及谜米学的另一些思考——对《谜米机器》的心理学批判［J］.河西学院学报，2004(4).

谢朝群等.被误解的模因——与刘宇红先生商榷［J］.外语教学，2007(3).

语言模因的主体性与语境化 *

李 捷 何自然

自第一篇社会语用的模因论研究论文发表以来(何自然、何雪琳,2003),模因论与语言学的交叉研究已足足有 10 年之久。这期间模因论被用来阐释语言语用现象、指导语言教学,甚至指导语言的本体研究,《外语学刊》在 2008 年第 1 期还辟有模因论与汉语语用结合研究的专栏,体现出国外理论不断本土化的进程(李洪儒,2013)。主体性是"自然语言在其结构及正常运作中为说话人提供表达自己和表明自己态度与信念的方式"(Lyons,1982)。语言模因宿主的主体性因素在其复制传播中的作用显而易见。Heylighen(1998)提出的模因复制传播 4 阶段(同化、记忆、表达和传播)都涉及宿主的主体性问题,但目前对此尚未有系统深入的研究。在现有研究的基础上,本文拟专注于语言模因(linguistic memes)研究,给出定义,并对其触发机制、宿主主体性及语境化等进行探讨(李捷、周榕,2011;何自然、李捷,2012),以揭示主体性因素在语言模因复制传播中的语用功能。

1. 语言模因的定义

模因一般定义为"能够通过广义上称为'模仿'的过程而被复制的信息单位"(Blackmore,1999:43)。Distin 指出,模因作为信息部分的各种表征(representations),具有信息的某一特定内容;人类大脑储存的是各种心智状态和事件,包括各种想法及情感、态度及观点、记忆及技能(Distin,2005:20)。因此所谓"表征",不外是储存在我们心中的世界信息的某个片段,所谓"表征内容"就是包含在各种表征里的信息。这与Heylighen(1998)关于模因复制传播 4 阶段的观点一样,无论提及模因复制传播过程,或者说模因是人类大脑中的信息表征,其实都体现出模因宿主的主体性作用,所以说模因的主体性源于宿主的主体性。基于此,从语用学的角度可将语言模因(linguistic memes)定义为:携带模因宿主意图、

---

* 本文原发表于《外语学刊》2014 年第 2 期。

借助语言结构以重复或类推的方式反复不断传播的信息表征。

信息表征的类推传播有"义同形异"和"形同义异"两种方式："义同形异"指内容(基本)相同、形式不同；"形同义异"指形式(基本)相同、内容不同，其中有同音、同形、同构异义嫁接 3 种变体形式(何自然，2005)。不论是哪种传播方式，都体现宿主的语用态度，如情绪、情感等主体性因素。

2. 语言模因复制传播的触发语境

语言模因的复制、传播需要语境的触发。语言信息在未获得复制传播前只处于一定的语用潜势中[①]。这里的语用潜势(pragmatic potential)指在某种特定语境中，某种语言信息(由一定的语言形式来体现)被讲话人选用去表达其语用意图的可能性。语言信息具有语用潜势，而能被高频复制传播使用的语言信息即成为语言模因。语言模因的复制传播需要被引发。语境是语言模因的主要触发因素。语言模因可以被以下任何一种或多种语境的诱导或刺激而开始其复制、传播的行程。

2.1 情景语境

情景语境指事件发生的具体场景和实况，包括与情景有关的时间、空间及地点，历史和现实的、甚至虚拟的人和事，以及事件或话语发生当时的一切现状。话语总是在一定的情景语境中进行，当上述情景出现时，就会触发话语中的语用潜势，诱发模因的复制和传播。例如媒体揭露社会上有人拥有大量来源不清或非法所得的房产，这一社会情境语境引起广泛的关注，激活人们话语中处于语用潜势的某些词语，并以特定的形式加以复制和传播，从而发展成语言模因，如例(1)：

(1) 房 X：房叔　房婶　房姐　房媳　房妹

2.2 语言语境

语言语境指理解词语意义的上下文和双方互知的常识或文化知识。语言语境讲究语言结构和语境的动态储存关系，注意遣词造句应与什么样的语境配合。为了准确表达，说话人要恰当选择语言结构，而且要顾及听话人预知的常识；而为了准确理解说话人的意义，听话人要刻意注意对方使用的语言结构。语言结构的改变可以引致语境的改变，反之亦然。因此，语言语境影响到话语的表达和理解。

近年来,学界对语言语境相当重视,Verschueren(1999)从动态语境角度突显语境与语言结构的关系;Gardenförs(1997)指出,依靠语言语境,语用学能组成言语行为规则,语义学可看成常规的语用学,而句法学要依靠语言语境给出标记,以利于意义解读。语言语境也能触发语言模因的复制传播。英语的 say 会受不同语言语境的驱使而改用带有某种特征的 say 的近义词。

(2) He bullied 盛气凌人地说/roared 咆哮着说/murmured 呐呐地说/whispered 悄悄说/ordered 命令道/shrugged 耸耸肩说/added 补充道/explained 解释说/boasted 自夸地说/admitted 承认道。

以上例(2)中的谓语动词都保留 say 的基本意义,但换了 say 的义同形异模因变体,将"说"的信息表征传递出去。

2.3 认知语境

人类认知,无论是感知、选择、记忆、说理和表达感情,都要依赖语境。按照 van Dijk(2008)的语境理论,我们不能将语境只理解为情景的表现手段,那只是语境理论的一部分,是情景模式,一种客观语境。客观语境不能控制人们的交际。即使共处相同的客观语境,不同人物、不同年纪、不同身份都可能产生不同的心理语境模式,他们心目中的认知语境都不一样。主导人们交际的语境其实是心理模式,语境随双方交谈的心理过程形成,是心理上对语境的认知(何自然,2011)。

认知语境是情景语境经过交际者处理加工后的结果,是他们在生活中积累起来的经验。人们在谈话中提及的情景语境可以立即(刻意地或非刻意地)与大脑认知的抽象情景关联起来,产生语境化模拟(simulation)。正是这个认知语境化模拟能够有效地、可靠地辨认谈话中提及的各种不同的(客观现实中的或谈话情节中的)情景语境,从而获得完整的知识、准则、期待和习惯。

语言模因可以被不同的认知语境触发。不同的个体运用语言时会产生不一样的认知语境。例如 secret of happiness 作为一个话题,人们可以根据头脑中的认知语境引发自己的认识。在哲学家罗素的心目中,*secret of happiness* 是广泛的兴趣和正确的人生态度:

(3) **The secret of happiness** is this: let your interests be as wide as possible, and let your reactions to the things and persons that interest you be as far as possible friendly rather than hostile.(Bertrand Russell: *The Conquest of Happiness*)

一位巴西作家联想到要处理好现实和理想的关系时激活了 the secret of happiness：

(4) **The secret of happiness** is to see all the marvels of the world, and never forget the drops of oil on the spoon.（Paulo Coelho：*The Alchemist*）

下面各句分别就说话人当时的认知语境激活了同一的话题结构 the secret of happiness：

(5) a. **The secret of happiness** is not having more, but wanting less.

b. **The secret of happiness** is not in doing what one likes, but in liking what one has to do.

c. **The secret of happiness** is to fill one's life with activities.

d. **The secret of happiness** is freedom.

这些例子说明：不同的认知语境能触发出语言模因，并使它以相同结构、不同内容的方式复制、传播。

2.4 社会语境

现实或想象中的社会语境，如问候、讲演、约会或时政讨论等，既是一种认知，也是一个情景，是情景语境的一个特殊类例。这些情景语境一旦确立，就会有一些互动的认知图式推断出来，形成语境化的社会。Gumperz 在他的互动社会语言学中提到语境化，指出它具有情景、互动、推断等特征。人类社会使用语言和理解语言都要求语境化模拟。人们只有在广泛语境化的社会和在动态的社会语境化模拟过程中交往才有意义（Gumperz，1982，1992a，1992b）。下例是一位在北京已经住了十多年的出租车司机观察到的：

(6) 这世界变得太快，从前的倒爷，现在叫经纪；从前的馊招，现在叫创意；从前的出租车，现在叫的士；从前的帅气，现在叫酷毙；从前的小资要捱整，现在的小资是时尚。

例(6)说明：社会语境的变化会诱发语言模因在复制传播中产生变异，常见的方式是义同形异；而形同义异也不少见，有同音、同形、同构而异义的。如"小资"，说法依旧，含义已非。

3. 语言模因的主体性——宿主的语用态度

语言模因不只是语言信息的简单复制和传播，而会发生不同程度的变异。导致这种变异的一个重要原因是,模因的复制传播过程中还携带着宿主的主体性因素,例如情感、偏好、立场、情绪、评判、意图等,体现出某种语用态度。这些与语用意图密切相关,与语言模因的复制和传播也有着极其密切的关系。限于篇幅,本文重点讨论语言模因中的语用态度。

态度主要通过言语行为来表明。说话人的语用态度在特定的语境中可以通过某种语言形式传达出来。我们曾论述过语用态度中的立场、情感、意图等主体性因素(何自然、李捷,2012;李捷、周榕,2011),而这里谈的则是语言模因复制传播过程中模因宿主的语用态度问题,主要有肯定、否定和中立3种类别。

3.1　肯定态度

语言模因在复制传播过程中,会携带着宿主对模因支持、赞成及喜欢的倾向,这类态度给人以积极向上的心理感受,是一种积极肯定的态度(positive-attitude),例如:

> (7)"我盼望你们成为未来的'高富帅'和'白富美'——高在学识、富在精神、帅在行动;白在品质、富在内涵、美在心灵!"(《南方日报》2012年6月26日,A16)

"高富帅"和"白富美"是时下流行语,多用于网络的虚拟世界。但例(7)出自一位大学校长在毕业典礼上的正式讲演。他表达的"高富帅"和"白富美",尽管形式上与流行语相同,但内容却完全两样,语用态度也截然不同。值得注意的是,语言模因使用这种形同义异方式传播时,如果要体现宿主刻意改变原模因传递出来的语用态度(如变消极为积极;变否定为肯定等),则必须伴随适切的语境解释,否则宿主的这种意图难被识别。

语言模因在复制传播过程中会带有宿主刻意改变原模因语用态度的情况,而且这种情况并不少见。当然最常见到的还是宿主较为稳定的语用态度,如表示褒义或贬义的语言模因在复制和传播过程中,模因宿主往往会相应地对事件持肯定或否定的语用态度。

3.2　否定态度

语言模因在复制传播过程体现的宿主否定态度(negative-attitude),指宿主对模因表达的事件有不赞成、不支持的倾向,情感上表现为困扰、无奈、不爽、讨厌或排斥。伴随宿主这种态度的模因常采用形同义异的方式复制传播,即语言模因的具体内容被宿主在原来结构框架下改造,以适应其交际意图,如最近出现的例子:

(8) 北京风光,千里朦胧,万里尘飘。望三环内外,浓雾莽莽,鸟巢上下,阴霾滔滔。车舞长蛇,烟锁跑道,欲上六环把车飙。需晴日,将车身内外,尽心洗扫。空气如此糟糕,引无数美女戴口罩。惜一罩掩面,白化妆了,唯露双眼,难判风骚。一代天骄,央视裤衩,只见后座不见腰。尘入肺,有不要命者,还做早操。(《沁园春·霾》,百度文②)

当读者看到这首《沁园春·霾》时,自然会联想到毛泽东的《沁园春·雪》,并认定前者是以形同义异的方式从后者仿制过来。毛泽东的词表现的完全是一种正面的语用态度,他通过展现祖国的壮丽山河而抒发自己的伟大抱负和广阔的胸襟、情怀,表达对中华民族的热爱和忠诚;而《沁园春·霾》的作者所抱的语用态度则是否定的,他在词中痛陈首都北京遭遇雾霾天气给人们带来的种种不快景象,表达自己的无奈与忧郁,以及盼望环境改善的心情。

语言模因复制传播过程中,如果出现宿主语用态度变化,就可能会引起后续宿主的共鸣,并按该模式仿制、传播,从而使语言模因现象显出强势,通过网传,被赋予的新意得以不断扩展。《沁园春·霾》除了北京版外,还相继出现郑州版、武汉版、环保版、北漂版等变体③,在民间广为流行。

3.3　中立态度

中立态度(neutral-attitude)是语言模因在复制和传播中体现出来的宿主的语用态度,是一种不偏不倚的中立立场。当模因宿主认为他们对事态无法判断谁对谁错,或把持不定该支持哪一方时,就会在应对中复制传播一个表征中立态度的模因,表明宿主持不偏不倚的语用态度,要走中间路线。体现模因宿主中立态度的语言模因,常见的有经典的成语或歇后语,也有网络的流行语,如"昏官断案——各打五十大板""矮子骑大马——上下两难""石头落水——沉没(默)""老虎打架——劝不开";常见的网络流行语则有"打酱油""路过""飘过"等等。

4．语言模因的语境化

语言模因经过语境触发和主体性因素在它的复制传播过程中渗入,加上自身高频、快速传播扩展的能力,以及对社会心理因素带来的影响,就会完成社会语境化的进程。所谓社会语境化,是在社会语用中某话语结构因屈从于当时的特定语境而使原来的意思产生变异。现在只要遇到该话语结构,人们就会将它绑定在该特定的社会语境之中,获得该特定语境赋予的新义,成为语境化的话语。例如,传统的反讽语就是语境化的话语;网络语言中很多也是语境化的语言。某些耐人寻味的说法也可能是语境化的语言。还有当今揭发的所谓语言腐败现象,即出于某种目的或情绪,刻意忽悠听话人,将坏说成好,贬说成褒,并广为流传,也是社会语境化造成的。

4.1 社会语境与语言模因的传播复制

社会语境化同语言模因的复制、传播有密切的关系。在不同的社会或在同一社会的不同阶段,因受文化、传统、习惯、时局等影响,模因复制、传播而形成的社会语境化状态是动态的。一个言语社区使用的词语,因时代不同会有不同的说法和用法;而在另一个言语社区甚至从来不用那些词语,或改用另外的说法。一个社区可能允许将一些带贬义的词语用于褒义,或褒义用于贬义;而另一个社区可能使用大量委婉语而不使用直率的言词。例如,港台地区和国外华人社区对上了年纪的人氏惯用"长者""耆英"来尊称;对有生理、心理缺陷的人称为肢障、体障、智障、失聪、失明人氏;死去的人称往生。20 世纪普及的无线电话早就不再叫"大哥大"而叫"手机",相应的英语也很少用 cell(ular) phone 而多用 mobile phone,甚至只说 mobile 了。

语境化的社会中有些语言表达式可能远离其原意,成为习语、成语。对于这样的语境化语言,人们在社会交往中早就不讲究(更多的是不知道)它们的来龙去脉。这些不同时期的语言语境化现象,自然与语言模因的复制传播有密切的关系。

下例的各种说法,其来历或典故早已不得而知。作为语言模因,它们在复制、传播过程中已变为习语,成为社会语境化了的一种语言表达式③:

(9) a. Dutch courage (语境化为: 酒后之勇)

The poor man beat his boss by means of *Dutch courage*. (……乘酒意打了老板)

b. French leave (语境化为: 不告而别)

Many of the boys at the school took *French leave* to go to the football match. (……旷课去看足球比赛)

c. Indian giver (语境化为: 送东西给人日后又讨回的人)

Toby may have given you these books, but don't start celebrating yet. He's famous for being an *Indian giver*. (……他送东西又往回要,是出了名的)

d. Italian hand (语境化为: 幕后操纵;暗中干预)

I sensed that fellow's *Italian hand* in this matter. (我感觉到那家伙在幕

　　　　　后操纵……）
　　e. Spanish castle（语境化为：空中楼阁；不切实际）
　　　　The life science is not a *Spanish castle*. Its courses are quite popular with
　　　　non-science majors.（生命科学并非不切实际的空谈……）

　　谈到语境化的社会，人们总是用几十年前"文革"时代的语言灾难作为典型例子。当时社会语境的政治色彩强烈，是一个语境高度政治化的社会。那时复制和传播着一些近乎荒唐的语言模因和模因变体。以重命名为例，一夜之间，全国的城镇、街道、店铺、剧院、医院、工厂、学校，甚至幼儿园，只要认为不突出政治的，都逃不掉改名的命运。时至今日，乱改的名称早已改回来，而这又说明，语言模因的语境化是动态的过程，不是一成不变的。

4.2　语境化模拟与语言模因的传播制约

　　语言模因的传播基于两方面的动力。其一是语言模因本身的规律，它要千方百计地在宿主的大脑里存储，并从一个宿主进到另一个宿主那里复制和传播自己；其二是语言模因宿主的能动作用，他要带着意向、顺应特定的社会语境，有效地使用语言。可见，模因的传播与语境的关系十分密切。

　　我们谈论认知语境时提到语境化模拟，它属于认知语境模式创建者头脑中配合谈话内容模拟出来的情景语境范围。模拟的情景语境往往是根据生活积累起来的经验和看法形成的；它们是一些接近默认或常规的情景模式，在交际中要同谈话内容反映出来的社会真实语境相印证（Edmonds，2010）。

　　从语言模因传播的第二个动力（即语言模因宿主的能动作用）来判断，模因宿主正是语境化模拟模式的创建者。他根据交谈过程中得到的信息和他模拟的情景范围相对照，有选择地做出意向性的顺应，为语言交际的目的创建一个语境化模拟模式。这样，语言模因的传播同语境结合在一起。《沁园春·霾》出现之后，人们就利用语言模因的"形同异义"类比传播方式，先后产出北京版之外的郑州版、武汉版、环保版、北漂版的《沁园春·霾》。这正好说明语境化模拟模式创建者的意向是试图表示他们对环境的焦虑和关心，对当前的不作为而遗憾，从而激发和促成以后力求整治空气污染的愿望。

　　语言模因受社会语境制约，能在动态的语境化社会中存在，表明它的传播受到普遍的鼓励和支持。但是，模因的复制、传播速度和广泛性并不说明它永远保持着强势。随着时境的变迁，它在社会语境中可能出现得快,消失得也快。"文革"时流行的模因就是典型例子,即使是早一两年前的流行语,现在也有一些不那么流行,甚至不复存在了。

某些语言模因之所以获得强势,往往因为它得到广大宿主的心理认同,或符合语境模式创建者的意向,让社会更多的受众分享到传播的信息。网络流行语正是由于上述的原因而成为强势语言模因,并得到广泛迅速传播。某些与当前的社会语境和认知语境格格不入、不合时宜的信息,往往遭到淘汰,成为弱势模因,淡出历史。新版的《新华字典》(第11版)收入诸如"学历门""房奴""晒工资"等所谓网络热词,而相应地将"马达""相声""摩托""煤油"等词汇剔除掉。这种做法曾一时引起过争议,但这种变化似乎适应了语言的进化发展,也是不可逆转的。网络词语作为模因开始在网上盛传,那是十分自然的事。然而即使是这样,它仍然受到社会的一些批评,表明社会还不能接受这些网语试图形成的语境化。

5. 结语

在语言模因的复制传播过程中,宿主的主体性不容忽视。同传统的模因论的认识不完全相同,我们从语用的角度看语言模因,认为它跟其他语言形式一样,在应用中必然带有主体(宿主)的语用意图。这些体现宿主语用意图的语言模因还有助于完善社会语境化的进程,让自身成为语言交际中一种新型表达手段。除了本文探讨的语用态度,语言模因的主体性还有更多的内容值得研究,我们将在后续的研究中继续讨论该课题,以求更深入、更全面地揭示语言模因的本质。

注释

① 潜势(potential)是心理学术语,也见于语言学研究领域。譬如,系统功能语言学理论将语言区分为"能做"(can do)即人类的"行为潜势"(behavioural potential)、"能表"(can mean)即语言的"意义潜势"(meaning potential)和"能说"(can say)(黄国文,2007)。

② http://wenku.baidu.com/view/303e3927e2bd960590c677d9.html。

③ http://wenku.baidu.com/view/f83f4b1852d380eb62946d5a.html。

参考文献

Allport,G. Attitudes[A]. In Murchison,C. & Worcester (eds.), *A Handbook of Social*

Psychology[C]. MA: Clark University Press, 1935.

Blackmore, S. *The Meme Machine*[M]. Oxford: Oxford University, Press, 1999.

Distin, K. *The Selfish Meme*[M]. Cambridge: Cambridge University Press, 2005.

Eagly, A. H. and C. Shelly. Attitude structure and function [A]. In Gilbert, D. T., Susan T. Fiske & G. Lindzey (eds.), *Handbook of Social Psychology*[C]. New York: McGraw-Hill, 1998.

Edmonds, B. Context and social simulation[J]. *EPOS*, 2010(6).

Gardenförs, P. The pragmatic role of modality in natural language[A]. In Kirchberg am Weshel & Lower Austria (eds.), *20th Wittgenstein Symposium*[C]. Wittgenstein Society, 1997.

Gumperz, J. J. *Discourse Strategies*[M]. Cambridge: Cambridge University Press, 1982.

Gumperz, J. J. Contextualization and understanding[A]. In Duranti, A. & C. Goodwin (eds.), *Rethinking Context: Language as an Interactive Phenomenon* [C]. Cambridge: Cambridge University Press, 1992.

Gumperz, J. J. Contextualization revisited[A]. In Auer, P. & di Luzio, A (eds.), *The Contextualization of Language*[C]. Amsterdam: Benjamin's Publishing Company, 1992.

Heylighen, F. What makes a meme successful? Selection criteria for cultural evolution [A]. *Proceedings 15th International Congress on Cybernetics*[C]. 1998.

Lyons, J. Deixis and subjectivity: Loquor, ergo sum? [A]. In Jarvella, R. & W. Klein (eds.), *Speech, Place and Action: Studies in Deixis and Related Topics*[C]. New York: John Wiley, 1982.

van Dijk, T. A. Context theory and the foundation of pragmatics[J]. *Studies in Pragmatics*, 2008(10).

Verschueren, J. *Understanding Pragmatics*[M]. London: Edward Arnold, 1999.

黄国文.作为普通语言学的系统功能语言学[J].中国外语,2007(5).

何自然.语言中的模因[J].语言科学,2005(6).

何自然.语境新论[J].外国语文研究,2011(1).

何自然、何雪林.模因论与社会语用[J].现代外语,2003(2).

何自然、李 捷.翻译还是重命名? ——语用翻译中的主体性[J].中国翻译,2012(1).

李洪儒.国际化、本土化与语言类学术期刊建设[J].外语学刊,2013(1).

李 捷、周 榕.转喻的主体性及语用移情[J].外语教学,2011(3).

模因视角下网络流行语的纸媒传播[*]

武建国　　林金容

　　互联网的普及给人类的生活带来了极大的方便,同时网络流行语的出现与盛行对传统的语言来说也是一场大的洗礼。网络流行语层出不穷,并逐渐从网络渗透到传统媒体和社会生活中,成为公众用语,这类现象引起了广大专家学者的关注,相关的研究也颇为多见。然而现有的对流行语的研究多限于对其特征、地位、结构类型、构成方式和规范问题等表层的关注,而很少从理论的深层对其进行系统的剖析研究。鉴于此,本文首先从 Dawkins 的文化模因视角对当前网络流行语的传播机制展开分析,然后对其在纸媒中的广泛运用进行探究,最后本文为纸媒中恰当运用网络流行语提出一些意见和建议。

1. 理论背景

　　模因(meme)最早由 Dawkins 提出,它与基因相似,可视为一种文化基因。这种文化基因的生存、发展与演化和生物基因极度相似:生物基因通过生物个体一代代地复制留存下来,而模因则通过"模仿"这种非遗传方式繁衍在人们的头脑观念里。现实生活中的模因现象可以说比比皆是,当看到某种现象出现并得到传播时,我们能够认出那是模因作用的结果(何自然,2005)。作为文化的信息单位,模因在人类语言的发展过程中起着很重要的作用。它们的复制、传播能够快捷有效地丰富人类的语言系统。

　　模因论(memetics)是用达尔文进化论的观点来解释文化进化规律的新理论。它的应用范围相当广泛,可以渗透到各个学科,如政治学、经济学、社会学以及语言学等等(何自然,2008)。在语言学领域中,运用模因论可以帮助我们更好地了解和认识语言的起源、传播、发展以及应用等问题。在这方面已经有了大量的研究成果。语言本身就是一种模因,同时模因也寓于语言之中,所以有"语言模因"(linguistic memes)之说。语言

---

* 本文原发表于《华南理工大学学报》(社会科学版)2014 年第 6 期。

的任何部分(词语、句段、篇章)只要通过模仿而得到复制和传播,都有可能成为语言模因(何自然,2008)。语言模因通过类似遗传的方式进行复制和传播,并以此丰富和进化人类的语言。产生于互联网并盛行于大众中的网络流行语,它们的复制和传播是典型的模因现象,和模因有着密切的联系,它们像病毒那样被复制传播,像基因那样得到继承和变异。所以,运用模因论分析网络流行语的传播机制可以让我们对其产生、发展及其在纸媒中的传播效应有一个更为清晰的认识。

2. 网络流行语模因的传播机制

模因传播的途径是极其多元化的。从模因的传播方向来看,Blackmore(1999)将其分为纵向传播和横向传播,前者指代际之间的传播,而后者指同代之间的传播。传统的模因传播大多都是代际之间的传播,如文化、语言、宗教信仰等都是通过父辈向子辈传播。现如今,随着科技的发展,各种传播媒介应运而生,各种信息、事件等可以瞬时被传遍千家万户。因此,同代之间的传播更加占据当今模因传播的主流。在网络流行语的传播中,纵向传播就比较少见,如"打酱油"一词,对于如今的小孩来讲已经丧失其最原始的意义,他们只知道其网络流行的新义。而从模因的传播机制来看,何自然(2005)将模因的传播和复制分为两种:基因型(即"内容相同形式各异")和表现型(即"形式相同内容各异")。网络流行语的模因传播也可以分为基因型和表现型两种。

2.1 表现型传播

如上文所述,表现型传播是有着相同的形式却以不同的内容意义进行的传播。下面,我们以"土豪""吐槽""贾君鹏"等网络流行语为例分析它们从产生到传播流行的过程,从而总结出其传播机制。

2014年最火的网络流行语莫过于"土豪"。它源于一款网络游戏,在该游戏中有一个职业叫"剑魂",因必须花费很多钱用以升级游戏装备而被称为"土豪职业",还有诸如"土豪装备""土豪玩家"等称号。紧接着微博上发起"与土豪做朋友"以及"为土豪写诗"的活动,随即诞生了"土豪,我们做朋友吧"这句流行语。此后,"土豪"一词流行于各大媒体,甚至登上了《纽约时报》,并且被BBC报道,这无疑让人感到其传播效果的强大。

"土豪"原指那些凭借自己的财势在乡里横行霸道的坏人,后来被网友引入网络虚拟世界来指代一些盲目消费的游戏玩家。而其在传播到现实社会中,便成为富而不贵群体的代名词。土豪本身可视为一种模因,靠着这种模因的复制而传播于网络。这个原本有着确切历史含义并带有贬义色彩的词语，通过被重新赋予新的涵义，像病毒一样风靡于网络。于是我们不难看出，在传播过程中，其形式并没有改变，而是以非传统意义的新涵义进行横向传播。土豪的这种传播方式就属于典型的表现型模因传播。

此外，起源于日本的"吐槽"，本是漫才（与中国的相声大致相似）里类似捧哏的角色。其本意接近"抬杠""掀老底"，意指从对方的话中找到一个有趣的切入点，提出疑问或者发出感慨，从而不留情面地揭穿对方。然而在其传播过程中，该词的意思被普遍误解为"发表看法、感想和抱怨"。如"小沈阳遭朋友吐槽：台下最怕老婆"中的吐槽基本符合其本意，而"海南小姐三甲引起了网友集体吐槽"中的"吐槽"的意思已演变为带贬义色彩的"揶揄""谩骂"等。

再如，流行语"贾君鹏，你妈妈喊你回家吃饭"出现后，百度贴吧上随即涌现出很多类似该句结构却内容各异的句子。如：

"城环学院的同学，你老师喊你回来上课。"（2010 年 8 月 29 日）
"路朝俊，你爸喊你回家刷碗。"（2010 年 4 月 4 日）
"张翰子，你妈妈喊你回家耕田啦。"（2010 年 4 月 2 日）
"贾君鹏，你老婆叫你回家跪搓衣板。"（2010 年 3 月 21 日）

类似的网络流行语传播的例子数不胜数，例如：由"江南 style"引发而风靡的各种"XX style"，如"航母 style""奥巴马 style""中国 style"，等等。上述网络流行语都是通过模因的表现型展开传播的。

2.2　基因型传播

网络流行语的基因型传播方式主要是以复制信息内容为主，复制前后内容相同，但是形式改变了。这种传播方式也比较常见。例如，汉字谐音："有木有"（意同"有没有"）、"酱紫"（这样子）、"表"（不要）、"粉丝"（fans）、"伊妹儿"（e-mail）、"童鞋"（同学）等；也有数字谐音："1414"（意思意思）、"1314"（一生一世）、"886"（拜拜了）、"8147"（不要生气）等；更有字母缩写："BC"（白痴）、"PLMM"（漂亮美眉）、"＋U"（加油）、"CU"（see you）等等。这些都是与原始信息发音相似的语言单位通过变形而形成的异形同义传播。

3. 网络流行语在纸媒中的应用

2012 年 11 月 3 日，网络流行语"屌丝"登上《人民日报》十八大特刊，一时间引来网络热议。紧接着,11月5日《人民日报》刊登"'回应':互动中筑牢信任的基石"一文,文中出现"元芳,你怎么看?"这一句流行语。其实,早在2010年11月10日,《人民日报》头版头条就刊出了"江苏给力'文化强省'"的标题。这让不少人既感到意外也感到兴奋:一向以严肃严谨著称的《人民日报》,居然也采用了如此"潮"的网络流行语做标题。诸如此类网络流行语被应用于报纸媒体中的频率随着网络流行语的火热度上升而上升。笔者在分析纸媒报道关注网络流行语的语料后,总结出网络流行语进入纸媒的主要途径如下:

只引用网络流行语而不牵扯到其热点事件。如《人民日报》单独应用"屌丝""元芳,你怎么看?"的新闻(2012年11月);《人民日报》(海外版)第一版刊登"微博给力社会治理"(2010年12月10日)等。这些报道中就单独应用了"屌丝""元芳""给力"等网络流行语。又如《楚天都市报》中的"'囧书大集合'网上疯传,怪异书名'雷'翻网友"(2010年3月17日)也单独应用了网络流行语。

对网络流行语事件进行报道。这类应用也非常广泛,如《广州日报》刊文"'404'成2013网络热词"(2014年11月14日),对"404"进行了报道。又如《南方周末》的"70码?'欺实马'?"一文对杭州"富二代"胡斌飙车撞人案的整个事件进行了报道;《洛阳晚报》刊文"互联网十大热词"(2012年5月31日),对网络流行语进行报道;《赣州晚报》刊文"'妈妈再打我一次'网络爆红为哪般?"(2014年12月13号),更是对网络流行语的流行原因进行了报道。

套用网络流行语的形式来报道所需的内容。这有点类似于网络流行语通过表现型来传播,让人在读到报道时既熟悉其结构,又对其内容的改编感到新奇。如:"老马不是刺客,是说客"(《潇湘晨报》2010年6月18日),该新闻就是从"哥吃的不是面,是寂寞"整改而来。又如,"亲,打败你的不是天真是无鞋"(《海南特区报》2014年2月24日),其中对一起离奇盗窃案的报道,就套用了源于2014年央视春晚小品的网络流行语"打败你的不是天真是无鞋"。再如,从2010年《合肥晚报》的3.15新闻报道,我们也可看出,纸媒中这种通过套改网络流行语来对新闻进行报道的例子数不胜数。

从以上三种途径,我们不难看出,纸媒中网络流行语的应用越来越广泛。随着新媒体时代的快速发展,传统的纸媒业受到一定的冲击,其发展前景也令人担忧。而网络流行语通过模因传播方式在纸媒中广为扩散,为报纸媒体注入了新的语言元素,对其发展起到了一定的正面促进作用。在纸媒中应用网络流行语不仅能使其新闻报道语言更生动形象,让人读起来觉得幽默诙谐,而且有些流行语的有趣使用还给人一种眼前一亮的感觉,以此吸引更多的读者,从而在一定程度上为报纸媒体业扩大了读者市场。

由于网络流行语集简约明了、生动传神、精准犀利、不易混淆等特点于一身,所以很容易吸引公众的眼球。传统媒体中流行语的使用,不仅满足了公众快速获取核心信息的需求,而且还满足了纸媒精准传播的诉求。资深媒体人康庄认为,热词一旦被传统媒体选用,传统媒体就会对其进行精英化改造,使之变得更精致,更合乎规范,进而将流行语言外之意的微妙之处表达得更到位,而传统媒体也借助流行语,改变过去的语言风格,来感染、吸引新生代读者,满足在互联网全媒体时代成长起来的读者的需求(白炜,2010)。然而,在这种网络流行语与传统媒体互惠的情况下,我们也不得不对流行语的恰当运用进行深思熟虑。

首先,对运用到的流行语进行加注解释,这样更有利于其准确使用。如今,网络流行语成为互联网的交际载体,不懂网络流行语,则可能无法在互联网上顺利交流。纸媒更为如此。由于其读者群体各异,对于那些不为大众熟识的网络流行语,应该给予注解,以免造成读者误解,如"人艰不拆"(人生已如此艰难,有些事就不要拆穿)、"喜大普奔"(喜闻乐见,大快人心,普天同庆,奔走相告)、"不明觉厉"(虽然不明白在说什么,但好像很厉害的样子)、"杯具"(悲剧)、"囧"(尴尬)等。

其次,正确规范地应用网络流行语,这样更有利于语言的健康发展。在网络流行语风靡的时代,不乏有很多低俗和不健康的表达形式存在,对此,人们就"网络流行语是否需要规范化"这一问题争论不休。其实,从模因的角度来看,我们就可以释然,因为物竞天择、适者生存。语言词汇的良莠杂糅是其发展进程中的正常现象(Blackmore,1999)。当然,这并非说我们可以置之不理,而是当纸媒在应用网络流行语时,应当注意选用那些符合规范的词汇,并且对其加以正确引导,使其向更为健康的道路发展。对于那些不符合规范的流行语,在经历自然选择的过程后,自然会被淘汰,直至被人遗忘。

4. 结语

本文从模因论的视角探讨了网络流行语的两种传播机制,揭示了网络流行语从产生到流行的整个过程,并分析了其在传统报纸媒体中的传播应用。在此基础上,本文为纸媒中恰当运用网络流行语提出了一些建议。网络流行语在这些具体纸媒中的应用也进一步向我们展示了其流行传播的动向。需要指出的是,网络流行语流行传播的原因并非仅仅局限于其具备模因传播的属性,这其中还有很多社会因素的影响。希望本文能够加深我们对网络流行语纸媒传播的认识,并引发更多的讨论。

参考文献

Aunger, R. *Darwinizing Culture: The Status of Memetics as a Science*[M]. Oxford: Oxford University Press, 2001.

Aunger, R. *The Electric Meme: A New Theory of How We Think*[M]. New York: Free Press, 2002.

Blackmore, S. *The Meme Machine*[M]. Oxford: Oxford University Press, 1999.

Dawkins, R. *The Selfish Gene*(*30th Anniversary Edition*)[M]. Oxford: Oxford University Press, 2006.

Distin, K. *The Selfish Meme*[M]. Cambridge: Cambridge University Press, 2005.

白 炜.网络热词:民意与传播[N].中国文化报,2010 - 04 - 30(05).

陈琳霞、何自然.语言模因现象探析[J].外语教学与研究,2006(2):108 - 114.

何自然.语言中的模因[J].语言科学 2005(6):54 - 64.

何自然.语言模因及其修辞效应[J].外语学刊,2008(1).

谢朝群、何自然.语言模因说略[J].现代外语,2007(1).

语言模因及其变体的应用[*]

何自然

1. 语言模因和模因变体

1.1 语言模因

　　语言是文化承传的主要载体，它是模因传播最得力的工具。语言模因就是语言中的模因，它带着模因宿主的意图，借助语言结构，以重复或类推的方式反复不断传播信息的表征。语言模因靠模仿信息的表征来复制传播，除克隆式的模仿之外，会因模因的属性、宿主或语境不同而带有意义或形式上的变异。

1.2 语言模因变体

　　以变异的方式传播的语言模因就是语言模因变体。Dawkins(1976)认为基因与模因一样，都是复制因子，可以不断地自我复制。但它们在保真性(copying-fidelity)方面不同(Dawkins，1976；Powell，2006)：基因的复制成品越准确，复制就越成功；但模因因宿主的主体性和语境的作用，当元信息表征从一个宿主转到另一个宿主时会出现变异，产生新的模因变体。用 Distin(2005)形象地说，基因像拍照，而模因则与拼图游戏相似。模因在进化过程中往往会产生变异。

　　语言模因变体在内容上或形式上与语言模因元表征不尽相同，但都多少带有元表征中某些可辨认的信息特征。就像生物中的基因进化一样，语言模因在进化变异过程中形成的变体也可以区分出基因型和表现型(何自然，2005，2012)。基因型语言模因可以将内容和形式直接拷贝来重复传播，但也有只重复相同信息内容而以不同形式的变体出现。表现型的语言模因则全是一些模因变体，它们以形式基本相同但内容各异的类推变异方式不断传递出新的语言信息。

---

　　* 本文原发表于《新疆师范大学学报》(哲学社会科学版)2016 年第 2 期。

1.2.1　基因型语言模因以重复方式传播

（1）相同信息直接传递

重复原信息不加改动直接引用，往往是一些社会用语中常见的成语、格言、名句等，只要语境合适，就可能被引，成为模因：

① 欲穷千里目，更上一层楼——2014 年习近平主席在韩国首尔大学发表的演讲，以该模因强调中国将为中韩关系发展带来新的机遇。（典出：王之涣《登鹳雀楼》）

② 一花独放不是春，百花齐放春满园——2013 年习近平主席在博鳌亚洲论坛的演讲，以此模因表示世界各国在谋求自身发展中促进共同发展、共同进步。（典出：明清两代文人合编《古今贤文》）

③ 长江后浪推前浪——2013 年习近平主席同各界优秀青年代表座谈时，以该模因勉励他们要勇敢肩负起时代重任，为实现中华民族伟大复兴而努力。（典出：刘斧《青琐高议》）

④ 富贵不能淫，贫贱不能移，威武不能屈——2013 年习近平总书记在中央党校开学典礼上的讲话，以该语言模因强调学习中国传统文化，树立正确的世界观、人生观、价值观。（典出：《孟子·滕文公下》）[①]

（2）相同信息异型传递

假如要说 Bob is an idiot（波伯是个笨蛋）或要求 Close the door（关门），除了直接使用此等说法之外，还可以根据语境将相同信息以反讽、委婉（例⑤）、请求、询问、命令、提示（例⑥）等变异形式传递出去（何自然等，2007；何自然，2012）。

⑤ a. Bob is a genius.

　　b. Bob is a mental prodigy.

　　c. Bob is an exceptionally clever human being.

　　d. Bob is an enormous intellect.

　　e. Bob is a big brain.

⑥ a. Could you shut the door?

　　b. Did you forget the door?

　　c. Put the wood in the hole!

　　d. Were you born in a barn?

　　e. What do big boys do when they come into a room, Johnny?

1.2.2　表现型语言模因以类推方式传播

（1）同音类推变异

在适当的语境下，宿主刻意模仿原模因发音及结构，以变异的书写形式和内容类推：

⑦ 汾酒必喝，喝酒必汾。（山西汾酒广告，从"分久必合,合久必分"作同音类推。引自吴春容、侯国金，2015）

⑧ 祝新年快乐，"羊"光灿烂，喜乐"羊""羊"，阖家幸福！（"阳光灿烂""喜乐洋洋"的同音类推，引自《批改网》②2015年春节祝词）

⑨ 虎（苦）尽甘来，兔（吐）气扬眉。（《大公报》1999年2月14日报道民建联的兔年祝愿：利用粤方言"虎"—"苦"、"兔"—"吐"谐音作同音类推）

（2）同构类推变异

模仿已知的模因信息结构，结合宿主的认知及语境的需要，以类推的方式组成新的语言模因变体。例如：莎士比亚名句"To be or not to be, that is the question"（生存或毁灭，这是个问题）。人们根据自身所处的语境，借用或套用这个表示两难心理的结构，传递出内容和含意都不尽相同的同构类推模因变体（Dawkins，1976）：

⑩ This column will change your life：To be or not to be ...（The Guardian《卫报》2010年1月16日专栏文章，提出这个足以改变人们生活的专栏该不该存在。）

⑪ To be，or not to be，the next president of Estonia.（The Baltic Times《波罗的海时报》2010年2月3日报道爱沙尼亚总统竞选的标题，要选民选定谁当下一位总统）

⑫ 年底跳槽：跳还是不跳，that is the question.（《广州日报》2004年11月5日）

以上是套用"to be or not to be""xx还是不 xx"作同构类推。其中例⑫更是用了中—英语码混用的形式。尽管该报推出这样的标题不合规范，但显然是以此强化语用效果，加深读者的印象。

2. 语言模因变体的形成过程

语言模因变体的形成过程就是语言模因的变异过程。我们在前面说过，基因型语言模因中直接重复相同信息的无须变异；相同信息以异形传递的要据语境在形式上有所变化，形成变体。表现型语言模因结构上与原信息一致，但据语境类推出新的内容，形成变体。

下面是语言模因变体的三大变异过程：模仿、变异、主体联想。

2.1 模仿

模因的模仿并非百分之百的"克隆"。在特定的语境下，语言信息的元表征激发了模因宿主的联想,从而刻意模仿该信息的内容或形式,产出新的信息表征,成为语言模因的变体传播出去。作为新信息表征的模因变体继续被新宿主结合语境产生新的联想,于是再次出现新的信息表征,成为另一个新模因变体广泛传播。语言模因就是这样通过模仿、复制、传播而进化,变异就在进化的过程中出现,不断产生新的模因变体。

2.2 变异

强势的原信息模因如成语、诗词、方言及常用词语易使模因宿主产生联想,仿造出一些与原信息表征在形(结构)、音、义方面双关的新模因变体。

2.2.1 成语变异

汉语成语大都是以一些四字词组来表征,它的宿主在特定的语境下引起某种联想,从而仿制出新的四字词组。它从某成语变异而来,内容不同,语境也不一样,不能就此认定是"歪曲了"原成语:

⑬ 笑逐言开——凤凰中文台栏目名,成语"笑逐颜开"的变体。该四字词组将原成语变异为"谈笑风生、嬉笑怒骂、能唱能演或敢言敢玩"。

⑭ 千谎百计——原成语"千方百计"的变体,近音双关,电视剧名,原名 *Lie to Me*,美国 FOX 公司出品。

其他类似的成语变异现象出现在媒体中的还有:

⑮ a. 醉大恶极撞死人——仿成语"罪大恶极",媒体报道某地有人酒后开车造成悲剧;

　 b. 以盒为贵,高贵不贵——仿成语"以和为贵",指出售盒装荔枝的广告语,全句宣传店家的荔枝用盒子包装,送礼显得高贵,但价钱不贵;

　 c. 书途同归——仿成语"殊途同归"。这曾是凤凰中文台介绍读书的节目,内容颇受观众欢迎。

英语的谚语(proverbs)在复制传播过程中也会产生变异。例如,"Failure is the mother of success"和"Where there is a will, there is a way"就有以下内容不同、语境不同的变异模因(卢思源,2012;何自然,2014),它们同样不能认为是"歪曲了的"原谚语:

⑯ a. Necessity is the mother of invention. 需要是发明之母。

　 b. Diligence is the mother of success. 勤勉是成功之母。

　 c. Experience is the mother of wisdom. 经验是智慧之母。

　 d. Knowledge is the mother of all virtue. 知识是美德之母。

⑰ a. While there is life, there is hope. 有生命就有希望。

b. Wherever there is oppression，there is resistance. 哪里有压迫,哪里就有反抗。

c. Where there is whispering，there is lying. 有耳语必有谎言。

d. Where there is a road，there is a Toyota. 哪里有路,哪里就有丰田[12]。

2.2.2　诗词变异

⑱ 千里江铃一日还——典出李白《早发白帝城》之"千里江陵一日还"。同音双关,变异后成了江铃牌汽车的广告语。

⑲ 秋叶与灰土齐飞,苍天共黄土一色——典出王勃《滕王阁序》之"落霞与孤鹜齐飞,秋水共长天一色"。同构双关,变异后描写城市开膛破肚搞城建的景象,语带调侃。

家喻户晓的英国童谣 *Twinkle Twinkle Little Star* 就出现过各式各样的变体:

⑳ a. Twinkle，twinkle，little bat!

How I wonder what you're at!

Up above the world you fly，

Like a tea tray in the sky.

Twinkle，twinkle，little bat!

How I wonder what you're at!

这是在路易斯·卡罗(Lewis Carroll)的小说《爱丽丝梦游仙境》中出现的变体。在加拿大北部靠近北极的育空地区,这首童谣又被仿拟成另一种变体①:

b. Twinkle，twinkle northern lights

Shimmer in the arctic night

Up above the clouds so high

Green blue ribbons in the sky

Twinkle，twinkle northern lights

Sparkle in your dreams tonight

童谣传播到中国,中文的译文也从内容到押韵出现变异:

一闪一闪亮晶晶

满天都是小星星

挂在天上放光明

好像许多小眼睛

一闪一闪亮晶晶

满天都是小星星

2.2.3　方言及常用词语变异

方言及常用词语作为强势模因在传播过程中出现变异十分普遍。在香港地区的大众传播工具中,人们会经常见到或听到粤方言甚至常用词语以谐音方式传出一些语言模因变体:

㉑ a. 港人自讲——该词组的粤方言读法与原模因"港人治港"谐音双关。靠原模因的强势,凤凰香港台以谐音变体组成栏目名,加深观众对该栏目的印象。

　b. 唱谈普通话——香港回归早期的电视栏目。"唱谈"与"畅谈"同音双关,前者明显是后者的变体模因。"唱谈"指"畅谈"之外还伴有"歌唱",该栏目曾受到观众广泛欢迎,对香港回归初期普及普通话起到很好的促进作用。

　c. 煮持人(与"主持人"近音双关,指让小孩表演烹调的节目主持。)

　d. 金股齐明("金鼓齐鸣"变体,同音双关。变体是一个财经新闻电视栏目,分析报道国际、内地及香港金融、股票信息。)

2.3　主体联想

以前谈论模因都按 Dawkins(1976)和 Blackmore(1999)的看法,将模因隐喻化,看成是像"病毒"一样,入侵人的大脑,左右人的行为,而且还自私地为自己的生存从一个人的大脑传到另一个人的大脑来扩散自己的影响。

模因具有这种本能的假设我们并不否定,但它之所以能通过信息感染来传播、扩散,其实还是宿主的主体联想在起决定作用。宿主的主体联想指宿主结合语境对原模因信息表征激发出的联想。

㉒ 习大大——习近平主席是陕西人,陕西方言尊称自己的父辈为"阿大(dá)",于是人们带着爱戴的心情产生联想,亲切地仿用尊称习主席为"习大大"了。

由于模因宿主的主体联想,这个非正式的尊称在日常语言和社会及公共话语中不断得到流传,成为一个很强势的语言模因变体。

语言模因在得到传播之前是潜势模因,它是一个信息的元表征。一旦这个元表征信息是名人名言或是有影响人物(如国家领袖、知名学者、公众人物)的言论,人们就会争相跟进,结合语境和主体联想,产生新的语言模因变体。

㉓《致我们终将逝去的青春》——知名电影演员赵薇导演的影片名。该片取得成功后,人们争相仿效这个本来比较拗口的片名,结合语境和主体联想,创造一系列"致……"的语言模因变体:

a. 忙碌的生活让我们遗失了童真,现实的琐碎让我们迷失了梦想。来当当吧!一起在书海中返璞归真——致我们已经或正在逝去的青春!(当当网将该变异模因写入宣传广告)

b. 35年后——致广州逝去的青春。(《南方都市报》2013年5月29日的"今昔广州"栏目。编者以此为题,并排登出当天广州环市路与1978年相同地点相隔35年的照片。这个变异模因标题让照片见证了改革开放以来广州城建的飞速发展)

c. "致我们终将实现的梦想"热播。(《腾讯新闻》2013年12月20日。为庆祝腾讯网十周年,编者以该变异模因作为他们特别策划的视频名)

d. 致与青春相伴的图书馆。(《广东外语外贸大学报》2015毕业季特别报道之一,2015年6月26日)

e. 致我们终将到来的职场。(《求职指引》手册。编者以该变异模因作为封面的主题语)

3. 语言模因及其变体的语用功能和合适性

3.1 语用功能

这里主要分析社会及公共话语交际中语言模因变体在话语中到底能起些什么作用。

3.1.1 丰富社会语用现象

模因现象是文化进化的一个重要标志。从作为信息元表征的潜势模因开始,在语境和模因宿主主体性的作用下,信息得到模仿、复制和传播,形成模因,并在模仿、复制和传播过程中出现各种各样的变异,最后产出不断创新变化的模因的变体。语言模因变体可以不断丰富我们的社会及公共话语,使我们的社会语用内容和结构都得到拓展。

在社会及公共话语中语言模因随着时代的进步和要求,通过网络及其他大众传媒的传播,与时俱进地不断更新着我们的语言。曾几何时,我们没有听过看过的语用现象出现了:从"给力""山寨""雷人""粉丝""吐槽""PK""土豪""晒工资",直到最近的"任性""创客""颜值"等等。

这些原来称作网络热词的如今早已超越网络,出现在我们的社会及公共话语中,甚至出现在庄严的场合及官方的文件中。这些词语被大众传媒反复复制、传播,其中一些已收入或准备收入我们的《现代汉语规范词典》,获得专家们和人民大众的认可,就连我们国家的领导人也乐于使用这些流传起来成为语言模因的新词、新语,而且还主动创造并引领我们模仿、复制和传播一些已有的语言模因和模因变体。如"中国梦""正能量""新常态""底线思维""打铁还需自身硬""踏石留印，抓铁有痕""刮骨疗毒，壮士断腕"等豪言壮语，以及"点赞""蛮拼的"等网络语词⑤。

3.1.2　给社会带来正能量

语言模因的传播给流行语造就了一个流行的机会，语言模因变体只需很短的时间就让某个语词传遍大江南北，宣传力度很强。如果我们的语言模因和模因变体传递的是一些正面信息，它们会演变为强势模因，必然给社会带来正能量。如果流传的语言模因和模因变体只是一些应景性的说法，传播不会广泛，也就成为弱势模因，会在短期内消失。

至于一些拉丁字母缩略词语出现在汉语中的问题，其实可以将这种现象看成是汉语模因的变异现象。在国家认可的译名出现之前，似乎得暂时允许其存在。由于语言的从简特征，一些常用的外来词，零翻译的现象历来就有，"照 X 光"与"照爱克斯光"在社会公共话语中并存。一些还没有成熟译名的外来语缩略词如 MOOC，人们不便使用"大型开放式网络课程"这个冗长的名字，但用"慕课"这个译名又无法解释 MOOC 的意义，结果大都倾向暂时直接使用 MOOC。也有媒体以为可以在 MOOC后面用括号加注"（慕课）"，成了 MOOC＝"慕课"，"慕课"＝MOOC，循环论证，无法解释清楚。

我们常说希望并相信经过不懈努力，北京的"APEC 蓝"能保持下去。这个"APEC 蓝"是表征"北京蓝天"的语言模因变体。它为人们努力消除雾霾起着鼓舞作用，发挥着正能量。我们似乎不一定要将"APEC 蓝"改说成"亚太经合组织蓝"吧？关于 APEC 取个什么中文名合适，有学者在《语言文字周报》（2015 年 6 月 3 日）撰稿，提到可以译为"亚佩克"，既与完整中文译名中的"亚太"有关联，又与已定译的"欧佩克"（OPEC）近似。我们认为，译为"亚佩克"无可非议，但将"APEC 蓝"说成"亚佩克蓝"，恐怕还有待时间的考验，目前不一定就能被人们普遍接受。

其实，字母词是一个客观存在，《现代汉语词典》（第 6 版）在词典正文后面用了 5 页半篇幅附上了我国近年常用的《西文字母开头的词语》，如收入了 CCTV、B 超、CT、PM 2.5 等解释，方便了广大读者的需要。当然，我们应尽量避免使用广大民众不熟悉的字母词，但有一些家喻户晓的说法，能不能让它们在人们的日常生活中有一席生存之地？凤凰电视节目《锵锵三人行》⑥的嘉宾也认为汉语在现实使用中难以剔除那些广为流行的字母词。例如，我们要是不许说"卡拉 OK"的话，那我们要去"卡拉OK"时又该怎么说呢？

英语是表音文字,我们可以将汉语的音转化为英语字母而不用在英语文本中夹杂汉字,而汉语是表意文字,要将英文字母词转成统一的表意汉字或音译为汉字,总会感到费时且难度大,赶不上科学和经济的日新月异的发展。汉语中的字母词方便了国际间的交流,可以给社会带来正能量。我们在谈论这方面不足的同时,是否也可以评价一下这些语言现象存在的积极的一面呢?

3.1.3 揭露社会的负面现象

语言模因和模因变体还可以用来揭露社会的负面现象。当表征的信息是社会的不良现象或者是公认不公平、不合理的言论甚至恶行,就会相应流传一些表示负面意义的模因和变体,用以揭露、鞭挞不良现象,提请社会警惕和抵制。当然,流传的模因内容是否正面,取决于模因宿主的认识以及他选择来传播时的环境(Black,1999)。如果模因揭露的事物可以给社会带来正能量,它就会产生影响力,受到社会的认同与接受,成为强势模因;如果流传的内容得不到社会的认同,它就会成为一个弱势模因,短期内甚至瞬间就失去流传的动力而导致消亡。再以 APEC blue 为例。它最初指在北京召开亚太经合会议期间北京空气保持着的一片蓝天,含有褒义,意为空气中 PM 2.5 不超标,符合标准。但当 APEC blue 代表的"晴朗蓝天"不够稳定,经常是转瞬即逝,并频繁出现雾霾时,APEC blue 就失去原来的正面喻义,而被揶揄为"短暂即逝、不真实的美好"了:

㉔ He is not really into you. It is an APEC blue!(他并不专情于你,那只是一片转瞬即逝的"北京蓝天"!)

原先表征北京美好蓝天而广为流传的强势模因"APEC blue",在这个例子里变成了一个委婉中带"假美好"负面意义的模因变体在流传。但是,随着北京及其他地区的气候环境获得大力改善,APEC blue 被公认恒定表示褒义,喻义为空气清新、明朗、合乎 PM 2.5 标准时,例㉔中含负面揶揄的 APEC blue 就会失去它的嘲讽功能了。

当 APEC blue 被用来揶揄"假美好"的同时,网络上还流行 Beijing Smog(北京雾霾)的说法,表示某事像北京雾霾那样难以驱除。"Beijing Smog"作为一个模因,在流传的过程中竟然慢慢地从"顽固、难以改变"的贬义,引申为褒义变体,意为"挥之不去,如影随形地坚守和专一":

㉕ He is so into you, just like a Beijing Smog!(他对你如此痴情,简直像是北京的雾霾!)

语言模因及其变体用于针砭时弊、揭露负面现象是很普遍的。这方面我们曾经举过许多例子,限于篇幅,这里不再赘述。

3.1.4　反映民众的感受与诉求

语言模因及其变异反映民众诉求,在社会及公共话语中十分常见。前年的全国政协会议期间,就因北京的雾霾天气,出现过一首仿照《沁园春·雪》而作的《沁园春·霾》,作者在对大气污染表示无奈的同时,实际上是反映了民众渴望环保的迫切诉求。

民众的诉求有轻有重,有缓有急,但他们作为模因传播的主体,都会联想起某个信息的元表征,从而复制出新的模因变体,并借助模因传播的强大力度,向社会表达自己大大小小的诉求。例如仿朱自清《匆匆》的模因变体;仿刘禹锡《陋室铭》的模因变体等。

多年前的电影《大话西游》中的一段独白⑦,至今仍然是群众乐于模拟复制的模因。他们常常以此独白的语句结构,联系自己的际遇,复制出自创的语言模因变体,表达自己的诉求(何自然等,2007)。下面是我们最近见到的这段独白的又一个变体:

㉖ 曾经有一款超值性价比的手机摆在我的面前,我没有果断下手,直到有一天它恢复了原价,一分钱都不能少,又没有赠品的时候,我才后悔莫及!如果上天能再给我一次机会的话,我想对掌柜说:给我几秒钟,我立即付款!

这段话貌似是说话人在表达要买平价手机的诉求和希望,其实那是某手机卖场招徕顾客、出售平价手机的广告!

除《沁园春·霾》外,当时还出现过《沁园春·雪》的另一个模因变体《沁园春·热》,描述热浪来袭的情景,表达出民众的又一种感受与渴望清凉。下面是凤凰、新浪等网站传播的模因变体之一⑧:

㉗ 上海气温,千里清蒸,万里红烧;望市里市外,烈日炎炎,各大区县,基本烤焦;屋内桑拿,汗水洗澡,躺下就是铁板烧!大街上,看吊带短裙,分外妖娆;气温如此之高,引无数美眉竞露腰。惜外地学子,求假无效,各大院校,不安空调;一代天骄,非洲外教,仰天直呼受不了!俱往昔,还数本地大爷大妈,拿把蒲扇,边扇边笑。

3.2　语用的合适性

在交际中,得到广大民众支持和广泛传播的语言模因及其变体大都是一些强势模因,有很强的生命力,但也有不少弱势模因,它们只临时因应语境和宿主的需求,热闹一阵后就像昙花一现。其中的原因除了模因本身反映的事件和时间方面受到制约而不能长久之外,语言模因及其变体本身内容和形式的好坏,传播格调的高低等都会影响到它们的寿命。我们很早提到,交际中受信息感染而流传的大都是一些表现型模因和模因变体,它们有好有坏;受这些模因和变体"感染"的模因宿主有一个是否接受这些变体的问题。他必须认清哪些是不良和丑恶的模因,要杜绝它们扩散或促使其自生自灭。

例如,在对中、小学生进行国学教育的同时,要防止他们将古典诗词恶搞成内容不健康的"顺口溜"放到网络上传播⑨;要引导他们抵制一些歧视、粗鄙语词;杜绝复制使用那些神秘、无厘头的四字词组,如"十动然拒""人艰不拆""喜大普奔"等⑩。英国学者 Distin 在她的近著 *Cultural Evolution*(2011)一书中就指出过,万维网内的一些网页和博客使用的那些没有根基的词语,不能理解为代表文化进化的模因产物。如果把它们也看成是模因,那只是一些不良的、不健康的模因。

语言模因与模因变体得以迅速和频繁地传播主要靠网络和传媒工具,国外某些媒体就直接称之为互联网模因(Internet Memes)。不过他们不从文化进化的角度去思考,误将模因传播等同于俚俗、粗鄙词语的流传,或看成是纯商业炒作的手段。

语言模因的好坏必须有所区分,只知道模因的传播功能,而忽视它传播的合适性,必然影响到语言模因及其变体在语用上的合法地位。

语言模因及其变体在语用上孰优孰劣问题,操用该语言的人民大众自有判断力。语用学者的责任是加强研究,正面引导人们正确使用语言和尊重语言。对语言模因及其变体本身的合适性和能否最终被人民大众接受并达到规范的境界,只有时间才是起决定作用的试金石。

4. 结语

语言模因及其变体的应用,对丰富社会及公共话语都有着巨大的促进作用。我们一方面要通过教育,提升人民群众的语言规范意识,使他们能正确地提高自己的语用能力,促进语言的发展;同时也应有一定的宽容和耐心的引导,让群众在语言使用过程中认识语言,防范不良语言模因的传播。

语言模因及其变体是研究社会及公共话语必不可少的内容。它们的存在有助于观察语言自身发展、语言流行的原因和语言传播的范围。语言模因及其变体广泛而合适地传播是社会及公共话语发展的必然趋势;它们在广大人民群众中流传,不断丰富和更新我们的语言,促使当今社会与公共话语能够与时俱进地发展，从而适应现代社会高速发展的需要。

注释

① 例①—④选引自 2015 年 3 月 3 日《腾讯新闻》。

② 批改网，http：//www.smartpigai.com。

③ 参见 http：//blog.tianya.cn/post-2481-22142906-1.shtml。

④ 见 https：//en.wikipedia.org/wiki/Twinkle,_Twinkle,_Little_Bat。

⑤ 见习近平主席致 2015 年新春贺词；另见：http：//www.qstheory.cn/culture/2015-02/25/c_1114430005.htm。

⑥ 见：http：//v.ifeng.com/news/opinion/201310/014d5ae7-f117-42b1-bc08-89bca30a8d66.shtml。

⑦ "曾经有一份真诚的爱情放在我面前，我没有珍惜，等失去的时候我才后悔莫及，人世间最痛苦的事莫过于此……如果上天能够给我一个再来一次的机会，我会对那个女孩子说三个字：我爱你。如果非要在这份爱上加上一个期限，我希望是……一万年！"

⑧ http：//news.ifeng.com/gundong/detail_2013_07/04/27114224_0.shtml；http：//news.sina.com.cn/c/2013-07-04/073927572814.shtml。

⑨ 如将李白的《静夜思》恶搞成："床前明月光，李白打开窗，看见 EX 光，牙齿掉光光"（这里的 EX 是动画片里的一种厉害的光武器）。

⑩ "十动然拒"是"先十分感动然后还是拒绝"的省略；"人艰不拆"是"人生已如此艰难，有些事就不要拆穿"的省略；"喜大普奔"是"喜闻乐见＋大快人心＋普天同庆＋奔走相告"的省略。

参考文献

Blackmore，S. 谜米机器[M].高申春，等，译.长春：吉林人民出版社，2001.

Dawkins，R. *The Selfish Gene*[M]. New York：Oxford University Press，1976.

Distin，K. *Cultural Evolution*[M]. Cambridge：Cambridge University Press，2011.

Distin，K. *The Selfish Meme*[M]. Cambridge：Cambridge University Press，2005.

Powell，G. Memes[A]. In K. Brown (Ed.). *Encyclopedia of Language and Linguistics* (*Second edition*)[C]. Oxford：Elsevier，2006.

何自然.流行语流行的模因论解读[J].山东外语教学，2014(2).

何自然.语言中的模因[J].语言科学，2005(6).

何自然.语用学探索(增订本)[M].广州：暨南大学出版社，2012.

何自然.语用学与邻近学科的研究[J].中国外语，2013(5).

何自然、陈新仁等.语言模因理论与应用[M].广州：暨南大学出版社，2014.

何自然、何雪林.模因论与社会语用[J].现代外语，2003(2).

何自然、冉永平.新编语用学概论[M].北京：北京大学出版社,2009.

何自然、谢朝群、陈新仁.语用三论：关联论·顺应论·模因论[M].上海：上海教育出版社,2007.

李　捷、何自然.语言模因的主体性与语境化[J].外语学刊,2014(2).

卢思源.英语一日一谚语[M].上海：复旦大学出版社,2012.

吴春容、侯国金.仿拟广告的语用修辞学解读和仿拟译观[J].当代修辞学,2015(1).

《语言模因理论与应用》评介 *

赖　鹏

　　2014 年 10 月,不负读者期望的《语言模因理论与应用》(何自然、陈新仁著)出版面世了。作为国内外第一本从理论建构和应用探讨两方面系统地研究语言模因的专著,该书的出版既是对模因论引入中国语言研究特别是语用学研究十余年来成果的一个总结,也是对国内语言研究者今后在更多层面开展理论与应用的一种引领。

　　该书的首席著者何自然教授是最早将模因论引入中国的学者(何自然、何雪林,2003),他在 11 年前就已开始对模因论进行启蒙性介绍、专业性研究和期刊类著述,并将模因论与语言研究相结合,最先在国内提出了语言模因论(何自然,2005)。如今,何先生整合全国多所高校的学术力量,从语用学的角度对语言模因现象进行了系统性的梳理和拓展,并且以专著形式呈现,对国内外相关语言现象的研究具有承前启后的意义。作为语用学领域的专家,何先生结合语言应用对模因论进行探讨,由语用与社会、文化、认知等的联系拓展到模因与这些层面的联系以及模因与语用的关联性,由此开拓并且启迪了新的研究领域,在本专著中显示了模因与社会、模因与文化、模因与翻译、模因与心理以及模因与认知等各层面的结合。这种学科跨界结合对国内学者具有多重启发意义,必将使新一波的语言模因研究走向更宽阔的学术视野、产生更丰硕的研究成果。

　　值得一提的是,该书由我国著名语言学家桂诗春教授作序。桂先生在这篇近万字的序言中充分肯定了该书,认为这是一本体系完备、组织严密的著作:既有理论、也有实例;通俗易懂、引人入胜。在肯定该书并倾情推荐之外,桂先生还在序言中对模因论的最新进展做了详细的述评,提出了在模因论研究中值得我们思考和探索的一系列问题,从而为广大的读者、爱好者和研习者指出了模因论今后的研究方向。

　　模因概念起源于牛津大学学者 Richard Dawkins 于 1976 年提出的大胆假设,自此研究者们开始对模因进行深入研究,形成了模因论(memetics)。专门研究模因论的网上学术期刊 *Journal of Memetics* 于 1997 年面世,标

　　＊　本文原发表于《广东外语外贸大学学报》2015 年第 1 期。

志着其理论进入成熟期。此后国外各学科领域的学者开始将模因论与不同学科相结合进行应用研究。但是模因理论与语言学科相结合的界面研究才起步不久,处于零散状态,未形成系统性。在这种背景下,新书《语言模因理论与应用》适时地对国内外已有的模因理论进行了系统化梳理,将模因论拓展到语言和语用领域,首创语言模因概念,构建起一个多层次、多角度的有机体系,做到了模因理论与语言应用的一体化。这种前瞻的跨界结合和前沿的应用拓展有助于读者从语言角度深化对模因的认识,这种宽阔的学术视角和包容的学术态度可启发今后的研究者从多种角度对语言模因进行理论探索和应用考察。

1. 内容简介

基于该书的阐释,模因(meme)是基因(gene)的文化对等物,均指一个可供复制的基本单位,只是基因是一个生物性的遗传单位(生物进化的单位),模因是一个非生物性的信息单位(文化进化的单位),对文化传承和传播起着关键的作用。在一定意义上讲,模因也可被称为一种文化基因。著者提出,语言是文化的载体,因此是模因的载体,同时语言本身也是一种模因,比如,一些流行的网络语模式("XX控"等),可以不断地被模仿复制并广泛传播,产生出"手机控""电脑控""大叔控""网络控"等众多流行语。因此,只要能通过广义上称为"模仿"的过程被语言"复制"的信息单位就可称为"语言模因"(如上的"XX控"是一个语言模因)。基因是生物进化的复制因子(replicators),模因是文化进化的复制因子。由此书中可见,模因论(memetics)实质上是一种新达尔文主义,它把生物方面的达尔文主义延伸到了社会和文化方面。达尔文主义角度所谓的基因是靠遗传来传递,而新达尔文主义角度所谓的模因是靠模仿来传播,以产出复制品来传播自己,靠复制、传播而生存。

该书分两大模块,第一个模块概述语言模因理论的各个层面(第2—6章),第二个模块则探讨语言模因论在各方面的应用(第7—9章)。书中论述显示,语言模因论对语言现象、语言起源和语言使用均有强大的解释力。本书从语言角度对模因的理论探索和应用考察可深化对语言本质、语言传播和语用现象的认识。

第二章界定了语言模因的概念,分析语言模因的特性(信息元表征能力、主体性及社会语境化),考察语言模因的表征内容和表征系统,并剖析语言模因和文化进化之间的关系。根据该书的界定,只要是经过模仿、复制而传递的东西,都可看作是模因,能被复制传播的语言形式本身也是模因,这种语言模因(linguistic meme 或者 lingueme)被定义为携带模因宿主意图、借助语言结构并以重复或类推的方式反复不断传播的信息表征。模因宿主(亦即模因传播者)的意图体现为其根据语境对所复制的语言信息采取的语用态度(肯定、否定、中立等),显示了语言模因与语用语境之间的联系,揭示了模因宿主的主体性和模因复制的语境化因素。

第三章对语言模因进行了分类。根据语言模因的表征形式和内容可分为形义复合模因、语形派生模因和语义派生模因。按语言模因的传播力度(包括保真性、多产性、长寿性等)可分为强势语言模因(包括基本词汇、熟语、格言、警句和经典名篇)和弱势语言模因(信息弱势模因和形式弱势模因)。

第四章根据现实生活中的实例和社会流行语对语言模因的形成条件、传播渠道以及传播机制进行了剖析,并论述了语言模因的衰减和消亡原因。语言模因的形成既需要内部条件(指语言模因载体的形式特征、语言模因载体的语用特征)也需要外部条件(包括相关背景事件的凸显度、公众心理表达的需求度、大众传播媒体的感召度以及整体社会空间的容忍度)。语言模因的传播渠道包括教育教学和知识传授、语言自身的运用、信息的交际和交流。至于语言模因的传播机制与方式,则分为基因型传播(指原封不动的复制和传播)和表现型传播(指旧瓶新酒或移花接木式的模仿性复制和传播)。本章还论述了语言模因传播的触发语境,包括情景语境、语言语境、认知语境和社会语境,显示出语言模因的传播与语境的关系十分密切。

第五章着眼于讨论语言模因在传播过程中的意义流变以及语言使用者对模因的语境化理解。基于语言模因的默认义和浮现义,本章论述了语言模因在复制和传播过程中其默认义向浮现义演变的方式,分别可能以原型浮现、以异形浮现、以变性浮现,甚至产生意义变异。复制传播过程中语言模因意义的流变是基于语境,其意义的解读也同样需要基于语境,本章分别论述了默认语境与语言模因的理解、浮现语境与语言模因的理解,以及推理在语言模因的语境化理解中的作用。本章末尾还基于语用学上的关联理论对语言模因的理解机制进行了分析,分别探讨基因型和表现型语言模因在理解过程中的认知加工情况及其与语境的关系。

第六章着重探讨语言模因在被模仿复制过程中的修辞形式、修辞功能及其修辞受到语境制约的情况。按照修辞方式,本章分别举例阐述了隐喻与转喻型模因、重叠与反复型模因、像似与镶嵌型模因、仿似与类推型模因、典故与俗语型模因。语言模因的修辞功能(即语言模因的作用或目的)包括表达时尚、传递幽默、追求用词经济,以及传达质疑与嘲讽。在该论述的基础上,本章指出语言模因的修辞受到语境因素的影响,分别论述了语言信道和交际语境(包括社交世界和心理世界)这两种语境对语言模因使用的影响。

以上第二至六章从多维度、多角度对语言模因进行了系统性的阐述,涉及语言模因的概念和定义、特性和分类、形成和传播、意义和理解、语境和修辞,建构起了较全面的有关语言模因的理论系统,为语言模因的研究和应用奠定了基石。接下来的三章则转向语言模因论的应用探讨。

第七章论述了语言模因理论在翻译领域的应用,从模因论视角探讨翻译的理论与实践。在翻译理论方面,本章介绍了芬兰学者 Chesterman(1997)提出的模因翻译论,显示出翻译具有模因的特性,分别阐述了模因与翻译规范、模因与翻译伦理、模因与生态翻译学的关系。在翻译实践方面,本章结合模因论探讨了基础翻译策略和新词翻译策略,并指出了模因与翻译互文性的关系。最后,联系翻译的理论和实践探索了模因论在翻译教学中的应用。

第八章探讨语言模因理论在二语教学中的应用,提出语言学习过程中的课堂干预方式。本章在揭示语言模因的进化过程与第二语言的发展过程这二者的联系的基础上论述了二语学习中与模因复制过程类似的模仿机制,进而探讨了将语言模因论应用于外语教学的方式,具体表现为受模因论启发的一些课堂干预手段,包括模仿与外语课堂介入、频率效应与外语课堂介入,以及课堂语言学习的文化介入。本章还提供了具体的教学示例,将课堂上需要传授和掌握的语言模因融入于任务型的活动设计,通过教师一定的课堂介入帮助学生在语言使用过程中掌握。模因论在语言教学中的运用对二语习得的理论和实践都有重要启发意义。

第九章阐述语言模因论在媒体语言研究中的应用。媒体语言在本章中分别包括广告语言、新闻标题、网络流行语和手机祝福短信。书中对每一种媒体语言中的模因都进行了拓展性的举例和阐述,内容出新而又与前面章节中的术语概念具有有机联系,分别涉及各种媒体语言中的基因型模因和表现型模因、强势模因和弱势模因、积极性模因和消极性模因,探究了媒体语言模因的某些特性与社会心理特征及其来源与进化方式,从语言模因论角度解读网络流行语之所以流行的原因。

以上三章分别是语言模因理论在翻译领域、语言教学领域和媒体领域的应用探讨,深入浅出地将理论与应用进行有机结合,对语言模因论在未来更多领域的应用具有抛砖引玉的效果和启人深思的作用。

第十章是对全书"理论与应用"这两个大模块的内容的一个总结和概述,指出语言模因与现实生活之紧密相关,是我们赖以生存的东西,并指明语言模因研究的未来方向,进一步强调了语言模因论对多种语用现象和各种语言领域的强大的解释力。

2. 简评

2.1　该书不只停留于对现象的描写,而是探究了语言模因的实质。国内已有的对模因的研究大多数偏重对现象的描写,虽为语言模因研究提供了理论基础,但对语言模因的实质性问题(比如其形成与传播、其意义与理解以及其修辞机制等)缺乏充足的探究和解释(何自然等,2014)。这些问题在本书中则得到了充分的探讨(分别见第四、五、六章),并且在此基础上拓展到语言模因在各领域的应用(分别见第七、八、九章)。该书各章的作者们来自全国多所高校,是何先生 2012 年领衔成立的语言模因论研究小组的核心成员,他们在何先生的指点下强强联手研讨著述,对语言模因不管在理论方面还是应用方面都进行了系统的建构,如桂先生在《序》中所言,该书体系完备而组织严密,涉及语言模因的各个领域,覆盖面甚广:从理论的提出和发展,到其运作机制的产生,再到应用于各相关领域。由此可见,该书不但分析现象,而且探讨本质;不停留于单纯的理论构建,而是尝试多领域的拓展应用。

2.2　该书各章提供了丰富时新的语言模因实例,对模因理论和模因应用的阐释均深入浅出。比如"高富帅""白富美""打酱油"等一度流行的热词,"不明觉厉""累觉不爱"等最新的网络流行语,"甄体""陈欧体""元芳体"等被国人大量模仿复制的语言格式,"XX 控""X 二代""最美XX""中国好 XX""中国式 XX""舌尖上的 XX"和"XX Style"等等与网络媒体或社会事件紧密相关并被大量仿制运用的语言模因,均在本书中被灵活运用以阐释关于语言模因的各种学术概念。书中例举的以《沁园春·雪》为模因模仿而成的《沁园春·霾》更是显示了其语言模因实例的时新性和语境化特点,表达了强烈的社会语用含义。

2.3　该书各章有机融合了模因与语用或语境的联系,横向拓展了考察模因的角度和视野,构筑了模因理论与语用理论之间的桥梁。虽然书中没有特定的一章专门论述模因与语用的联系,但是书中多个章节中穿插突显了模因的不同侧面与语用或语境的关联,因此该书各个章节既能独立成篇又在互相间具有有机的联系,相辅相成,前呼后应,构成具有系统性的一体。如,第二章中涉及语言模因在复制过程中模因宿主抱有的三种语用态度以及语言模因的社会语境化问题;第四章中提及模因载体的经济性,论述了"语言的经济原则"或"省力原则"这样一条语用原则,突显了语言模因载体的语用特征,并且归纳了语言模因传播的四种触发语境;第五章论述了两种语境在语言模因理解中的作用,基于语用学上的关联理论阐释语言模因的理解机制;第六章阐释了语言模因修辞与语用省力原则的关系及语言模因修辞与交际语境的关系;第九章论及模因潜势信息选择的语境条件及主体期待发挥的语用功能;第十章强调可以从模因论的角度审视和解释各种语用现象。

2.4 该书在多个章节中结合了认知语言学方面的成果来阐释模因,体现出了跨界结合的学术前瞻性和学术包容性。比如,在第 48 页对语言模因传播的触发语境之一(认知语境)进行了论述(第四章);第 63—67 页谈及模因理解过程的认知加工情况及其传达的认知效果(第五章);第 75 页在论述模因分类时根据认知语言学上的"像似性"概念提出了像似模因这一类别(第六章);第 108—111 页提及了认知语言学对二语习得过程的解读,涉及"原型型式"这样一个认知语言学概念在二语教学中的运用,论及外语课堂中模仿的认知处理过程(第八章);第 126 页阐述模因从弱势转为强势的三种策略之一:认知失协策略(第九章)。这种跨界融合和有机穿插赋予了模因研究更宽广的视域,对未来研究深具启发。

2.5 该书大胆地展望了模因研究的未来方向,提出了与其他语言学分支相结合的设想,体现了其开放性的学术态度。比如,模因理论引入国内后与语用学的结合在本书的主要著者何自然先生等的引领下已有十余年历史,他与其他著者在本书最后一章中指出,除与语用学结合之外,未来还可将模因与历史语言学结合起来研究,也可将模因与系统功能语言学结合起来研究,或与文化进化研究相结合。这种学术视野上的前瞻性和包容性为未来的语言模因研究指明了方向和道路,必将引领出语言模因领域的更多跨界合作成果。

3. 结语

综上所述,《语言模因理论与应用》一书向读者揭示了语言模因使用的社会价值、语用功能和认知效果等等,既搭建了模因的理论框架,又突显了该理论在社会生活中的应用;既描述了语言模因现象,又探究了语言模因本质。全书在学术方面很具有权威性和突破性,在章节的前后呼应方面具有有机性和关联性,在例证方面颇具丰富性和时尚性,在阐述方面则相当具有可读性和启发性。它将模因理论与模因应用二者结合起来进行系统性的构建,通过现象深入本质,确定了模因研究的主体框架和未来方向,做到了理论和应用的一体化;它将国外的模因理论与国内的语用学研究相结合,以国内时新流行的语言模因为例进行学术角度的阐释,实现了国外理论的本土化。

　　诚然,该书是作者们为语言模因论首创的体系,在当前模因论尚未完善、成熟的情况下,如何解决语言模因论中一系列深层的问题,如语言模因与文化进化的关系、语言模因的单位的确定、语言模因的表征等仍待作者们今后进一步探索。

参考文献

何自然、陈新仁等著.语言模因理论与应用[M].广州:暨南大学出版社,2014.

何自然、何雪林.模因论和社会语用[J].现代外语,2003(2).

何自然.语言中的模因[J].语言科学,2005(6).

模因范畴论 *

俞建梁

1. 引言

范畴反映事物的本质属性和普遍联系,是人类认知的基础。人类对范畴和范畴化认知研究的分歧体现在两大范畴化理论体系:经典范畴理论和现代范畴理论。经典论把范畴理解为对事物本质的揭示;现代范畴理论则以经验主义为基础,把范畴理解为在具体语境中的使用对主观心理意愿的满足。由于这两种范畴理论各有优劣和侧重,所以它们之间龃龉不断,针锋相对(俞建梁,2008)。虽然学界也不乏调和者,认为现代范畴论是对经典范畴论的完善和发展,两者具有共同性和互补性。但由于他们并没有提出可供研究这两大范畴理论融通的统一理论框架,所以这些研究并未真正消弭这两种范畴理论之间的罅隙和张力。同时,自模因论提出后,人们通过运用模因的特性、传播机理、成功模因的特点对语言的模仿和传播展开介绍和探讨。然而,至今对在语言传播的过程中概念范畴的模因到底是什么的问题却语焉不详。

为此,本文拟基于语言模因论、认知科学和心智哲学,尝试回答以下3个问题:(1)在概念范畴的复制和传播过程中,其背后那种说不清道不明的模因到底是什么?(2)概念范畴模因是如何演化成范畴成员的不同表现形式并体现出家族相似性的?(3)可供经典范畴理论和现代范畴理论研究的共同框架是什么?本文通过对这些问题的讨论,尝试揭示模因及其表现形式与概念范畴及其成员之间的相关性,为经典和现代两种范畴理论相互之间的契合构建一个统一的研究框架。

2. 概念范畴与模因

模因概念的提出得益于20世纪50年代基因结构的发现。受遗传学的启发 Dawkins(1976)、Heylighen(1992)和 Blackmore(1999)等学者发

＊ 本文原发表于《外语学刊》2016 年第 2 期。

现文化的传承与生物的遗传过程有相似之处,类似于生物遗传的变异遗传现象,这使得语言学、生物学和人类学等领域展开关于语言科学和生命科学的跨学科对话。模因作为大脑里的信息单位,是存在于大脑中的一个复制因子,而在现实世界里模因的表现型可能千变万化,但传递的却是一种来自社会文化的信息构念(construct),一种在大脑中的信息表征系统。以语言作为传播媒介的模因被称为语言模因(何自然,2014)。语言模因的遗传现象涉及从词素到篇章的各个层面,因此表达概念范畴的词语无疑是模因的众多表现形式之一。Blackmore(1999)曾说,模因"包括你所掌握的词汇中的所有单词……模因是促进智慧发展的因素,即所谓'心灵的工具',而其中最重要的就是词语"。词语表征概念是概念的象征,即语言中的概念范畴模因常常通过词语来表征。因而作为语义研究的核心——概念范畴无疑是语言模因研究的一个重点。

3. 概念范畴的模因及其表现型

模因论认为,思维先于语言,所以思维模式的模因先于语言表达(张旭红,2008)。概念范畴的语义演化如同生物学中的物种进化过程一样,是受各种因素影响而诱发的遗传信息变异复制导致的进化过程。本源的思维范畴内容就如同生物体中携带遗传信息的基因,用词语表达的概念范畴就如基因通过变异遗传而出现的表现形式。因此,为了清楚地表明概念范畴模因的内在特性和外在表现,我们把它们称为概念范畴模因和模因表现型。与生物学中基因、环境及表现型之间的相关性相类似,我们把概念范畴的模因及其表现型之间的关系表述为:概念范畴模因+语境+主体意向性的选择⇨模因表现型。

这个表达式尝试说明:(1)范畴模因在语义变化中起着核心基础作用,是维护范畴稳定的因子;(2)语境和主体意向性促使模因的遗传和变异;(3)范畴模因的表现型就是概念范畴在具体的使用过程中把潜在的范畴模因变为现实的结果。因此,上述表达式把一个概念范畴分解为模因和模因表现型两个层面:一个层面,范畴的模因是人们在认知域内对客观或可能世界某一方面认识的抽象而形成的概念结构;另一个层面,概念范畴在具体使用过程中会被赋予不同语义而得到扩散和传播,从而潜在的模因在语境的作用下外化出用文字或话语等表达各种具体意义或用法,这是概念范畴的表现型。

3.1 概念范畴的模因:意象图式

模因通过复制的方式来保存其基本形式或核心内容,那么在概念范畴复制传播过程中，背后那个说不清道不明、不可捉摸的内在模因究竟是什么呢？我们认为这潜在的模因就是意象图式。这是因为在语言表达式之前，实际的思维过程中应有一个被称为"心理语言"的内部语言过程，即"任何意义的表达都以人的身体的活动图式、心理意象……来呈现"（徐盛桓，2011）。语言单位的意义就是与该语言单位有约定俗成相关关系的概念结构，这一结构主要是意象式的，这正是所谓大脑神经元的"语言"，其概念和命题不用词语来表征（Pulvemuller，2002）。Tyler 和 Evans（2001）也认为范畴的语义结构来自并且反映概念结构，而概念结构就是由人的感官和神经结构决定的意象图式。由于一个范畴在其形成之时就是多义的，至少是具有数个潜势义项的多义范畴，所以许多认知语言学家都从多义词的角度论述意象图式和范畴的关系。Tyler 和 Evans（2001）认为每个多义词范畴必定有一个原初核心意义，它源于被抽象了的意象图式。Lakoff（1987：460）也认为一个多义词的不同意义，必须运用意象图式和隐喻模型才能得以解释。Taylor（2003：59）指出意象图式就是概念范畴核心的表征，是多义词语义范畴的"共有意义核心"。Ungerer 和 Schmid（1996：39）也把抽象出来的概括性图式表征视为心智表征，它是我们认识事物、理解世界、获得意义和建构知识的基本出发点。

意象图式成为概念范畴的模因除了因具备上述特质外，还满足模因作为复制因子保留、变异和选择的主要条件。（1）主体意向性。意象图式是人们心智基于特定文化通过具有相似关系的多个个例反复感知体验、不断进行概括和认知加工而图式化为一个结构性抽象的信息单位或知识单元，是许多具有一些共同特点活动的共享值、"骨架"和格式塔。意象图式作为语言模因在复制和传播中由于宿主的主体意向性而发挥其不同程度的适调性，形成不同的变体。因此，作为媒介意象图式把经验知识和超验知识连接起来。（2）映射能产性。客观世界是通过人类心智加工才与语言符号发生联系，例如在判定某物属于"树"的范畴时，我们并非"看到"树，而是把其"看作"树，因为我们的心智中已预存树的格式塔，并把它投射到外界事物上（Lakoff，1987：126）。因此，人类可以把意象图式映射到语言中去，形成该意象图式的语义框架或结构（陆俭明，2009）。当意象图式从一个认知域扩展到另一个认知域时，就实现语义的衍生。正如 Johnson（1987）所言，由于意象图式是由一些组成部分和关系构成，所以通过它们，意象图式可以无限地构建出许多感知、意象以及事件等。（3）兼容性及延伸性。意象图式不是详细复杂的概念本身，而是一种抽象特征的描写，可完全与范畴定义的所有成员兼容，它是人们通过不很精确的描写和不很强调同一性，去除差异点，从不同结构中抽象出来的共性,因而意象图式具有语义的兼容性和延伸性(Langacker,1987:371)。因此,意象图式给我们提供一个大概框架,在这个具有兼容性和延伸性的大框架中,可以构建我们能遇到或想象到的许多情景,从而产生新的意义或范畴义项。意象图式以抽象的意象概念化形式将其再现于记忆中,又同一组严格限制的认知原则相互作用,产生一组相互区别的附加意义,从而围绕主要意义成分形成一个有理据的语义网络(章宜华,2005)。因此,人脑心智中潜藏的概念范畴模因元表征信息就是意象图式。它是头脑中抽象的、看不见摸不着的信息表征和思维模因,是留驻在头脑中、内在而不直接体现出来的隐形信息单位,也是概念范畴在人的认知心理、语境以及意向性等因素推动下通过模仿传播的重要依据。

3.2　意象图式作为范畴模因的心智哲学理据

意象图式作为概念范畴的模因还有其哲学理据。人们对事物属性通过感觉器官感知在心理上就会形成意象,在认知域内意象进一步抽象形成意象图式。因此,意象图式既是人认识自身的产物,也是人与外界对象属性交互作用的产物,是人类自然属性的产物(陆俭明,2009)。Langacker 和 Taylor 也认为意象图式既可指代一个范畴的物体属性,也可指代在学习过程中形成的范畴的心理表征(王寅,2013)。这些对意象图式的表述体现出心智哲学中属性二元论的思想。属性二元论认为,世界并没有两种实体,只有一种实体,即物理实体,但是任一物理实体都有两种属性组成:物理属性和心理属性,即一个实体、两种属性。物理属性和心理属性都是事物本身的属性:前者是事物本身固有的质;后者为事物的质在人们心智中的感受,体现为认知主体对物理生化属性的"感受性"或"感受质"(Lewis,1929:121)。因此,心理属性既有对物理属性随附性的一面,即以物理属性的存在而存在,也有主体独特性的一面,感受质就是对象属性和认知主体的心理独特感受的交集。这种交集也体现在意象图式中。在范畴化过程中事物的属性只有通过认知主体的感知才能被认识,这是人类对事物进行分类时必然经历的心理过程。因此,作为感知对象的事物本身在感知主体的心理(亦即心智)中会呈现出一定的属性,这样的心理属性是物理属性在感知主体引起的心理感受。它是一种普遍的、可重复的且因人而异的内在感觉,是我们不同经验中存在的某种所谓不可言喻或难以确定表征的主观经验内容,但在具体的场合中可以标明出来,比如"看上去像是"(江怡,2009)。如同感受质一样,意象图式就是事物具有的某种质或属性在人们心智中的心理现象,反映为主体在感受过程中对意识对象"像什么"的主观感受和心理属性,至于"像"的程度则是在对事物感受质的范围内因人而异。因此,意象图式随附于或植根于范畴化对象的物理生化等属性,同时也有其意向性的特征。意象图式是事物物理生化等属性在心理上的抽象反映,是人们的感受质在心理上图式化的表征,包含事物的本质属性和心理属性。属性二元论为意象图式作为范畴模因奠定哲学基础。

3.3　概念范畴模因的表现型:概念范畴的不同义项及其相似性

Dawkins(1976:278)认为,任何一个模因都具备遗传、变异和选择3个特征。那么,作为概念范畴模因的意象图式是如何通过遗传、变异和选择进行复制传播而体现为不同表现型的呢? 由于意象图式其本身的意向性、能产性和兼容性能够应付各种各样的新语境,所以它在复制、传播的过程中往往可以与不同的语境相结合,产生各异的话语含义,形成不同的模因表现型,有的话语含义则经过沉淀进而成为新的范畴义项。概念范畴模因的表现型就是意象图式这种复制因子通过遗传、变异和选择而产生的范畴成员。

3.3.1　概念范畴模因与语境的相互作用:遗传性和变异性

(1)范畴模因的遗传性。物质普遍具有记忆性,事物总是力图按照自己记忆中存在的模式来复制新事物(钱冠连,2001)。生物界复制的目的是保持种群的同一性。范畴模因的遗传传播过程就是其复制使用过程,复制目的是要保证特定范畴成员拥有该范畴的属性特征,以保持一个范畴之所以为该范畴的特性,保证范畴语义的相对稳定性和本源性。范畴模因的遗传性分两种情况:1)完整遗传。当实时语境或发话人想要表达的思想与头脑中某一固定表达式正好吻合,并将其激活使用,这就是完整遗传。例如:我们要表达"犯法的人没有受到法律制裁,仍然自由自在"这样的意向内容时,就会使用"逍遥法外"这一表达式对该意向内容实现准确的表达,此时"逍遥法外"这一模因被照搬复制,其语义得到完整遗传并没有发生变化。完整遗传有利于新的语义内容沉淀并固化为范畴成员,但另一种可能性就是如果长期固步自封,就会由于没有变化而使得语言违背经济原则。2)局部遗传。实际上我们常常遇到的情况是,复制的结果或多或少异于原来的模因。当在一定的语境中没有现成的表达式可以运用时,语言使用者就会在原来模因的基础上通过隐喻或转喻凸显该模因的某一侧面,创造性地去构建新的语义表达,与当下的语境整合,组成新的范畴模因复合体,导致一个概念范畴语义的衍生变异,这样就产生局部遗传,这时遗传与变异相伴发生。例如,网络语言中一批与"裸"有关的词语就是这样的模因复合体,像"裸聊""裸售""裸妆""裸考""裸捐""裸博""裸官""裸退"和"裸婚"等。我们可从中察觉到"裸"字含义的不断演变,但我们也会发现"裸"范畴的源始义"没有遮盖的"这个核心语义信息却始终被遗传保留(任开兴,2010)。该源始义构成的意象图式是"裸"范畴的祖先模因和母体,是这些词语中含有特定遗传信息的一个片断,是决定这些词语具有源始义最基本的因子。它是复制后亲代出现相似性状的基本制约要素。范畴模因的遗传性体现范畴演变使用过程中范畴模因的基础、主导和控制作用,是范畴语义成员之间具有相似性的保证。

(2)范畴模因的变异性。生物基因复制允许通过提供冗余信息而多样化,进而影响生物体的表现型,产生母体与子体以及子体间的不同性状差异。模因具有与基因相似的基本特征。范畴模因意象图式的主体意向性、能产性以及兼容性和延伸性为模因的变异提供可能性。例如,"裸"范畴的意象图式"没有遮盖的"在传播过程中会由于语境和社会心理等不同因素提供冗余信息而表现出多样化。它通过把自身的框架与宿主的不同体验等主体意向性因素结合起来,使得子体并非按照母体的全部语义内容复制模仿,形成不同的模因变体,使得语义产生变异,由"没有遮盖的"不断演变到"未经包装的""没有其他附加成分的""彻底的"再到"简朴的"等含义变化,逐渐剔除其原有情色的色彩,趋向中性或褒义。其结果就是产生模因的不同表现型,进而构成"裸"范畴不同的语义成员。可以从这些"裸"词语当中看到,由于"裸"这一模因与其他模因的整合而导致范畴模因在传播使用中的灵活性、动态性、变异性和语境即时性。变异复制最终使得概念范畴表现型即范畴成员的相似性和多样性。因此,只要有复制就会有变异,复制产生变异,而变异是为了更好地复制,是复制的本质,但无论如何变异,范畴模因的精髓及其基本特征和性质却始终保留不变。

3.3.2 概念范畴模因表现型的选择:主体意向性

生物基因的遗传和变异依靠自然选择,而语言模因的变异和传播则依赖于基于语境的人的主体意向性。Dawkins(1976)认为,选择取决于模因本身,取决于人的心理和让模因得以表征出来的环境。在使用语言时,使用者会选择性地接受并理解和自身认知体系相一致的模因,正是宿主意向性与语境的相互作用才产生传播力度不同的范畴模因的表现型。人们使用语言的过程其实是一个基于语言内部和外部因素而不断做出语言选择的过程,这个过程在模因的同化、记忆、表达和传播的生命周期的

4个阶段都有发生。概念范畴模因的生命力取决于在使用过程中能否得到宿主的认同并被选择，从而获得广泛的复制和传播，因此，选择是概念范畴模因及其表现型能够存续下来并构建范畴语义网络的一个重要决定性因素。没有宿主的注意、重构、主动选取使用就不可能传播，也就不可能进入规约化状态。Croft（2000）也认为语言变化是语言交际者之间互相影响的结果，这种影响成为选择语言规约的压力，选择的结果会导致创新形式。当然范畴模因的选择性是基于同一性对差异性的选择，或者说是基于模因对表现型的选择。例如，在具体的语境下人们会根据"裸"这一意象图式（同一性，基因型）把"裸婚"中的"裸"字引申为"简朴的"（差异性，表现型），并经过选择得到传播，进而被保留下来。范畴模因的选择性体现语义范畴的顺应性和主体意向性。

4. 经典范畴理论与现代范畴理论契合的统一研究框架

经典范畴理论强调范畴本质属性的客观绝对性，却忽视人的心智和事物属性之间的相关性；而现代范畴理论突出范畴成员的家族相似性、语义模糊性和地位等级性等主观现象性，但忽视事物的特征属性在范畴化过程中所起的重要作用。然而，从上述分析和论证可以看出，概念范畴的模因及其表现型为经典范畴理论与现代范畴理论的契合提供一个研究框架。如图1所示，客观世界与人的心智相互作用产生意象图式，它是概念范畴传播过程中的模因和复制因子，是建立范畴的核心；意象图式在语境和主体意向性的影响下，经过复制、变异和选择体现出不同的表现型，形成不同范畴的成员，这样就构成概念范畴基本的模因框架（虚线框所示）。类似于生物遗传学，范畴模因及其表现型之间的关系是母体与子体的亲缘关系，那么意象图式与其衍生的范畴成员之间的关系自然也具有家族亲缘关系，它们组成一个具有亲代关系的模因范畴论框架。作为范畴模因的意象图式包含事物范畴的物理、生化等特征和人的心理属性，它反映一个范畴中不同语义成员所具有的共同本质属性，这是经典范畴理论所涉猎的内容，是概念范畴形成不同语义成员相似性的内因。同时，意象图式在传播自己的核心或精髓的同时产生演化，形成范畴不同的表现型，构成不同等级且相对稳定的范畴成员，从而使得范畴成员具有一定相似性和差异性，这又是现代范畴理论所研究的领地。这样我们就把涉及事物本质属性及其外在表现的范畴化理论研究纳入一个具有家族相似性的大框架里。在这个框架里，经典范畴理论和现代范畴理论只是各自研究决定范畴两面性中的一个方面，即一面是模因，另一面是表现型。而模因范畴论框架让我们清楚地看到范畴是本质和现象、稳定性和动态性以及共同性和多样性的统一。范畴模因是范畴稳定和变化的始源根本,模因的遗传信息和语言实践经验的共同作用,再加上一些其他的一般性规律的制约,共同现实人类复杂迷离的语言表现形式。范畴模因、语言环境以及宿主的主体意向性共同决定概念范畴语义的衍生。

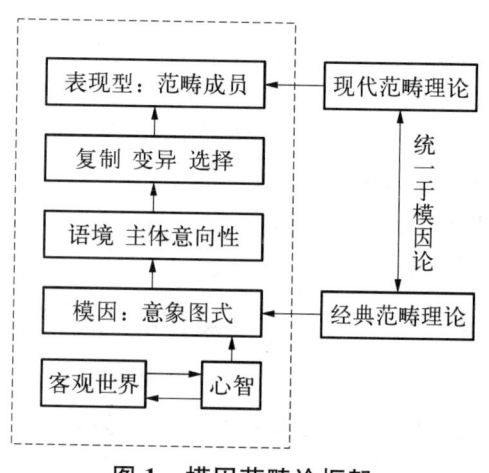

图 1　模因范畴论框架

5. 结语

　　一个概念范畴是由该范畴的模因及其在具体语境中体现的表现型两个方面组成。由于意象图式反映一个事物范畴的物理属性和心理属性,因此意象图式是范畴复制的模因,而范畴模因的表现型则组成一个范畴的不同成员。以概念范畴模因及其表现型为特征的模因范畴论把经典范畴理论和现代范畴理论纳入统一的理论框架中。

参考文献

Blackmore, S. *The Meme Machine*[M]. Oxford: Oxford University Press, 1999.

Croft, W. *Explaining Language Change: An Evolution Approach* [M]. London: Longman, 2000.

Dawkins, R. *The Selfish Gene*[M]. New York: Oxford University Press, 1976.

Heylighen, F. Selfish memes and the evolution of cooperation[J]. *Journal of Ideas*, 1992(4).

Johnson, M. *The Body in the Mind: The Bodily Basis of Meaning, Imagination and*

Reason[M]. Chicago：The University of Chicago Press，1987.

Lakoff，G. *Women，Fire and Dangerous Things: What Categories Reveal about the Mind*[M]. Chicago：University of Chicago Press，1987.

Langacker，R. W. *Foundations of Cognitive Grammar: Theoretical Prerequisites*[M]. Stanford：Stanford University Press，1987.

Lewis，C. I. *Mind and the World Order: Outline of a Theory of Knowledge*[M]. New York：Dover Publications Inc.，1929.

Pulvemuller，F. *The Neuroscience of Language: On Brain Circuits of Words and Serial Order*[M]. Cambridge：Cambridge University Press，2002.

Taylor，J. R. *Linguistic Categorization: Prototypes in Linguistic Theory*[M]. Oxford：Oxford University Press，1995/2003.

Tyler，A. & V. Evans. Reconsidering prepositional polysemy-networks：The case of over[J]. *Language*，2001（77）.

Ungerer，F. & H. J. Schmid. *An Introduction to Cognitive Linguistics*[M]. London：Longman，1996.

何自然.流行语流行的模因论解读[J].山东外语教学,2014(2).

江　怡.感受质与知识的表达[J].社会科学战线,2009(9).

李　捷、何自然.语言模因的主体性与语境化[J].外语学刊,2014(2).

陆俭明.构式与意象图式[J].北京大学学报(哲学社会科学版),2009(3).

钱冠连.有理据的范畴化过程[J].外语与外语教学,2001(10).

任开兴.语言模因论观照下词语的变异与翻译[J].中国科技翻译,2010(3).

王　寅.范畴三论：经典范畴、原型范畴、图式范畴[J].外文研究,2013(1).

徐盛桓.语言研究的心智哲学视角——"心智哲学与语言研究"之五[J].河南大学学报(社会科学版),2011(4).

俞建梁.原型范畴理论的缺陷与不足[J].外语学刊,2008(2).

张旭红.语言"内在论"的模因新解[J].外语学刊,2008(2).

章宜华.多义性形成的认知机制与词典义项的处理[J].广东外语外贸大学学报,2005(3).

模因与语言

语言模因的形成过程与传播特性*

—— 论汉语模因与社会生态环境中的语用

何自然

1. 引言

  语言是模因传播的得力工具,是文化承传的主要载体。通过语言模仿、复制、传播而生成的模因现象就是语言模因。在特定的环境下模因宿主以重复或类推的方式用语言来表征信息,从而让信息散布开来形成家喻户晓的模因现象,并得以流传。

  我们在《语言模因理论与应用》(何自然、陈新仁等,2014)一书中曾专章(第 4 章)讨论过语言模因的形成及传播,涉及语言模因形成的内部条件、传播渠道、传播机制、传播方式与传播环境,并对语言模因的蜕变与消亡做出解释。本文则结合社会生态环境中的汉语语用来分析语言模因现象,探索汉语话语形成与传播的规律,对汉语话语的语用机制提出一些新的见解。我们拟讨论一下汉语模因形成的触发因素,用实例分析动态语境和语用手段触发的模因以及说明生态环境和模因宿主的主体性是汉语模因传播过程中的特性。

2. 汉语模因和公共领域生态环境

  由于模因的表现形式各不相同,它们的形成和生存条件并不一致。有一些信息很快就被逮住并表征出来,由于得到广大群众的响应和配合,这些信息通过不同的宿主在原表征的基础上被大量产出新的形式或新的内容,并广泛地被复制和传播,成为强势模因。然而,另外的一些信息因未能引起受众的注意而被忽略,或者只在开始阶段被初步表征流行一阵子,很快就消失得无影无踪,成为弱势模因。

  我们认为,语言信息之所以能刺激大脑,产生心理编码,表征出来并被复制和传播,很重要的原因是受到信息流传过程的生态环境影响。

---

  * 本文原发表于《外国语言文学》2017 年第 3 期。

Verschueren（2007）说过，自然环境关心生态，人类环境也关心生态，而人类环境关心的生态主要是公共领域的生态（ecology of the public sphere）。公共领域的生态环境，指的是社会成员得以共享的空间。具体说来，这个共享空间重要的一环是我们赖以生存的语言。没有语言，人类的生存是不可想象的。这里所说的语言是话语，是人们在不同的生态环境下为生存而进行方方面面接触、交际、交流的话语。所以 Verschueren（2007）说，"所谓社会世界，其实质就是话语世界"，公共领域中各种与社会有关的思想、信仰和观念都寓意于话语之中，并通过话语加以传播（陈新仁、余维，2008）。我们结合汉语模因论来理解这里所说的公共领域生态环境，就是有什么样的社会生态，就会激活什么样的心理联想，表征出什么样的汉语信息模因；随着信息表征复制、传播，成为模因之后，会反过来作用于生态的生存环境，扩大或缩小它的影响范围。

　　研究语言与生态是研究"特定的语言与环境之间的相互作用和关系"（Haugen，1972）。这里的环境就是我们所处的社会。因应社会公共领域生态环境，我们大脑中由信息组成的心理编码会对人际间发生的各种事件及社会中出现的时弊形成潜势模因，用话语形式，引用成语、名句，模仿句型或套用词语等语用手段，激活并形成正面的、负面的，或调侃的、反讽的语言模因及模因变体：

（1）a. 用尽洪荒之力，为一带一路建设助威！
　　　b. 那些养生的文章吓得我不敢用洪荒之力吃海鲜喝啤酒了。
　　（因应生态环境直接套用"洪荒之力"流行语）

（2）a. 这不叫关说，什么才叫关说？
　　　b. 如果这不是共识，什么才是共识？
　　　c. 这不是作秀，什么叫做作秀？
　　（"这不是……什么才是……"曾是中国台湾社会生态环境下流传的同构异义模因）

（3）a. 出现这样的意外，是晚会唯一美中不足的地方。
　　　b. "你认为美国好还是中国好？""两个国家都有好的地方，但都有自身的缺陷，这叫'美中不足'"。
　　（以上两句的"美中不足"都可以理解为成语模因的直接套用；但 b 句实际上是因应环境联想出来的一个同构异义模因变体，指"美""中"两国各有不足，无可厚非。此为剧作家沙叶新访美时对提问人作出不卑不亢、一语双关的回应）

（4）a. 会议：召开没有不隆重的；讲话没有不重要的；鼓掌没有不热烈的；闭幕没有不胜利的。
　　　b. 工程：工作没有不扎实的；进展没有不顺利的；效率没有不显著的；完

成没有不圆满的;人心没有不振奋的。

(凡报道会议,用的都是"隆重召开""重要讲话""热烈鼓掌""胜利闭幕"等说法,嘲讽这些陈词滥调乃媒体生态环境引发的"八股"式汉语模因。同样,报道某项工程时,用"工作扎实""进展顺利""效率显著""圆满完成""人心振奋"等词语,也是媒体生态环境引致的"八股"式汉语模因)

在公共领域生态环境中,体现信息生存的一些想法、说法和做法,即思想、话语和行为都可以成为模因,"模因现象几乎无处不在"(何自然、谢朝群、陈新仁,2007:149)。信息通过心理联想表征的话语,只要能因应适当的生态环境,就会被激活,模仿、复制并流传起来。

具有正面意义的汉语模因,可以促进人与环境共存的生态文明,有利于社会公共领域的生态建设和发展。例如,当我们的政府或上级需要贯彻执行某项政策或实施某项措施,往往要依靠话语先行,制造舆论,扩大宣传。这其实就是发挥汉语模因的传播力道来生成和促进健康的生态环境,使政策或措施得以顺利实行。当我们大张旗鼓地对"一带一路"开展宣传并付诸行动时,我们就创造了一个有利于实现这个宏图的局面。

至于产生负面效果的汉语模因,其本身会传播一些不切实际、甚或怀有恶意的谣言,足以毒化社会上健康的生态环境;而网络上流行的粗鄙、下流的词汇模因如"屌丝"(与"高富帅""白富美"相对应的"矮丑穷"男女)、"装逼"(做作、虚伪),以及只能作为调侃的、无厘头的"喜大普奔(喜闻乐见+大快人心+普天同庆+奔走相告)""十动然拒(先十分感动然后还是拒绝)""人艰不拆(人生已如此艰难,有些事就不要拆穿)"等模因,也不利于社会生态的健康发展,是公共领域话语的非生态现象。语言生态环境的适宜与否是判断汉语模因生命强弱的标志,因此,这些不利于生态文明的话语将在短暂的表现后迅速消亡。

3. 汉语模因形成的触发因素

汉语模因的形成、复制和传播是需要引发的。宿主大脑中未表征的信息是一些潜势模因,或者称之为语言心理编码(王纯磊、何丽,2017)。它往往会因应公共领域生态环境的变化而被表征成为模因。传统的模因论学者没有提及潜势模因的信息如何被激活、表征、复制和传播。他们只讲模因是经过一个广义的模仿过程而产生的;他们用隐喻的方式,将模因看成是一个"有生命的结构体"在自我传播,说模因本身从人们的一个大脑传到另一个大脑(Dawkins,2006:192)。传统的模因论学者还说,除了感染我们人类、植物和动物机体的生物病毒,除了在电脑、网络等人造世界（man-made world）里的病毒外，还有一种普遍存在于人脑里的文化和思想的"思维病毒"（Brodie，1996：55-57）。当这种思维病毒进入一个人的大脑后，强者可以成功感染他人的大脑，或者寄生在大脑中，遇到机会就会像找到自己新家那样传播出去（Dawkins，1993；Blackmore，1999：41）。至于何种模因遇到何种机会才会像找到自己新家那样再次感染别人，就没有下文了。这里没有说的其实都与模因如何形成有关。

当今新一代模因论学者（Distin，2005：59）已说明，模因形成的触发因素之一是"模因环境"。Distin（2005：168）谈及模因与大脑的关系时指出，人的大脑形成潜势模因并适时得到复制、传播，"是大脑和环境相互作用形成和发展起来的潜能"在起作用。这种潜能"是天生的，即由基因赋予的"。可见，汉语模因是大脑潜能藉环境触发而形成的。这里的环境，当然是指人类文化进化过程的各种社会生态环境，也就是我们说的动态语境，如社会语境、认知和心理语境、语言语境等等。要研究公共领域生态中的话语，就要研究动态语境对话语流传的影响以及话语流传对动态语境的反作用。动态语境是语言模因的主要触发因素（李捷、何自然，2014），此外，汉语模因的形成过程还取决于模因宿主的语用手段。

A　动态语境触发的模因

动态语境其实就是指处于不断变动中的话语生态环境。影响模因形成的动态语境多种多样，我们这里主要讨论语言语境和情景语境触发的汉语模因。

1）语言语境触发的模因

所谓语言语境触发的模因指人们在话语交际中以大众熟悉的传统的诗词、名人语句、常用成语等信息作为潜势模因（即语言的心理编码），结合现实生态环境，从形式或内容方面引发联想，类推出一些广为群众接受的同构异义或同义异构的语言模因或模因变体：

（5）万水千山总是情→万水千山"粽"是情

（端午节的快递广告。节前出售粽子的商店借用一首曾经当地广为传唱的通俗歌曲的歌名触发出一个模因变体，以招徕前来购买和寄送粽子给远方亲友的顾客）

（6）豪门夜宴→蚝门夜宴

（供应生蚝食品的夜宵店名：借用语句的"豪"与"蚝"同音，触发出一个模因变体，引起食客关注）

（7）一代天骄→一代天椒

（一间专营湘菜、川菜及麻辣火锅的店铺名：借用毛泽东《沁园春·雪》中

"一代天骄"的谐音触发出一个模因变体,道尽该食店的辣味,吸引爱辣人士光顾)

（8）a. 机不可失→鸡不可失,鸡年更上一层楼

（农历鸡年的祝福语）

b. 以前不离不弃的叫夫妻,如今不离不弃的是手机。一机在手,天长地久;机不在手,魂都没有。古人早有警示:机不可失!

（借助成语触发一个同构异义,但与成语本义无关的语言模因变体）

2）情景语境触发的模因

情景语境在这里指作为潜势模因即心理编码中的情景信息。它联系生态环境实际可以表征出一些有现实意义的汉语模因。这类汉语模因可以因事件本身或事件发生的时间、地点而触发,也可以因事件的性质、用途、历史或现状而导致。情景语境触发的汉语模因也往往从情景信息的形式或内容引发、类推出与社会现实有关话语。这些话语通过正、反面的方式表征,具有喻义深长的鼓励或教育性质,藉以引起人们的警惕或注意。例如:

（9）面币思过

（联系古训"面壁思过"的情景以谐音方式触发出"面币思过"。这个最早在电视剧"人民的名义"中出现、而后广为流传的汉语模因,要求当官的莫贪不义之财、不做祸国殃民之事）

（10）压力山大

（借外国人名"亚历山大"中的"亚历"联想到同音的"压力",加上"山大"的本义,构建情景语境,触发出一个表征为"工作压力如山大"的汉语模因变体。此说法已流行多时,常用来倾诉繁重工作带来的压力）

B　语用手段触发的模因

潜势模因在表征前是储存于宿主大脑中的各种各样语言信息心理编码。这些信息之所以被激活、表征、复制,形成模因传播,自然是因为它们因应了公共领域生态环境变化。语言模因传播的模仿复制不像生物基因进化那样忠实地拷贝,它们在模仿、复制和传播的过程中,与元信息表征的形式或内容尽管有相同或相似的地方,但它们往往会出现不同程度的变异。这些变异是宿主表征语言信息心理编码时持有某种看法所导致的。因此我们说,和模因生存的传统认识不同,语言模因在传播过程中出现的变异不是模因本身的作为,而是宿主为使模因得以生存、发展刻意而为的。他对表征的信息添加主观的态度或联想,用语言重新组合,再复制、传播出去。可见语用手段是触发汉语模因的另一因素。我们可以从

宿主表征信息心理编码时运用的语用策略(包括立场、情感、意图),以及表征信息心理编码时激发出的联想(包括切身的、社会的)来了解宿主和汉语模因形成的关系。宿主态度所触发的汉语模因往往可以看出宿主的审辨思维(critical thinking),他能对论述事物的生态做出具有审辨力的判断。下面我们从两方面谈谈宿主使用语用手段引发的汉语模因:

1) 宿主语用态度触发的汉语模因

人们对公共领域话语交际所抱的态度总是与社会生态环境有关。他们作为语言模因的宿主,总是顺应环境的要求或者改变现存的环境去表征信息。接着,他们还要靠自己的认识,包括所持的立场、情感和意图,对从潜势模因表征出来的信息做出积极或消极的响应。他们可以大量复制、模仿和传播这些信息,也可以不予理会或只对其给予短暂支持。传统的模因论者对这些信息往往只用隐喻的方式解释为模因自己的事,其实,是否接纳和在多大程度上接纳这些模因信息都是由宿主的态度来决定的。模因宿主的态度和他的语用方式可以使公共领域话语模因的流传出现多样性,并使汉语模因出现正面或负面的变体。例如(微信号 dyjkys,2017/06/07):

(11) 情人是手表,越漂亮越好;小蜜是怀表,越隐蔽越好;老婆是自动表,不上弦照样跑。

(通过对各类钟表信息来表达宿主自己的认识。他以隐喻的语用修辞方式道尽当今一些人对待爱情和家庭的生态,触发出耐人寻味的汉语模因变体)

(12) 牛皮越吹越大,本事越来越少;脾气越来越大,才气越来越少;胆量越来越大,度量越来越少;玩劲越来越大,干劲越来越少;权力越来越大,威信越来越少;架子越来越大,人格越来越少。

(通过"越……越"的语用手段,反映宿主对公共领域生态中的负面现象持有的审辨态度)

(13) 年轻人以为教育可以取代经验,年长者以为经验可以取代教育。

(宿主直截了当地以对仗的语用修辞方式就当前的社会生态现实表态,引出旨在启发人们警戒和深思的汉语模因变体)

2) 语用联想触发的模因

通过语用联想,模因宿主只需直接使用词语的元表征,针对所论述事物当下的生态添加喻义,组成话语作为汉语模因而流传。我们且看下面的例子(微信号 dyjkys,2017/06/07):

(14) 蜘蛛:能坐享其成,靠的就是那张关系网(警惕不要效法蜘蛛);
天平:谁多给一点,就偏向谁(要为人公正,不徇私枉法);

气球：只要被人一吹，便飘飘然了（劝人谦虚谨慎，切莫成为气球）；

指南针：思想稳定，东西再好也不被诱惑（指针转来转去，仍不忘初心）；

核桃：没有华丽的外表，却有充实的大脑（不求外表，只求充实）；

钟表：可以回到起点，却已不是昨天（时不我待，要不断进取）；

例(14)中各例借词汇语用，联想当今社会的生态现实，触发形成一系列隐喻模因，从正、反两方面告诫人们时刻警惕贪腐（蜘蛛）、处事公正（天平）、戒骄戒躁（气球）、坚定信念（指南针）、充实求真（核桃）和再接再厉（钟表）。

(15) 权力是暂时的，财产是后人的，健康是自己的，关系是重要的，友情是珍贵的。

例(15)通过"权力""财产""健康""关系""友谊"等词汇的元表征信息触发起语用联想，让话语配合现实的社会生态环境，形成汉语模因加以传播，规劝人们要正确对待生活。

4. 汉语模因传播过程中的特性

我们讨论了汉语模因的触发因素，但我们还要追踪一下汉语模因的复制和传播过程的特性。当某种思想或某种信息作为潜势模因储存在宿主的大脑时，它还不算是语言模因，只有当这种思想或信息被触发，形成新的表征，经过了模仿复制和传播，它才会具有模因性（何自然，2005；2012：158）。Blackmore(1999：66)说过，"任何一个信息，只要它能够通过广义上称为'模仿'的过程而被'复制'，它就可以称为模因。"语言模因复制的本质是表征内容的组合过程，这就是说，复制不是百分百的拷贝，而是表征后加上或减除原来的某些语言形式或内容，形成模因变异，其中包括语言信息的语用重组和创新。下面我们讨论一下，从作为潜势模因的信息表征开始，到模因形成必经的模仿、复制和传播过程中到底有些什么主要特性。

A 特性之一：因应生态环境要求

因应生态环境的要求是语言模因传播过程的特性之一。就语言模因传播本身而言，它们都具有作为复制因子的特性，即千方百计地不断将表征的信息自我复制以求生存。不过值得注意的是，它们的"复制"过程除了可以百分之百地克隆原信息之外，更多的情况是在复制过程中随着环境的变化而再生出各种变体。无论是照搬式的克隆，还是出现多种变体，模因本身的目的都是为了能在合适的环境下生存，即做到更多、更广地复制、传播自己，这就是一切模因包括语言模因的特性之一。Power（2006）就曾经指出，模因复制有别于基因复制要讲究保真性：当模因从一个宿主转到另一个宿主的复制过程中，往往带有高度的模因变异。模因的所谓自私性，从文化进化的观点看，是为因应社会生态的要求。模因宿主按自己的意愿（无论是好的还是不好的）左右语言模因的模仿，让模因及其变体在特定的生态环境中永续生存，让更多受众认同宿主的意愿。

然而，随着社会生态可能出现的变化，语言模因也会遇到无助的局面：它在尽多尽广地复制自己和不断创造变体的同时，会遇到表征困难、复制传播不畅的情况。这时模因的传播力道会被削弱，出现一些非生态的、反常的特殊变体。我们下面以社交称谓为例，看称谓模因因受生态环境影响而在传播过程中不断出现变化的特性。

社交称谓，无论是称呼语（addresses）还是呼唤语（calls 或 summonses），都会因应生态环境的要求，出现一些变化，不断改变着自己的表征方式。

1）一般称谓的变化

a. 新中国成立初期，人际和谐，相互以"同志"称呼；

b. "文革"期间，为营造"平等"的社会生态，不论长幼、男女，人们相互间都用"老"＋姓氏（如老李、老王）的方式称呼；

c. 改革开放，对外交往频繁，对陌生人的称谓又回复到"先生""小姐""大叔""大婶"等各种中、西传统的和习惯的尊称，人际关系又出现新的和谐。

d. 随着社会生态出现某些不良现象，人际称谓因受到影响又再次发生变化：原来是正面的称谓的"同志"被兼用于表征同性恋者身份，"小姐"则兼称从事色情行当的妇女，"老板"竟然庸俗地用于官场上称呼上级（He & Ren，2016）。尽管这些非生态的称谓只在部分人群中流传，但环境未变，人们只好小心翼翼地使用着这些称谓，以免带出负面的信息。

2）上下级及人际间称呼的改变

近年，人际相互间和上下级之间的称谓习惯也因生态环境变化而有所改变：

a. 正式场合，上级称下级或同是上级、同是下级互称，仍用"姓名＋同志"；但下级称上级已多改用"姓氏＋职衔"。最近有关部门规定，称呼只具副职的上级时不许漏掉"副"字，以防讨好、奉承、吹捧的现象发生；禁止肉麻地称呼上级为"老板"。

b. 非正式场合流行一种"二字称谓"：姓氏＋科/处/厅/部，省掉职衔后面的"长"，如李科（长）、何处（长）、郝厅（长）、傅部（长）等。

随着这种"二字称谓"模因出现，别的行业称谓也迅速受到感染，如黄总(经理)、胡编(辑)、李工(程师);大学的校长、院长也不例外:吴校(长)、宁院(长)等。

这样的"二字称谓"模因是一个汉语双音节词,最早似见于某些电影对白,其形成原因可能出自习惯或为了方便,也可能为了表示亲切或博取好感。但流传这样的模因变体属好属坏,要看模因宿主的意愿和未来生态环境的要求了。其实,此类称呼有一些听起来会感到不雅。

c. 我国文化普遍流行在非亲属间使用类亲属的称谓,这是称谓模因生存和传播的重要领域。但是在当今的公共领域生态中这类称谓模因到底如何表征却遇到了挑战:一些二十来岁的年轻人遇到甫入中年的陌生人,总是为如何用类亲属方式恰当称呼对方而犯难。叫声"叔叔""阿姨"似将对方叫老了,不妥;称对方"哥""姐"吧,又觉得好像年岁相仿而感到不好意思;叫一声"先生""小姐"或"同志"又嫌太过正式,还怕遭到误解。到头来只好以"你好"当作称谓来向对方打招呼了。有意思的还有:在书面称谓方面,随着电商与网购的出现,新的生态环境让人际交往中竟普遍地用"亲""亲爱哒"来称呼陌生的对方。

B 特性之二:模因宿主的主体性

Larson(2011)和 Stibbe(2015)都十分注意人类在生态问题上的重要作用。模因宿主的主体性,他的生态观和意愿往往会左右语言模因的变化,让模因及其变体能在经常变化的生态环境中生存和传播。汉语模因在传播过程中的特性,除了因应生态环境之外,还有模因宿主的主体性,他的语用手段足可引发新的模因变异。

我们说过,为因应社会生态的要求,模因必须按照宿主的意愿行事。宿主的主体意愿,无论是好的还是不好的,都会左右语言模因的变化,让模因及其变体能在变动的生态环境中生存、复制和传播。可见,无论汉语模因流传的目的、方式如何,它都受主体语用手段的影响,即宿主主体根据自己的意志通过遣词造句来表征信息,再生变体,这就是汉语模因传播的另一特性。

我们看两个例子:

(16) 己所欲,施于人

有一句孔子的格言:"己所不欲,勿施于人"(自己不想要的不要给别人)。这是孔子解释"仁"(颜渊篇)和"恕"(卫灵公篇)时提及的名句。"文革"年代,这句格言被看成是剥削阶级宣扬"仁慈"和"恕道"而受到批判。但在当今社会我们发现流传着的"己所欲,施于人"与该格言表述一致,是这句格言的一个"信息相同但以异型方式传递"的基因型模因变体(何自然、谢朝群、陈新仁,2007:158)。这是电视台播送的一则公益广告,表达"自己想要的给别人",体现人人为我,我为人人的精神,同"己所不欲,勿施于人"的含意一致,但它生存于改革开放时期的生态环境里,是大众乐意接受的公益模因。这正好说明,模因宿主因应社会生态的需要,使用语用手段创造了这个模因变体。

(17)多栽花,少栽刺

这是中国的一句古语。但在不同的生态环境下,它竟然有正、负两方面的解释:

a. 正面:多点赞美,少点责备,对人对事要求表扬与批评恰到好处,用真诚的赞美激励他人。

b. 负面:宣扬庸俗哲学:与人相处,多说好听的,不讲原则讲关系;遇到歪风邪气和稀泥,多陪笑脸;少说得罪人的话,明哲保身。

新华网(2014/07/02)就报道过党报曾经批评官场信奉"多栽花,少栽刺"的庸俗哲学。

不过,人们也可以按照自己的主体意愿和语用需要,从正面意义来引用这个古语模因,将它用于恰当场合:

(18)多栽花,少栽刺,这是处理人际关系最好的准则,是幸福生活的砝码。
(郴州日报,2012/11/11)

(19)双方要……按照构建中美新型大国关系达成的重要共识,始终坚持增进和积累互信,扩大利益契合点,加强合作,多栽花、少栽刺,排除干扰,避免猜忌和对抗。
(习主席接见美国前财长保尔森的讲话,从正面提及"多栽花,少栽刺"这个古老格言)

(20)……中国有句古语叫"多栽花,少栽刺",这里我想说,我们要"多栽花,不栽刺",永远做好邻居、好朋友、好伙伴。
(李克强总理在第16次中国-东盟领导人会议上发言,在肯定"多栽花,少栽刺"的基础上进一步提出"多栽花,不栽刺"这个新的模因变体)

Balkin(1998:43)谈论模因进化(memetic evolution)时说:我们通过模因来理解信息,同时模因也"利用"我们而生存,因为它在我们的大脑里。模因是我们理解信息的工具,它给了我们理解能力和技能。Balkin说语言模因是文化软件的组件(building blocks of the cultural software),它让我们大脑中的心理编码表征为语言模因,并产出新的文化信息变体,在这个过程中模因宿主发挥出他的主体性,运用各种语用手段来因应生态环境的要求。可见,因应生态环境要求和模因宿主的主体性正是汉语模因在传播过程中的两个重要特性。

参考文献

Balkin,J. M. *Cultural Software: A Theory of Ideology*[M]. New Haven and London: Yale University Press,1998.

Blackmore,S. *The Meme Machine*[M]. Oxford: Oxford University Press,1999.

Brodie,R. *Virus of the Mind: The New Science of the Meme*[M]. Seattle: Integral Press,1996.

Dawkins,R. Viruses of the mind[A]. In B. Dahlbom (ed.), *Dennett and His Critics: Demystifying Mind*[C]. Cambridge,MA: Blackwell,1993.

Dawkins,R. *The Selfish Gene* (*30th Anniversary Edition*)[M]. Oxford: Oxford University Press,2006.

Distin,K. *The Selfish Meme: A Critical Reassessment*[M]. Cambridge: Cambridge University Press,2005.

Haugen,E. *The Ecology of Language: Essays by Einar Haugen*[M]. Stanford: Stanford University Press,1972.

He,Z. & W. Ren. Current address behaviour in China[J]. *East Asian Pragmatics*,2016,1(2).

Larson,B. *Metaphors for Environmental Sustainability: Redefining Our Relationship with Nature*[M]. New Haven,CT: Yale University Press,2011.

Power,G. Meme[A]. In K. Brown (ed.), *Encyclopedia of Language and Linguistics* (2nd edition)[K]. Oxford: Elsevier,2006.

Stibbe,A. *Ecolinguistics: Language,Ecology and the Stories We Live By*[M]. London: Routledge,2015.

Verschueren,J. Pragmatic steps to an ecology of the public sphere[A]. In *Program and Abstracts for 10th Anniversary International Meeting*. The Pragmatics Society of Japan[Z]. Nakamiya: Kansai Gaidai University,2007.

陈新仁、余　维.语用学研究需要更宽广的视野——日本语用论学会第十届年会报道[J].中国外语,2008,5(2).

何自然.语言中的模因[J].语言科学,2005,4(6).

何自然.语用学探索(增订本)[M].广州:暨南大学出版社,2012.

何自然、陈新仁等.语言模因理论与应用[M].广州:暨南大学出版社,2014.

何自然、谢朝群、陈新仁.语用三论:关联论·顺应论·模因论[M].上海:上海教育出版社,2007.

李　捷、何自然.语言模因的主体性与语境化[J].外语学刊,2014,177(2).

王纯磊、何　丽.语言模因表征及其神经通达机制研究[J].外语研究,2017,162(2).

"吃＋NP$_{-f}$"的模因句法学阐释 *

陈新仁　何自然

1. 引言

　　"吃"作为日常行为动词长期以来一直受到学界的特别关注,一个很重要的原因是尽管其基本用法是后接表示食物语义的名词(NP$_f$),但有时后接的却不是表示食物语义的名词(NP$_{-f}$)。例如,笔者以"吃＋n"为检索项,自 BCC 现代汉语语料库①的前三页检索结果中获得如下"吃＋NP$_{-f}$"结构的实例:

(1) 身体太辛苦了! 内分泌失调了! 诶! 需要休息,彻底的! 他没准备请我们吃火锅,他准备请我们吃大餐!

(2) 可我却用它来熬夜我现在都没睡觉,是不是有点亢奋周末准备去吃海底捞 ˆ_ˆ)Y……

(3) 我的伤,我的痛,给谁看。有没有人想去吃烧烤。求陪同。给我勇气给我用不完的运气。

(4) 圣诞夜大家都在吃西餐,我预定了国灸馆庆贺……

(5) 中午,晓青和心瑜挤在人潮中吃自助餐,选来选去就是那几道菜,几乎是同一种味道……

(6) 今天我们有钱可以吃大餐,明天我们没钱可以吃街边大排档,备用钱让你为我买单……

(7) 尽管语言有点拉三扯四,态度却大方,"而今农民不缺粮了! 你们吃公粮的月月有定量,俺庄稼人没定量,海吃! ……"

(8) 乡村集体企业犹如"唐僧肉",人人都想吃一口。目前,"吃老乡"(即到乡镇企业吃、拿、卡、要)的现象非常普遍……

(9) ……有些人又在鼓动,说国企业搞不好,就是不让它破产,老让企业吃国家"大锅饭",实际的意思是主张凡是亏损的国有企业似应统统破产……

　　关于"吃"后接 NP$_{-f}$ 作宾语的语言现象,现有文献主要采纳(生成)语

＊ 本文原发表于《浙江外国语学院学报》2018 年第 1 期。

义学视角、认知语言学视角、文化语用学视角、认知语用学视角等,触及该结构的语义特征、生成机制、认知方式、文化理据、理解过程等,但对于其社会文化特性、语用动因、产生与传播基础等问题缺乏探讨。本文试图引入模因句法学(memetic syntax)讨论这些问题,旨在为进一步认识该结构提供一个互补性解读。

2. "吃＋NP₋f"的相关研究

"吃＋NP₋f"现象在过去的二十余年中吸引了相当多的研究,触及该结构的语义特征、生成机制、认知方式、文化理据、理解过程等话题,大致可以分为以下几种研究路径:

(1)(生成)语义学视角

如陶红印(2000)主要从动词论元结构在本质上具有开放性和动态变化的特点以及动词的高频性导致论元结构变化这一观点,探讨"吃"的论元结构的动态性,提出"动态论元结构假说",认为论元结构会因语言运用而随时间的推移产生变化,且高频率动词容易导致论元结构变化;邹虹、王仰正(2010)基于"吃"的原型义项及 NP 的语义分析,指出"吃＋NP₋f"中的 NP₋f通过述题化这一语法手段才得以占据宾语的位置,成为施事宾语、处所宾语、工具宾语、方式宾语等;黄洁(2012)以生成词库理论为理论基础,探讨"吃＋NP₋f"中动词和名词的词汇语义表征,指出该非常规搭配的工作机制是侧面匹配,产生于动词所指行为的某个侧面和名词所指事物的某个侧面的匹配;楚军(2008)运用格语法的基本理论和语义格链的研究方法,提出"吃＋NP₋f"属于超格语言现象。

(2)认知语言学视角

如王占华(2000)、任鹰(2000)、姜先周(2005)、聂亚宁(2008)、张再红(2010)等考察"吃＋NP₋f"形成的隐喻或转喻机制;董粤章(2011)基于认知语法框架,解释以"吃食堂"为代表的"吃＋NP₋f"结构中的论元替换现象;王寅(2007)用事件域认知模型(ECM)对该现象进行解释,并跟英语中的"VN 构造"进行对比分析,将后接的名词短语称为"动后语"而非宾语,指出说汉语的中国人有较大的容忍逻辑偏差的能力,以求语言表达的经济性和灵活性,而英语本族语者则更喜欢以合逻辑性为首选,使得英语"VN 构造"缺乏汉语"动名构造"的经济性和灵活性;黄洁(2015)借鉴认知语言学的意象图式理论和概念隐喻理论,将"吃"看作一个原型范畴,以"吃"的意象图式为基础,指出该结构涉及连续式转喻、并列式转喻、交替式隐转喻、连续式隐转喻等多种类型转喻和隐喻互动模式;王文斌

（2015）指出，出现"吃＋NP_{-f}"的主因是语言使用者在使用"吃"时受到图形与背景转换的牵引，"吃"的隐喻或转喻并非是其词义延伸的真正认知动因，其真正的认知动因是语言使用者在表达特定的客观事物时对这一客观事物及其相随事物的认知聚焦和焦点的变换，即人们在认知客观事物时图形与背景的转换。

（3）文化语用学视角

如熊学亮（2009）指出"吃"是一个被文化"宠坏"了的汉语动词，在语用中具有语义场内和跨语义场的较大系统价值（或功能承载量）和较小的分辨度，使得其后置名词具有几乎无限的可替代性，但对此表达的运用和解释需要更多地依赖实时语境；后来，熊学亮（2012）进一步分析"吃＋NP_{-f}"的形成理据，指出该结构反映了中国文化中农业的重要性以及中国的食文化，"吃"在该结构中具有多义性，会因其后的 NP_{-f} 的语义变化而变化，经济原则对该结构的形成并不具有关键作用。有关这些看法的质疑，见 Li & Wu（2014）。

（4）认知语用学视角

如熊学亮（2011）使用单向推导模型揭示"吃"诸种表达的认知固化过程，力图以一种全新的方案解释"吃＋NP_{-f}"这一语言表达形式，认为"吃＋NP_{-f}"（如"吃食堂"）在焦点和交际意图上不同于常规的表达方式（如"在食堂吃的饭"）。

上述关于"吃＋NP_{-f}"的相关研究远未达到完整归纳，但各种视角之间的互补性已经明显呈现出来。这些研究为我们进一步认识该结构提供了基础，同时也留下了进一步探讨的空间。具体而言，我们需回答：1）该结构具有什么样的文化特性？2）该结构产生与传播的社会基础是什么？3）该结构产生与传播的语言基础是什么？4）该结构产生与传播的语用基础是什么？5）该结构产生与传播的认知基础是什么？为回答上述问题，本文拟引入模因句法学加以探讨。

3. 模因句法学

由何自然及其带领的团队创建的语言模因论（Theory of Linguistic Memes）（何自然、何雪林，2003；何自然，2014；何自然、陈新仁等，2014）是从模因论（memetics）（Dawkins，1976，1982，1993，2006；Blackmore，1998，1999；Heylighen，1998；Distin，2005；Powell，2006；Leigh，2010）视角观照语言及其使用而形成的一系列理论主张，是模因论与语言应用研究相结合的产物，旨在运用模因理论描写、解释语言及其使用层面上带有模因色彩的问题或现象。相应地,采用语言模因论开展的语言和语用研究也可以统称为模因语言学(memetic linguistics)。语言模因论的基本主张可以概括如下:

1) 语言本身就是一种模因。"对于语言而言,那些被大量模仿、复制和传播的语言单位也就成为一种模因,即语言模因"(陈新仁等,2013:207)。任何字、词、短语、句子、段落乃至篇章,只要通过模仿得到复制和传播,都有可能成为模因。语言作为一种模因,它之所以能够流传至今与历代语言使用者的不断模仿、复制与传播是分不开的。如果语言不再为人所模仿和使用,那它必然逐渐被人遗忘并走向消亡。

2) 一个语言模因的形成需要具备合适的内部条件,如表达精练、通俗易懂,具有实用性、形象性、时尚性、修辞性等,容易被模仿套用,能适用于多种社会背景或语境。

3) 一个语言模因的形成需要具备合适的外部条件,能够传达宿主的某种强烈表达需求或符合宿主的某种心理趋向,其赖以产生的背景事件往往具有较高的社会关注度,其传播的空间和渠道具有开放性、容忍度、传播力。

4) 语言模因如同其他模因一样始终处于或快或慢的进化中,经历三个进化阶段:复制、择用、变异,其中复制阶段又可以分为同化、记忆、表达、传播四个子阶段(Heylighen,1998:418)。

5) 语言模因可以从不同角度加以区分(何自然、陈新仁等,2014):从表征内容角度看,语言模因可以区分为基因型语言模因和表现型语言模因,前者是"以内容基本相同、形式各异的方式重复传递的语言信息",后者是"以形式基本相同、内容各异的方式类推传递的语言信息"(何自然,2005:54);从表征信息内容和表征形式角度看,语言模因可以区分为形义复合、语形派生、语义派生三类;从传播范围、复制强度和存活率角度看,语言模因可以分为强势型模因和弱势型模因;从信息对人类影响的积极和消极方面,语言模因可区分为积极语言模因和消极语言模因。

6) 语言使用者在复制、传播语言模因时不只是简单的模仿,而是会结合自己的需要、立场、意图、情感等加以创新,进而导致原有语言模因发生不同程度的变异。

笔者这里提出的模因句法学就是在秉承语言模因论基本思想的基础上对句法问题的一种探索。模因句法学作为语言模因论或模因语言学的一个组成部分,是相对于模因语音学、模因词汇学、模因形态学、模因语义学、模因语用学等而存在的。模因句法学试图回答下列问题:

1) 特定句法形式是否具有模因特性?

2）特定句法形式产生、传播的社会基础是什么？

3）特定句法形式产生、传播的语言基础是什么？

4）特定句法形式产生、传播的语用基础是什么？

5）特定句法形式产生、传播的认知基础是什么？

学界关于句法问题存在两种表面上截然不同甚至冲突而实质上可以彼此互补的基本看法：一种是句法自治观（如以夸克为代表的传统语法、以布隆菲尔德为代表的结构主义语法、以乔姆斯基为代表的生成语言学），即以孤立的、内部的、结构的视角，认为句法结构是自足、自治的；另一种是非自治观，采用包容的、外部的、功能的视角，将句法结构看作是非自足、非自治的系统。如同系统功能语法、认知句法理论、语法-语用界面等研究一样，模因句法学秉持后一种句法观，为句法问题研究提供新的阐释视角，通过探析上述各种句法研究视角所未触及、也不必触及的问题，一方面可以展示语言模因论对语言变化或创新的解释力，另一方面为句法现象的解读提供一种互补方案。本文笔者之一对于模因句法学的基本理念已经作出了一些探索。如陈新仁（2017）在语言模因论的指导下，探索了汉语新"被"字句的形成与传播机制，揭示了该句法形式迅速走红的语言基础、社会文化环境支撑以及传播渠道的有利因素等。陈新仁（2017）引入语言模因论的全新视角，对英语非作格动词"致使化"现象产生的外部动因、语言基础等问题进行了探讨，为句法结构的派生或新构式的诞生等"语言创新"现象提供了诠释。上述研究为本文的研究工作提供了分析参照和工作基础。

4."吃＋NP$_{-f}$"的模因句法学阐释

"吃＋NP$_{-f}$"在理论语言学领域吸引了大量研究者的关注，几乎是检验各种语言理论的试金石。然而，该结构之所以能成为一个强势模因，并不是因为它在分析者视域中的反复出现，而是因为在交际实践者那里得到了广泛的使用、复制、传播与创新。那么，该结构如何称得上是一个强势模因呢？它是一种什么原因导致的语言模因呢？其发生、传播、创新的基础是什么呢？对此，我们拟做下列探讨。

（1）"吃＋NP$_{-f}$"的语言模因性

根据 Distin（2005：37-38），一个表征形式只有符合三个条件才可算是模因：1）其表征的内容必须具有确定性；2）其表征形式必须能够被复制；3）其表征形式必须能够对外部文化环境施加影响。根据这样的标准，"吃＋NP$_{-f}$"称得上是一个语言模因，而且是一个强势的语言模因，原因至少包括下面三个方面：

首先，"吃＋NP$_{-f}$"表征的内容具有确定性。Blackmore(1999：66)认为："任何一个信息，只要它能够通过广义上称为'模仿'的过程而被'复制'，它就可以称为模因"。模因作为复制因子的关键作用在于保存特定的文化信息，因此需要有确定的表征内容。Distin(2005：11)则认为，模因的表征内容(representational content)就是"寄寓在人们大脑中的信息单位"(unit of information residing in a brain)，可以称为模因DNA(memetic DNA)。"吃＋NP$_{-f}$"表征的信息是一种被反复、多样地复制的构式信息，即动词"吃"后面接非食物语义、但与吃这一行为相关的名词，其构式语义是"在某地方或以某种方式吃饭"。语言模因可以区分为基因型语言模因和表现型语言模因(何自然、陈新仁等，2014)，显然，"吃＋NP$_{-f}$"属于后者。

其次，"吃＋NP$_{-f}$"能够很容易地被复制，这也反映在该结构具有较高的能产性，如引言中所介绍的BCC现代汉语语料库检索结果所示。根据Li & Wu(2014)对北京大学中国语言学研究中心CCL(Center for Chinese Linguistics)语料库的检索，每10,000个"吃＋NP"的形式中就有2,459个"吃＋NP$_{-f}$"，比例达到24.59%(另一调查结果为16%，见陶红印(2000))。填充"NP$_{-f}$"位置的"NP"具有各种类型的语义，如表达特定方式(如"吃团餐""吃自助餐")、特定风格(如"吃西餐""吃中餐")、特定餐具(如"吃筷子""吃刀叉""吃大碗")、特定炊具(如"吃火锅""吃烧烤")、特定地点(如"吃食堂""吃大排档")或特定依靠(如"吃父母""吃老乡""吃老公""吃公粮""吃白食")等。之所以该结构容易被复制，是因为它依托了"V＋NP"这个汉语中的基础结构模因，对此我们会在下文详谈。

最后，"吃＋NP$_{-f}$"的表征形式对其所在的中国社会文化环境施加了影响。诸如"吃团餐""吃自助餐""吃火锅""吃烧烤""吃父母""吃老公"的说法传播了相关社会实践经验，同时起到了推广作用。

（2）模因"吃＋NP$_{-f}$"产生与传播的社会基础

语言模因不是凭空产生的，而是社会实践的产物(谢朝群、何自然，2007)，往往与特定的社会事件紧密联系在一起。如"超女"("超级女声"的缩写形式)一词作为曾经红极一时的语言模因(超女现象则是一种社会文化模因)与2005年夏天湖南卫视《超级女声》节目在全国范围内的热播有很大关系。

"吃＋NP$_{-f}$"的产生与传播同样离不开特定社会实践的出现与流行。王寅(2007)将特定的"吃＋NP$_{-f}$"与某风俗或习惯发生了联系。以"吃自助餐"为例，中国社会的食文化原本提倡的是桌餐，也就是大家围坐在一起同时开餐、用餐。后来，随着西方的饮食文化传播到中国，一些场合开始出现吃自助餐的新做法，这种做法渐渐流行开来，以致今天越来越多的场合（如学术会议）开始以自助餐为主要餐饮方式。正是这样的新式社会实践活动或新时尚促使了"吃自助餐"这一语言模因的产生与传播。诚如 Distin（2005：10）所言，一个模因若要取得成功，"取决于大脑的结构、该模因的稳定性以及它在相关文化环境中的渗透力"。得益于相关社会实践在中国社会文化中的常发性和普遍性，诸如"吃自助餐"的"吃＋NP$_{-f}$"就具备了这样的渗透力。

（3）模因"吃＋NP$_{-f}$"产生与传播的语言基础

Distin（2005：10）指出，"人脑往往选择那些能够利用当下文化环境的模因"。在新的社会实践或新生事物出现时，就需要有相应的语言形式去表征，这时"复制如果基于已经存在的形式会最有效，而不是从头开始"（Distin，2005：42），毕竟依赖已有的语言形式而产生的表达方式更加容易被识别、记忆和使用（Chen，2017）。

"吃＋NP$_{-f}$"的产生与传播充分体现了模因产生与传播的这一特点。具体而言，该结构模仿了现代汉语中的基础结构模因"V＋NP"及其例示的"吃＋NP"。这样的模仿同样也体现在汉语新"被"字句上（Chen，2017）、英语非作格动词"致使化"现象上（陈新仁，2017）等。换言之，"吃＋NP$_{-f}$"具有很强的寄生性，正是依赖人们对于"V＋NP"的既有语言知识，该结构才能被大量复制、模仿、传播、创新。也正是依赖已有的语言形式，该语言模因才更加容易被识别、记忆、复制。

（4）模因"吃＋NP$_{-f}$"产生与传播的语用基础

上文讲到"吃＋NP$_{-f}$"的产生与传播源自相关的社会实践，但这样的解释其实还不够具体、充分。同样，上文说该语言模因乃是模仿了现有的基础结构模因，也不够充分。我们认为，该语言模因产生与传播有双重语用动因：一方面满足双重表征需求（表征新实践，表征新事物），另一方面则是出于省力（Zipf，1949）。由于相关实践的常发性，语言使用者作为社会实践者就需要有一种经济的表达方式，而依据、模仿现有的基础结构模因显然就是一种省力的方式。

从语言形式上看，"吃＋NP$_{-f}$"（如"吃食堂"）与其表面上看最对应的表达方式（如"在食堂吃饭"）相比要简洁明快。Li & Wu（2014）认为二者在语义上是同义的，而实际上二者的语义和语用未必完全等同（另见熊学亮，2009）。试比较：

（11）a. 张三昨晚是在食堂吃的晚饭。

b. 张三昨晚吃食堂了。

　　二者存在语义和语用上的细微差别,前者回答的问题是"张三昨晚在哪里吃的晚饭?"后者回答的问题是"张三昨晚是怎么解决吃饭问题的?"也正是因为这种差别,前者不是一种构式性的、表征社会"新"实践的语言模因,而后者却是。在 Xiong(2012)看来,"吃食堂"具有抽象性,而"在食堂吃饭"没有。

　　"吃＋NP₋f"的产生与传播同样也体现了语言使用的频率效应,反映了基于用法的(usage-based)语言观。正是经常存在的某个表达需求催生了一个综合性的(synthetic)、简洁的专门形式(如"吃食堂")的固化,而非总是依赖复杂的分析性(analytic)表达方式(如"在食堂吃饭")。

　　强势语言模因往往能产生很好的修辞效应(何自然,2008)。"吃＋NP₋f"的产生与传播也得益于语言实践者对表达效果的追求。以"吃父母"为例,该表达显然要比"靠父母过日子"更生动,语义强调程度更高(熊学亮,2009:10),而不仅仅是一个更为经济的表达。

　　此外,"吃＋NP₋f"的产生与传播还依赖于人们交际互动时话语理解中的语用充实(陈新仁,2015)。一个基本的观点是,话语产出时语义表征往往具有不完备性(Huang,2007)。韩金广(2014)将该结构称为跳跃性表达,为理解者提供的只是一个大致的、模糊的抽象轮廓。然而,这种不完备的话语并非是杂乱无章的,而是可加以充实的。"吃＋NP₋f"构成了一种构式,虽然语义编码不完整、不符合逻辑,但可以整体记忆、整体提取、整体理解(王寅,2011),理解者通过思维和认知的操作进行描绘、填补、充实(韩金广,2014)。在所在的交际情境下,听话人基于框架能实现基于最佳关联假定的语用充实(陈新仁,2015),确定"吃＋NP₋f"中的"NP₋f"所指的是与餐饮相关的特定方式、餐具、地点等,而非将其理解为一种食物。

　　(5) 模因"吃＋NP₋f"产生与传播的认知基础

　　"吃＋NP₋f"产生和传播得益于语言实践者所拥有的模仿和类推思维能力。作为人类认知能力的一部分,模仿和类推在语言的产生和发展中发挥了巨大的作用。可以说,没有模仿和类推,就没有人类语言,更谈不上语言学习和语言创新。人们在模仿"吃＋NP"的基础上推出了第一个"吃＋NP₋f"的语言模因(由于无法溯源,这里不作追究),并在类推的基础上推出了各种"吃＋NP₋f"的语言模因变体。Li & Wu(2014)也指出,诸如"吃食堂"的形成就是由经济原则和类推规则所驱动的。

　　当然,我们也应该看到,"吃＋NP₋f"不仅体现了该表达的模因式进化方式,也体现了人类的创造性。"模仿甚至是一种创新。模仿是多种多样的,可以是形式方面的模仿,也可以是意义方面的模仿;模仿不是百分百的原样'克隆',创造经常源自模仿"(谢朝群、何自然,2007)。人类不是简单的模因复制机器,而是拥有自觉的自我,正因为此,语言模因的传播并非总是简单的复制与模仿,有时还会发生重新概念化(reconceptualization)或重新表征(re-representation)等重组性创新(recombinative innovation)和刻意偏离(Distin,2005:54)。事实上,"吃+NP$_{-f}$"模因在传播过程中就发生了变异(从"吃"后接某种表示食物语义的名词发展到"吃"后接各种表示非食物语义的名词),该变异"与拥有特定意图的、自觉的、负责任的自由主体世界是十分一致的"(Distin,2005:5)。

5. 结语

本文基于语言模因论的基本主张,提出了模因句法学的研究视角及相应的研究问题,进而在该视角下重新探讨了"吃+NP$_{-f}$"这一称得上是老生常谈的话题。

本文认为,产生于交际、服务于交际,并在交际中嬗变的"吃+NP$_{-f}$"是一种具有很强复制与传播能力的语言模因。作为一种表现型语言模因,该结构具有稳定的表征内容、较高的能产性以及较大的社会影响力。该模因的产生具有多重赖以发生的基础。从社会基础看,该模因是对中国社会新涌现的各种与饮食相关的社会实践的表征;从语言基础来看,该模因寄生于"吃+NP$_f$"所属的"V+NP"这一基础结构模因;从语用基础看,该模因契合了语言实践者的省力需求,体现了经济原则在语言创新中的重要作用,反映了经常存在的表达需求所带来的频率效应,印证了语用充实作为该类表达理解过程一部分的认知机制;从认知基础看,该语言模因得益于模仿、类推等人们常见的认知模式,彰显了语言使用者的语言创新能力。

本研究表明,功能语法、认知语法、语法-语用界面等功能性句法研究范式尽管推动了关于句法结构的认识,但仍存在巨大的拓展空间,而语言模因论的介入可以用来阐释各种(特殊或变异的)句法现象,有助于揭示这些句法现象作为基因型语言模因或表现型语言模因的产生动因、语言基础和传播机制,因而可为句法学的解读提供一种互补方案。

注释

① BCC 现代汉语语料库,总字数约 150 亿字,包括:报刊(20 亿)、文学(30 亿)、微博

（30亿）、科技（30亿）、综合（10亿）和古汉语（20亿）等多领域语料，是可以全面反映当今社会语言生活的大规模语料库。

参考文献

Blackmore，S. Imitation and the definition of a meme［J］. *Journal of Memetics-Evolutionary Models of Information Transmission*，1998，2（2）.

Blackmore，S. *The Meme Machine*［M］. Oxford：Oxford University Press，1999.

Chen，X. Extensions of the Chinese passive construction：A memetic account［J］. *East Asian Pragmatics*，2017，2（1）.

Dawkins，R. *The Selfish Gene*［M］. New York：Oxford University Press，1976.

Dawkins，R. *The Extended Phenotype*［M］. Oxford：Oxford University Press，1982.

Dawkins，R. Viruses of the mind［J］. *Free Inquiry*，1993（3）.

Dawkins，R. *The Selfish Gene（30th Anniversary Edition）*［M］. Oxford：Oxford University Press，2006.

Distin，K. *The Selfish Meme：A Critical Reassessment*［M］. Cambridge：Cambridge University Press，2005.

Heylighen，F. What makes a meme successful? Selection criteria for cultural evolution［A］. In *Proceedings of 15th International Congress on Cybernetics*［C］. 1998.

Huang，Y. *Pragmatics*［M］. Cambridge：Cambridge University Press，2007.

Leigh，H. *Genes，Memes，Culture and Mental Illness：Toward an Integrative Model*［M］. Berlin and Heidelberg：Springer，2010.

Li，Y. & Y. Wu. The semantics and pragmatics of the CHI ＋ NON‐FOOD NP construction：Comments on Xiong（2012）［J］. *Intercultural Pragmatics*，2014，11（2）.

Powell，G. Memes［A］. In K. Brown（ed.），*Encyclopedia of Language and Linguistics*（2nd ed）［C］. Oxford：Elsevier，2006.

Xiong，X. A cultural-pragmatic account of the CHI＋NP expressions in Chinese［J］. *Intercultural Pragmatics*，2012，9（2）.

Zipf，G. K. *Human Behavior and the Principle of Least Effort*［M］. Oxford：Addison-Wesley Press，1949.

陈新仁等.语用学与外语教学［M］.北京：外语教学与研究出版社,2013.

陈新仁.语义学与语用学的分界问题：一种新方案［J］.外语教学与研究,2015（6）.

陈新仁.词汇-语法创新的语言模因论解读——以英语非作格动词"致使化"为例［J］.外语教学,2017（3）.

楚　军.汉英"动名/VN 构造"的语义格对比研究［J］.西安外国语大学学报,2008,16（3）.

董粤章.构式、域矩阵与心理观照——认知语法视角下的"吃食堂"［J］.外国语,2011,

    34(3).

何自然、何雪林.模因论与社会语用[J].现代外语,2003(2).

何自然.语言中的模因[J].语言科学,2005(6).

何自然.语言模因及其修辞效应[J].外语学刊,2008(1).

何自然.流行语流行的模因论解读[J].山东外语教学,2014(2).

何自然、陈新仁等.语言模因理论与应用[M].广州:暨南大学出版社,2014.

黄　洁.论"吃"和宾语非常规搭配的工作机制[J].外语学刊,2012(2).

黄　洁."吃+NP$_{-p}$"语义网络建构及主观性阐释[J].外语与外语教学,2015(2).

韩金广."V$_{吃}$+N"结构的认知语义分析[J].语言教学与研究,2014(2).

姜先周.动词"吃"论元结构扩张的汉韩对比研究[J].中国社会科学院研究生院学报,
    2005(4).

聂亚宁.从体验论看汉语"吃"的转喻和隐喻认知模式及其特点[J].湖南大学学报(社
    会科学版),2008,22(2).

任　鹰."吃食堂"与语法转喻[J].中国社会科学院研究生院学报,2000(3).

陶红印.从"吃"看动词论元结构的动态特征[J].语言研究,2000(3).

王文斌.从图形与背景的可逆性看一词多义的成因——以汉语动词"吃"和英语动词
    "make"为例[J].外语与外语教学,2015(5).

王　寅.汉语"动名构造"与英语"VN构造"的对比——一项基于语料库"吃/eat构造"
    的对比研究[J].外语教学,2007,28(2).

王　寅."新被字构式"的词汇压制解析——对"被自愿"一类新表达的认知构式语法
    研究[J].外国语,2011,34(3).

王占华."吃食堂"的认知考察[J].语言教学与研究,2000(2).

谢朝群、何自然.语言模因说略[J].现代外语,2007(1).

熊学亮.论"吃"在"吃+NP"结构中的功能承载量和分辨度[J].外语研究,2009(5).

熊学亮."EAT/吃+NP"表达的语义拓扑假设[J].天津外国语大学学报,2011(6).

张再红."吃"的隐喻映现规律分析[J].语言研究,2010(4).

邹　虹、王仰正.基于"吃"的原型义项及NP的语义分析谈汉语述题化的俄译[J].外语
    研究,2010(2).

语言模因及其修辞效应[*]

何自然

1. 引言

我国学者将 memetics(模因论)介绍到语言学界中来已有一段时间了(陈琳霞、何自然,2006)。从语言学的角度看,模因论可以用于解释许多语言现象,可以启发我们从另外的角度探讨语言的起源,更可以指导我们如何更有效地学习语言和运用语言。本文主要讨论语言模因与修辞的关系。

Richard Dawkins 1976 年写的 *The Selfish Gene*(《自私的基因》)里首次提到 meme,它从 gene(基因)一词仿造而来。在汉语里 meme 有好几个译名:"觅母""拟子""谜米""敏因""密母""縻母""幂姆""模因"等。我们将 meme 译为"模因",因为要兼顾到这个术语的音、义两个方面:既要表明它具有"模仿"这个核心意思,同时又要表明它是由"基因"仿造而来;而"模因"正好传达了原文所具有的核心意思,在读音上又与"基因"相近,让人们情不自禁地把两者关联起来。模因是一个文化信息单位,通过模仿而得到传递。判断"模因"的基本依据是"模仿",任何一个信息,只要它能够通过广义上称为"模仿"的过程而被"复制",它就可以称为模因(Blackmore,1999:66)。因此可以说,那些不断得到复制、模仿和传播的语言、文化习俗、观念或社会行为等都可以成为模因。模因虽然发生在文化信息领域,但它的发展变化规律跟基因具有相似性:生物的基因会随着时间、地点、环境等的变化产生变异,模因也会随着社会、文化等因素的发展而变化。例如,人们的观念、行为和语言会不断进化,有些观念或行为在一定的时间内被完全替换而彻底消失,而另一些观念、行为和语言却可能更具生命力而流传下来,甚至经过不断的复制传播而不断完善、发展,成为强势模因。

模因论可以渗透到各个学科的研究领域,如经济学、政治学、社会学以及语言学等等。在语言学领域里,用模因论的观点来解释语言可以加深或改变我们对语言起源、语言习得、语言使用等问题的认识。语言本身

---

* 本文原发表于《外语学刊》2008 年第 1 期。

就是一种模因，模因也寓于语言之中，所以有"语言模因"（linguistic memes）之说。语言的任何部分（词语、句段、篇章）只要通过模仿而得到复制和传播，都有可能成为语言模因。如果语言中的词语、句段、篇章等不再为人所使用和模仿，那么这种语言必然走向消亡，曾经风靡全欧洲几个世纪的拉丁语流传到现在只残留些零零碎碎的词汇就是一个例子。

语言作为模因，其生命力取决于它在使用的过程中能否得到认同，从而获得广泛的复制和传播；而得到广泛复制和传播的模因一般是强势模因，它们的使用会产生明显的修辞效应，从而刷新人类的视觉和听觉，使人难忘，并在自觉和不自觉中加以仿效。下面我们就谈谈语言模因的复制和传播过程及由此产生的修辞效应问题。

2. 语言模因的复制和传播

模因是一个抽象的概念，它通过复制和传播来体现自身的存在。因此，凡是获得广泛复制和传播的现象都是模因现象，语言在交际中是不断得到复制和传播的，所以就存在语言模因现象。我们研究语言模因，是要从模因论的角度审视语言及其相关的现象，开展模因与语言界面的研究。语言模因的复制和传播方式就成了我们研究的关键话题。笔者在《语言中的模因》一文中指出，语言模因复制和传播的方式可以是内容相同、形式各异，或者是形式相同、内容各异（何自然，2005：54－64）。其实，也可以从另外的角度说，不管语言模因的形式和内容如何，其复制和传播方式基本上是重复与类推两种。

2.1 重复

语言模因通过重复的方式复制有两种情况。

2.1.1 直接套用

如使用各种引文、口号、经典台词，转述别人的话语，交谈中引用名言、警句等等，都是直接套用。遇到与原语相似或相近的语境，模因就往往以这种方式来自我复制和传播。例如，影片《地道战》中的经典台词"高，实在是高"，经常被直接套用来表示夸奖：

① "数学诺贝尔"得主高，实在是高！（《晶报》2005 年 8 月 24 日）

上例指 2005 年的国际数学家大会开幕式上大会主席对澳大利亚华裔数学家陶哲轩分享"菲尔茨奖"所作的评论，直接套用了影片《地道战》

那句台词。又如：

② 太空跑马拉松高，实在是高！（《华西都市报》2007 年 4 月 18 日）

这则新闻标题也直接套用了那句台词，为的是称赞美国女宇航员苏尼特·威廉斯。她在距离地球表面约 338 公里的空间站内借助一台跑步机以 4 小时 23 分 46 秒跑完了马拉松赛程。

这类例子很多，甚至有直接套用到翻译文本，将英语的"Great! Just great!"翻译为"高，实在是高"。

模因以重复的方式复制和传播，很大程度上是受相似语境的诱发，表现为语言结构形式的直接套用或近似复制。

2.1.2　同义异词

同义异词即信息相同但以异形传递。这种传播方式的典型例子的莫过于日常交际中不同时期、不同地方对同一事物的不同说法了。例如对餐厅女服务员的称呼，从解放前的"小姐"，到解放后的"同志""工友""师傅""服务员""大姐"，再回归到"小姐"，又转为"妹子""靓女""翠花""姐姐"等等，但万变不离其宗，都指称女服务员。又如同一个人因人事变化会得到别人的不同称呼：同样是张三其人，以前曾称呼过"张先生""张同志""老张"，近年来风气变了，围绕着此人从事的职务，当了科长就被称"张科"，当了处长被称"张处"，要是当了厅长他准会被称为"张厅"，如当了博士生导师会被称为"张博"或戏称"张导"（模仿影视界对导演的称呼），当了总经理就会被称为"张总"，当了校长，就被称为"张校"了。维系语言模因这种复制传播变体的重要特征是原始核心信息（如女服务员）始终相同。不同的语言表达形式只是给这个核心信息不停地更换外衣，在不同的外衣里面不断重复着相同的信息内容。如果它们表示的信息不是同一概念或事物，如用"师傅"表示司机，"靓女"统称女孩子，那它们便不算同义异词的复制和传播，不属于同一种语言模因现象了。

总之，语言模因以重复方式复制传播既可以是语言表达结构上的重复套用，也可以反复指称相同的信息内容。

2.2　类推

模因以类推作为复制和传播的方式就更加普遍了。模因往往通过类推的方式创造出新的模因变体来加以传播。类推有以下几种情况。

2.2.1　同音类推

这像是修辞手法中的音法，即充分调动语音诸要素，对词语声音加以选择、组织、调整和配合。同音类推就是模仿词语发音而形成的新模因变体，大都是从一般到特殊的类推。例如从"跑步前进"推到"跑部钱进"，后者模仿前者发音，表达的意思完全不同，用以调侃当今的社会现象。

同音类推常见于广告。如"做女人挺好"就是利用同音作联想嫁接，一语双关，让人从"挺好"的一般义（很好或非常好）联想到该广告的特殊义；无独有偶，网上还依样画瓢贴出专卖男性药物的广告"做男人挺好"，同样让受众联想语句赋予的特殊义。可见，这里的"挺好"成了同音类推的模因了。其他如仿成语、诗句的同音类推就更加常见了："一明（鸣）惊人"（眼药广告）、"有痔（恃）无恐"（治痔疮的药物广告）、"千里江铃（陵）一日还"（汽车销售广告）等，不胜枚举。

2.2.2　同构类推

同构类推包括修辞学上的 parody（嘲弄式仿拟），主要是模仿已知的语言结构而复制出一种具有新内容的模因变体。在同构类推中充当模因母体的语言结构一般都具有强烈的语用效果和明显的修辞色彩特征，是一些给人以较深语言感受的经典名句、名段或名篇，因而易于被仿造，成为衍生能力很强的模因。例如，一些中国古典诗词的结构形式多半是创造同构类推模因变体的源构。唐朝诗人刘禹锡的《陋室铭》是有口皆碑的名篇：

③ 山不在高，有仙则名。水不在深，有龙则灵。斯是陋室，惟吾德馨。苔痕上阶绿，草色入帘青。谈笑有鸿儒，往来无白丁。可以调素琴，阅金经。无丝竹之乱耳，无案牍之劳形。南阳诸葛庐，西蜀子云亭。孔子云：何陋之有？

语言模因基本上用同构类推方式仿照《陋室铭》以下的基本框架来复制传播：

④ X 不在 X，XX 则 X。X 不在 X，XX 则灵。X 是 XX，XXXX。XXXXX，XXXXX。XXXXX，XXXXX。可以 XXX，XXX。无 XX 之 XX，无 XX 之 XX。XXXXX，XXXXX。XX 云：何 XXX？

下面是《咬文嚼字》（2004 年第 8 期）刊登的名为《明星铭》的同构类推模因：

⑤ 艺不在高，会炒则名；技不在精，会傍则灵。斯是明星，光焰炫人。英雄见屏幕，流氓生吧厅。出场靠红包，走穴数白银。可以闹绯闻，泼酒精，无纪律之乱耳，无道德之烦心。南刊大腕照，北传偶像名。观众云：何明之有？

更为有趣的是《咬文嚼字》（2004 年第 11 期）收到的同构类推作品"如雪片一般"，其中有 6 篇还定为模仿之佳作：《小平铭》《晚晴铭》《假食铭》《奥运铭》《公仆铭》和《揩客铭》。值得一提的是,这些作品与网上流行的、有些恶搞味道的《学生铭》《女友铭》《食宿铭》《金钱铭》《寝室铭》《考试铭》等其他《陋室铭》仿写版本相比,风格自然不同,思想境界较高,文字简练,表达出深邃的内涵。

以同构类推方式复制和传播的语言模因更多见于媒体宣传,其中最多的当属嘲弄式仿拟。从修辞学的角度审视,语言结构被广泛复制和传播而成为语言模因的源语有以下的特征:文字优美,内含夸张、对比、比喻等多种修辞手法;内容精彩,经常一语道破天机,使人唏嘘不已;效果强烈,要么深邃高远,发人深思,要么幽默搞笑,使人难忘。它们也是强势模因形成的基本条件。

3. 语言模因的修辞效应

语言模因要自我生存,要通过自我复制和传播产生新的模因变体,就得借助各种各样的重复和类推方式,模仿出各种各样的语言现象。从修辞学的角度看,模因在复制和传播过程中借助的方式还谈不上是修辞手段,但因人们争相仿效,故产生出一些修辞的效应。这种效应说明语言模因复制、传播具有广泛性和可行性,而它们能否传播开来取决于它们是强势还是弱势的模因。语言模因的修辞效应是无所谓正面或负面的,因为它们都是模因自我生存或自我繁衍的手段,或者说它们是人们争相仿效的表达方式。下面是几种常见的修辞效应。

3.1 效应之一:"赶时髦"

某些语言模因的形成过程近似移用,往往打破语境的束缚,把原本适用于甲语境的源语结构挪到乙语境,使语言浸染时代的气息,产生出社会语用中"赶时髦"的修辞效应。例如人们乐于将热播的电视节目、新上映的电影、日渐普及的 IT 行话、品名作为源语,与日常语言混在一起来复制、传播,形成新的模因变体,出现在社会语用中,产生"赶时髦"的模因效应。例如 PK 这个字母组合,进入汉语之后,词性被乱用了,原来只是一个外来名词的缩略词,现在却当成汉语的名词、动词、形容词来使用,表达决一雌雄、比个高低、末位淘汰等多种意思,从"终极 PK""模特 PK 大赛"到"让 PK 来得更利害些吧!"等各种用法和说法充斥媒体、网络,它的流传一时成了汉语目前最为强势的语言模因之一了。PK 至今还在不断被复制和传播,明显地让人感到那是"赶时髦",下面只是冰山一角:

⑥ a. 李小双 PK 李书福？签名售车不能东施效颦（m.pcauto.com.cn/x/45/451138.html）

b. 与"土著"PK：中国学生首次出任康奈尔大学校董（《人民日报》（海外版）2007 年 7 月 4 日）

c. 针锋相对：多普达 S1 PK 苹果 iPhone
（http://mobile.163.com/07/0704/11/3II7HL43001117A5.html）

d. 湖南卫视 PK 东方卫视　全年综艺场"针锋相对"
（yule.sohu.com/20061019/n245890383.shtml）

除了 PK，以下的仿"IT 行话"也是"赶时髦"（郑庆君，2006）：

⑦ a. 如感到心里拔凉拔凉的，请拨打俺的手机号！谈工作请按 1，谈感情请按 2，谈人生请按 3，给俺介绍对象请按♯，请俺吃饭请直接说，找俺借钱请挂机！

b. 删除昨天的烦恼，确定今天的快乐，设置明天的幸福，存储永远的爱心，取消世间的仇恨，粘贴美丽的心情，复制醉人的风景，打印你的笑容！

c. 感情欠费，爱情停机，诺言空号，信任关机，关怀无法接通，美好不在服务区，一切暂停使用，生活彻底死机。

其他的"赶时髦"例子还有很多，源语中有出自电影《天下无贼》中的"黎叔很生气，后果很严重"，出自《大话西游》中的"给我个理由先"，出自《饮食男女》中的"人生不能像做菜，把所有的料都准备好了才下锅"，出自《阿甘正传》（*Forrest Gump*）中的"生活就像一盒巧克力，你永远不知道下一块将吃到什么样的（Life was like a box of chocolates. You never know what you're gonna get）"等等。这些语言被复制、传播成为模因时，就形成了"赶时髦"的效应。"赶时髦"是无所谓好坏的，有的"赶时髦"最终成了家喻户晓的名言，也有些"赶时髦"说法只是一个短暂的强模因，昙花一现的事物，或者它的流传范围并不宽广。如上面提到的"黎叔很生气，后果很严重"的说法，在 2006 年还很流行，如今却变成一个弱势模因，悄然退出语言时尚区了。

3.2　效应之二："语码混用"

过去，在特定地区或特定人群的交际（如在我国的双语、双方言区，香港或海外华人聚居地的人群交际）中，常常存在语码转换或语码混用现象。这类语言模因复制传播过程中产生的语用现象也很像修辞手法中的移用，包括异词汉用、方言通用、古词今用、今词古用等。

今天，随着国家改革开放政策的执行，语言模因的这类修辞效应还表现为汉语与他国语言（主要是英、日语语词）的混用。这种语码混用现象

不但在各种各样的人群中流行着,而且在国内,特别是在沿海各省市、改革开放前沿地区,在大众传播工具中都有所表现:

⑧ a. 祝狗年的你棒棒的 body,满满的 money,多多的 honey,少少的 silly,天天很 sunny,无忧无虑像 baby,狗年多 happy!(手机短信,转引自郑庆君,2006)

b. 先生问我 I don't know,成日(整天)挂住(想着)look girl,考试食(吃)个大 zero。(香港地区中学生流行语)

中、日语混用的例子,常见于食品广告和个体店铺的名称。例如康师傅公司的"康师傅鲜の每日 C 葡萄汁";广州市有个发廊连锁叫"靓の一族美发店",有日式餐厅叫"いちばん日本料理"等等。

语码混用常被认为是不好的修辞效应,但在语言模因复制和传播过程中这种手法却不知不觉地产生了。一些语码混用的语言模因有时还是强势模因,如人们乐于不说"再见"而说"Bye-bye";表示喜悦、惊讶时不喊"呀""哇",而改喊英语的"Wow!"等等。我们也许一面认为这样说话不好,但同时却不知不觉地也用这些"不好"的混杂语码同别人交往。不管怎样,有学者就认为,语码混用毕竟反映了社会生活发展对语言的影响,是一种有效的语用策略,具有体现文化差别、群体色彩、个性风格等修辞效果和价值(曹乃玲,2005)。

3.3 效应之三:"类比"

语言模因的"类比"效应集修辞手法中的义法、异用、同异和比拟于一体,指利用某事物(如商品品牌、人物、角色)的知名度构成异用或同异类比语言形式,让人们通过语句表面的浮现意义去想象出深藏语句之中的缺省语境,从而推断出其缺省意义(谢朝群、何自然,2007)。例如"女郎"一词较早见于《乐府诗集》里的《木兰诗》,后经人们长期的复制和传播,一直存活到现在,如中国台湾漫画家朱德庸的《涩女郎》和改编为电视剧的《粉红女郎》,电影 007 中与主角詹姆斯·邦德搭档的女演员被称为"邦女郎"。此后,"×女郎"就专指影视圈被挑中或被器重的漂亮女演员了:成龙挑中的女演员被称为"龙女郎",周星驰选中的叫"星女郎",张艺谋重用的叫"谋女郎"。最近还有"琼女郎"之说,指中国台湾女作家琼瑶选中的女演员,出演由她的小说改编成电影的女主角。

类比效应还能触发幽默,让人忍俊不禁。下面是流行动画《蜡笔小新》中主人公小新与同学小毛之间的一组对话:

⑨ 小毛:我妈妈是硕士,爸爸是博士。

小新:有什么了不起!

小毛：你爸妈是什么士？

小新：爸爸是男士，我妈妈是女士。

类比效应反映了某种形似或神似的语言集合，符合人们记忆和信息传播的规律，因而最终成为争相仿效的语言模因。

3.4 效应之四："嵌进"

"嵌进"效应近似修辞手法中的"镶嵌"，将固定的语词复制，嵌入或直接引用到篇章之中。这种语用现象成了模因传播过程中出现的"嵌进"效应，它与词语中插入虚字、数目字、特定字、同义字、异义字而获取特殊修辞效果的做法很相似。在模因复制传递中触发的"嵌进"效应，往往涉及时兴的事物，如把年轻人乐于饮用的饮料名称嵌入祝福语篇中：

⑩ 祝来访的朋友们：百事可乐！万事芬达！天天娃哈哈！月月乐百事！年年高乐高！心情似雪碧！永远都醒目！中秋节快乐！（博客网：www.bokee.com）

从修辞的角度来分析语言模因传播过程中的效应当然不止这些，但上述四种再加上另一种可称做"仿拟"的修辞效应，在日常语用中则出现得较为频繁。这第五种的所谓"仿拟"效应，是指以不同于源语的内容套用到源语的固定结构中，就像修辞手法中的引用或套用。这类修辞效应我们在前面谈及同构类推时已有所涉及，这里只再举两例作为补充：

⑪ 昨天诚可贵，明天价更高。若为今天故，二者都要抛。（仿拟匈牙利诗人裴多菲之名句，《中学语文教学参考》2004 年第 5 期）

⑫ 春眠不觉晓，处处蚊子咬。夜里一翻身，压死知多少！（仿拟唐诗人孟浩然之《春晓》，转引自郑庆君，2006）

4. 结语

上面提到的模因传播的修辞手法或称模因产生的修辞效应，既能产生好的模因，也可以产生坏的模因。修辞学者对不断被复制和传播的语言模因现象应当作何种评价，或如何评价？模因用的手法或效应不管是好是坏，语言模因正在流传则是客观现实。我们能接受和容忍语言模因以这样的修辞效应来传播吗？这是我们在从事修辞教学与研究工作时必须思考的问题，因为它涉及的不但是如何判别修辞手法产生的修辞效果，而且涉及语言规范和语言政策的大事。下面是关于语言模因与修辞效应之间关系的几点思考，作为本文的结束语。（1）根据模因论的观点，模因有正确和错误之分，有有益和有害之分。同样，语言模因也会有好和坏的区分,一些家喻户晓、群众喜闻乐见、让人印象深刻的说法是好模因,这些语言模因会长期被人们使用和传诵。但不管好的、坏的语言模因,它们在复制和传播的过程中都会产生类似的修辞效应,我们不能因为流传的模因不符合语言习惯或规范而去责怪形成这种模因的手法。(2)某个语言模因能否持久流传和对其作出是好、是坏的判断,并非根据某个人的主观武断,而是这个模因本身的生命力,是它的传播能量和被使用的频率。内容或形式拙劣的语言模因不会长久流传,肯定会被它的使用者最终遗弃,似乎用不着我们过多的主观指责和担心它的影响和效果。(3)对当前语言模因传播过程中出现的社会语用问题,我们是充满热情地让它发展,还是不断纠错、叫停,或者不以为然地在报章上说三道四呢?作为语言工作者,我们的观点应当是多点宽容,少点指责,但又不能过于放任自流。我们不要拿着一个还未有公论的语言现象就加以评头品足。当然我们也应了解语言模因的进化规律,为祖国语言健康发展负起引导、教育的责任。我们要引导人们健康地使用语言,发挥我们作为语言工作者的应有作用。(4)研究语言模因及这些模因产生的修辞效应可以帮助我们从语言模因论中找到修辞教学必须改革的依据。为了适应社会大众使用语言的需要;我们要在传统的修辞理论的基础上勇于革新。我们需要更多的像《咬文嚼字》一类的语言通俗刊物,但我们的宗旨不是"咬文",也不是"嚼字",而是实用的语用修辞。我们盼望将来有一本在语用修辞方面既显出宽容而又不失引导作用的普及刊物。

参考文献

Blackmore, S. *The Meme Machine*[M]. Oxford: Oxford University Press, 1999.

Dawkins, R. *The Selfish Gene*[M]. New York: Oxford University Press, 1976.

Distin, K. *The Selfish Meme*[M]. Cambridge: Cambridge University Press, 2005.

曹乃玲.流行语中的语码混用及其修辞价值[J].修辞学习,2005(5).

陈琳霞、何自然.语言模因现象探析[J].外语教学与研究,2006(2).

何自然、何雪林.模因论与社会语用[J].现代外语,2003(2).

何自然.语言中的模因[J].语言科学,2005(6).

何自然、谢朝群.模因·语言·交际[Z].第九届全国语用学研讨会大会发言,复旦大学,2005.

谢朝群、何自然.语言模因说略[J].现代外语,2007(2).

郑庆君.互文型手机短信及其语篇特征探析(讲演稿)[Z].广东外语外贸大学,2006.

新闻标题中流行语的模因论研究*

杨　婕

语言是模因传播的主要载体,同时语言自身也是一种模因。本文从模因论角度分析新闻标题频繁使用流行语的原因和应该注意的问题。

1. 新闻标题中流行语的表现形式

"流行语指的是某个时期在某些人中广泛流行的语言形式"(郭熙,1999)。流行性是流行语的基本特征,指在某个时期内在社会中被广泛传播、频繁使用,有的流行语甚至在很短的时间内被爆发性地扩散到整个社会。例如 2005 年湖南卫视举办的"超级女声"选拔赛风靡全国,由此催生的"超级女声""PK""想唱就唱""超女""海选"等流行语在短期内就传遍全国,甚至有记者将"PK"用于报道两国的外交关系上,流行文化和流行语的影响力可见一斑。

新闻标题中使用的流行语来源广泛,有政治口号、俗语、电影或电视剧的片名和台词、流行歌曲名、畅销书名、一些行业的行话等,表现形式有词语、短语、固定格式和语句 4 种。

(1) 词语,如流行词语"粉丝""韩流"等。

> 分众时代,出书要看粉丝脸色?(《北京青年报》2006 年 4 月 8 日)
> "韩流"制造(《中国青年报》1999 年 11 月 19 日)

(2) 短语,如"妖魔化""零距离"等。

> 媒体"妖魔化"了医务工作者?(《华商报》2006 年 5 月 11 日)
> 零距离接触切尔诺贝利(《人民日报》2006 年 4 月 27 日)

(3) 固定格式,此类流行语多为影视剧名和流行歌曲名,如模仿战争电影《拯救大兵瑞恩》形成的"拯救大兵……"的标题格式:

> 拯救"大兵"券商进入倒计时(《证券时报》2005 年 7 月 7 日)

---

* 本文原发表于《外语学刊》2008 年第 1 期。

再如模仿迪克牛仔的歌曲《有多少爱可以重来》形成的"有多少……可以重来"的标题格式：

又到 5.19　有多少往事可以重来（《证券时报》2005 年 5 月 19 日）

语句，此类流行语大多来自影视剧名、流行歌曲名和畅销书名等文化作品。如模仿斯宾塞·约翰逊写的畅销书《谁动了我的奶酪？》形成的"谁动了我的……？""谁动了……的奶酪？"和"谁动了……的……？"三个标题格式：

谁动了我的联赛？（《青年报》2002 年 3 月 18 日）
谁动了保险业的奶酪？（《国际金融报》2005 年 12 月 23 日）
谁动了孙英杰的钱包？（《华西都市报》2005 年 12 月 26 日）

2. 新闻标题借用流行语的原因

新闻具有很强的时效性，强调的就是一个"新"字，作用在于提供最及时的信息，有人甚至称之为"快速消费的信息产品"，一旦过期，新闻就失去了意义。新闻的这一特点对新闻标题的创作提出了比较高的要求，尤其在新的媒体机构和渠道不断涌现、竞争日趋白热化的大环境下，新闻标题能否抓住读者稍纵即逝的注意力在很大程度上决定着报刊的吸引力，并影响着报刊的销量。因此，各纸质媒体都在标题用语上下足了功夫，借用流行语就是打造魅力标题的策略之一。

Brodie 认为，模因进入人们的大脑是不需要准许的，它们可以在人不知情的情况下成为人思维活动的一部分并影响到人们的生活。这样的模因往往是强势模因（Brodie，1996）。从模因论的角度看，流行语凭借流行文化的穿透力进入人们的记忆，被迅速复制，广泛传播，甚至挤占传统表达方式的领地，是一种典型的强势语言模因。新模因要为人接受往往有一个过程，新闻标题作为新模因要想在短时间内为人注意，最行之有效的方法就是将之嫁接到强势语言模因上，比如流行语。Blackmore（1999）认为，导致模因分化为强势模因和弱势模因的原因之一是人类自身的特点和由此决定的模仿能力的限度，如感知系统的特性、注意和记忆的机制等。流行语正是因为适应了人类认知系统的某些特点而成为强势语言模因的。具体来讲，新闻标题选择和流行语这种强势模因结合的原因是因为流行语有以下三个特点。

（1）简易性

人的记忆和理解力都是有限的，因此，人们总是倾向于简单、易于理解的语言模因。与人的这一认知特点相适应,在各个媒体相互竞争的情况下,新闻要吸引大众,争取市场,标题通俗化、大众化是其首选的方向(刘路,2002)。大多数流行语构成简单,通俗易懂,是明白上口的大众化口语形式,符合经济原则,因而易于传播。新闻标题捆绑到这样的流行语上面,使人一看就明白,接受起来也容易。比如,2005 年"超级女声"热遍全国,"海选"这一新名词也突然间家喻户晓。所谓"海选",大意是不设门槛,人人有机会,谁都可以参加,但也正因为此,参加人数动辄数万,好比大海捞针,参加者想要脱颖而出难上加难。其实,"海选"一词所形容的事物并不新鲜,但这个新词赋予旧内容以新鲜感,而且用简单明了的形式挤掉了传统的表达方式,于是在全国迅速流行开来。敏感的新闻记者很快就将这一新流行语用到新闻标题上,如:

> "非常 6+1"联手本报江西海选(《江南都市报》2006 年 4 月 15 日)
> 欢迎海选制造"超级"(《扬子体育报》2005 年 8 月 26 日)

以固定格式或语句作为表现形式的流行语往往较长,但是对已经流传开了的语言模因来说,这样的流行语往往是作为一个语块(chunk),整体存放在记忆中的。George A. Miller(1956)将人类短时记忆(immediate memory)的记忆单位称作"语块",他认为人类短时记忆的容量大概 7 个语块左右,一个"语块"是一条有联系的信息,其中一部分可以帮助记忆另外一部分。因此,这样的流行语虽然较长,但也便于记忆。人们在理解这种流行语时,不需要再去分析它们的构成来获取意义,因而也便于理解。同样,此种流行语亦具备简易性。例如模仿电视连续剧《将爱情进行到底》创作的新闻标题:

> 王正华:坚决将"低成本春秋航空"进行到底(《新京报》2006 年 1 月 12 日)
> 中国股市:唯有将改革进行到底(《财经时报》2007 年 3 月 5 日)
> 微软力推 Vista 等核心产品拟将垄断进行到底(《财经时报》2006 年 12 月 2 日)

捆绑之后,读者目光一触及新闻标题,就能大致明白新闻所讲的内容,而不需要经过太复杂的推理,因而有利于媒体争取读者。

(2)时髦性

人们在语言的使用过程中总是有一种求新求异的心理,对既有的传统表达方式会产生厌倦。因此,人们总是想方设法地追求新奇、陌生的表达方式,这是人们在语言使用过程中一种潜在心理(鲁科颖、杨文全,2006)。在这种心理驱使下,人们总是喜欢使用新潮、时髦的流行语。新闻从业者顺应这一社会心理,在标题中加入流行语或直接使用流行语的语言形式,使标题显得新颖独特、活泼生动,以激发读者的兴趣。另外,流行语大多只在一定时期流行,尽管有些流行语能成功进入语言系统保留下来,但多数只是昙花一现,流行语的这一特点与新闻的时效性类似,"新"是二者极好的切合点。例如现在大行其道的 PK 就是一个时尚前卫的流行语。PK 本是网络游戏用语"Player Killing"(玩家决斗)的缩写,意为"单挑",这两个简洁铿锵的字母随着"超级女声"迅速蹿红,一时间"神州无处不 PK",连本来颇为严肃的政治报道、经济评论都将之引入标题,如:

政坛 PK 风暴(《世界新闻报》2005 年 9 月 8 日)

统一企业全身退出啤酒业　收缩战线全力 PK 康师傅(《中国经营报》2005 年 12 月 4 日)

PK 汽车也是 PK 环境——汽车 PK 能否悠着点儿(《经济观察报》2006 年 1 月 3 日)

就这样,严肃的新闻和评论也变得亲切、熟悉、时髦、新奇,很符合现代人尤其是年轻人突破陈规,挑战传统的心理,接受起来更加容易,也就更能刺激读者的阅读欲望。

此外,时髦的流行语往往生动有趣,能让人开心一笑,放松心情,让人乐于仿效,有利于语言模因的复制和传播。一些叫好又叫座的电影里面的台词在电影放映期结束后仍能长时间地在人们的口头上和媒体中间流行,成为具有极强生命力的强势模因。比如《无间道》里插科打诨般的笑语"出来混,债总是要还的!"再如冯小刚贺岁片《手机》里的"做人要厚道""审美疲劳",《天下无贼》里的"一点技术含量都没有",这些平民化而又透着冷幽默的台词在口头上流传,经久不衰。紧随时代潮流的新闻记者在打造标题时自然不会放过它们:

南方高科:出来混,债总是要还的!(《中国经营报》2005 年 7 月 1 日)

酒文化难挡"审美疲劳"(《当代经理人》2005 年第 3 期)

"做人要厚道"　政府和舆论应善待温州炒房团(《外滩画报》2004 年 4 月 14 日)

春运涨价:一点技术含量也没有(《海峡消费报》2005 年 1 月 20 日)

新闻标题嫁接到这些为人津津乐道、风趣幽默的电影流行语上面,不仅形象地概括了新闻的内容,还使本来严肃的新闻平添了几分诙谐幽默,博得读者一笑,阅读的兴趣油然而生。

(3)权威性

具有权威效应的语言信息,总是能吸引到比较多的注意,因而容易得到人们的复制和传播,形成强势模因。政府高层制定的政策中的语言信息或提出的政治口号往往能影响社会的语言使用,创造出强势语言模因。例如,在十六届四中全会提出"构建社会主义和谐社会"的概念正式列为中国共产党全面提高执政能力的五大能力之一后,"和谐社会"这一具有政治权威性的语言信息通过政府文件、新闻媒体迅速向全世界传播,立时成为感染力极强的强势语言模因,继而报章杂志上涌现出了大量以"和谐"作题的新闻标题,涉及社会各领域:

> 和谐发展看廊坊(《人民日报》2004 年 11 月 15 日)
> 和谐社会视野下大学生压力解析(《中国青年报》2006 年 5 月 7 日)
> 保持党员先进性创建和谐新移动(《中国企业报》2006 年 4 月 7 日)
> 创新教育宣传工作营造和谐舆论氛围(《中国教育报》2006 年 2 月 20 日)

拥有权威、名望、魅力的人士和其他有影响的人,往往成为众人关注的焦点,人们愿意模仿他们,从而使他们的语言模因得到传播(陈琳霞、何自然,2006:113)。邓小平同志在改革初期说的名言"摸着石头过河"至今仍常为人们引用:

> 股改怎样"摸着石头过河"(《国际金融报》2005 年 11 月 26 日)
> 车改,摸着石头过河(《解放日报》2004 年 1 月 12 日)
> 油价也要摸着石头过河(《中国财经报》2006 年 5 月 8 日)

越是权威的语言模因,知道的人越多,流传越广,越能持久。新闻标题捆绑到这样的强势模因上不仅不用担心不为人理解,还可以增强自身的力度。

最后,新闻标题还可借流行语取得与记忆中已有模因的一致。Dawkins(1976:199)认为:"模因库逐渐取得一组进化上稳定的属性,使得新的模因难以入侵。"因此,新模因如果能捆绑到已有模因上,取得记忆中早已存在的模因的支持,可以比较容易地进入人脑,为人同化。以上列出的新闻标题都具有这一特点,在流行语的影响下,变得为人熟悉,更易为人的认知系统接纳。

3. 新闻标题使用流行语应注意的问题

新闻标题中纳入流行语的语言要素可以让标题变得新颖独特、生动有趣、亲切自然、通俗易懂,读来朗朗上口,从而大大提升标题的吸引力。但是,模因是具有选择性的,只有选择那些与标题结合后成为具有合理性的模因复合体的流行语,才能取得期望的效果。这是因为语言信息表达出来的意义合理,人们才会复制、传播,从而形成模因现象(陈琳霞、何自然,2006)。因此,选择流行语时应注意以下两点。

(1)选择的流行语应与新闻标题要表达的内容相吻合。根据模因论,模因复合体的构成成分之间是以互惠互利的方式相互"合作"的,内部各个模因互相支持才能一致对外与其他模因竞争。因此,制作标题时选择的流行语必须和标题要表达的内容相容,否则不能形成真正意义上的模因复合体,轻则吸引不到目标读者,标题和其所属的新闻内容得不到复制传播,重则会对其所在报刊的形象和声誉造成负面影响。如下例:

宋鹏飞:与艾滋共舞(《齐鲁晚报》2001年9月14日)(安志伟、冯恩大,2002)

此标题仿效1991年奥斯卡最佳影片《与狼共舞》的片名。新闻讲述的是山西农民宋鹏飞16岁时在手术输血过程中感染艾滋病后的不幸经历,而"与狼共舞"这部影片讲的是与新闻报道完全不同的故事,表达的是欢喜、愉快的感情。片名的任何提示都无法使之融入标题,令人费解,因而不能形成具有合理性和竞争力的模因复合体,产生不出效应。

(2)要分清强势模因和弱势模因。流行语往往是在一定的时间范围内流行。在这段时间之内的流行语称得上是强势语言模因,但过了流行期,当人们不再或极少使用时,就不再流行,也就不再具备强势模因的特点。因此要选择处于流行期的强势模因,否则难以收效。如下例:

"五类分子"打造国青强阵 董方卓、盖阳扮演海外奇兵(《京华时报》2005年3月8日)

"五类分子"原指"地、富、反、坏、右",即地主分子、富农分子、反革命分子、坏分子、右派分子,是一度列为群众监督改造对象的五类人。但上例中的"五类分子"完全是两码事,指的是国家青年足球队从五类球员中选拔出最强阵容参加世界青年足球锦标赛。标题的作者套用历史上的流行过的模因喻指现在的足球运动员,结果幽默效果制造不出来,反而让当今的年轻人感到莫名其妙。此例的标题作者错将弱势模因当作强势模因了。

4. 结语

新闻标题借用流行语是一种常见的社会语用现象。模因论为探究这一现象的成因提供了一个崭新的视角,将流行语看成是一种简洁易懂、时尚有趣或是具有权威性的强势语言模因。正所谓"题好文一半,花香蜂自来",新闻标题与流行语相结合形成模因复合体可以利用其感染力吸引读者,有利于该报刊扩大销量和提升知名度。模因论的观点还能为标题选择流行语提供指导,从而创造丰富多彩、感人至深的新闻标题。

参考文献

Blackmore，S. *The Meme Machine*[M]. Oxford：Oxford University Press，1999.

Brodie，R. *Virus of the Mind: the New Science of the Meme*[M]. Seattle：Integral Press，1996.

Dawkins，R. *The Selfish Gene*[M]. New York：Oxford University Press，1976.

Dawkins，R. *The Meme Machine*[M]. Oxford：Oxford University Press，1999.

Miller，George A. The magical number seven plus or minus two[J]. *The Psychological Review*，1956(63).

安志伟、冯恩大.浅谈影视剧名称在新闻标题中的运用[J].山东省青年管理干部学院学报,2002(6).

陈琳霞、何自然.语言模因现象探析[J].外语教学与研究,2006(2).

郭　熙.中国社会语言学[M].南京：南京大学出版社,1999.

何自然.语言中的模因[J].语言科学,2005(6).

刘　路.新闻标题论[M].北京：中国社会科学出版社,2002.

鲁科颖、杨文全.当代汉语流行语再探[J].西南民族大学学报,2006(3).

模因论视域中的言语幽默[*]

李 捷

1. 引言

在语用学视野中,不论相声如何让演员表达"幽默教化"这一交际意图,还是如何让受众对这一意图的理解过程,都受到学者们的注意。例如,在格赖斯会话含意理论的指导下,有学者认为相声制造笑料的常用手法是让说话人在遵守合作原则的前提下,经常违反各项准则间接地传递信息,留有余地地让听话人去想象,去思考,以领略他的言外之意,从而发出会心的一笑(高玉兰,2001)。在关联理论的框架内,也有学者(Li,2006)以相声文本及对应语音版本为语料,探讨相声表达幽默交际意图时如何采用反讽、拟声、双关、反问等表达策略,等等。本文则尝试从语言模因论的角度探讨以往研究中尚未涉及的,关于如何通过"模仿"形成相声台词,触发相声幽默"包袱"的问题。为此,我们将揭示相声中语言模因变体形成的规律以及这些变体对相声幽默教化交际意图的贡献。我们还通过语言实例印证语言模因在相声语言表达中的作用,希望对语言模因的功能获得进一步的检验和了解。

2. 相声语言模因的各种"变体"

妇孺皆知的诗词曲赋、家喻户晓的政治科技词语和各行各业智慧结晶的成语、谚语、俗语、名言、诗词名句等语言精粹在相声中既可以被直接套用传播而成为语言模因,也可以在其传播过程中被改装而成为一种模因变体。此外,相声中还会原创一些说法,通过受众复制传播而最终成为新的模因。为叙述方便起见,我们这里说的模因"变体",笼统地包括处于语境变异情况下信息的直接套用、改装,以及因应不同语境初次出现、接着得到广泛复制传播的原创模因。

---

* 本文原发表于《外语学刊》2008 年第 1 期。

2.1 语言模因的直接套用

相声中直接套用的语言模因,往往是一些家喻户晓、传播范围广、存活时间长,在相声中被使用之后会迅速得到复制和广泛流传的语言信息。这些语言信息用在一种特殊的语境里套用,其意义会产生新的理解,从而构成"包袱",制造出幽默。出现在政治、经济、科技、娱乐、教育、体育等各个行业的时兴词汇往往被相声语言直接采用,如分别被《小偷公司》《如此照相》和《不正之风》直接套用的经济用语"公司"、政治用语"造反""革命"和民间用语"走后门""关系户"等,都是幽默诙谐效果明显、复制传播能力很强的语言模因。

此外,其他语言成分也可以被直接套用而成为触发幽默的语言模因。试看:

① 甲:你"无法无天",你"非驴非马""气急败坏""阳奉阴违""称王称霸""两面三刀""贼眉鼠眼""罪该万死""死有余辜"……

　　乙:你什么毛病啊!

　　甲:这贬义成语用得怎么样?

　　乙:不怎么样,全扣我头上了。

　　甲:这叫"罪有应得"嘛。(马季《成语新编》)

例①中甲直接套用了早已成为模因而流传的一系列贬义成语,但他把这些成语故意不恰当地用在对方身上,用于与原来语境完全不相符的地方,逐步形成相声的"包袱";在对方明确的抗议下,观众本以为甲会有所收敛,没料到他竟然再抖出一个"罪有应得",从而把这些不一致性推向高潮,"包袱"骤然抖开,令人不得不笑。其中,我们要注意的是这种不一致中又蕴含一致:都是贬义成语,而且全扣在乙的头上。

再看一例:

② 甲:黄鼠狼给鸡拜年——

　　乙:没安好心。

　　甲:狮子尾巴摇铜铃——

　　乙:哎呀,这个,让我想想……

　　甲:我来告诉你吧,"热闹在后头呢"。

　　乙:想不到,你还真是狗撵鸭子——呱呱叫!(水仙《有趣的歇后语》)

例②中直接套用了包含前后两部分的歇后语,相声里经常把它们拆开来用或者将它分别嵌于两个不同语境之中,以形成"包袱",产生幽默。本例中,前面两个歇后语都被拆开了,为最后那条一语双关、直接引发幽默的歇后语铺垫出必要的语境。

相声中直接套用的语言模因多种多样,但更多是改装而不是完全套用,因而形成各种各样的模因变体。

2.2 相声中的模因改装

顾名思义,相声语言模因改装不同于直接套用,它们的意义与原义或原语境都会出现不一致的情况,于是引发出幽默。

最明显的例子是经相声中故意错用、改编甚至跨时代移植成语的形式或意义,从而衍生出成语模因的变体。原来熟悉的成语经过改装,用于另类语境,就会产生出奇制胜、引人发笑的幽默娱乐效果。例如侯宝林有个讽刺外科大夫工作马虎、不负责任的相声段子,竟取名为《妙手成患》。很明显,那是复制"妙手回春"时产生的模因变体,"妙手回春"与"妙手成患",前者指医生医术高明,能起死回生;而后者正好相反,本可以顺利康复的病人被那些庸医一折腾,后果不堪设想。类似的成语变体还有廉春明、靳敬一的《指妈为"马"》(出自"指鹿为马"),侯耀文、石富宽的《能"迟"会道》(出自"能说会道")等都是成语传播中经改装而形成的模因变体。此外,成语模因变体还能被歪解复制出来,其目的是构成相声中的"包袱"。如侯耀文、石富宽在《学裘派》中把成语"绕梁三日"只取其音而歪解成"绕粮三日"(围着粮店跑三天),与原成语大相径庭,令人忍俊不禁。

相声中的语言模因改装,除成语变体之外,一些通俗谚语的变体也有异曲同工之效。相声常常以演员自己的生活经验和所说段子的特定语境,替换谚语中的个别词语,使它们与原始谚语产生不协调。例如把"人不可貌相,海水不可斗量"说成"海水不可瓢舀";把"刀不磨要生锈,人不学习要落后"改成"刀不磨要生锈,经常磨磨就亮了"等等。姜昆、李文华有一个相声《谚语谈》,里面既直接套用了传统的谚语,又通过篡改某些谚语结构而出现变体,从而形成一个个风趣幽默的小"包袱"。下面是这个相声的一段:

③ 甲:先下手遭殃,

乙:后下手……更遭殃。

甲:您这对吗?

乙:你先错的!(姜昆、李文华《谚语谈》)

此例中,甲、乙两人在表演说谚语,前面说的还行,可是到了这段,甲冷不防把"先下手为强,后下手遭殃"的前半句一下子抢说了后半句,成了

"先下手遭殃",这时乙当然无法按常规说"后下手遭殃"了,于是狠一下心将错就错,把他要接下去的后半句硬改成"后下手更遭殃",从而把"包袱"抖响,让观众发笑。

相声中还可以见到偷换概念、稍加歪曲的模因变体,它们使相声语言更加深邃、隽永,有揭露、批判的功能,而且还作为时代的见证,为可能形成新的模因变体提供了模仿和复制的依据:

④ 乙:怎么个后勤?
甲:后门走得勤。(王鸣录《不正之风》)

这里的"后勤"被歪解为"后门走得勤",类似这种针砭时弊的相声语言一旦被人们复制传播,便又成了一种新的模因变体。

2.3 原创模因

语言源远流长,本身就是模因,所以无所谓模因的原创;人们根据语境把已经存在的语言做出种种变化,其实只是模因的变体。不过,当新的模因变体被人们直接套用时,人们把它的第一次出现看成是原创的,于是便有原创模因之说了。相声是面向大众的艺术,因此,它用的变体词语和别出心裁的原创性也就特别突出。可以说,是相声把自己的语言推向社会,让它成为群众不断仿效传播的语言模因。如《巧立名目》中的"领导,冒号",《钓鱼》的"二个他妈妈,你给我烙个(俩/仨)糖饼!""这拨过去啦……明儿还一拨呢"等说法,就被人们作为被讥诮对象的口头禅而广为传播。这些都可以看成是来自相声的原创语言模因。它们不仅被复制应用于其他行业,而且会在同一段相声中随着语境的变化而被多次反复复制,抖响一个又一个相声"包袱"。例如:

⑤ a. 甲:我马上告诉你,你……印象不深,啊……要提倡自己开动脑筋,好好想一想,这个到底念什么比较好?
b. 甲:……我不能马上告诉你。
乙:怎么呢?
甲:我马上告诉你,你印象不深,要提倡自己开动脑筋好好想一想,这比目鱼的眼睛为什么长一边儿?
c. 甲:爸爸,你是想问我这道题怎么做对不对?
乙:不错。
甲:我不能马上告诉您。
乙:嗯?
甲:我马上告诉您,您印象不深。要提倡自己开动脑筋,好好想一想,这道题到底应该怎么做?(牛群、李培森《威胁》)

在这则相声中,原创的语句反复被复制,到最后本来一直被"爸爸"用作搪塞的话竟被"儿子"学会了,掉过来用在"爸爸"身上。这使说话人的身份立即发生变化,导致了角色不和谐的产生,从而引发出幽默。这句"原创"语句被人们接受,广为仿效,经久不衰,几乎成了很多教师的职业幽默用语,得到广泛复制流传。

3. 相声语言的幽默机制

下面我们讨论语言模因触发相声语言幽默的机制问题。前文我们已经指出了模因复制现象与乖讹理论的关系,认为恰到好处的语境不和谐是相声幽默的主要机制。在相声幽默中,语言模因可以打破篇内衔接、篇际制约、线性序列,从词语、句段乃至篇章等各个语言层面来打破相声文本语言与语境的和谐,达到幽默的效果。换言之,存在于语法、词汇甚至修辞层面的语言模因都可能是导致幽默的机制(王金玲,2002)。

3.1 词语机制

词汇、短语是语言中最敏感、最活跃和富有生命力的成分,词语层面上的语言模因能恰如其分地激起不协调的"变体"。其表现方式有以下几种。

3.1.1 语体色彩混淆

语言模因"变体"出现语体色彩混淆,忽褒忽贬,时而积极,时而消极,从而打破语境的和谐一致,产生幽默。由于相声具有反讽功能,所以会出现褒义词用作贬义词,正面意义用作负面意义。我们来看由牛群、冯巩表演的《小偷公司》中的一组例子:

⑥ 甲:我参加的那是小偷公司。

　　乙:小偷公司?

　　甲:全名是小偷金融股份有限公司。

　　乙:哪有这样的公司?

　　甲:现在叫公司不就时髦吗?

具有正面意义的"公司"用在这里来指称带有负面消极意义的流氓犯罪团伙,不仅不利于篇内衔接,而且形成反差,打破了语言与语境的和谐性,产生出幽默。

⑦ 甲:你们这公司有多少人呀?

乙：一百多人。

甲：一百多小偷？

乙：不全是小偷，真正坚持在前线工作的就我们两人儿。

甲：那其他人呢？

乙：其他人呢，都是领导干部。

主持或负责某部门管理工作的公职人员一般都可以称为"领导干部"，但这里却用它来指小偷团伙里的头目，褒义词用作贬义词来传播，很不协调，极具讽刺色彩。另一方面，由于这段相声是讽刺官僚作风的，不协调中又蕴有协调性，是很适度的不和谐，因此幽默效果非常明显。

⑧ 甲：哎，这等等呀，你们小偷公司还计划生育呀？

乙：哎，你这话说的，全国一盘棋，我们小偷也不能例外呀。要不人家都计划生育，我们小偷随便生，大偷生小偷，小偷生幼偷，小偷越生越多，好人越来越少，我们偷谁去呀？

甲：你们这也是为了生态平衡。

当今重视环保、提倡可持续发展，"生态平衡"是这个年代被广泛传播的一个褒义语言模因，本指优良物种保持健康发展。但本例却用它来指小偷繁衍，这与该语言模因所含的原始信息及其适用的语境都大不相同，从而导致幽默效果。

3.1.2 "非常"结构

被人们广泛复制和传播的语言模因往往会出现从一般到特殊的变动过程，从而形成具有某种特色标志的"非常"结构。相声正好通过复制和传播这样的"非常"结构而产生出幽默。例如：

⑨ 甲：当然了这都是常设机构，赶上有个中心任务呢，我们还得增加很多临时机构。

乙：都有什么机构呀？

甲：那多了，你像到了春节，你得成立个春盗办吧。

乙：什么？春盗办？

甲：春节期间突击盗窃办公室，简称春盗办。

乙：那三八妇女节呢？

甲：成立女盗办。

乙：五四青年节？

甲：青盗办！

乙：六一儿童节？

甲：儿盗办！

乙：什么节日都不落啊。

甲：你甭说逢年过节了，苏联宇宙飞船头一回上月球我们还成立过月盗办呢！（牛群、冯巩《小偷公司》）

"XX办"是广为流行的缩略说法，如法制办、计生办、就业办等。早已成为人们熟悉的语言模因，而这段相声却按照"XX办"仿制出不伦不类的非常结构"春盗办""女盗办""青盗办""儿盗办"，令人忍俊不禁。跟上文一样，这里也是不协调中见协调，恰能引发幽默。

3.1.3 刻意曲解

刻意曲解是语言使用者的一种语用策略。为达到某种交际效果，刻意曲解还可以制造出幽默的效果（何自然、申智奇，2004）。在相声中，刻意曲解成了一种常用的幽默机制，它往往通过复制和传播某词语的谐音或近音来实现。例如：

⑩ 甲：你看这什么糊涂家长啊？你看看你们孩子：小时候学骂街；上小学了，给老师起外号；考试的时候得零。你们孩子啊，这么一看哪，是典型的捣蛋。

乙：您说什么？

甲：捣蛋！

乙：导弹？那是核武器，他搞不了那个。（高英培、范振钰《教训》）

甲说的"捣蛋"明指淘气小孩的捣乱、顽皮，但乙却刻意曲解为"导弹"，与相声中提及的孩子捣蛋风马牛不相及，于是产生了一种喜剧效果。例如：

⑪ 甲：那天我们厂几个师傅来家串门儿，大伙儿挺高兴的，喝点酒吧。我们正喝在兴头儿上，哎！这小子进来了："爸爸，爸爸，我们今天学的课文说：'帝国主义奴役下的殖民地每日每时都在罪恶地产生着乞丐和白痴'。爸爸，什么叫白痴啊？"我说："……"

乙：他答不上来啦！

甲：白吃嘛！这你还不懂？白吃——！爸爸挣钱，你就是白吃嘛！（牛群、李培森《威胁》）

这里甲扮演一个文化知识水平不高的父亲，他将儿子要询问的"白痴"刻意曲解为"白吃"，发音相近，意思却相去甚远，违背了篇内衔接的原则，与语境也不协调，令人不得不笑。而且，不论是"白痴"还是"白吃"都有讽刺该家长的意味，具有协调性：不懂"白痴"之意不仅体现他笨，也说明他光吃饭不长知识。

3.2 句段机制

相声中的口号、俗语、成语等家喻户晓的句段,常常变形复制,成为语言模因变体,投放到不相宜的语境中,引人舒心一笑。例如:

⑫ a. 甲:咱们就是让大家看一看。

乙:可以。不过我在吹牛上可没什么经验呐。

甲:不要紧哪,一回生两回熟,熟中生巧哇。只要你不断地吹、经常地吹、刻苦地吹,用不了多久,你能吹出亚洲、走向世界。(马季、赵炎《百吹图》)

b. 甲:没完没了地到旅游点上学习开会,这得花钱吧? 这还不算,我们领导干部还要出国考察! 你说你一个小偷公司你出国考察什么呀? 说是学习外国先进的偷盗技术!

乙:这也是为了冲出亚洲、偷向世界吧。(牛群、冯巩《小偷公司》)

"X出亚洲,X向世界",同一个模因,出现不同的变体。2002 年中国男足入围世界杯后,人们就用"踢出亚洲、踢向世界"来勉励国足为国争光。(12a)中,甲为了勉励乙吹牛吹出成绩,竟然仿造出"吹出亚洲、走向世界"来;(12b)中同一个模因又被改造成"冲出亚洲、偷向世界",讽刺假借出国考察等名义盗用公款的行为,既幽默又令人深思。

⑬ 甲:我在吹牛上有祖传秘方啊。

乙:我能把方的吹成圆的。

甲:我能把短的吹成长的。

乙:我能把丑的吹成美的。

甲:我能把死的吹成活的。(马季、赵炎《百吹图》)

甲开始使用的是一个常见的语言模因"把方的说成圆的",形容一个人油嘴滑舌,善于吹嘘、耍嘴皮子。但相声对话中却不断出现这个模因的变体,相互复制的谎言一个比一个更厉害,让人忍俊不禁。

⑭ 甲:哎,你是青出于吹而胜于吹啦!

乙:哎! 您是老将吹马,一个吹俩呀!

甲:不能这么说,您是长江后吹吹前吹啦!(马季、赵炎《百吹图》)

这里的"青出于吹胜于吹""老将吹马,一个吹俩""长江后吹吹前吹"分别来自"青出于蓝而胜于蓝""老将出马,一个顶俩"和"长江后浪推前浪"的复制变体。

相声语言的幽默机制也出现在篇章层面,即以某个常见结构组成的篇章(如某首诗文或某句名言、名段)作为模板,复制出以篇章为单位的语言模因变体;也有一些出现在重音、句调、语调等超音段层面,刻意使模因变体与语境的不和谐,从而产生幽默。总之,语言模因作为言语幽默机制,其操作过程与活字印刷的过程相类似:人们根据具体语境和交际需要,将储存在脑海中的词语、句段乃至篇章等各个层面的语言信息,或整体或部分地调遣起来,让它们重新组合而成为新的语言模因变体。

4. 结语

本文结合语言模因论和幽默乖讹理论,指出相声出现的语言模因大都来源于人们喜闻乐见的成语、谚语、诗词、歌赋以及名言、名句的形式或内容,揭示了相声语言艺术中幽默、乖讹的由来。在相声语言中,在各个语言层面(词语、句段、篇章)形成的语言模因都能在不同程度上产生不和谐、不协调的乖谬现象,从而形成特有的相声幽默。

参考文献

Blackmore,S. *The Meme Machine*[M]. Oxford:Oxford University Press,1999.

Dawkins,R. *The Selfish Gene*[M]. New York:Oxford University Press,1976.

Li,J. A relevance-theoretic account of cognitive strategies of humor in chinese comic dialogues,[D]. School of Foreign Languages, South China University of Technology,2006.

Palmer,H. *Taking Humour Seriously*[M]. London:Routledge,1994.

Verschuren,J. *Understanding Pragmatics*[M]. Beijing:Foreign Language Teaching and Research Press,1999.

高玉兰.会话含意理论在中国相声中的运用[J].四川外语学院学报,2001(2).

何自然.语言中的模因[J].语言科学,2005(6).

何自然、何雪林.模因论与社会语用[J].现代外语,2003(2).

何自然、申智奇.刻意曲解的语用研究[J].外语教学与研究,2004(3).

何自然、谢朝群.语言模因说略[J].现代外语,2007(1).

侯宝林、薛宝琨、江景寿、李万鹏.相声溯源[M].北京:人民文学出版社,1982.

马 季.相声艺术漫谈[M].广州:广东人民出版社,1980.

王 勇.幽默言语的制笑机制[J].南京社会科学,2002(2).

王金玲.论幽默语言的特征与技巧[J].外语学刊,2002(3).

模因工程[*]

——如何打造强势的广告语言模因

庄美英

1. 广告中的强势模因

1.1 模因的复制能力

模因像基因一样遵循自然选择、适者生存的规律。复制因子的自我复制能力各不相同,形形色色的模因为自身的生存而激烈的斗争。Blackmore(1999:65)指出:"在模因进化的过程中存在着巨大的选择压力。所以在数量极大的潜在的模因中,能够生存下来的模因为数并不是很多,只有很少一部分模因能够成功地从一个人的头脑被拷贝到另一个人的头脑,从人的头脑被拷贝到印刷品,或者是从人的声音被拷贝到光盘上。我们在生活中经常能碰到的模因,都是一些成功的模因,即能在自我复制的竞争中获胜的模因。"

那么究竟什么样的模因容易获胜呢? Heylighen 认为模因的成功复制要经过 4 个阶段。(1)同化:一个有效的模因应能"感化"受体,被受体注意,理解和接受。(2)记忆:模因必须在记忆中保持一段时间,否则就不是模因。停留的时间越长,感化受体的机会越多。(3)表达:指的是在与其他个体交流时,模因必须从记忆模因中出来,进入能被他人感知的物质外型这一过程。最突出的表达手段是话语,其他常见手段有文本、图片、行为等。(4)传播:模因传播需要有形载体或媒体,他们应该有很强的稳定性,防止信息流失或变形。模因载体可以是书本、照片、人工制品、光碟等等。自从大众媒体特别是互联网出现以后,传播阶段显得更为重要(Heylighen,1998:418-423)。

只有那些顺利经过这 4 个阶段,在保真性(copying-fidelity)、多产性(fecundity)和长寿性(longevity)方面(Dawkins,1976)表现值均比较高的模因才有可能获胜。通常,那些复制能力强,传播范围广,存活时间长的

---

* 本文原发表于《外语学刊》2008 年第 1 期。

复制因子是强势模因;而那些复制次数少,或者根本没有得到拷贝的复制因子是弱势模因或死的模因。目前我们还没有有效的工具能够精确地测量模因复制的次数,从而准确的判断哪些是强模因哪些是弱模因,但是我们可以通过观察它们的传播趋势或通过粗略的统计来大体判定他们的强弱。

语言是一种模因,语言中的字、词、句、段甚至篇章等,只要通过模仿被复制,都有可能成为模因(谢朝群、何自然,2007)。语言模因的复制能力也各不相同。在语言的演化过程中,各种新的词汇和表达方式激烈地相互竞争,以争取被人们采纳接受,或是争取在不同语种间相互转译。我们可以预见,在这种竞争中最终获胜的,必将是那些在保真性、多产性和长寿性等纬度上表现值都比较高的词汇和表达方式。例如,2002 年底突然发生了一种呼吸道的重大急性的新传染病,其出现的紧急性、未知性以及影响之大、传播速度之快,使人们来不及对它确定一个准确的名称,于是出现十几种叫法:"原因不明肺炎""非典型肺炎""非典""传染性非典型肺炎""急性病因不明肺炎""冠状病毒肺炎""(传染性)冠状病毒肺炎"等等。就连世界卫生组织先后也有多种称谓,如"非典型肺炎"(atypical pneumonia 的一种类型)、"严重急性呼吸综合征"(SARS)。可是经过一年的使用与选择,国内媒体专称此病为"非典",并作为"非典型肺炎"的简称被收入 2004 年的《现代汉语规范词典》,而医学界专家们则直接使用 SARS 这个缩略词(樊静,2003;郑伯承,2003)。从模因的角度看,这些名称的竞争和演化的结果是,"非典"和 SARS 成了两个复制能力相对较强的强势模因,而其他的名称则变为相对较弱的弱势模因了。

1.2　强势的广告模因

在信息爆炸的 21 世纪,广告业极度发达。据报道,我们平均每人每天接触到的广告近 2,000 条。报刊、广播、电视、路牌、橱窗、网络都是广告的传播媒介。广告无处不在,无孔不入,但真正能引起我们注意和感知的却少之又少。可见,广告竞争的实质就是各类广告模因争夺人类大脑资源的战争。某些广告模因能抓住人们稍纵即逝的注意力,潜入人类的大脑中,顺利经过生命周期中的同化、记忆、表达、传播四个阶段,成功地感染受众,使其变为自己的模因宿主,这类模因通常是比较强势的广告语言模因。例如,"今年 20,明年 18"(上海百里美容香皂),"不在乎天长地久,只在乎曾经拥有"(铁达时手表),"李宁,一切皆有可能"(李宁牌服饰)等经久不衰的经典广告语都是成功的广告语言模因的典范;有些广告模因似乎从来没有引起过人们的注意,结果悄无声息地淹没在广告的汪洋大海中,这类模因通常是比较弱势的广告模因或死的广告模因。澳大利亚著名的广告学专家 Geoff Ayling 认为,在广告领域,模因是指那些经过反复推敲、层层提炼后只保留其精华的一个主意或概念,然后再加以高度的简化,使任何人都能迅速地、毫不费力地明白它的含义(Geoff Ayling, 1998:4)。

广告中的强势模因形式多样,除了广告语言模因,一幅图片、一个符号、一首广告歌曲、一种声音或者他们的某种组合都有可能是一个模因,如万宝路香烟纵横驰骋、豪迈沧桑的美国西部牛仔形象,耐克的简单鲜明的标志,奥林巴斯数码相机红极一时的广告歌曲 *Hey Julie*,恒源祥那可爱的童音广告"羊、羊、羊"等,都是深入人心的强势的广告模因。

2. 模因工程——打造强势的广告语言模因

2.1 模因工程

在生物学领域,我们已经在很大程度上探明了 DNA 是如何工作的。科学家们按照人类的需要把这种生物的这个"基因"与那种生物的那个"基因"重新"施工","组装"成新的基因组合,创造出新的生物,这就是所谓的基因工程(genetic engineering)。随着模因学说的创立,模因工程一词也随之出现,但是并没有一个统一的解释。网络上比较流行的是 Admin 的定义(www.brainyencyclopedia.com):模因工程是指通过分解与合成等过程设计新的模因来影响他人,以改变他人的行为方式。宣言、标语、广告、政治性与非政治性新闻的作者都是典型的模因工程师。当然,模因学是 20 世纪末才着手建立的科学,我们对模因的理解水平还达不到对 DNA 的理解水平,我们现在尚不知道模因是如何拷贝、如何贮存的,但是正如 Blackmore(1999:56)所说:"我们可以利用模因选择之一般原理进行大量的研究工作;反过来说,我们又可以以这样的研究结果为基础,对模因选择赖以进行的脑机制提出种种富有洞见的猜测。"

Paul Marsden 2002 年建立了一个名为 Brand Genetics 的公司,采用一种模因绘图技术帮助某些公司或个人提高品牌的定位。例如以"健康生活"这一概念为例,任何有意或无意登录到他的 www.ideaslab.net 网站的人,都会被要求写下所能想到的跟"健康生活"密切相关的词,比如"运动""素食"等,其中出现频率最高的那个词被认为是与"健康生活"联系最紧密的词。然后 Paul Marsden 再根据得到的模因绘图去设计一个可能具有传染性的主意或概念,从而帮助公司实现品牌定位。

从模因工程学的角度来看,成功的广告语是具有自我传播效应的"强势语言模因产品",而"强势语言模因产品"是模因工程师在精心设计广告的过程中契合了强势语言模因的某些特征及某些传播规律或策略的结果。

2.2 强势广告语言模因的前提条件

语言模因可以是广告,但并不是所有的广告都能称其为语言模因。广告要成为强势语言模因必须具备一定的前提。仔细琢磨一下 Geoff Ayling 对模因的定义,我们可以看出,他把"主意/概念"(idea/concept)、"高度简化"(super-simplified)看作广告成为语言模因的两个重要前提条件。

首先,强势的广告语言模因一定要"高度简化"。那些"少啰嗦"、看一眼就明白它在说什么的才是好广告。Blackmore 指出,"有效的模因是那些能够引起高度真实而又长期保存的记忆的模因。有很多模因之所以能够广泛传播,在很大程度上是因为他们易于被记忆,而不是因为它们重要或有用……模因论的重要任务之一,就是要利用记忆心理学的有关研究结果来理解模因的选择过程"(Blackmore,1999:57)。据统计,现代人对一则广告的注意力平均只有两三秒钟,因此,只有简短易记的广告语才有可能在人的大脑里根植,冗长的广告通常是无暇被顾及的。但是 Geoff Ayling 所指的"高度简化"并不是一般意义上的简单,而是用最简单的形式表达丰富的内涵或概念,就像是一个压缩的文档,让消费者一看到文档名就能过目不忘,并且能根据常识在头脑中自动地解压缩。比如,丽珠得乐药品广告语"其实,男人更需要关怀!",看似简单平常的一句话,却蕴含着深远的意味,它能在消费者头脑中自然地引发一系列联想:人们总以为男人天生就是强者,是担重任、不叫苦、不言败者,可是随着社会的飞速发展、工作节奏的不断加快,男人在个体发展中所付出的艰辛、在生存竞争中所经受的煎熬、在社会义务与家庭职责上所承担的责任,较前不知道增强了多少倍,于是,当今社会中男人的健康要关注,男人要得到家庭、社会的关怀……如果我们说"其实,男人更需要关怀!"这句广告语是一个压缩文档的名称,那么上述一系列的联想其实就是消费者根据文档名称自动在大脑中"解压缩"的过程。

其次,强势的广告语言模因一定要有一个核心的"主意/概念",它像电脑的芯片一样,是广告语言模因的灵魂,对广告语言模因的成功与否起着至关重要的作用。缺乏核心概念的广告语只是一句空泛的口号,或者是自作聪明的文字游戏,难以实现传播的目的。例如,联想公司新近推出"只要你想"这个广告口号,全句仅 4 个字,简单倒是简单,但到底是让消费者想什么？如何去想？令人迷惑。这里要宣传的核心概念是什么？品牌战略的目标是什么？只有广告策划者自己先想清楚，才能让消费者去想，只有消费者想明白了才能购买你的产品。毕竟广告模因的终极目标并不是广泛传播就够了，还要通过感染消费者的大脑，把自己的概念悄悄地植根在他们的潜意识里，自然而然地改变他们的消费态度、观念，从而促成最终的购买行动。强势的广告模因往往既高度精练，又承载着明确而独具匠心的"主意/概念"，如 IBM 公司的广告词"无论是一小步，还是一大步，总是带动世界的脚步"，突出了 IBM 公司日日进步，带领世界电脑行业前进的形象，并且用谦虚的姿态把这一信息表达出来，很容易被受众接受和记忆。再如五谷道场的广告语"非油炸，更健康"紧抓住"健康、绿色"的核心概念，把对手逼向一侧，切割出自己的市场。伴随着陈宝国断然推开油炸方便面的神情，此广告语已经成功地转化成强势的语言模因，迅速传遍了全国各地。

当然，广告成为强势语言模因的另一个重要前提是需要强势的传播媒介作为载体，比如电视、网络等。

2.3 广告语言模因的传播策略

广告具备以上前提条件，只具备了成为语言模因的基本可能性。要想把新广告打造成强势语言模因，还必须研究模因的传播规律和策略。掌握了模因传播的规律和策略，并在设计模因的过程中加以利用，才可以大大提高模因的复制能力，增强其快速传播的可能性。

然而研究模因的传播规律和策略是一项复杂而艰苦的任务，很多模因学者做过这方面的探讨，但还没有系统的结论。Richard Brodie（1996：153）在 *Virus of the Mind* 一书中提出以下三种把弱势模因变为强势模因的策略：重复策略（Repetition）、认知失谐策略（cognitive dissonance）、木马计（Trojan horse）。本文结合 Chip Heath（2001）、Richard Brodie（1996）、Geoff Alying（1998）等人的观点，在观察、分析成功的广告实例的基础上谈谈广告语言模因的传播策略。

2.3.1 重复策略

不断地重复同一个词语或表达方式，直到它变得熟悉并内化在你的头脑里而成为模因，这是一个简单而又重要的策略。"快、快、快速见效"（Anacin 去痛片）、"丰华，丰华，笔中精华"（丰华圆珠笔）、"容声，容声，质量的保证"（容声冰箱）、"葵花，葵花，味美万家"（葵花牌味精）等广告语都是成功运用重复策略实现自我传播，从而变为强势广告语言模因的。

2.3.2 借助、依附策略

新模因或弱模因借助或依附于成功的强势模因来传递自己，以增强自身的生命力。

在广告的语言模因工程中，我们把可以借助或依附的强势模因粗略地分为两类：内容上的强模因和形式上的强模因。内容上的强模因是强势的思想或文化模因，指在某一国家、社区或团体内长期形成的思想观念、价值取向、行为标准、风俗习惯等。例如中国人的"仁、义、礼、智、信""集体主义"等传统观念和美德，邓小平"一国两制"的政治思想等，都是在人们头脑中扎根的强势模因。依附于这类强势模因来传播自己，可以增强自身的保真性、多产性、长寿性，成为强势语言模因的几率也会大大提高。例如，2006年，某些重大药品安全事件相继发生之后，一句铿锵有力的"做良心药，做放心药"的广告语激活了中国传统道德和价值观念中"做人要有良心"这一强势模因，引起了老百姓的共鸣，从而成为家喻户晓的流行广告语。再如，随着"构建社会主义和谐社会"这一重大战略举措迅速成为一个传遍全国的强势模因，一系列借助于这一强势模因进行传播的广告语也纷纷出现，如福美来汽车广告语"和谐灵动，君子风范，和谐生活新成员"，中国石油的广播电视广告"奉献能源，创造和谐"，中国移动的报纸广告"用沟通，共建和谐"等。依附于"孝"行、"集体主义"等内容上的强模因而取得成功的广告语，如"孝敬父母，脑白金""你好，我好，他也好，大家好才是真的好！"（广州好迪）等，也都是一些具有强势模因的广告语。

再看形式上的强模因。语言是模因，也可以是传播模因的载体。当我们把语言看作传播模因的形式时，形式上的强模因指耳熟能详的古诗词、名人名言、成语俗语、社会流行语，或从电影电视等衍生而来的公式化了的表达方式，如"都是XX惹的祸""XX也疯狂""把XX进行到底"等。这些形式上的强模因具有广泛的传播基础和脱口而出的模因效果，只要广告人能在广告和某一强势语言模因之间找到一个契合点，直接把二者捆绑到一起或稍作修改，就可以借强势语言模因载体之力，把新模因快速"发送"出去。例如，范伟和赵本山搭台共唱了一系列的忽悠戏，带有幽默意味的"忽悠"一词给观众留下了很深的印象，于是出现了好劲道骨汤面的广告语"骨汤加好面，营养不忽悠"巧妙借助于"忽悠"这一流行语的力量变为强势广告语言模因。再如汾酒的广告"汾酒必喝，喝酒必汾"套用了《三国演义》里的"分久必合，合久必分"来做宣传，还有"年年岁岁雪相似，岁岁年年豹不同"（雪豹皮衣）；"决胜于千里之外，运筹于帷幄之中"（日本东芝通信公司）；"拥有桑塔纳，走遍天下都不怕"（桑塔纳轿车）；"呼机,手机,商务通,一个都不能少"(商务通)等广告语都是借助语言中的强势模因来传播自己的范例。当然,这种策略要巧用妙用,如果滥用、误用,会导致千人一面的雷同效果,甚至造成对语言的污染,引起人们的反感。

2.3.3 顺应策略

模因可分为简单模因和模因复合体。简单模因之间会互相影响。在传播过程中,相似模因之间会相互支持、整合,形成较大的模因复合体以保护自己,排除异己,发挥着比简单模因更大的影响。由此可见,作为新模因,要想被接纳、吸收,成为模因复合体的一员,就必须顺应、亲近已有的文化环境,融入、渗透到新的模因复合体里,才能成功实现自我复制。

中国的传统文化经过几千年的积累和流传,形成了中华民族的思维方式、价值观念、伦理道德、性格特征和行为规范,并内化为国人的文化心理和性格,融入社会、政治、经济、意识等各个领域,以模因或模因复合体的形式承传下来。广告信息中这些因素不可忽视。例如,美国著名广告语"Just do it",体现的是一种青年人与主流社会相左的叛逆心理,广告的主题要标榜美国的所谓个性自由。可是这个广告在香港地区被译成"想做就做"在电视上播放时,却被投诉,认为广告有诱导青少年干坏事之嫌。很明显,那是广告译文未能顺应当地社情所导致的。香港地区作为华人社会,"自律"是传统心理要求,怎能提倡"想做就做"呢!后来广告词被改成"应做就做",这个风波才告平息。由此可见,广告离不开民族文化,只有理解和把握影响广告受众认知心理的传统文化因素,并尽力顺应这些因素,才是打造强势广告语言模因的重要保证。

成功运用顺应策略得到广泛传播的广告语言模因还有很多。例如,人头马 XO 的广告口号"干邑艺术,浓情似火"符合西方人直白的感情表达方式,又带有一份浪漫的情调,在西方国家很受欢迎,但对于含蓄、内敛的东方人来说那就似乎不太容易被接受了。不过自从创出"人头马一开,好事自然来"这句广告词,它用了汉语的对偶与押韵,朗朗上口,迎合了中国人"凡事求吉利"的文化心理,借助于"人人喜欢好彩头、好意头"的强势文化模因而取得成功。但是,反面的例子也有不少。

2.3.4 情感驱动策略

情感是让广告语真正"动"起来而成为模因的驱动力。Chip Heath (2001:1028-1041)认为某些模因之所以成功是因为他们能够激起人们某种共有的情感反应。用 Geoff Alying 的话来说,最强有力的模因是那些能够恰当激活情感热键的模因(Geoff Alying,1998)。Richard Brodie

(1996：92)把内嵌在模因中的情感热键分为两个层次。第一层：食物、恐惧感和性，是与人们生存直接相关的三大最主要的热键。第二层：归属感、自我实现、关爱、认同感和遵循权威。

仔细分析一下我们生活中强势的广告语言模因，不难发现，他们大都采用了情感驱动策略来加快自身复制的。例如"龙的传人用龙卡"（建行龙卡）、"孔府家酒，叫人想家"（孔府家酒）、"同是天下父母心，望子成龙小霸王"（小霸王电脑学习机）等广告语分别嵌入了爱国情、思乡情、父母情等情感热键来推动自身的传播。国外的经典广告模因也莫不如此，Coca Cola 卖的不是可乐，而是激情和娱乐；Levi's 卖的不是牛仔裤，而是性感；Rolex 卖的不是手表，而是尊贵与威望……

以上分别讨论了强势广告语言模因实现自我传播的几种策略，但是一个模因的成功往往是各种因素综合作用或几种策略并用的结果。例如，2003 年美伊战争爆发后的第二天，中央电视台黄金时段出现了一个仅 5 秒钟的广告"多一些润滑，少一些摩擦"（统一润滑油），就迅速获得了成功。它的成功取决于以下几个因素：首先是双关语的应用，"摩擦"这里不仅指物体间的物理摩擦，也暗指国家间（美伊之间）的关系摩擦；其次是对偶和押韵的应用，使句子工整、易记；最后是该广告语巧妙地借用战争话题，非常贴切地把"中国人民爱好和平、期待和平"这一情感热键嵌入其中，引起了人们的共鸣。

3. 结语

本文在模因论的基础上，从模因工程学的角度探讨了广告成为模因需要具备的前提条件以及如何采用恰当的模因传播策略来打造强势的广告语言模因。也许有人会说，在模因这一概念出现以前，这些策略就存在，有什么新鲜的呢？其实，这和在牛顿发现万有引力之前，苹果照样会落到地上是一个道理。模因学说的重大意义在于给我们提供了一个看待和解释文化现象的新视角，启发我们的新思维，并引导我们尽可能地运用理论来指导我们的实践。模因的选择和传播是一个复杂的过程，语言模因的传播策略也远远不止本文提到的这几种。笔者不揣冒昧，做了一点尝试性的努力，希望能够对广告模因工程学的研究起到一个抛砖引玉的作用。

参考文献

Ayling, G. *Rapid Response Advertising* [M]. Warriewood, N. S. W.：Business &

Professional Pub., 1998.

Blackmore, S. *The Meme Machine*[M]. Oxford: Oxford University Press, 1999.

Dawkins, R. *The Selfish Gene*[M]. New York: Oxford University Press, 1976.

Heath, C. Emotional selection in memes [J]. *Journal of Personality and Social Psychology*, 2001, 81(6).

Heylighen, F. What makes a meme successful? [A]. In *Proceedings of 16th International Congress on Cybernetics*[C]. 1998.

Marsden, P. What Healthy-Living Means: Trialing a New Qualitative Research Tool [J]. *International Journal of Market Research*, 2002, 44(2).

Richard B. *Virus of the Mind: The New Science of the Meme*[M]. Seattle, WA, Integral Press, 1996.

樊　静.见证一个新词(SARS)的诞生、演变及所思[J].科学术语研究,2003(5).

谢朝群、何自然.语言模因说略[J].现代外语,2007(1).

郑伯承.是命名还是译名?——对最近流行的一种新型肺炎的名称的看法[J].中华医学杂志,2003(19).

从模因论看网络语言词汇特点[*]

曹 进 刘 芳

诞生于 20 世纪中后期的互联网催生了网络语言。语言是一切文明和传播的基础，一切传播媒体都是语言载体，载体的变化往往会引起语言风格或语体的变化。受到网络这一载体自由化、虚拟化、电子化、全球化、无限性、便捷性、交互性等特点的极大影响，网络语言这一面向网民、用于网络交流的工具逐渐发展成为一种新的语体，并最终成为 20 世纪 90 年代语言革命性的标志之一。目前，我国有许多学者从不同角度关注、探讨网络语言现象。例如：董启明等从文体学角度研究网络语言的文体特征；秦秀白从语体学角度论述了网络语言的构成、性质及特点；张德禄等借用系统功能语言学理论分析网上会话的话轮特征；柴磊从语法和词汇层面分析网络语言的变异问题；沈彤等从概念整合理论的角度探讨网络语言等。基于达尔文进化论来解释文化进化规律的模因论为网络语言的研究提供了新视角，因此，本文尝试借用模因论的研究成果来分析网络语言词汇特点，探讨其反映的文化内涵和语用意义，解释网络语言作为强势模因、成功模因的可能性、合理性和优势。

1. 模因论与模因

模因论是一种基于新达尔文进化论观点来解释文化进化规律的新理论，它试图从历时和共时的视角对事物之间的普遍联系以及文化具有传承性这种本质特征的进化规律进行诠释。模因一词最早出现在新达尔文主义的倡导者 Dawkins 所著的 *The Selfish Gene*（《自私的基因》）第十一章中。这一概念的发展经历了两个阶段：第一个阶段，它被看作文化遗传单位，第二个阶段被看作大脑信息单位，是储存于大脑中的一个复制因子。任何事物只要它以广义上称之为模仿的方式，从一个人的身上传递到另一人身上，那么它就是一个模因。从这个意义上讲，语言本身也是一种模因，它可以通过字、词、篇章表现出来。人们一旦将学来的

* 本文原发表于《南京邮电大学学报》(社会科学版)2008 年第 1 期

新词语或外来词引进自己的语言中，就能满足交际需要，那么这些新的语言模因就会被广泛复制、传播。

目前国外对模因论的研究主要有四大流派：信息观、思想传染观、文化进化观以及模因符号观。我国对模因论的认识始于社会语用的研究，对模因论进行探讨研究的学者主要有何自然、何雪琳、蔡少莲、陈琳霞、杨婕、谢朝群等。

2. 网络语言

根据语言的传播方式，我们可以把语言分为口语、书面语和网络语。秦秀白认为："网络语言是指与网络和在线流通有关的语言，它由三种语言成分构成：① 计算机和网络技术的专业术语；② 与网络文化现象相关的术语；③ CMC 交际（BBS、网络聊天等）使用的特殊用语。"狭义的网络语言仅指第三种，即 CMC（Computer-Mediated Communication）交际用语。

CMC 交际语言中有大量的缩略语，如 Q（cute）、Y（why）、FT（faint）等；有数字，如 886（再见）、007（秘密）等；有谐音词，如斑竹（版主）、油墨（幽默）等；有派生词，如 XXing（XX 进行中）、网 X（如网虫、网蝶、网德）等；有图片，如 🙂（可爱）、😊（再见）、😵（疑问）等；有键构符，如：—（（紧皱眉头）、：—&（生气）、：—）（大笑脸）等。此外，还有大量的汉英、数字语码混用现象，如 4a4a（是啊是啊）、IH8U（I Hate you）、I 服了 U（我服了你）等等。词汇是语言三要素中最为活跃的元素，它能极其敏感地反映社会文化的变化发展。CMC 交际用语也最能体现网络语言的变异性，它较为直接地反映网民追求高效、张扬个性、挑战权威、颠覆传统、时尚前卫等社会心态，因而本文选取 CMC 网络语言词汇作为探讨的对象。

3. 模因与网络语言词汇

3.1 成功模因的三个标准与网络语言词汇

Dawkins（1998）提出成功模因有三个衡量标准，即"保真性""多产性"和"长寿性"。任何一个事物，与那些与它发生竞争关系的事物相比，只要它能够在保真性、多产性、长寿性方面占优势，那么它必定在这种竞争关系中获胜，成为成功模因。Blackmore 也指出"在所有可能的模因中，只有很少一部分能成功地从一个人的头脑被拷贝到另一个人的头脑"。在此部分,我们将通过成功模因的三个标准,从强势模因和模因复合体这两个不同层面分析网络语言词汇。

(1)强势模因与网络语言词汇

强势模因即在自我复制竞争中获胜的模因。我们在日常生活中碰到的都是强势模因,语言模因也不例外,能够被使用、传播的网络语言必定是强势模因。目前"Internet"在我国的中文译名还没有完全统一,有"互联网""互联网络""国际网""国际互联网""交互网""因特网""英特网"等众多译名,最为普遍的叫法为"互联网"和"国际互联网"。从模因论的角度来看,"互联网"和"国际互联网"在众多译名的竞争中获胜,成为被广泛复制和传播的强势模因,在长寿性、多产性、保真性方面具有较高值。

由于网络交流缺乏面对面交流的真实语境,人们无法通过非言语交际手段表达一些情感,为了弥补这些不足,网民在交际中使用一些表情符号和图片使得信息接收者通过视觉和声音(读音)来完成交际的认知过程。例如,通过发送表示笑脸的表情符号: —)或 918(加油吧),网民将声音和情景输入到认知过程中,有效地弥补了网络交际中非言语交际手段的缺失。有时人们会通过网络词语委婉地表达一些说法,比如用"PMP"(拍马屁)、"TMD"(他妈的)等来委婉地表示一些骂人的脏话,用"007"(来源于电影中代号为 007 的特工)表示"秘密"。以上这些模因具有很强的实用性,在网络交流时被人们逐渐固定下来,并通过互联网大量复制传播。这些网络语言在同其他形式的语言模因的竞争中获胜,拥有较高的保真性、长寿性和多产性,成为成功的强势模因。

(2)模因复合体与网络语言词汇

模因的发展过程充满了竞争和选择,Dawkins 在 *The Meme Machine*(《模因机器》)序言中指出:"模因的选择过程使得那些能够相互融合、互惠互利的诸模因相结合,以形成模因复合体。"构成模因复合体的诸模因比相同的诸模因处于分离状态下时更容易得到复制,发挥的作用更加强烈,即模因复合体在选择过程中的竞争力更强。在网络语言中,网民通常用"青蛙"指代"长相不佳的男网民",用"1775"(美国独立战争爆发的年份)表示"不满和反抗",用"小强"指"蟑螂"(来自周星驰无厘头搞笑电影),用"衰"表示"倒霉"(来自周星驰无厘头搞笑电影),被蚊子咬叫"新蚊连啵"(与新闻联播同音),等等。这些源于文化生活的模因为人们熟知,它们本身的缺省意义在网络交流的语境中被激活,这些意义同特定的网络符号相联系,便于人们理解、记忆和运用。即网络语言的使用者激活这些存储于人们大脑中的世界知识,把它们同网络语言这种普通模因捆绑起来,构成意义上的模因复合体。正如 Blackmore 所说,成功的模因应当是那些依附于被记住的行为之上的模因,通过这种方式,人们更容易理解,记忆这些特定的网络语言符号,从而增加了网络语言的复制能力和传播能力,有利于增加网络语言的长寿性。

Blackmore 提出:"对于增强模因的多产性而言,口语化的语言是最理想的方案。""网络语言的语言特点介于书面语和口语之间,它针对视觉或者同时针对视觉与听觉;其媒介是电子,具有即时的全球性和互动性,这是口语和书面语所不具备的优势。"同时网络传播能在同一时间复制传播大量的信息,这些都使得网络语言成为一种具有多产性的复制因子。

此外,语法可以被看作是用以提高多产性和保真性的一个途径。"通过给单词加前缀、后缀来影响这些单词本身,通过赋予单词多种意义,通过改变单词的组合顺序等,都能够增加不仅能被说出而且能够被复制的句子的数量。"网民在交流和交际中为了达到快速经济、直观简洁、生动幽默、委婉礼貌等语用效果,经常重复、增减、变换信息传播方式,利用谐音、缩略语、派生词、图片、表情符号、数字或语码混用等创造出新的模因或模因复合体,以实现信息的成功交流。例如网络语言中的"网"字通过衍生产生了诸如"网虫""网恋""网蝶""触网""网友""网上冲浪"等词。"网"这一简单模因通过诸多模因复合体被广泛复制传播,提高了多产性;同时,由于"网"具有继续衍生新词的能力,它的长寿性和保真性也提高了。又如网络语言中的"XXing"这一特殊的构词方式,借用了英语进行时时态标记-ing,与汉字结合构成模因复合体,表示"XX 正在进行中"。比如"吃饭 ing""上网 ing""郁闷 ing""流口水 ing"等,这一用法生动地反映了正在进行的状态。通过加词缀,既提高了模因的多产性,又保证了模因传播的保真度,有利于提高模因的竞争力。此外,网络语言中还会出现字词的重叠使用,这类模因复合体通过单个字词的重复排列来表示一种强烈的感情。例如表示强烈的不满情绪可用"toooooooo bad",用"哈哈哈哈"来表示一种高兴或狂喜的心理等。通过这些简单模因和模因复合体,语言本身也随之在互联网上不断被复制、传播。总之,语言的选择和使用过程就是各种模因相互竞争的过程,模因的存亡取决于其功能。

3.2　模因生命周期的表达、传播阶段与网络语言词汇

除了 Dawkins 提出的衡量成功模因的三个标准外,Heylighen 提出了模因要成功复制必须经历的四个生命周期,即同化(assimilation)、记忆(retention)、表达(expression)和传播(transmission)阶段。这四个阶段循环往复,选择标准在其中起了很大的作用。这些选择标准有:客体标准、主体标准、主体间标准、以模因为中心的标准。一个模因要成功经历这四

个阶段,得到复制和传播,必须具备这些标准或其中一些。对于网络语言而言,在这四个阶段中后两个阶段即表达和传播阶段尤为重要。

表达和传播阶段在实质上是一样的,表达过程就是在传播。在表达阶段,宿主通常倾向于表达那些他认为有趣和重要的模因,在这一阶段起作用的选择标准有主体间标准易于表达性,以模因为中心的标准劝诱传播性。在传播阶段,模因的选择标准有主体间标准公众瞩目性,以模因为中心的标准劝诱传播性。通常,简单便捷、易于表达的模因会通过选择标准成为成功模因。在网上进行交际,网络语言模因稳定的媒介就是互联网。总的来说,互联网彻底改变了目前信息的传播结构,它使得信息传播超越时空,提高传播效率;使得传播内容多元化、传播渠道畅通化、信息传播交互化和个性化。所以对于模因及其传播而言,互联网的出现是个巨大进步。

在网络交流时,网络语言使用者使用的一些借代词、谐音词、数字、图片、表情符号,如 0376(你生气了)、泡菜(在论坛上读帖发帖的人)、马甲(在同一论坛注册多个 ID)、<@_@>(醉了)、3ks(thanks,谢谢)、RUMOF(Are you male or female,你是男是女)等,这些网络语言比起其他规范的语言表达形式来说,更符合网络传播的一些特点,更能体现网络语言使用者的创造力和个性,达到了这两个阶段模因选择标准的主体间标准易于表达性、主体间标准公众瞩目性以及以模因为中心的标准的劝诱传播性。这些网络语言词汇生动直观、易于理解和表达,使用者乐于传播它们,因此能在表达和传播阶段获胜,最终成为广泛流传的成功模因。

3.3 网络语言模因的两种表现形式

在以上部分,笔者主要从成功模因的三个标准和四个生命周期分析了网络语言词汇,在此部分,笔者将总结网络语言词汇作为成功模因的两种表现形式。Blackmore 认为模因的传递有两种不同的方式:"对结果的拷贝和对指令信息的拷贝",即模因表现型和模因基因型。根据何自然的划分,模因表现型又包括同音异义传播、同型联想传播以及同构异义传播;模因基因型可分为相同信息直接传播和相同信息异形传播。在成功复制传播的网络语言模因中,表现最突出的当属模因基因型的相同信息异形传播和模因表现型的同构异义传播。

(1)模因基因型之相同信息异形传播

"模因基因型的相同信息异形传播是一种以复制信息内容为主的模因,它以纵向递进的方式传播,尽管在复制过程中出现信息变异,但复制出的仍然是复制前的内容。"在网络语言中,这种相同信息异型传播的模因基因型有以下几种：

① 谐音，包括方言谐音、数字谐音、英语谐音，以及输入文字时敲的别字。例如表（不要）、酱紫（这样子）、稀饭（喜欢）、偶（我）、木油（没有）、065（原谅我）、7456（气死我了）、5555（呜呜呜呜，表示痛哭）、98（走吧）等。

② 借称。例如青蛙（网上称长相不佳的男子）、小强（蟑螂）、水母（在网上一直灌水的女性）、大虾（网络高手）、菜鸟（初级水平的新人）、拍砖（提意见）、楼上楼下（帖子的上下部分）等。

③ 英汉、数字混用。如 Me2（Me too）、B4（Before）、Cul8ter（See you later）、F2F（Face to Face）、I 服了 you（我服了你）、你真 in（你真入时）、我好 high（我很高兴）等。

④ 缩略语。如 SP（Support，支持）、TTYL（Talk to you later，回头再谈）、FAQ（Frequently asked question，常见问题）、AAMOF（As a matter of fact，事实上）、AFK（Away from keyboard，暂时离开一下）、BBL（Be back later，马上就回来）等。

⑤ 图片、键构符。例如 😲（惊讶）、😠（生气）、😏（偷笑）、（一_一）（神秘笑容）、♯－）（一夜没睡）、：－o（目瞪口呆）、：－0（恍然大悟）、：－）（抛媚眼）等。

以上这些网络语言虽然形式上与所要表达的意思不同，但它们的原始信息在变形前和变形后都相同，所以都属于模因基因型的相同信息异形传播。

（2）模因表现型之同构异义传播

"模因表现型的同构异义传播指的是语言形式结构没有变化，但内容意义发生变化。"在网络语言中，这种形式的传播主要有：

① 词根、词缀派生词。例如"XX 门"（XXgate）这一结构最早出现于美国前总统尼克松的"水门事件"中，后来"门"（-gate）失去了原有意义，成为后缀，经常与"丑闻"或"不光彩的事"联系在一起，人们把跟政治丑闻尤其是与重大政治事件有关的事件均称为"XX 门"（XXgate）。例如里根总统的"伊朗门"（Irangate）、克林顿总统的"拉链门"（Zippergate）等。然而近年来，在中国网络语言中的一些所谓的"门"事件逐渐失去了"门"与政治丑闻相关的含义，多数是一些与社会生活有关的小风波、小纠纷。例如"婚礼门"（发生于 2005 年的与日本车质量问题有关的事件）、"馒头门"（指胡戈对电影《无极》的恶搞事件）、"电话门"（指意大利足球丑闻）等，这些"门"事件的构成形式没有变，但已失去了原有的含义，属于模因表现型的同构异义传播。

② 旧词赋新意。例如 spammer 原意指"罐头猪肉",在网络交际中特指"乱发邮件的人";"工分"原指我国在人民公社时期采用的一种分配所得的制度,在网络语言中表示"总发帖数";"水手"一词原指"海员",在网络语言中表示"某论坛中的芸芸众生";"包子"是一种食物,但在网络语言中,它被用来指"某人长得难看或太笨";"隔壁"本指左右相毗连的屋子或人家,在网络语言中被引申为"论坛里的另一话题"。这些字词在网络语言中被赋予新的意义,也属于模因表现型的同构异义传播。

4. 结语

语言的生命力体现在其交际价值上,网络语言自产生以来,方便了人们进行网上交流,其数量增长迅速,在一定程度上说明网络语言自身具有一定的生命力。作为网络文化不可或缺的一部分,网络语言的现状是网络传播发展的必然结果。

参考文献

Heylighen F. What makes a meme successful? ［A］. In *Proceedings of 15th International Congress on Cybernetics*［C］. 1998.

柴　磊.网络交际中的语言变异及其理据分析[J].山东外语教学,2006(2).

陈卫星.网络传播与社会发展[M].北京：北京广播学院出版社,2001.

邓利华、林　立.网络词语精解手册[M].北京：外文出版社,2000.

董启明、刘玉梅.万维网键谈英语的文体特征[J].外语教学与研究,2001(1).

何自然.语言中的模因[J].语言科学,2005(6).

里查德·道金斯.自私的基因[M].卢允中、张岱云、王兵,译.长春：吉林人民出版社,1998.

刘世生、朱瑞青.文体学概论[M].北京：北京大学出版社,2006.

秦秀白.网语与网话[J].外语电化教学,2003(94).

秦俊红、张德禄.网上会话中的话轮转换[J].外语电化教学,2005(105).

沈　彤、刘　俊.从概念整合理论来解读网络语言[J].山东外语教学,2006(5).

苏珊·布莱克摩尔.谜米机器[M].高申春、吴友军、许波译.长春：吉林人民出版社,2001.

王望妮."门"后的思考:"XX门"的社会语言学解读[J].外语教学,2007(3).

新新人类网络语言魔鬼辞典［EB/OL］.［2004－08－20］.http://tech.sina.com.cn/other/2004－08－20/1817409411.shtml.

模因论与修辞[*]

何自然　戴仲平

1. 模因论的基本思想

模因论（memetics）是一种基于达尔文进化论的观点解释文化进化规律的新理论。模因（meme）一词最早是由牛津大学动物学家 Dawkins 在 1976 年出版的 *The Selfish Gene*（《自私的基因》）一书中提出来的。在这本书中，Dawkins 使当时就颇有影响的一个观点更加普及：进化的过程最好从基因之间的互相竞争的角度来理解。在过去，生物学家总是认为生物的竞争是物种的竞争：一个物种或群体同另一个物种或群体相比，其灭绝的可能性的大小，取决于他们之中的个体的自我牺牲精神的大小，这个世界是由那些具有自我牺牲精神的群体所占据。到了 60 年代，人们开始产生疑问，并提出从"基因的观点"来看待进化过程。Dawkins 认为，基因是生物进化的基本单位，复制基因（replicator）是生命的祖先，复制基因之间通过竞争而获得生存，而生物体（人）只不过是基因传承和繁衍自身的"生存机器"——这就是颇具刺激性的"自私基因论"（selfish-gene theory）。在《自私的基因》一书的末尾，Dawkins 提问道：在文化领域是否存在着类似基因在生物进化中所起作用的东西呢？他的回答是"有"。他认为，除了 DNA 以外，已经产生了另外一种复制因子，这就是"模因"。它指一些思想或主意通过人类文化加以散播，并一代一代地相传下来。因此可以说，模因（meme）这个新造出来的单词用了与基因（gene）相近的发音，表示"出自相同基因而导致相似"的意思，故模因指文化基因。

在牛津英语词典中，模因的定义是"文化的基本单位，通过非遗传的方式、特别是模仿而得到传播"；韦氏词典则将之释义为"在文化领域内人与人之间相互散播开来的思想、行为、格调或语用习惯"。也有学者把模因定义为个人记忆中的信息单位，它能从一个人的记忆中复制到另外一个人的记忆中去。

Dawkins 认为，作为文化传播单位，模因的种类很多，如旋律、观念、

---

　　* 本文原收录于夏中华主编《修辞学论文集》（第九集），北京大学出版社 2007 年 1 月第 1 版。

宣传口号、服装时尚、制罐或建造房子的方式等都是。如同基因库中繁殖的基因,借助精子或卵子,由一个身体跳到另一个身体以进行传播;模因库中的模因,其繁衍方式是通过模仿的过程发生的,它将自己从一个头脑传到另一个头脑。具有繁殖力的模因一旦传入一个人的大脑,就把此人的大脑变成了传播模因的工具(宿主),就像滤过性病毒寄生在寄生细胞的基因机制一样。

成功的模因如同成功的复制基因一样,具有长寿性(longevity)、多产性(fecundity)、保真性(copying-fidelity)的特点。所谓长寿性是指模因在模因库内存留很久,也就是指模因能在纸上或人们的头脑中流传的时间很长,如宗教律法可能连续流传数千年。所谓多产性是指模因的传播速度快、传播范围广,如流行的旋律,人们传唱的次数多、人数多。模因的多产性决定了人们对它的接受程度,决定了它的存活价值。两相比较,模因的多产性比长寿性要重要一些,因为只有模因首先具有多产性,然后才能谈得上长寿性。所谓保真性是指模因在复制过程中往往会保留原有模因的精要,而不是丝毫不发生变化。如一种科学观念,从一个人的头脑再传到另一个人的头脑时,多少会发生一些变化,但仍然会保留原有科学观念的精髓,如果变得面目全非了,彼此就不会认为是同一种科学观念了。

模因可分为简单模因和模因复合体。在传播过程中,相似模因之间会相互支持,形成较大的模因复合体,发挥着比简单模因更大的影响。

模因论作为一种科学假说,对社会文化中的许多现象具有很强的解释力,在许多领域这种理论能给人们以新的视角和新的启示。我们完全可以借用这种理论来解释和研究许多人文社会科学领域的问题。模因论在语言研究方面也同样具有广阔的前景。

2. 模因与语言

语言既是传递模因的工具,其本身也可能成为模因。对模因与语言的关系的探讨,国外已出现了许多文章。其中比较突出的是 Blackmore 在 *The Meme Machine*(《模因机器》)一书中对模因与语言关系的探讨。在该书中,她从多方面探讨了模因对语言的影响。她有几个主要的观点:

(1)我们是被模因驱动着而说话的。其理由有三:① 说话是宣传模因的一个有效途径。那些容易被说出来的信息比那些不能被说出来的信息更容易、更经常地得到人们的复制。因此,这些模因就会在整个模因库中不断得到扩大,从而导致我们说个不停。② 从有关说话的规则和社会实践来看,鼓励人们多说话的指令(如避免群体沉默的尴尬、与人交谈以示礼貌等），比要求人们保持沉默的指令（如认为闲谈是没有意义的、保持礼节性的安静或是对沉默价值的精神信仰等）更有效。持有前一种模因的人将会说更多的话，因此由他们说出来的东西将更有可能被更多的人听到，并因而更有可能被别人所持有。③ 支配说话的模因，或那些能够与支配说话的模因和谐共处的模因，将在整个模因库中不断地传播、扩展，而那些支配沉默的模因将逐步地被淘汰。

（2）人类的语言能力是受到模因的驱动而产生并发展的，而且，语言的功能在于传播模因。Blackmore 认为，当模仿开始进化之后（大约开始于 250 万年至 300 万年之前），除基因之外的另一种新的复制因子便诞生了。而模因的出现改变了基因在其中接收选择的环境，迫使基因产生出越来越好的、用以传播模因的器官结构。

具体来说，早期人类发现模仿他人的新发现可以获得益处，于是便将使他们成为模仿者的那些基因传递给下一代，直到模仿变成一种普遍的生活方式。于是一种新的复制因子便应运而生，并开始利用大脑这架复制机器进行复制。由于最初被复制的各种技能具有生物学意义上的有用性，所以成功的模因便开始决定基因的成功。只有那些能够促进成功模因之传播的基因，才有更多的机会得到复制，才是最成功的基因。所谓成功的模因，即在保真性、多产性、长寿性等维度上表现值最高的模因。由于模因的进化速度比基因的速度快得多，这就造成大脑容量的不断增加，大脑进化的结果，必然使得大脑越来越善于传播那些最成功的模因。而正是为了更好地传播模因，人类选择了语言作为传播工具。这是因为：首先，语言能够增强模因的多产性。人类通过口语化的语言传播信息，比通过手势语、身体姿态、面部表情，以及其他任何可以利用的符号手段来传播信息，能够产生更加多得多的复制品。其次，口语语言的数字化保证和加强了口语化的保真性。语言通过利用离散的单词而构成，而不是利用连续的声音来构成，这就使得语言的复制过程变得更加精确。第三，语法通过单词的不同组合方式赋予其不同的意义，可以增加彼此有区别、不仅能够被说出而且能够被复制的句子的数量。就是说，语法是使语言传递过程的保真性和多产性更加精致的一种手段。

（3）文字的产生是以语言为基础的模因获得其长寿性的进化过程中的一个重大的步骤。不同的语言文字体系之间存在相互竞争。在有多种文字符号体系共存的情况下，假若其中某一个体系能够产生更多、更好、生存时间更长的复制品，那么，这个体系就会在各种体系中脱颖而出，并由此充满或占领整个世界，而包含于这种文字体系中的观念，也便借此得以传播、扩散开来。这一竞争过程的结果，必将产生巨大的压力，致使其中某一个复制系统最终获得完全的支配权,而其他的体系则趋于消亡。

Blackmore 的这些关于语言与模因的关系的观点,非常新颖独到,尽管涉及的面还不是很广,但足以构成我们研究模因与语言关系的基本理论。她为我们研究模因对语言的影响提供了很好的理论指导。我们可以利用这些理论更加深入具体地解释和分析一些语言现象,探讨语言的理论和应用问题。

Blackmore 在阐述模因对语言的起源和语言进化的影响时,实际上揭示了语言产生和发展的一些重要规律。语言的产生和发展是受到模因驱动的,语言总是按着保证模因的保真性、多产性、长寿性三个标准发展自己。这对我们解释和研究语言的发展变化是很有启发的。世界上现存的语言的发展具有许多共同特点,如词汇量在不断扩大,语法日趋严密化,语音体系在不断简化。语言发展的这些特点可以用模因论来解释:它们是模因驱动的结果。首先,自模因产生以后,它在复制过程中会通过合并、变形、分裂、传播中的误差等变异形式不断产生新的模因。为了快速而准确地传播这些新产生的模因,语言所采用的最便捷的办法就是增加新词。因为离散的单词能保证语言复制的精确性,同时语言中已有的音位、语素和构成规则又能提供了强大的构词能力。因此,词汇量的增加也就非常自然了。从历史上看,凡是社会处于急剧变化、各种思想和文化处于非常活跃的时期,也就是模因大量产生和传播的时期,会产生大量的新词新语。如我国的"五四"时期,外国的新思想、新文化不断传入我国,各种新旧思想和文化相互竞争,相互碰撞,模因总量不断增加,结果导致大量的新词新语的产生。其次,语法本来就是为了提高模因复制的精确性和多产性而出现的,它可以使有限的单词经过语法的组合以后生成无数的、彼此有区别的句子。语法的严密化同样是适应提高模因复制的精确性、多产性要求的结果。譬如汉语语法在演变发展过程中日趋严密化增加了"着""了""过"等动词"体"的语法形式,出现了处置式("把"字句),产生了名词和代词词尾("们"),丰富了量词等。这使汉语的表达手段更丰富、表意更精确。第三,语音系统的简化,也是适应成功模因多产性要求的结果。语音体系通过合并、分化、减少等方法趋于简化,减少了发音部位、发音方法,降低了发音的难度,便于更多的人模仿和学习,相应地也提高了模因的多产性。例如古代汉语在向现代汉语发展过程中,出现了声母的浊音清化、双唇鼻音韵尾 m 的消失(合并到 n)、调类的减少(由平上去入 4 类减少到平上去 3 类)。这样就相应减少了发音部位和发音方法,从而降低了发音难度,便于人们的学习和掌握。相应地,通过这种语音简化了的现代汉语来传播模因速度更快、范围更广、数量更多。

模因论还可以用于解释各种地域方言之间的竞争。多种方言并存，方言之间的竞争不可避免。强势方言一定是在保真性、多产性和长寿性方面的表现值很高的方言。具体来说，强势方言必须具有比弱势方言更简化的语音体系，以利于人们模仿学习；应拥有更丰富的词汇量，能非常准确而快速地复制不断产生的新的模因；还应有不断完善的语法体系，能够使该方言具有强大的生成词语和句子的能力，使表意能力更趋丰富和细致。例如粤方言在我国改革开放初期，曾一度成为一种影响很大的强势方言，大有粤语北上之势。其原因除了粤语方言区的经济实力相对较强以外，还在于处于改革开放前沿的广东和相对发达的香港和澳门地区，接受外国先进生产技术和管理经验相对比较早、比较多，因此粤方言中吸收和创造了比其他方言更多的反映新事物的词汇，具有较强的传播复制新模因的能力。粤方言中有很多词语进入了其他方言，甚至进入了普通话，如"的士""巴士""炒鱿鱼""T恤""发烧友"等等。但粤方言毕竟是一种发展速度相对较慢的方言，其语音方面更多地保留了古汉语语音的特征，如保留了入声、塞音韵尾、双唇鼻音韵尾，拥有十分复杂的韵母和声调调类，与现代汉语共同语相比，粤方言的韵母和声调均超出共同语的三分之一以上，仅声调调类就多达九个甚至十个。粤方言的语音方面的特征无疑会增加学习者学习的难度，其本身作为模因的复制能力相对较弱，不利于粤方言的传播，最终还是会影响到对模因的传播和复制。这不能不说是使得曾经一度"强盛"的粤方言，始终无法与北方方言抗衡的重要原因之一。而现代汉语共同语之所以以北方方言为基础方言，以北京语音为标准音，除了北方方言区的政治、经济、文化处于主导地位等原因外，还有一个原因是北京语音具有更简化的语音体系，北方方言具有更丰富的词汇量，建立在北方方言基础上的现代白话文具有更完善的语法体系，因此，这样建立起来的共同语既便于人们学习，又具有很强的生成能力和丰富的表现力。

3. 模因与修辞

模因不仅影响着语言的产生和发展，而且影响着语言运用。修辞是一种为了提高语言交际效果的积极的言语活动，其目的就是为了成功地传播模因。而成功的模因也必然是修辞成功的模因。因此，模因对修辞具有重要的影响。这种影响表现在以下几个方面：

（1）模因是驱动修辞的原动力。各种模因在相互竞争中，为了获得更多的具有一定保真性的复制品，为了保留更长的时间，可以采取两种策略。一是可以通过寻求与相似模因构成模因复合体以扩大其影响、提高人们对它的接受程度和自身的存活价值。例如一种外来模因要为人们所接受,它必然要与本族人们头脑中的已有的相似模因相结合,形成更有影响力的模因复合体,这样才能为更多的人所接受和传播。否则就有可能被视为异端,而遭到本土模因的抵制。二是可以通过利用语言传播来提高其保真性、多产性、长寿性。修辞作为提高语言交际效果的一种积极的言语活动,正是模因驱动的结果。在语言保持相对稳定的情况下,以语言为基础的模因主要通过提高每一次的言语活动的交际效果来达到上述目的。一种模因的产生,总是希望在不失去其原意的情况下,传播的速度更快、范围更广、距离更远,流传的时间更长。而要达此目的,就要求每一次的传播都必须是成功的。于是修辞就不可或缺了。一切修辞的目的都可以看作是提高模因在复制的真实性、多产性、长寿性等维度的表现值。从模因论看,修辞的标准,如准确性、形象性、生动性等,就是成功模因对语言表达所提出的要求。修辞的准确性可以保证保真性,而修辞的形象性、生动性的标准,是为了提高模因的可接受程度,从而有助于模因的多产性和长寿性。《左传·襄公廿五年》说:"志有之,言以足志,文以足言。不言,谁知其志? 言之无文,行而不远。"这段话中所讲的"文",即文采,就是良好的修辞效果;"远"既指传播距离之远,也指流传时间之久远。"言之无文,行而不远"说明良好的修辞效果是保证模因多产性和长寿性不可缺少的。

（2）模因的复制特点影响修辞方式的形成。模因主要是通过模仿而得到传播的。成功的模因连同它的成功的表达方式都会得到大量的复制。由于语言是传播模因的工具,成功的模因所借助的成功的表达方式自然也会为其他模因所利用。再者,成功的表达模式本身也会构成模因。于是同一种表达方式就会在不同的模因复制中反复出现。这些反复出现的成功的表达方式最终可能成为特征明显的辞格。

首先,模因驱动修辞通过直接模仿已有的言语表达形式形成辞格。这在挪用(或称移植)和仿拟格(仿词、仿句、仿体)中体现得最直接。挪用和仿拟格正是在模仿现成的语言表达形式的基础上形成的,被模仿的一般是正在流行的词语和佳句名篇。也就是说,这些词语句篇或者是因为传播了成功的模因而具有较强的复制能力,或者是因其本身作为成功的模因而具有较强的复制能力,或者二者兼而有之。挪用就是把用于此场合的名言佳句,有意巧妙地信手拈来用于彼场合。例如随着通俗歌曲《跟着感觉走》的流行,一时间,"跟着感觉走"也成了一句流行语,这个本来用于描写情感的句子,被广泛用于各种场合。出现了"市场跟着感觉走"'"企业经营'跟着感觉走'""购肥别'跟着感觉走'""健身,不能跟着感觉走'"金融生活莫要'跟着感觉走'""春节天气忽冷忽热,穿衣跟着感觉走'"青光眼病人不能'跟着感觉走'"等多种说法。

仿拟是故意模仿现成的词语句篇而仿造一个新的词语句篇。例如"军嫂"一词出现后,由于其传播了成功的模因——对军人妻子的默默奉献精神的肯定和赞美,而使该词得到了迅速的传播,同时由于"嫂"是对年纪不大的已婚妇女或中年女性的称呼,用"表示职业特征的语素+嫂"这样的表达方式既新颖又具有很强的构词能力,所以先后出现了模仿"军嫂"的"空嫂"(在航空公司的客机上从事服务的中年女性)、"呼嫂"(在寻呼台工作的中年女性)、"地嫂"(在地铁公司从事服务工作的中年女性)、"护嫂"(在医院协助护士从事护理工作的中年女性)、"巴嫂"(在公共汽车上售票的中年女性)、"月嫂"(从事侍候月子、护育婴儿等家政服务的中年女性)、"面嫂"(开面馆的中年女性)、"织嫂"(为人提供缝补、编织等服务的中年女性)、"水饺嫂"(卖水饺的中年女性)等多种仿拟用法。上述这些仿拟用法多数已进入词汇层次。又如,伴随着电视连续剧《爱你没商量》的成功播出,"爱你没商量"这一表达形式很快流行起来,出现在各种场合。不仅这样,还因为"爱你没商量"这种表达方式本身具有高度浓缩性、独特性,其本身具有很强的复制能力,所以继"爱你没商量"后,又有"宰你没商量""骗你没商量""用你没商量""网你没商量""赚你没商量""罚你没商量""套你没商量""吃你没商量""逗你没商量""迷你没商量""炒你没商量""离你没商量"等多种仿拟说法。再如,伴随着叶倩文演唱的通俗歌曲《潇洒走一回》的流行,"潇洒走一回"这一表达方式也很快流行起来,于是便有了"潇洒游一回""潇洒漂一回""潇洒试一回""潇洒吃一回""潇洒玩一回"(游乐)、"潇洒活一回"(指进取的人生态度)、"潇洒老一回"(老有所为)、"潇洒逛一回"(逛街购物)、"潇洒飞一回"(坐飞机或太空旅行)、"潇洒潜一回"(潜水)、"潇洒踢一回"(踢足球)、"潇洒显一回"(液晶显示)、"潇洒炒一回"(炒股)、"潇洒涨一回"(股票上涨)、"潇洒涮一回"(骗婚)、"潇洒赌一回"等难以计数的仿拟说法。

除仿拟辞格外,通过对现有语言的表达形式的模仿和变通而形成的辞格还有断取、引用、降用、借语、借用、飞白、摹拟、拟误、拈连、换义、别解、反译、反射等。这些辞格的共同特点就是其模仿要依托于现成的词语句篇的结构形式。

其次,模因除了驱动修辞通过直接模仿已有的言语表达形式形成辞格外,还驱动修辞通过模仿已有成功的语言表达方式的内在指令模式形成辞格。通过后一种方式形成的辞格包括比喻、借代、夸张、比拟、层递、双关、反语、婉曲、错综、对比、映衬、通感、警策等大部分辞格。这些辞格的形成有一个共同特征，就是它们不是对现有言语表达结构形式的直接模仿，而是对这一类表达方式的内在指令模式的模仿。例如比喻的内在指令模式就是"用别的不同的事物的相似点来说明所要说明的事物。"它在模仿过程中除了运用必要的喻词（如"像""如""犹如""是""变成""等于"等）外，可以不移植原有比喻表达形式中的任何现成语句。例如同样是运用比喻描写女子的容貌美，《诗经》中是这样描写齐庄公的女儿庄姜的："手如柔荑，肤如凝脂，领如蝤蛴，齿如瓠犀，螓首蛾眉，巧笑倩兮，美目盼兮"（《诗·卫风·硕人》）；而《红楼梦》是这样描写林黛玉的："泪光点点，娇喘微微。闲静时如娇花照水，行动处似弱柳扶风。"前后所用比喻除了内在指令模式（用彼事物的相似点说明此事物）和喻词"如"相同外，其余语句都不相同。

（3）模因驱动着修辞的创新与变异。各种模因之间相互竞争，为了使自身得到更快速、更广泛的传播，除了借助已有的表达方式以外，还必然在修辞上力求创新与变异。通过创新和变异的表达方式可以吸引更多的接受者。不论是强势模因还是弱势模因，无不在语言表达上力求让人耳目一新。于是，突破固有表达模式的新鲜表达方式便层出不穷：褒词贬用、大词小用、小词大用、古词今用、今词古用、俗词雅用、雅词俗用、此词彼用、反词正用、正反合用、矛盾合用、抑扬合用等都是词语的创新与变异组合模式；同音替代、近音模仿、近音替代、误音正用、同音借用等是语音的创新与变异用法；偶句相连、整句铺排、同句反复、句句递进、句式倒装、成分省略、半截子话等是句式的创新与变异用法。这些创新与变异用法，有的已发展成为辞格，有的还在继续发展。例如"美眉"（妹妹）、"油墨"（幽默）、"稀饭"（喜欢）、"酱紫"（这样子）、"果酱"（过奖）、"斑竹"（版主）、"木油"（没有）、"爱老虎油"（I love you，我爱你）、"886"（拜拜了）、"995"（救救我）、"1314"（一生一世）、"25184"（爱我一辈子）、"019425"（你依旧是爱我）、"03456"（你相思无用）、"0451392"（你是我一生最爱）这一类网络语言的用法，属于语音创新与变异中的近音替代。它依托于电脑键盘和文字输入方式，新颖而独特。这些创新用法吸引人的目光，目的是引人关注，以提高所传递的模因的多产性。

以上我们只是探讨了模因对语言和修辞影响的有限的几个方面。实际上模因对语言和修辞的影响远不止这些。本文仅仅是抛砖引玉，我们期待有更多的学者对这个课题进行更深入的研究。

参考文献

Blackmore，S. *The Meme Machine*[M]. Oxford：Oxford University Press，1999.

Dawkins，R. *The Extended Phenotype*[M]. Oxford：Oxford University Press，1976.

Dawkins，R. *The Selfish Gene*[M]. New York：Oxford University Press，1976.

何自然、何雪林.模因论与社会语用[J].现代外语,2003(2).

黄民裕.辞格汇编[M].长沙：湖南出版社,1984.

王　力.汉语语音史[M].北京：中国社会科学出版社,1985.

王　力.汉语语法史[M].北京：商务印书馆,1989.

夏家骃、时　汉.模因论与人文社会科学——生物基因理论在语言上的应用[J].科技进步与对策,2003(17).

物竞天择　适者生存[*]
——从模因论的纬度看新词酷语的流行现象

庄美英　何自然

近年来,随着社会和科技的不断进步,传媒与资讯的迅猛发展,以及新事物新现象的层出不穷,一些新词酷语不断涌现,如"雷""囧""剩女""宅男""啃老族""奔奔族""人肉搜索""学术超男""XXing"(如恋爱 ing、上网 ing)等等。这些新词酷语的盛行引起了很多专家和学者的注意,相关的研究也颇多。但笔者认为,现有的研究多限于微观上的观察和描述,从理论上系统地进行阐释的还很少见。本文以 Dawkins 的文化模因观为理论依据,从一个崭新的视角——文化进化的角度考察了新词酷语的流行与传播现象,分析了其产生原因、类型、构成方式、模因学意义、竞争与选择的机制等。

1. 模因论精要

牛津大学动物学家 Dawkins 认为,我们生活的世界里有两种复制因子,可以不断复制、进化并世代传播:一种是生命复制因子——基因;另一种是文化复制因子——模因。基因借助精子或卵子,由一个身体跳到另一个身体来进行传播和复制,而模因则经由"模仿"的过程将自己从一个头脑转到另一个头脑来进行繁衍。模因的出现虽然比基因晚三十多亿年,但传播的速度却比基因不知要快多少倍,因为基因只在代际之间传播,而模因一方面以纵向的方式在代际之间传播,另一方面也以平行的方式在同代之间横向传播。基因和模因都是"自私"且"自主"的复制因子,"自私"是指基因和模因都以不顾一切地实现自我复制为终极目标,而不考虑它们对人类是有利的,无关紧要的,还是有害的;"自主"是指基因和模因的复制与演化都有其自身的规律,不以人的意志为转移。"自私"和"自主"都是便捷的比喻,因为基因和模因本身都不是自觉的行为者,尽管盲目的自然选择使得它们的行为看起来好像有目的一般。

---

* 本文原发表于《湖北社会科学》2010 年第 7 期。

模因这一概念所涵指的现实对象非常广泛,音乐、哲学、数学物理上的定理定律、政治口号、文学作品等等都是不同形式的模因。简言之,任何一个信息,只要它能够通过广义上称为"模仿"的过程而被"复制",它就可以称为模因。新词酷语作为某一时期内,在某些群体中通过人与人之间的相互模仿和感染而迅速传播开来的一些时尚的新词语和新表达,其流行与传播是典型的模因现象,模因论可以为它的生命轨迹做最好的注脚。

2. 新词酷语的类型和构成方式

2.1 新词酷语的类型

根据新词酷语是否具有复指性,我们可以把它们大致分为两类:一类是"补缺性的新词酷语"。当生活中出现了新事物、新现象或新概念,而汉语模因库里还没有相应的词语或表达来指代时,这类新词酷语便会应运而生。比如"小私",指拥有诸如私人保姆、私人律师、私人医生等私人服务的特定的人群或生活方式;"独二代",指独一代的子女;"丁宠家庭",指那些不生养孩子但把宠物当孩子养的家庭……另一类是"复指性的新词酷语",这类词在汉语模因库里已经有与其意义基本对等的词语或表达,只不过在说法上翻新了一下而已。比如,"断背"就是指"同性恋";"达人"就是指某方面的"行家""高手";"很 man"就是"很男人";"很 in"就是"很时髦",等等。

2.2 新词酷语的构成方式

这些新词酷语是如何构成的呢? Blackmore 认为,新模因"既可以通过变异而衍生出来,也可以通过旧有模因的相互结合而生成——不管是变异还是结合过程,都既可以发生于一个人的内心之中,也可以发生于从一个人向另一个人的传播过程中"。新词酷语主要是通过旧模因的衍生、旧模因的相互结合、吸收借鉴外来模因三种方式构成的。比如,"小私"(源于"小资")、"独二代"(源于"独一代")、"丁宠家庭"(源于"丁克家庭")等都是由旧模因衍生出来的;而"凤凰男"(凤凰+男)、"孔雀女"(孔雀+女)、"新闻丐帮"(新闻+丐帮)等则是通过旧模因的相互结合而生成的。模因及其复合体不是封闭的,亲近性的模因会相互吸引和渗透,对方言、外来语的吸收和借鉴是新词酷语构成的另一种重要方式。比如,"断背"来自李安导演的电影 *Brokeback Mountain*,"达人"源自日语的同形词"達人"。值得一提的是,从模因的角度来看,新词酷语中的外来语,其意译(或在意译基础上兼顾音译)比直接音译更有利于模因的传播,因为模因首先要易于被宿主理解才能将其同化,"电话"最终代替"德律风""手机"最终取代"大哥大"都是有力的证明。

3. 新词酷语产生的根源及模因学意义

3.1　新词酷语产生的根源

从模因论的视角来看,新词酷语归根到底都是在模因的驱动下产生的。"任何一个事物要构成一种复制因子,都必须能够支持以变异、选择和保持(或遗传)为基础的进化的规则系统"。变异是复制因子的本性和内在需求。没有变异,就没有生物的进化;同样地,没有变异,就没有文化(包括语言)的进化。语言系统作为一个大量复制因子的聚合体,发生变异是不以人的意志为转移的客观规律,而语言的变异必然伴随着大量新词酷语的产生以及某些旧词语的逐步消亡。语言模因库的发展就是一个不断创新、积淀和淘汰的过程,假如现代人能与孔子进行一次跨越时空的对话,我们必然听不懂他满口的"乎""兮""耶""欤""曰",而他也不知何谓"汗"语和"火星文"。

3.2　新词酷语的模因学意义

新词酷语的产生具有重要的模因学意义。Moritz 根据模因编码方式的不同,将其分成语言模因、视觉模因、音乐模因以及行为模因等。语言是模因最主要的编码方式,人类的语言能力是受到模因的驱动而产生并发展的,语言是传播模因的主要工具。"补缺性新词酷语"的产生拓宽了语言的外延,使语言更加丰富和完善,从而能够更好地实施传播模因的功能。

那么,"复指性新词酷语"的产生在模因学上又具有什么样的意义呢?既然模因库里已经存在可以传播相同信息的语言模因,"复指性新词酷语"的出现是否违背了语言的"经济性原则",显得多余了呢? 对这一问题的回答,要从模因与其宿主(人)的关系说起。每个人从小到大都在自觉或不自觉地吸收、创造着各种模因,大脑的记忆库就是一个"模因复合体"。很多文化名人的贡献所形成的模因,在他本人的基因都从基因库中消失之后仍然得以继续承传下去,比如孔子、老子等先贤早已经灰飞烟灭,但他们的思想却世代相传并发展延续至今。由此可见,相对于物种继承的"基因"而言，个人创造并得到文化承传的"模因"更能获得永生。从这个意义上来说，对模因的占有、控制、创造和传播的能力更能体现人的生命价值和意义。人们通常更愿意选择那些有能力掌握模因并善于传播模因的人做自己的领导、老师、朋友和人生伴侣。"复指性新词酷语"所传播的信息内容虽与旧模因重复，但表达方式新奇、时尚，有时还带有幽默的意味，使用"复指性新词酷语"，既能显示出说话者掌握新模因的能力，又能提高说话者的语言魅力，从而吸引更多的受众，将大脑中的模因有效地传播出去。由此看来，最终受益的还是模因本身，这使我们又回到了模因是"自私的"这一点上：模因都是按其自己的方式形成的，理由很简单，因为这种方式对其自身有利。

4. 新词酷语的竞争与选择

4.1 成功模因的衡量标准

模因学以一个再简洁不过的理论机制为出发点，这个机制就是：模因之间相互竞争，以占有人们的头脑并传播开来（Blackmore，1999）。"物竞天择，适者生存"的法则同样适用于模因的进化。新词酷语一经产生，便面临着巨大的选择压力。大量的新词酷语为争夺大脑的注意力资源和在记忆中的保存时间而进行激烈的竞争，结果就是优胜劣汰。那么，什么样的模因才算是优胜者呢？对新词酷语来说，"多产性"和"长寿性"是两个重要标志。"多产性"指新词酷语的复制频率高、传播范围广；"长寿性"指新词酷语能够在使用中逐渐稳定下来，最终进入民族共同语词汇系统而成为语言模因库中的一分子。那些只是昙花一现或者小范围地、不稳定地存在的新词酷语都是些短命的、弱势的模因。社科院语言所词典编辑室陆尊梧研究员在谈到新词酷语的收录原则时所说："词语的意义、用法随时都在变化，需要有一段时间观察其普遍性和稳定性，进一步听取读者反响，让社会检验一段时间，待再做大型修订时，再进入正文。"其实，这里所说的"普遍性"和"稳定性"也就是"多产性"和"长寿性"。

4.2 对模因起选择作用的内外因素

那么，究竟什么样的模因才能够"多产"和"长寿"呢？在模因的复制与传播过程中对它起选择作用的内外因素有哪些呢？很多模因学专家等都曾探讨过此问题。

Blackmore认为，导致一些模因成功而另一些模因失败的原因大致上可以分为两类，"其一是人类作为模仿者和选择者之本性……另一大类的原因与模因自身的特性有关。"Heylighen 认为模因必须经过同化、记忆、表达、传播四个阶段才能得以成功复制。耶鲁大学法学院教授 J. M. Balkin 提出对模因起选择作用的三大因素：模因本身的实质内容；人的心理因素（包括人类大脑的认知结构和对不同模因敏感性的差异）；社会生态因素（主要指整个模因库的生态环境，包括社会制度、信息储存方式、沟通技术等）。Kate Distin 则认为主要有五大因素影响着模因的适应与选择：模因自身的内容；人的心理因素；人的生理环境；模因库的总体环境；客观物理环境等。我们可以用下图对上述各位专家的观点做一下归纳和总结：

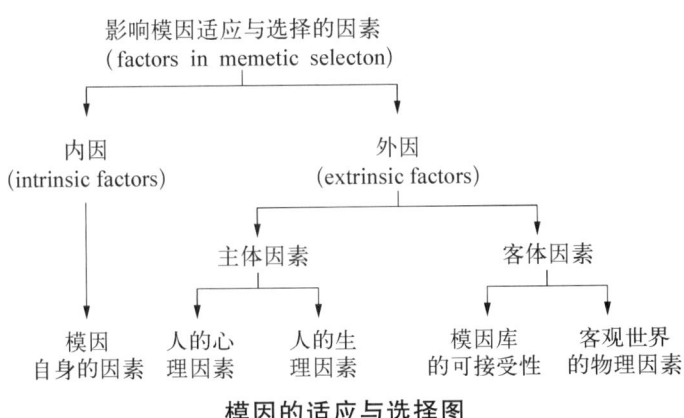

模因的适应与选择图

模因在复制与传播的过程中，只有尽可能地顺应上述各种因素，才能提高自身的适应性和竞争力，战胜对手，成为一个循环往复、不断复制的强势模因。

4.3 以"裸词"为例看成功模因的适应性和选择性

从模因论的纬度来看，"裸"之所以能从一个默默无闻的字变成一个时髦的流行语素，是因为它本身具备了复制因子的特质，对其生存环境中的各种制约因素有很强的适应性。

从外在因素来看：首先，"裸"字往往和"风化""八卦""性丑闻"等联系在一起，能满足人的"性"好奇心，因而极易抓住大众的"眼球"，将他们同化为自己的模因宿主，如"裸替""裸聊""裸戏"等等。其次，模因的选择也是以整个模因库中的其他模因为背景而进行的，新模因能否被接受在很大程度上取决于它能否与模因库里业已存在的其他模因和谐共存。在对"性"

噤若寒蝉的封建时代，人们"谈裸色变"，"裸词"是不可能流行起来的。而当今时代，人们的思想观念越来越开放，这就为"裸词"的成长提供了宽松的土壤。再次，跟"裸体"有关的社会新闻事件（像"裸诵""裸教""裸写""农民工裸模"等事件）的不断产生以及报纸、杂志、广播、电视、网络等各类传媒的推动，也是促成"裸词"流行的重要原因。德国哲学家、系统科学家 Klaus Mainzer 曾指出："世界范围的通信网络的发展，可以被解释成为了协助人类中的模因传播而建立起来的一种模因生态复杂系统的进化。"

从内在因素来看，"裸词"自身所具备的经济性、易理解性、区隔性、能产性等内在特征也是其成为强势模因的关键因素。首先，"裸"在汉语中是一个简单易懂的字，人尽皆知，具有广泛的流行基础。其次，"裸词"具有经济性。"经济、省力"是模因的生存法则。在信息过剩的当今时代，人们无暇顾及冗长的信息，只有短小精悍的浓缩型模因才有可能攫住人们稍纵即逝的注意力，在人的记忆中得到保持。简单的一个"裸"字可以表达各种丰富的内容。对于那些已经切割、打磨、加工完成，但是尚未进行镶嵌的钻石；对于那些只是把各个配件简单组装起来，而没有装上任何软件的电脑；对于那种妆容自然清新，虽经精心修饰，但并无刻意痕迹的化妆……我们很难找到比"裸钻""裸机""裸妆"……更经济、更贴切、更形象的表达。再次，"裸词"具有区隔性，即独特、无可取代。这是模因的竞争法则，就像公司的市场策略，如果你的产品与别的商品区隔得愈清楚，你就愈容易占取市场。汉语中的程度副词是个相对封闭的系统，数量较少，"裸"作为程度副词来使用（如"裸退""裸捐""裸谈"等）能给人耳目一新的感觉。最后，"裸词"具有能产性，"裸 X"是一个开放的结构，使用者可以在模仿的基础上，通过类推的方式将其任意填充，创造出一系列的"裸词"。

5. 结语

当然，在大量的新词酷语中也存在一些低俗的、不健康的表达，使得人们对"新词酷语是否需要规范化"这一问题一直争议不休。如果我们站在模因的纬度上去看待这个问题，答案就不言自明了："语言词汇的良莠杂糅是其发展进程中的正常现象"，我们可以加以适当的引导，但不能通过硬性的"整治"或"纠正"来使语言保持理想中的"健康"与"纯洁"状态。因为新词酷语是"自私"且"自主"的复制因子，它的兴衰存亡是一个"优胜劣汰"的自然选择过程，并不以人的意志为转移。

参考文献

Blackmore，S. *The Meme Machine*［M］. Oxford：Oxford University Press，1999.

Dawkins，R. *The Selfish Gene*［M］. New York：Oxford University Press，1976.

Heylighen，F. What makes a meme successful?［A］. In *Proceedings of 15th International Congress on Cybernetics*［C］. 1998.

J. M. Baikin. *Culture Software: A Theory of Ideology*［M］. Yale University Press，1998.

Kate Distin. *The Selfish Meme: A Critical Reassessment*［M］. Cambridge University Press，2005.

Moritz，E. *Memetic Science*［M］.The Institute For Memetic Research，Florida，1990.

何自然.语言中的模因［J］.语言科学,2005(6).

克劳斯·迈因策尔.复杂性中的思维：物质、精神和人类的复杂动力学［M］.曾国屏，译.北京：中央编译出版社,1999.

张巨龄.新词酷语的流行和汉语研究的反思［J］.语言与翻译,2005(4).

流行语流行的模因论解读[*]

何自然

1. 引言

学界对什么是流行语还没有统一的认识,但按一般的释义,流行语指在某一特定历史时期在社会上或某一特定群体中广泛流行的语言形式。它具有时效性强、使用频率高的特点。流行语的表现形式包括词、短语、句子、话语等。任何历史时期都会出现流行语,不同历史时期的流行语反映着不同时代的特点(崔蓬克,2012)。关于流行语形成和流行的原因,学术界大多是从社会语言学和心理学的角度进行具体分析和研究的。本文试图运用语言模因论对流行语的流行提出新的解识,探讨一下是什么东西触发模因的复制和传播?什么信息内容是模因复制传播的选择对象?为什么模因经常作用于这些被称作流行语的信息表征?本文力图了解什么是语言模因的触发机制以及流行语模因在社会人群和媒体中间能被广泛复制和传播的各种因素,讨论模因宿主在模因复制、传播过程中的主体性作用。

2. 模因和语言模因

Dawkins(1976)在他的 *The Selfish Gene*(《自私的基因》)中认为,基因是生物进化的基本单位,复制因子(replicators)是生命的祖先,它们之间通过竞争(不断复制自己)而获得生存,而人作为生物体,只不过是基因传承和繁衍自身的"生存机器"。接着 Dawkins 在这本小册子的最后一章猜想,文化领域也可能存在着类似基因的东西,他将这种东西称作模因(meme),是"文化传播单位",起着基因在生物进化中所起的相类似的作用。他说:如同基因库中繁殖的基因,借助精子或卵子,由一个生物体跳到另一个生物体来复制、传播,模因库中的模因,也像基因那样从一个宿主的大脑传到另一个宿主的大脑来复制、传播。模因与基因的区别在于

---

   * 本文原发表于《山东外语教学》2014 年第 2 期。

其繁衍方式,模因是通过模仿而完成它的复制和传播过程的。Dawkins
(1982:109)后来还认为,通过大脑、书本、计算机、语言等媒介传播的信
息都是模因。按照这样的理解,所谓模因库,其实就是信息库,模因的复
制和传播过程就是信息表征的变化、扩散过程。

我们将以语言作为传播媒介的模因称为语言模因。它连同它的变体
其实是一系列信息表征。它带着模因宿主的意图,借助语言结构,以重复
或类推的方式反复不断地传播。信息在得到复制和传播之前,它的表征
是不明确的,不能算是模因,只有带着宿主意图将信息在复制过程中形成
的各种表征传播出去,模因才算形成。

下面是模因和语言模因的几个重要特征:

首先,基因和模因都是复制因子,但基因靠遗传复制,而模因却靠模
仿来承传。任何储存于大脑的语言信息只要被复制、传播出去,它本身以
及后来出现的信息表征都是模因或模因变体。

第二,模因特别是语言模因,它的复制和模仿不是完全的"克隆"。它
当然可以完全克隆,但往往只复制成形式或内容相同和近似的信息表征,
其中有语言交际者的创造和改良,即模因利用宿主的行为来让自己得到
复制和传播。

第三,模因像病毒般传播,但病毒只会自我复制,而语言模因则是将
复制权交给模因宿主,即语言交际者。它利用宿主的意图及有关语境从
甲宿主过渡到乙宿主,不断变化着形态,战胜其他较弱的语言模因而将自
己表征的信息传播出去。正是宿主意图及语境的相互作用,产生了传播
力度不同的语言模因。

第四,语言模因的强弱,取决于它本身的魅力(即是否得到广泛认
同)、传播的社会时空情景及宿主的心理意向。强势语言模因源远流长,
永不衰竭或不被遗忘。但强势的标签并非永远的,上述任何一种因素变
化都会使它从强变弱,甚至永远消失或成为历史(如:曾用过的旧说法和
旧译法、历次政治运动使用过的语言、已过时的网络流行语等)。

第五,语言模因的模仿能力很强,传播速度也十分可观,这是因为它
与社会语用关系密切。在社会语境化过程中,网络流行语的出现和它的
动态发展使人们明显地觉察到语言模因的存在和广泛散播。流行语的流
行与逐渐消失完全符合强势和弱势语言模因的消长规律。

3. 语言模因的触发机制

储存在人们大脑里的信息是可能被复制和传播的,但在此之前它们

的表征即该信息在我们心目中的表现并不清楚,那时还不能说它们就是模因。只有当信息带着人们的意图得到复制、加工,并将复制、加工过程中形成的各种信息表征传播出去,模因才算形成。

语言模因是靠什么触发、怎样触发的呢?语言模因在触发形成之前只是一些信息。要有某种特定的心理因素促使这些信息作为表征得以复制出来并传播出去,那就是语言模因了。

触发语言模因靠两个条件,其一是存在于人的大脑中可能转变为模因的信息。这些信息在没有得到复制和传播之前,只是一些具有模因潜势(potential)的元表征信息,可以说那是潜在的模因,即只具潜在效应(potential effects)的模因(Distin,2005:19)。其二是语境。能使那些具有模因潜势的信息触发出语言模因的语境是多样的,它可能是一种情景语境,或者是语言语境、认知语境、社会语境;但不论是哪种语境,只要它与具有模因潜势的信息相结合,就能引起潜在模因宿主(人)心理上的某种联想,这个与语境结合的信息就会被复制而形成信息表征,当它传播出去后不断地被另一些宿主模仿、复制和传播,原来的潜在模因也就成了真正的语言模因。可以这样说,原来只具有模因潜势的元表征信息,因语境的关系被说话人产生了心理上的联想,从而使他将信息复制成或形式不同、或内容变异的各种表征;一旦这些信息表征传播出去就成为语言模因或语言模因变体了。

语言模因的触发、复制、传播机制基于两方面的动力:

其一是语言模因本身的生存、发展规律。它要千方百计地在宿主的大脑里存储,并在遇上合适的条件时,就从一个宿主进到另一个宿主那里复制和传播自己。

其二是语言模因宿主(人)的能动作用。当具有模因潜势的信息顺应特定的语境引起他心理上的联想时,他就会让信息带着自己的某种意向形成一些信息表征,并加以复制、传播。

4. 语言模因与流行语

语言是模因的传播手段。同时,语言只要说出来,传出去,语言本身也是模因。媒体中常被提及的、娱乐节目的演员常用的口头禅、时髦话、流行语,一旦被模仿或复制并得到广泛传播,那就是模因。Dawkins(1976)首次提出模因这个概念时,就把上述的语言表征统称为 catch-phrases,并认定是模因的典型例子。Blackmore(1999:7,118)也多次提到语言是模因的观点。她说,模因"包括你所掌握的词汇中的所有单词……模因是促进智慧发展的因素,即所谓'心灵的工具',而其中最重要的就是词语"。考虑到语言模因可以用来阐释语言语用现象,我国学者在引进模因论的同时,更探讨了语言中的模因的特点和复制方式,将语言模因论看成是语用学的新论之一,指出它可以指导语言教学,甚至有助于语言本体的研究,检视语言与社会的变化和发展的关系(何自然、何雪林,2003;何自然等,2007)。

语言模因与流行语的关系密切,语言信息通过公众人物和媒体以积极的态度模仿和宣传,因它适应语境,并反映了社会实际和需要,于是促使人们产生不同的联想和认识,在模仿和复制这些信息时产生各种不同的表征。这些具有不同表征的信息在传播中流行起来,成为大众接受的流行语,便立即成为一种强势的语言模因。

语言模因按传播的力度分强势和弱势两类,弱势的语言模因,一般只获得很少的被模仿机会,而且很快就事过境迁而被人遗忘,甚至自行消失。强势的语言模因其实也可以分为稳定型和变动型两种。稳定型强势语言模因在语言中稳定性最强,使用率最高,存活时间最长。如语言中的基本词汇和语法结构,语言中的熟语(包括成语、俗语、谚语、惯用语、歇后语等)、格言、警句,经典名篇或名人话语等。变动型强势语言模因则包括社会上某一特定时期流行的热词劲语,某一特定历史时期流行的各种宣传口号、标语以及口头语、歌词、广告语、电影电视对白、文学作品中的语句,以及某一特定时期流行的话语篇章。这类强势模因的变动特点让人感到那只是一时的跟风,随着宿主意向的转移和时势的变化,其传播力度就会减弱。无疑,我们所说的流行语多是这类变动型的强势语言模因。

5. 流行语流行的模因论解读

Blackmore(1999)认为,模因得以成功复制有两方面值得注意:

其一是模因宿主(人)对信息的感悟和选择,以及导致宿主做出选择的环境因素。这里涉及人作为主体的心理意向,即要由他来选择要复制的信息;同时涉及他在选择复制信息时所处的各种语境条件。信息被复制而成为模因的原因,也就是流行语得以流行的原因,即流行语流行之前,是人的心理意向和当时的语境条件决定选择某一信息来推广和传播,当人们对信息引起共鸣时,就会参与复制、仿效、加工,最终成为家喻户晓的流行说法。其二是模因自身的特性和表现方式为模因的被复制传播创造了有利条件。我们最早从Dawkins(1976)那里知道成功模因的三个特点(长寿性、多产性和保真性),它们是强势模因,特别是稳定型强势模因的典型特点。从 Heylighen(1998)的研究中我们又了解成功模因复制和传递过程中的四个阶段(同化、记忆、表达、传播)。我们自己也探讨过语言模因基因型(内容相同,形式各异)和表现型(形式相同,内容各异)两种复制和传播方式(何自然,2005;何自然等,2007)。这些模因自身的种种特性,与某些信息经过复制、传播成为时尚流行语的特性是相同的。综上所述,我们认为流行语就是一种语言模因,因为流行语的流行完全可以用语言模因论解读,在语言模因视阈下,我们从下面五个方面大体上能确定一个语言信息如何成为流行语,以及这个语言信息为何会流行起来:作为信息主体的人的心理意向;模因潜势信息选择的语境条件;主体期待发挥的语用功能;复制方便模仿记忆的信息表征;公众人物效应与媒体炒作。我们综合上述五个方面做一些例释:

(1) 2011 年,甬温动车追尾事故发生后,有关部门发言人在通报事故过程中说了一句"(这是 XXX,)至于你们信不信,我反正信了!"这句语气轻佻、无法让人信服的话,让当时在场的人群产生极大的愤慨和震撼,于是它很快就成了模因的触发因素,被纷纷复制和传播,并出现内容不同的变体。在人们心理意向的驱使下复制传播的那句话被称为"高铁体",一时间成了强势流行语模因,出现了各种各样内容的变体:前句"这是 XXX"记录一句不负责任的轻佻话,紧接后句复制的"至于你们信不信,我反正信了"就发挥出一种调侃、讥讽的语用功能。最近,群众揭发某地城管"白天执法晚上摆摊"是执法犯法;但他们得到有关方面冠冕堂皇的解释,说"摆摊目的是换位思考。"这个语境唤起了网友的联想,他们再次复制当年的"高铁体",又一次发挥其"调侃"语用功能:"那是卧底城管。至于你信不信,我反正信了!"

(2)闻名遐迩的"我爸是李刚"缘起于 2010 年末的一场"校园车祸"。肇事者为"官二代",事发时嚣张地说了一句"我爸是李刚",摆出仗势欺人的架势。此事件激起民众的义愤,他们怀着讥笑"权力骄横"这个心理意向,利用公众人物家喻户晓的效应,以及设计出便于模仿记忆的诸如广告、诗词、电影对白等信息表征,带着调侃的语用功能来表达他们的义愤,让"我爸是李刚"成为流行语模因传遍了国内。下面是这句流行语模因当时传播的情景:

复制郎朗的广告:不是每一杯牛奶都是特仑苏,不是每一个爸爸都叫李刚!

改填流行歌词:我在遥望,月亮之上,我爸是李刚。

仿拟周星驰电影《大话西游》的独白:如果上天能够给我一个重新来过的机会,我会对那个女孩子说五个字:"我爸是李刚"。

再现普希金的名诗：假如生活欺骗了你，不要悲伤，我爸是李刚。

借用淘宝名商效应，刻意推出商品："我爸是李刚 T 恤"。T 恤正面印有打油诗一首："嚣张就嚣张，撞人挺正常。谁挡我开房，我爸是李刚。"背面上方则印有"官二代"的标识。

（3）2010 年末在 IT 界，QQ（腾讯）和 360（奇虎）之间爆发了一场"战争"：QQ 为报复 360 推出的安全工具屏蔽了 QQ 的弹窗和广告，给自己的 QQ 用户发了一封公开信，说 QQ 用户的电脑如装有 360 软件的就不再让 QQ 软件在该电脑上运行。原信是：

"亲爱的 QQ 用户：当您看到这封信的时候，我们刚刚作出了一个非常艰难的决定。在 360 公司停止对腾讯进行外挂侵犯和恶意诋毁之前，我们决定将在装有 360 软件的电脑上停止运行 QQ 软件。腾讯有幸能陪伴着您成长；未来日子，我们期待与您继续同行！"

表面上，这封信是禁止 QQ 用户用 QQ，而实际上是抵制 360，因此招来了 QQ 用户的愤慨。他们反映出来的心理意向是，以原信当模版，用类推的修辞手法，复制传播一些无厘头内容的语言模因变体（"QQ 体"），用其挖苦和调侃的语用功能来表达他们对 QQ 做法的反感：

移动 vs 联通：亲爱的中国移动用户：当您看到这封信的时候，我们刚刚作出了一个非常艰难的决定。在中国联通停止对中国移动进行外挂侵犯和恶意诋毁之前，我们决定将在拥有中国联通号的家庭停止启动中国移动信号。中国移动有幸能陪伴着您成长；未来日子，我们期待与您继续同行！

百事可乐 vs 可口可乐：亲爱的百事可乐顾客：当您看到这封信的时候，我们刚刚作出了一个非常艰难的决定。在可口可乐停止对百事可乐进行外挂侵犯和恶意诋毁之前，我们决定将在贩卖可口可乐的超市停止摆放百事可乐。百事可乐有幸能陪伴着您成长；未来日子，我们期待与您继续同行！

兰州拉面 vs 沙县小吃：亲爱的兰州拉面顾客：当您看到这封信的时候，我们刚刚作出了一个非常艰难的决定。在沙县小吃停止对兰州拉面进行外挂侵犯和恶意诋毁之前，我们决定将在贩卖沙县小吃的片区停止贩卖兰州拉面。兰州拉面有幸能陪伴着您成长；未来日子，我们期待与您继续同行！

一些流行的同构异义词和词组，其同构部分有学者称之为词模，也有学者将之看成是词缀。但我们认为这些同构异义词语是信息主体根据语境动态地搭配起来的，它们是一些正在流行的热词，将它们看成是成功复制并得到广泛传播的表现型语言模因似更合适。

继"房奴""卡奴""车奴"之后，现在又有"孩奴"在社会上流行。孩奴指年轻夫妇，认为自己的处境不得不一生都为孩子奔波，失去他们自身存在的价值,当上了孩子的奴隶。他们不敢生病,不敢高消费,不敢轻易换工作。不过,这个流行词更多是媒体对部分城镇年轻家庭夸张自嘲的炒作,是一个临时搭配起来的动态语言模因。可以判断,这个流行词即使一时成为强势,但随着语境的变化,它就很有可能淡出人们的记忆。

同构异义的流行热词中常见的还有"姓氏+重叠词"。2008 年汶川大地震后出现的"范跑跑"曾引发人们的心理震动,从此这个"姓氏+重叠词"结构就成了具有鞭挞自私行为语用功能的语言模因,它时刻让人们感受到"姓氏+重叠词"所蕴藏的道德力量。当这个语言模因的变体如"X嫁嫁""X逃逃""X骗骗"出现时,其中的"重叠词"明显地让人们联想到当事人的某种不齿行为。

针砭时弊的流行语都是一些常见的表现型语言模因。这些流行语模因传播的信息表征是多样的,内容上往往让人们在心理上产生震撼效应,起着警戒、教育的语用功能,而形式上又易于模仿、复制,并方便记忆。如:

(4)"XX 把 XX 搞乱了"复制出:

> 关系把程序搞乱了;
> 级别把能力搞乱了。

(5)"XX 在 XX 里"复制出:

> 宝贵人才在悼词里;
> 优质商品在展馆里;
> 动听言词在汇报里;
> 辉煌数字在总结里。

(6)"XX 让 XX 给废了"复制出:

> 一手好字让电脑给废了;
> 电视连续剧让广告给废了;
> 书信报刊让电邮网页给废了;
> 好好的胃让酒给废了;
> 健康的肺让香烟给废了。

在国外,流行语模因复制传播过程的元表征往往是名人名言或领袖讲演、谈话中为某震撼事件所发表的言论。这些流行语成为模因,同样从上述的五个方面得到印证。

据 Global Language Monitor(环球语言监测)报道和 Wikipedia(维基百科)的介绍,美国前总统 George W. Bush 在伊战结束时说的"Mission accomplished."很快就被大量复制、传播,这样的一句话成为代表"如释重负"心情的流行语而被相互仿效、广为传播。无独有偶,美国时任总统Obama当年为竞选连任与对手辩论经济时说的一句辩解:"The private sector is doing just fine"。其中的"doing just fine"立即被广泛复制、传播而成为一句含有反讽、调侃意义的流行语。"做得不错"的说法被对手及部分传媒讥讽为"做得不怎么样"("It's absolutely clear the economy is not doing fine.")

（7）英语中的一些惯用语、谚语、成语、俗语、格言、警句等,除了固定引用之外,也会因语境及交际的需要而被复制,产生变体,从而形成形式不同的流行语模因复合体。例如,"Failure is the mother of success."作为潜势模因的元表征信息,一旦在适当的语境和信息主体的心理意向驱使下,就会激发出不同的表征内容,并得到复制和传播:

> Necessity is the mother of invention. 需要是发明之母。
> Want is the mother of industry. 需要是勤奋之母。
> Diligence is the mother of success. 勤勉是成功之母。
> Experience is the mother of wisdom. 经验是智慧之母。
> Knowledge is the mother of all virtue. 知识是美德之母。

（8）此外,还有一些同形联想嫁接的模因,很容易就成为流行语,如从 hang、right 一类常用多义词引申出来并广为传播的流行语:

> We must all hang together,or we shall all hang separately.
> Women have a wonderful sense of right and wrong,but little sense of right and left.

这里的 hang together 是 support one another、unite 的意思,与后面的 hang(die)同构异义。同样,right—wrong 和 right—left 的不同就更是众所周知的了。以上我们通过实例说明流行语之所以流行是因为它们是一些语言模因。语言信息之所以能成为语言模因,是因为这些信息主体起着作用,为潜势模因提供了模因的触发因素。流行语模因不断地被模因宿主复制和传播,意味着这个流行语得到广泛的流行。

6. 结语

在谈到语言信息如何成为流行语,以及这个信息为何会流行起来时,我们列举了五个因素:"作为信息主体的人的心理意向",包括他选择复制传播这个语言信息的缘由;"潜势模因确定的语境条件",指确定语言信息是一个潜势模因以及复制、传播这个模因的社会与认知的语境;"主体期待发挥的语用功能",指信息主体期望复制传播的模因及其变体可能产生的语用效应;"复制方便模仿记忆的信息表征",指复制和传播的语言模因形式多样、易于模仿、便于记忆;"公众人物效应与媒体炒作",是讲流行语模因的传播效度。公众人物或名人效应以及媒体的大力渲染可以强化语言模因的触发力度,从而使该流行语模因得以迅速复制和广泛传播。

当然,我们还可以从更多方面来探讨流行语的模因论解读,特别是信息主体在流行语模因传播过程所起的具体作用;对信息选择、确认潜势模因,即模因触发的具体语境条件;模因本体如何促使流行语本身得以排除其他信息而得到广泛流行;以及流行语模因的流行时间制约等问题,还有待今后一一加以探讨。

参考文献

Blackmore, S. *The Meme Machine*[M]. Oxford: Oxford University Press, 1999.

Dawkins, R. *The Selfish Gene*[M]. New York: Oxford University Press, 1976.

Dawkins, R. *The Extended Phenotype: The Gene as the Unit of Selection*[M]. Oxford: Freeman, 1982.

Distin, K. *The Selfish Meme*[M]. Cambridge: Cambridge University Press, 2005.

Heylighen, F. What makes a meme successful? Selection criteria for cultural evolution [A]. In *Proceedings of 15th International Congress on Cybernetics*[C]. 1998.

崔蓬克.当代汉语流行语概念的再界定[J].当代修辞学,2012(2).

何自然.语言中的模因[J].语言科学,2005(6).

何自然、何雪林.模因论与社会语用[J].现代外语,2003(2).

何自然、谢朝群、陈新仁.语用三论:关联论·顺应论·模因论[M].上海:上海教育出版社,2007.

从"打的"看语言模因的生存与演变 *

常新萍

1. 引言

　　"模因"(meme)作为一个学术概念是由英国牛津大学著名动物学家和行为生态学家 Richard Dawkins(1976)在他的 *The Selfish Gene*(《自私的基因》)一书结尾中提出,并由后来的学者如 Dennett(1991,1995)、Deacon(1997)以及 Blackmore(1999)等发展起来。20 多年后的 1999年,当 Dawkins 为 Blackmore 的 *The Meme Machine*(《模因机器》)一书作序时吃惊地发现,他发明的这个词在互联网上已经被提及了一百万次。在写此文时,我们也在 Google 上面输入 meme 一词,结果发现被提及的数目已经增加到了两亿九千九百万次。可见,"模因"这个词本身就是一个不错的语言模因,从另一方面证明了 Dawkins 对模因现象的描述。

　　模因论之所以影响深远,是因为它借助自然科学的达尔文理论以及通过与生物学的基因概念类比方式提出了对人类文化大课题进行解读的新方法,其研究内容涉及了人类文化活动的方方面面。其中,语言作为人类实践活动的反映者和文化活动的典型信息记录者更是受到了广泛的关注。尽管模因概念的具体定义以及模因论本身作为一种方法和理论仍存在着很大争议,但是,模因作为一种文化信息传递单位的概念却被广泛使用着。那么,模因是如何传递文化信息的? 作为有机体的模因具有什么样的生存策略? 这些生存策略又是如何在模因生命周期中发挥作用? 模因研究的意义何在? 本研究将通过对汉语"打的"一词的分析来探讨以上问题,以期对理解语言模因发展规律及其应用提供启示。

2. 模因、模因论与语言模因

　　到底什么是模因? Dawkins(1976:192)给出的解释是:模因是一种"通过广义上称为模仿的过程在模因库中自我繁殖"的文化传递单位。按

---

　　* 本文原发表于《山东外语教学》2014 年第 2 期。

照英国心理学家 Blackmore（1999：8）的说法，《牛津英语词典》(*The Oxford English Dictionary*)是最早收入 meme 一词的词典，并给出以下解释：模因是"一种可以被非基因方式，特别是'模仿'的方式传播的某一文化的一个成分"。Blackmore（1999）经过对模因传播过程中的模仿机制的论证，认为《牛津英语词典》给出的定义才是学界应该遵循的定义。目前国内引用较广泛的定义来自 Blackmore（1999：66），即"任何一个信息，只要它能够通过广义上称为'模仿'的过程而被'复制'，它就可以称为模因"。因此，如果被模仿的是一种思想，模因就是那个思想；如果被模仿的是一个曲调，那么，模因就是那个曲调。模因就是"孙悟空""孙行者"和"行者孙"，具有各种变化能力和表现能力。

由此我们得出结论：如果我们把人类文化看作是一种不断发展成长的有机体，那么，模因实际上就是这种有机体进化中的复制因子（replicator），它的特性既与基因相似，也有所不同。模因的传播不像基因那样由父母传给孩子的垂直传递，而是既可以垂直传递、并行传递，也可以有形散而神不散的变异传递。换言之，模因具有多模态特性。其表现方式可能千变万化，但传递的却是一种来自社会文化的信息构念（construct），一种在大脑中的信息表征系统。这种系统有时候可能以一种简单的符号出现，比如，网络词语"给力"；也可能以一种复杂的构念系统出现，比如应用语言学中流行的"交际能力"模型；或者以一种构念框架出现，比如宇宙飞船发射的指令、出入餐馆的图式、学术论文写作的基本模式，或者各种图表、音乐旋律等。

模因论即是对模因这个文化信息表征单位及其系统的复制、传播和演变机制进行系统归纳建模的理论和方法。模因在其演变过程中，其内部结构和外形不断发生变异和重组，模因之间为了争夺宿主有限的记忆空间而展开激烈的竞争，最终完胜者将得到广泛传播。这种生存机制在理论上应该可以通过数学的方式进行建模，但实际上目前仍很难操作，因为仍然不清楚模因运作规律的参数和参数值。目前，围绕着模因的研究主要是从定性的角度寻找模因竞争生存的生存策略和传播机理，来预测模因的生命周期。如果能够确定模因的生命周期，也就能够最终预测某一文化信息的生命周期，从而帮助我们解读人类文化的生存和消亡规律，这就是模因研究的普遍意义之所在。

模因有很多种，而语言模因是其中之一。什么是语言模因呢？如果模因是一种构念的话，那么，按照认知语言学的思路，语言模因实际上就是一种语言建构（construction），即大脑中的意义与形式之间的关系表征。如果这种表征能够在彼此之间建立起来一个彼此依赖、紧密连结的表征体系,它就具有很强大的生命力。反之,则会生命枯竭。由于这些表征体系具有原型特征,他们在传播的时候不受很多外在形式的局限,而是适时、适地、适境地选择其生存方式。模因的这种内在不确定性和抽象性给人们带来了理解上的困惑。因此,如何确定模因的内涵和外延是今后模因研究非常具有挑战性的方向。

自从模因概念提出后,围绕着模因的特性、传播机理、成功模因的特点已经有了不少探讨和介绍(Dawkins,1976,2006;Heylighen,1992;Blackmore,1999;Distin,2005;何自然,2005,2007;陈琳霞、何自然,2006;谢朝群、何自然,2007;张德玉、吴炳章,2011;等等),但是,关于模因作为一个有机体的生命周期及其生存过程中的各种因素之间的关系,并没有给出基本的轮廓,这就使得各种模因研究的方向不够明确,语言模因研究也将因模因大框架研究的停滞而止步不前。因此,我们有必要对此类基础问题进行深入探讨。那么,模因的生存策略有哪些? 它的生命周期又是怎样的过程呢?

3. 模因的生存策略和生命周期

任何文化的生存都必须满足一定的生存条件。总体上看,这些生存条件包括内在和外在两方面。内在的条件来自自身具备的固有特性,而外在的条件则来自能够兼容它们的固有特性的其他环境和帮助它们生存的携带者。

关于模因自身的特性,在《模因机器》一书中,Blackmore(1999:51)指出,模因之所以被称为复制因子,是因为它们表现出复制因子所必须具备的三个条件,即复制性、变异性和选择性。而满足这三个条件后所展示的过程是一个真正的进化过程。这个进化过程,广义上讲,就是一种“模仿”。按照 Blackmore(1999:52)的解释,“模仿”并不是我们日常所理解的简单复制,它实际上包含着至少这样三种能力:(1)对模仿什么做决策的能力;(2)从一种观点到另一种观点的复杂转换能力;(3)与身体行动相匹配的产生能力。而 Heylighen(1998,转引自何自然,2007)针对复制运作机制也进行了深入探讨,指出:模因复制和传播过程要经历四个阶段,即同化(assimilation)、记忆(retention)、表达(expression)和传播(transmission)。Dawkins(2006)则指出成功模因具有以下三个特征,即长寿性(longevity)、多产性(fecundity)和保真性(copying-fidelity)。如此,我们得知,模仿是模因传播的一种机制。那么这种机制如何发挥作用呢? 除此之外,模因传播过程中还有什么样的策略在起作用? 模因的特性与各种策略之间的关系如何？作为文化模因表现之一的语言模因是否也遵循这样的过程？下面我们从"打的"一词的演变和生存来看语言模因所具有的特性及其生存策略。

按照维基百科（Wikipedia）和大英百科全书在线学术版（*Encyclopaedia Britannica Online Academic Edition*）的解释，"乘坐出租交通工具"的文化现象最早出现在 17 世纪的巴黎和伦敦。当时表达这种意思的英语词语叫hackney carriage（一种因毅力和长时间慢速小跑而著名的法国轻便双轮马车）。具有现代意义的机动出租车到 19 世纪末期和 20 世纪初才先后在巴黎、伦敦和纽约出现并被传播到世界各地。而 taxi 一词来自英语的taximeter（德国人发明的计程表），该词又来源于德语的 taxameter，而该词又来自法语的 taximètre。其中，taxa 来自拉丁语，即"计费"，而 meter来自希腊语 metron，即"测量"。而后，taximeter 缩略为 taxi。而这种文化现象和表达方式也在 20 世纪初传到了香港地区，港人把英语的 taxi 音译为"的士"。

在我国内地，"打的"一词最早出现在 20 世纪 80 年代的广东，来源于粤语中的"搭的士"。由于改革开放，广州较早出现了出租的小汽车。受香港人"的士"叫法的影响，广东人就说"搭的"。

搭者，乘搭之谓也。但这"搭"字属入声字。按中原音韵，宋代以后"入派三声"，现在的普通话是没有入声字的。何况"搭"字闭口收音，不精于粤语者，则无从准确发声，只能张着口说"da"，"搭"便说成为"打"。不过，"搭"和"的"，两个入声字连用，在粤语说来也比较拗口。而"打"又多与手部动作有关，如"打伞""打招呼"等。在广州，的士既扬手即停，人们顺势也把"搭的"说成"打的"（黄天骥，2013）。

由此可见，当"乘坐出租车"这个构念一出现，不同地方的人们就尝试用不同的方式来表达。被引入开放后的中国内地和其他地方后，随着使用频率的增加，继而引起了人们的注意。而当广东人顺势把"搭的"改造为"打的"的时候，实际上，几个方面的因素同时在起着作用。

首先是"乘坐出租车"这个概念借助不同语词形式显现出来：如香港地区出现的"的士"、台湾地区出现的"计程车"、广东出现的"搭的士""打的"、北方人说"乘出租车"等，以不同的方式让构念显型、具体。

其次，语词形式在转化中努力简化以达到省力效果：由于"搭"字的入声以及和"的"入声的搭配给不精通粤语者以及精通粤语者都造成了困难，因此，发音上首先发生了变化。这里被普通语言学家所公认的省力原则在发挥着作用。从发音上看，"打的"只是简单的舌齿龈音重复，容易上口。从结构上看,该词语是从"搭的士"三个字转变为两个字,成为简单的汉语动宾结构,符合汉语词组的基本特征,说起来显得简洁、利索;从功能上看,可以省时省力地快速交际,如"怎么回家啊?""打的了。"从进化的角度看,复杂的表达式由于消耗宿主更多的大脑资源,因此在竞争中处于劣势。因此,"打的"符合了进化的规律,有很强的竞争优势。

再次,语词形式变化过程中努力与场景以及原有语言形式和意义结合进行重构:语言使用的最终目的是传达意义,而传达意义的关键是要能够适时、适地、适境。新生的"打"字除了发音省力外,其意义刚好与"扬手"动作有关联,符合在叫停出租车的时候需要扬手的意义。因此,"乘出租车"的意义在此与语词形式很好地结合了起来,具有形意合一的特点。

上面这些特点为"打的"一词进入语言使用者的大脑提供了方便,因为它不会给使用者带来记忆负担,同时,又把语言使用者原有的"乘车""扬手""快捷"以及语音体系和世界知识结合了起来,且不会带来认知上的负担。这样,就为"打的"一词在语言使用者的大脑中建构起来并被调用、复制和传播创造了条件。

由于改革开放赋予了广东特殊的经济地位,来往广东的商人渐多,因而也就把"打的"带往全国各地,并被认为是改革开放前沿的特色词汇而被接受并传播开来。来往人群的反复使用和传播使语言使用过程中的频率变量发挥了效应。继而,当人们把这样的概念意义和基本结构接受后,他们开始结合自身的生活实体来套用,从而出现了"打飞的""打摩的""打面的""打驴的"等说法。当1996年发布的《现代汉语词典》第三版(第225页)正式将"打的"收入词典并标注读音为 dǎ dí(注:2012年第6版,注音调整为 dǎ dī)时,这个词语终于由口头的不确定变成了真正的存在。

从"打的"一词的传播到正式被认可的过程看,至少有下面几种因素在起作用:

(1)词语自身以及所携带的构念新奇性:"打的"来自"搭的士"所携带的改革开放后的新的文化现象,这种现象的新奇性能够很好地吸引宿主的注意力。同时,构念意义在词语上的简化为构念找到宿主提供了基本条件。

(2)词语产生的应时性:该词语满足了当时人们对新出现的交通条件的表达需要,具有宿主所期望的便利性,因此为词语的生存找到了适宜的社会环境。

(3)词语变异的具象化过程:具象化过程就是把一些虚拟构架转变

为结合自身生活的实体状态。"打的"在中国的一般城市中是指有一定品牌的小汽车,而到了不同地方,人们根据身边实际生活把它变成了"打飞的""打摩的""打面的""打驴的"等,这个过程实际上是一个具象化的过程,而且同时还体现了词语在流传过程中传播的并不仅仅是形式,而是某种建构,这个建构中包含有抽象层面的概念意义和它所映射的形式构架。在这里,人们把"打的"所携带的概念意义"乘坐某种随时扬手即停的交通工具"在大脑中建构起来,并把"打……的"的结构映射到这个含义上,因而产生了变异式运用,这种变异实际上就是模因的继续创新。因此,除了上面提到的借助语言形式的具象化过程外,还通过借助宿主的不同体验来实现具象化。

(4) 词语生存的制度化(institutionalization):制度化就是把原有特殊的、不固定的方式转化为普遍认可的固定化模式过程。尽管"打的"在口语中广泛使用,但是,如果没有经过一定的制度化认可,就不能保持一定的稳定性,而稳定性是任何事物生存的根本。"博弈进化论认为,只要发生突变的个体数量保持在一定范围内,整个种群就能够抵制突变的影响而保持稳定。种群抵制突变的策略就是选择进化稳定策略(evolutionary stable strategy,简称 ESS)"(张德玉、吴炳章,2011:95)。因此,语言模因作为一种文化有机体要想生存,也需要一定的稳定性。这种稳定性的保证一方面需要一定的数量,即高频率出现;另一方面,则需要一定的策略。从"打的"一词的生存策略看,最终成功进入宿主所尊重的既定体制(这里指词典、报章杂志等正规文字载体以及人们所共同分享的整个语言系统)保证了它的稳定性,因为通过制度化的保证,语言使用者就可以通过教育等方式广泛使用和传播,从而引导宿主的自动化使用,确保一定的出现频率,进而确保它的基本生存。从"打的"的发展看,制度化的保证让这个模因从形式和内容上获得了新的身份。从某种意义上说,此时的"打的"模因获得了重生,并可以开始新一轮的生命周期。

(5) 词语传播的高频化:从这个语词的产生、被接受到传遍全国的过程,我们看到,广泛使用是这个词语能够被注意、复制、变异并稳定的基础。没有高频率的使用,就不会引起注意。即使有了大众媒体和固定媒介的制度保证,如果没有广泛的使用,其生存仍然不能得到保证。这就是模因生存过程中的一个典型策略体现,即高频化策略。目前在百度上输入"打的"一词就会发现,已经有了上亿次的出现频次。

因此,当有了广泛、稳定的基础后,"打的"的基本构念和形式就被转化成不同形式的"的",或者作为基本的词语来组成各种句子,甚至被分开使用到句子中,如"你打什么的? 面的还是摩的?"等。如此雷同的语言模因发展轨迹既可以从语词模因中看到,也可以从语言习语如"Practice makes perfect.",语言结构如英语的"S＋V＋O"以及篇章层面的框架结构如学术论文写作构架"介绍—论证—结尾"等方面看到,甚至推广至不同语言变体的生存和发展也是如此。以上"打的"的词语仅是语言模因库中的点滴例证,但可以展现出一个语言模因从萌生、传播、变异到稳定的过程。

从以上分析,我们发现,语言模因的生命发生、发展和再生过程不仅与它自身的特点诸如简洁、新奇性、形意相合有关,还与它能够适时、适地、适境有关。这些因素合力保证了它能够从形式和意义上与宿主原有概念体系融合在一起并进行重构。"打的"一词作为语言模因的发展轨迹既符合 Blackmore(1999)所指出的模因复制因子的基本条件,同时,其传播过程也符合 Heylighen(1998,转引自何自然,2007)所指出的四个阶段。与此同时,分析还让我们发现,模因传播过程中,除了外部环境和模因宿主的主动性以及 Blackmore(1999)所指出的模仿机制之外,实际上还包含着下列重要的策略选择,即(1) 具象化策略、(2) 制度化策略和(3) 高频化策略。限于篇幅,我们这里主要仅就这三种策略与相关因素的关系进行重点讨论。

模因传播过程中的具象化策略在这里含有两层含义,即模因生存形式的模态(modality)选择和模因所表达意义的具体化。模因可以借助于语言符号,也可以借助于图画、音乐等模态,因此表现出典型的多模态特征。同时,模因在传递过程中,还会通过变异的方式把自身的构念框架与宿主的不同体验结合在一起,形成不同的模因变体,如上面提到的"打……的"与"面的""驴的"等的结合。模因的具象化过程贯穿在模因的整个生命周期中,而且在这个过程中,语境对模因的生存起着不可忽视的作用。根据何自然(2013),语境可以分为情景语境、语言语境、认知语境和社会语境。模因宿主的自身体验受制于各种外部环境。宿主对不同情景的体验会改变他的认知方式,并左右他对模因的使用选择,从而影响模因的传播模态、内容和广度。当选择的具象与语境吻合较好且恰当的时候,就会对模因的发展起到促进作用。如果选择错误,就可能导致模因的消亡。模因传递过程中更可能选择的是构念框架(Distin, 2005),因为构念框架以类型的形式出现,不会因为材料的过度庞杂而给宿主的记忆带来负担。

模因的制度化策略是模因的基本稳定策略和竞争策略,在模因的整个生命周期中起着重要的作用。制度化在这里也有两层含义,即一方面是通过看得见的文化媒介得以存在;而另一方面,是通过被模因宿主社会共同体所共同认可的体系纳入,从而把它变成宿主的一种文化习惯,以保证代代相传。这种文化习惯可以通过语言来表达，也可以通过其他行为方式来表达。制度化使一些民间流传的东西登堂入室，并通过一定的外在形式规范下来，使其进入宿主所习惯的媒介。制度化本身由于限定了模因的内容和形式，因此，对模因的快速变异可能形成制约，从而削弱模因的创新能力。比如，英语中的"salad days"在莎士比亚时期由于在莎剧中的广泛引用而风靡，表达意思是"年少无知时无忧无虑的日子"或者"没有经验、不谙世事的日子"，但是后来，当它成为人们所接受的固定成语后，却沉寂了两百多年，直到19世纪才被重新捡起，如1862年6月的《俄勒冈早报》（*The Morning Oregonian*）上有"What fools men are in their salad days."（Distin，2005）。如今，这个词语在保留原有意义的同时，还获得了新义，表达的意思已经与莎士比亚的意思相去甚远，指的是"当人们获得丰富物质财富后过的安逸日子"或者指人生的"黄金年月"。又比如汉语的"囧"字，虽然现代汉语中很少使用，但是，由于被保存在词典中而长期存活下来并进入休眠状态。但是，进入网络时代，人们因为它的表象符合了网民的郁闷心态而被重新启用，并把原来的"光明"意义演变成为"无奈"的含义，从而实现了突变和重生。而"打的"一词目前之所以能够一直流传也在于它的变异形式的不断出现，显示了它的创新能力。类似的语言模因不胜枚举。因此，总体上看，没有稳定性，就没有发展和创新可能。

从模因的整个生命周期看，高频化策略也是贯穿于整个过程中的至关重要的策略。没有高频化的协助，就不能引起模因宿主的注意，也就不能引发有意识的使用，模因的构念也就得不到外显，从而失去其多模态性，也因此影响到模因的萌生。模因从萌生到复制、变异、竞争选择、制度化过程都需要高频的保证。一旦使用频率降低，它的生命将受到威胁。我们所熟知的"同志"一词，曾经在20世纪风行。但是，进入21世纪，由于使用频率的降低，加之其构念变异并具象化到某一特殊群体，因而，适用范围也渐渐压缩。同样，20世纪初使用的"人种"术语，随着遗传学的发展和人类认识的提高，也渐渐衰弱。因此，使用频率的降低使得高频化效应不能发挥，从而威胁到模因的生存。

模因生命周期中可能还有许多没有被发现的策略和运作因素，但上述三种策略比较明显。它们与环境因素、宿主因素以及模因固有的模仿机制共同协作，贯穿模因的整个生命周期。一旦某个策略不能发挥作用，模因的生命将会不同程度地受到威胁，继而要么死亡，要么沉默。根据以上分析和论证，我们认为模因作为一个有机体的生命周期，其生存策略与其他因素之间的关系图示如下（图1）。

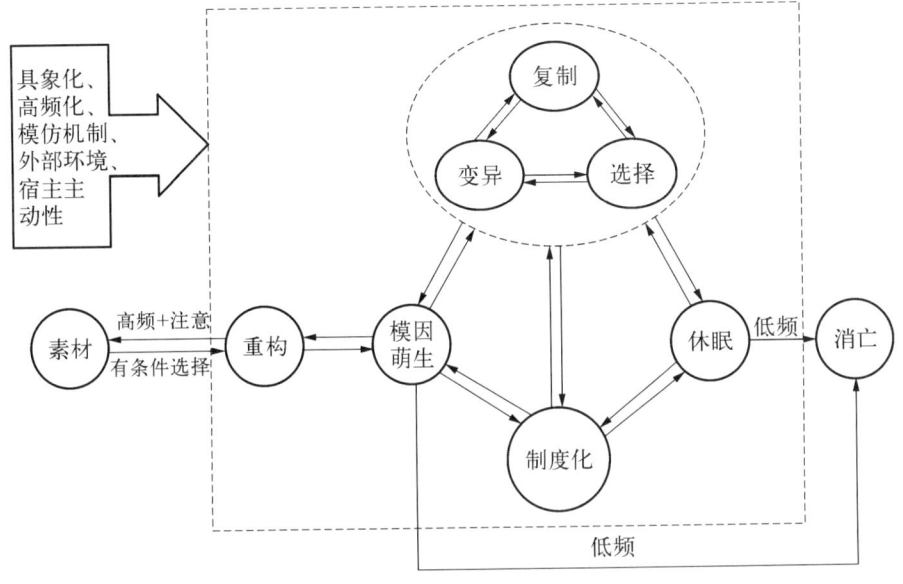

图 1　模因生命周期示意图

如图 1 所示,任何文化构念或者文化信息都可以成为模因的素材。其中有些素材如果反复呈现,高频效应就会出现,从而可能引起人们的注意,进而被重构到使用者的原有概念体系中。这里,注意是能够把潜在模因转化成为模因的关键。如果没有宿主的注意,重构就很难实现。一旦被重构并被宿主通过不同模态传播时,模因就产生了。继而,模因通过自身的复制能力、变异能力和竞争选择机制进行传播和更新。当使用频率积累到足以成为人们生活中的一部分的时候,就会被权威的媒介所认可,从而通过制度化的方式来保证它的存在。但是,如果稳定到了一定程度不能创新或者因为某种原因不被使用时,即出现严重的低频时,频率变量就起作用,模因就会进入休眠状态。如果这种状态持续下去,就可能导致最终的消亡。图示中,双箭头表示过程的循环,单一方向的单一实线箭头表示不能循环。从"素材"到"休眠"的过程中都包含着循环。例如,"制度化"的模因如果要创新,就要回到"模因萌生"那里进行创新,产生新的模因;而休眠的模因可能会被重新启用;新萌生的模因也可能需要返回到素材库寻找新的资源然后重构,而每次模因的复制都可能有变异或者选择。同时,某些新生的模因可能还没有流传开就直接消亡。在整个过程中,具象化、高频化策略以及模仿机制都贯穿始终,影响着模因的产生和传播。但是,根据我们本节开始所指出的三个生存因素。(即模因自身的因素、外部环境和模因携带者),从整个过程看,虽然模因作为一个有机体有其自身的发展规律,但实际上,模因的萌生、传播过程到消亡过程都与宿主是否有意识使用有很大关系。没有宿主的注意、重构、主动选取使用,就不可能传播,也就不可能进入体制化状态。而模因的休眠和消亡也是因为模因宿主对模因的主动使用减少甚至遗忘造成。因此,没有宿主的有意识使用,模因传播是不可想象的。

4. 结语

近些年对大脑的研究发现,人类的大脑并不是像先前猜想的那样不可改变。相反,大脑的功能可以因为经验和学习而改变(Genesee,2000)。模因论目前主要是以人类活动的文化体现为对象,注重对人类文化表现规律的探索。人类的文化表现来自人类的社会生存体验总结。这些总结实际上就是人的大脑与外界环境互动的结果。因此,对文化模因及其表征之一的语言模因的本质以及发展规律的研究,既可以帮助我们深入理解文化的生存和消亡规律,也可以从另一角度深入理解我们的大脑是如何受到人类的经验和学习的影响以及大脑对这些文化信息单位的处理机制。本文通过对语言模因"打的"一词的分析,重点探讨了模因生命周期中的生存策略及其与模因传播过程中相关因素之间的关系。分析发现,模因的生命发生、发展和再生过程不仅与它自身的特点、外部环境和模因宿主的主动性以及模仿机制有关,还包含了对下列重要策略的选择,即:(1)具象化策略;(2)制度化策略;(3)高频化策略。它们与环境因素、宿主因素以及模因固有的模仿机制共同协作,贯穿模因的整个生命周期。在分析和论证的基础上,我们提出了模因生命周期框架示意图,尝试释解模因的发生、发展、重生和消亡机理,并帮助厘清参与模因传播的相关主要因素之间的关系,为今后模因的深入研究提供参考框架。同时,分析让我们发现,模因生命周期中所涉及的模仿机制、语境因素、宿主因素、策略因素、注意、重构等过程及其自身的复制、变异和选择能力等特性与认知语言学以及第二语言习得等相关学科涉及的话题有很大的关联性。因此,模因论与语言学和应用语言学相关学科有着密不可分的关系,对语言模因特性、生存机制和策略的深入研究将会惠及相关学科的发展。

参考文献

Blackmore, S. *The Meme Machine*[M]. Oxford: Oxford University Press, 1999.
Dawkins, R. *The Selfish Gene*[M]. New York: Oxford University Press, 1976.

Dawkins，R. *The Selfish Gene（The 30th Anniversary Edition*）[M]. Oxford：Oxford University Press，2006.

Deacon，T. *The Symbolic Species: The Co-evolution of Language and the Human Brain* [M]. London：Penguin，1997.

Dennett，D. *Consciousness Explained*[M]. Boston：Little Brown，1991.

Dennett，D. *Darwin's Dangerous Idea: Evolution and the Meanings of Life* [M]. New York：Simon and Schuster，1995.

Distin，K. *The Selfish Meme*[M]. Cambridge：Cambridge University Press，2005.

Genesee，F. Brain research implications for second language learning[DB/OL]. *CAL online Resources: Digests*. 2000. http://www.cal.org/resources/digest/0012brain.html.

Heylighen，F. Selfish memes and the evolution of cooperation[J]. *Journal of Ideas*，1992(4).

陈琳霞、何自然.语言模因现象探析[J].外语教学与研究,2006(3).

何自然.语言中的模因[J].语言科学,2005(6).

何自然.语用三论：关联论·顺应论·模因论[M].上海：上海教育出版社,2007.

何自然.语言模因与语境化[Z].2013年3月湖北讲学讲稿.

黄天骥.从"有慢"到"打的"[N].广州日报,2013年5月15日第A11版.

谢朝群、何自然.语言模因说略[J].现代外语,2007(1).

张德玉、吴炳章.语言模因的进化动力学研究[J].中国海洋大学学报(社会科学版),2011.

从模因论看互文性的本质及其形成机制 *

庞玉厚

互文性是语篇（文本）的基本特征之一，是一个语篇对另一个语篇的重复。许多研究从不同的立场对互文性的内涵、特征和类型进行了描述，但是对其背后产生的动因、生成机制尚缺乏深入的探讨。在已有研究中，有的从精神分析角度将互文性的动因归于个体的本能冲动和欲望，如Bloom(1973)、Kristeva(1984)等；有的从社会批判理论或社会语用学视角将其归于社会机构的权力建构，如 Fairclough(1992)、Foucault(1972)、辛斌(2002)等。它们并没有详细阐述互文性产生的直接动力。有些研究试图借助系统功能语言学、语用学顺应论、认知科学等理论从语篇生产者或阐释者的角度解释互文性的运行机制，如 Beaugrande & Dressler(1981)、Inchaurralde(2005)、武建国(2012)、武建国和秦秀白(2006)、辛斌和赖彦(2010)、杨汝福(2008)等。这些研究主要从微观角度将互文性视作一种写作或阅读策略，并没有把它作为一个连续的、动态的互动过程，在这个过程中语篇、语篇生产者和阐释者都是一个开放的、不确定的集合。本文借鉴近年来兴起的文化进化理论——模因论(memetics)，尝试从宏观的、历史的角度探讨互文性的本质及其形成机制。

1. 互文性、主体间性与模仿

"互文性"术语由法国文学理论家 Kristeva 于 20 世纪 60 年代提出。她认为 Bakhtin 的对话理论打破了结构主义的文本静态观，她说："使结构主义具有动态维度的是他将'文学词语'理解为文本平面的交汇而非一个点（一个固定的意义），是若干文本间的对话：作者的、接受者（或人物）的、当前或先前文化语境的"(Kristeva，1980：65)。词语地位的界定既是横向的（文本中的词语属于写作主体和读者），也是纵向的（文本中的词语指向从前的或共时的文学语料）。Bakhtin 将横轴（主体—接受者）和纵轴（文本—语境）分别称作"对话"(dialogue)和"歧义"(ambivalence)，但并

---

* 本文原发表于《清华大学学报》(哲学社会科学版)2015 年第 2 期。

没有把它们清晰区分开来。Kristeva 认为:"这表面上看似缺乏严谨,但实际上是由 Bakhtin 首次引入文学理论的一个洞见:任何文本都由引语拼凑而成;任何文本都是另一文本的吸收和转化"(Kristeva,1980:66)。她正式提出了互文性概念,并宣称互文性概念取代主体间性概念。

在此,Kristeva 对 Bakhtin 的对话理论进行了一次关键性的改造,把重心从横轴(主体—接受者)转向纵轴(文本—语境),从主体间的对话性转移到文本的歧义性。她说:"Bakhtin 的对话性将写作既视为主体性也视为交际,或者更确切地说,视为互文性。面对这种对话性,'写作的个人主体'观念变得模糊不清,让位给'写作的歧义性'观念"(Kristeva,1980:68)。歧义性暗示着"把历史(社会)嵌入文本,把文本嵌入历史"。她认为,"当他说'两条道路在叙述中交汇'时,Bakhtin 将写作视为对先前文学语料的阅读,将文本视作对另一个文本的吸收和回应"(ibid.:69)。这样,互文性被推向前场,主体间性悄然退场。

主体间性是 Husserl 现象学的重要概念。Husserl 认为,主体性存在于主体间性中,主体的认识建立在主体间的互相理解和交流之上。但是,他的主体间性建立在先验主体的基础上。Kristeva 从精神分析学说出发批判了 Husserl 的先验主体观。在她的符义分析中,区分了生成文本(genotext)和现象文本(phenotext)[①](Kristeva,1986)。她将意义视为一个意指过程而非符号系统。在这个过程中,冲动的释放和表达被视作生成文本,这种冲动由社会语码限制但不能还原为语言系统;意指系统被视作现象文本,将自身呈现给现象学本能。生成文本内在于现象文本,处于意指过程的深层,是意义生成的内在驱动力;现象文本是生成文本的表层形式,即文本结构,可以从音位、句法、语义等层面进行描写和分析(王铭玉,2011:24)。在 Kristeva 看来,互文性产生的内在动力是主体的本能冲动或欲望而非主体间的对话互动。

主体间性的缺失遮蔽了对话主体在互文性形成过程中的主导作用。Bakhtin(1986:162)说:"文本仅存在于与另一个文本(与语境)的联系中。只有在文本间的联系之处亮光才会闪现,照亮前面的和后面的,并把一个特定的文本加入对话中。我们强调指出,这一联系是文本(言语)间的对话性联系。这一联系的背后是人物而非事物间的联系。"Habermas(1987:10)也指出,主体间性"在交往中产生,在语言符号媒介中巩固,并最终通过文化传统保存"。因此,互文性是作者—文本—读者互动的结果或"交往行动"的产物,是主体间性的表现形式。离开了交往主体,互文性就失去了依托。

互文性所赖以产生的主体间的互动实质上是模仿。有些文学理论家已意识到模仿在互文性形成中的作用。Barthes(1977：146)指出："语篇是由来自无数文化中心的引用构成的织品……作者只能模仿一种姿态,这种姿态总是先前的,从来不是独创的。他唯一的权力就是把各种书写混合在一起,用一些来对抗另一些,这样的一种方式从来不停留在它们中的任何一个。"Barthes 意在用模仿说否定作品的独创性,消解作者的权威,但也触及了互文性产生的直接动力。Bloom(1973)从精神分析学角度认为诗歌创作源于两个驱动力：一是模仿先行者的欲望,二是创新的欲望。互文性产生于这种影响的焦虑。Samoyault(2003：22)也指出："Gérard Genette 的超文性(transtextualité)使我们可以综观文学史并了解它的一大特性：文学来自模仿和转换。"这里的超文性即广义上的互文性。

2. 模因论

上述分析表明,互文性是主体间模仿的结果,是文化传播的具体体现。模因论是以模仿为基础的文化进化理论,为考察互文性的本质及其形成机制提供了一种新的分析方法。该理论最早由英国生物学家 Dawkins(1976/2006)提出,经过许多学者的补充和完善,成为当今最具影响力的文化进化理论之一(Aunger, 2002；Blackmore, 1999；Brodie, 1996；Distin, 2005；Lynch, 1996)。在西方,它受到哲学、心理学、社会学、语言学等众多领域学者的关注(Croft, 2000；Dennett, 1991, 1995；Pinker, 1998；Plotkin, 1993)。国内也有一些学者对该理论进行了介绍,少数学者已经注意到模因与互文性的关系(何自然等,2007；徐盛桓,2005)。

模因论视"模因"(meme)为文化传播或模仿的基本单位。这个概念最早见于 Dawkins 的经典之作《自私的基因》(1976)。他宣称,要理解现代人类的进化,必须放弃将基因视为进化的唯一基础这一观念；在人类历史的长河中,语言、艺术、仪式、习俗和建筑等都以一种近似高速基因进化的方式演化,这是一种关于人类文化的新复制因子。他说：

> "我们要为这个新的复制因子起一个名字,一个表示文化传播单位或模仿单位的名词。'mimeme'(模仿)来自一个恰当的希腊语词根,但是我想要一个发音像'gene'(基因)的单音节词。希望我的古典学朋友会原谅我将'mimeme'缩写为'meme'(模因)。作为慰藉,可以认为该词与'memory'(记忆)或法语词'même'(同样)有关。"(Dawkins, 2006：192)

由此可见,模因同基因一样都是复制因子。不同的是,模因是人类文化传播的信息单位,而基因是生物遗传的信息单位。

模因是一种心智表征。Dawkins 指出：曲调、观念、流行语、衣着时尚、制作陶罐或者建造拱门的方法等都是模因。Distin（2005：200）也认为，模因基于表征内容（representational content，简称 RC），是以某种方式保存其内容并使之能够在代际之间获得复制的表征。她指出，DNA 是生物基因的表征系统（representational system，RS），文化模因具有多种表征系统，包括语言、音乐、数字等形式。她说："正如 DNA 的性质提供了生物遗传的机制，表征内容的性质也为文化传承提供了机制。它解释了模因如何以某种形式在文化代际之间保存信息，使其能够在各种语境中发挥表型效应，从而解释构成人类文化的信息的保存和传播"（*ibid*.：200—201）。关于模因的所在，Distin 认为，在人类心灵内部发现的复制与图书馆、互联网等外部信息储存的复制之间并无显著区别。这两种储存方式相结合为信息传播和复制提供了强大的稳定性。

Blackmore（1999）区分了两种信息传播方式：魏斯曼式的"指令拷贝"（copy-the-instructions）和拉马克式的"结果拷贝"（copy-the-product）。有性生殖物种按照指令拷贝方式繁殖，拷贝的信息是基因型，作为结果的表现型不能拷贝。在模因世界里，两种过程都会发生。Distin（2005：92 - 95）指出，Blackmore 所说的指令拷贝是真正的复制过程，结果拷贝不是复制过程，因为后者需要从表型结果到模因内容的推理过程。但是，她认为，人工制品，如工具、建筑等，是模因结果，其蓝图或设计是模因载体[②]，它们既是模因的来源，又由模因产生。这个观点也不够准确。实际上，蓝图或设计也属于表型结果，是对心智表征的表征。模因的真正载体是人，模因存在于人的大脑里（Dawkins，1982：109）。Distin 也承认内部大脑结构是外部表征的最终源泉。

模因的传播主要依靠模仿。法国社会学家 Tarde（1890/2008）指出自然界和人类社会中普遍存在三种形式的重复现象：波动、遗传和模仿。其中，模仿是一种社会行为，"模仿的无所不在是社会生活的基本事实"（Tarde，2008：120）。另一方面，模仿也是大脑的认知行为。Dawkins（2006：192）指出："正如基因可以通过精子或卵子从一个身体跳到另一个身体在基因库里自我繁殖，模因也可以通过某个过程从一个大脑跳到另一个大脑在模因库里自我复制，这个过程从广义上说可以称之为模仿。"他说，模因和基因也许会互相强化，但是"基因一旦为其生存机器提供了能够迅速模仿的大脑，模因将自动接管。我们甚至不必假定模仿的基因优势……唯一所必需的是大脑应具有模仿能力，然后模因就能够最大限度地运用这个能力进行演化"（*ibid*.：200）。可见，模因的演化是通过人的模仿实现。

模因的演化包括三个基本过程：选择、复制和变异。可复制性是模因最重要的特性。同时，"物竞天择，适者生存"的自然规律也适用于模因的传播，只有适应文化环境的模因才能得到复制生存下来。Dawkins认为模因具有自私性，是无意识、盲目的复制因子。在生存竞争中，它尽力使自身获得复制，使自己在模因库中的数目增加。有些模因可以在短期内获得迅速传播，但不能长久保持，如流行歌曲、流行语等。但是，他指出人类还有一种特性：有意识的先见之明。这种预见能力能够把人类从盲目的复制因子的过度自私性中拯救出来。模因在复制过程中也可能会发生变异，新的模因可以通过模因的重组（recombination）或者突变（mutation）产生（Blackmore，1999；Distin，2005）。

3. 语篇与模因

模因论为我们重新思考语篇的性质以及互文性的本质提供了新的视角。根据系统功能语言学，语篇是一种元功能建构，是纯理意义、人际意义和语篇意义的复合体（Halliday & Hasan，1985）。简单地说，语篇是通过语言手段表达一定的思想、情感、态度、信仰等的交际单位。它包含两个基本层面：一是内容，即语篇所表达的思想、情感等信息；二是形式，即语言表达手段。根据模因论，模因是对一份信息的表征，具有一定的内容（RC）；同时，模因具有多种表征系统（RSs），语言是最主要的表征系统。因此，从模因的角度看，一个语篇是对一个潜在的模因集合的语言表达。在意义生成过程中，作为现象文本的语篇是表型效应，真正的生成文本是大脑内部的模因内容。

需要指出的是，语篇既是文化的载体，又是文化的内容。换言之，不仅语篇所表征的内容是文化的一部分，作为表征系统的语言也是文化的一部分。任何语篇都同时体现着两种模因：一是关于内容的模因；二是关于语言的模因（何自然等，2007：150）。在叙事语篇中，可以分别称为"故事模因"和"话语模因"。故事模因指时间、地点、人物、事件、动作、状态等故事构成要素，话语模因指字词、短语、句子、段落等篇章构造元素。在语篇中，语言模因和内容模因通常完美地结合在一起。例如：在童话叙事中，时间短语"once upon a time""long, long ago"等都是典型的话语模因，是童话的话语标识（discourse marker）；同时，它们所表达的内容是童话故事模因库中的时间模因。

语篇所表达的模因集合并非杂乱无章。每个模因都有与其他模因结合的趋势，通过组成互相顺应的模因复合体（co-adapted meme complex），它们比分离状态下更容易得到复制，能够更稳固地保存、流传下去。因此，在语篇中模因按一定的规则和策略组织起来，使语篇成为一个由不同层级的模因复合体组成的有机整体。确切地说，一个语篇是对一个大的模因复合体的表达，是一个稳定的层级结构。以中国近体诗（律诗）、词为例。每一首诗都有固定的字数、句数，每句的字数相等，还讲求严格的平仄、押韵和对仗工整。近体诗的平仄格式是有限的，大约有几十种（参见王力，2002：4—22）。这些平仄格式可以视为诗的形式模因。同样，每一首词也有严格的词调，通常称为词牌。每一个词牌都有一个词谱，包括固定的字数、韵数以及平仄格式，即"调有定句，句有定字，字有定声"。词人作词一般是"依声填词"或"按谱填词"，每个词谱是一个模因复合体，由一定数目的模因（句式）组合而成③。词有一千多种词牌，这意味着词有一千多个词谱模因。从形式上看，诗和词作为文学体裁分别由这几十种和一千余种模因所构成。

一个语篇所表达的模因必须得到复制才能真正称其为模因。Distin（2005：69）指出："模因内容的一个关键特征是可复制性，假如没有这个特性，任何表征都不能成为模因。"模因的复制则主要通过主体间的模仿实现。塔尔德（2008 序：7）将模仿比喻为"心际之间的照相术"，是"一个头脑对隔着一段距离的另一个头脑的作用，一个大脑上的表象在另一个感光灵敏的大脑皮层上产生的类似照相的复写"。但是，大脑之间无法直接模仿，模因无法直接从一个大脑跳到另一个大脑。模仿要经历一个概念化、符号化的过程。作为表征内容，模因必须通过语言等媒介的转换才能从一个大脑传递到另一个大脑。当一个语篇被阅读时，模因便从作者的大脑进入读者的大脑，从而使自身得到复制并保存。如果这位读者有志于创作，先前的模因就可能借助他的语言在新的语篇中被表达出来。由此可见，互文性是模因复制的结果。但是，互文性的产生是一个复杂的模因传播过程，下面进行具体探讨。

4.互文性的形成与模因的演化

互文性的形成与模因的演化密不可分。如上所述，互文性首先是模因复制的结果。互文性反映了语篇之间的相似性。Tarde（2008：73）说："一切或几乎一切社会相似性都来自模仿，正如一切或几乎一切生物相似性都是靠遗传获得的。"Dawkins（2006：194）则进一步指出："模仿，从广义上说，就是模因如何得以复制。"语篇类型（体裁）基于语篇的相似性。一种新体裁的形成是某一历史时期作家群体的模仿狂欢，诗歌、戏剧、小

说等文学体裁都离不开模仿。例如：关于诗词的格律，王力（2002：157 -
160）指出，先有某个诗词作家在语言形式上的创作技巧，后经过其他作
家的模仿而成为风气，一种新的格律才得以形成。Fairclough（1992：
104）把一个语篇与其他具体语篇之间的模仿关系称为"显性互文"
（manifest intertextuality），而将一个语篇与其所属的语篇类型（体裁）之
间的关系称为"构成性互文"（constitutive intertextuality）或"话语间性"
（interdiscoursivity）④。构成性互文是体裁、风格、语域等层面上模仿的
结果。

我们以元代散曲家马致远的小令《天净沙·秋思》为例，说明互文性
的上述两种类型。该曲全文是："枯藤老树昏鸦，小桥流水人家，古道西风
瘦马。夕阳西下，断肠人在天涯。"周德清在《中原音韵》中将它列为越调
定格，并称此曲为"秋思之祖"。全曲共出现十二个基本意象，分别由十二
个名词词组表达："枯藤""老树""昏鸦""小桥""流水""人家""古道""西
风""瘦马""夕阳""断肠人""天涯"等。这十二个意象都可以视为模因，
它们在金人董解元的仙吕调《赏花时》里基本都出现了："落日平林噪晚
鸦，风袖翩翩吹瘦马。一径入天涯，荒凉古岸，衰草带霜滑。瞥见个孤林
端入画，蓠落萧疏带浅沙。一个老大伯捕鱼虾，横桥流水，茅舍映荻花。"
其中，《赏花时》中的"瘦马""天涯""流水"三个模因被准确复制到《天净
沙》中；"落日""晚鸦""茅舍"虽然语言形式上发生了变化，但是与后者中
的"夕阳""昏鸦""人家"基本同义，所表达的意象模因没有变化，我们称
之为"等位模因"⑤。Dawkins（2006）认为，模因传播过程中的许多变化表
面上看似乎是模因发生了变异，而实际上是模因复合体的表征形式或表
型效应的变化。隋树森（1957：13）指出："《天净沙》小令不仅同《赏花时》
的内容相似，而且词句上还有若干因袭的痕迹。"二曲形成显性互文关系。
从形式上看，《天净沙》最突出的特色是大胆地组合运用"形容词＋名词"
短语。这种纯粹由形名短语构成的句法结构产生一种"意象并置"（罗钢，
2013：64）。此类句法模因在元代散曲中并不少见，但是最有名的当属
唐代诗人温庭筠《商山早行》中的诗句："鸡声茅店月，人迹板桥霜。"无
怪乎王国维在《人间词话》中评价此小令："寥寥数语，深得唐人绝句妙
境。"抛开意境不论，这种"以诗入词"的句法模因的复制产生构成性
互文。

作为具有高生存值的复制因子，模因具长寿性（longevity）、多产性
（fecundity）和保真性（copying-fidelity）等特征。它们都是互文性形成的
重要条件。模因能够持久地保存在记忆里或者通过语言媒介在语篇中固
定下来，为进一步复制创造条件，是互文性形成的保证。但是，相对于单

个复制品的长寿性，模因的生存更多地依靠其多产性。一个语篇被大量地印刷、传播，被更多的人阅读、引用，模因就会得到更多的复制，形成互文之网。模因复制的保真性更是互文性形成的前提条件。但是，模因作为无意识的、盲目的复制因子及其多产性使模因传播的路径有时难以确定，这意味着互文性的场域"从来都不是单一的、完整的，而是多元的、碎片化的"（Kristeva，1984：60）。由此，不难理解 Kristeva、Barthes 和 Bloom 等都反对把互文性等同于渊源研究。Barthes（1981：39）指出："互文性，无论指文本的何种状况，都不能沦为渊源或影响问题；互文本是一个具有匿名准则的一般性场域，这个场域的起源几乎从不曾被确定，它由无意识的、不加引号的引语构成"。此外，模因就像流行病毒一样不仅可以在代际之间纵向传播，也可以横向传播。从语篇的角度看，这分别构成了垂直互文和水平互文（Kristeva，1980）。这两种传播方式的并存使互文性的形成变得更加复杂、扑朔迷离。

仍以《天净沙》为例。此曲中的大部分意象为中国古典诗词的优秀模因，为古往今来的诗词家所模仿，在大量作品中得到复制和保存。例如："古道"这个模因直接出现在以下唐宋诗词中："乐游原上清秋节，咸阳古道音尘绝"（李白《忆秦娥·箫声咽》）、"田舍清江去，柴门古道旁"（杜甫《田舍》）、"古道自迢迢，咸阳离别桥"（项斯《咸阳别李处士》）、"长安古道马迟迟，高柳乱蝉栖"（柳永《少年游·林钟商》）、"老柳官河，斜阳古道，风定波犹直"（张炎《壶中天·扬舲万里》）等。如上所述，模仿有时是无意识的，当一个模因有众多复制品时，很难断定它的来源。因此，很难确定《天净沙》中的"古道"究竟仿自何处。从横向看，《天净沙》的互文关系更复杂。大致同时代的散曲家白朴也有一首《天净沙·秋》："孤村落日残霞，轻烟老树寒鸦，一点飞鸿影下。青山绿水，白草红叶黄花。"显然，这首散曲无论在曲牌、题目还是在内容和句法结构上都与马致远的作品十分相近。此外，《乐府新声》中有元代无名氏小令《醉中天·咏鞋》："老树悬藤挂，落日映残霞。隐隐平林噪晚鸦，一带山如画。懒设设鞭催瘦马。夕阳西下，竹篱茅舍人家。"这首仙吕调小令与马致远的《天净沙》在内容和词句上也有着惊人的相似之处。隋树森（1957：13）说："《醉中天》同《天净沙》的意境、字句显然相似，其中必有一首是因袭的，不过我们不容易断定是哪一首。"上述两首小令都与马致远的《天净沙》有互文关系，但是它们是模因横向传播的产物，具体的模仿关系不易确定。

互文性也是模因选择的结果。在传播过程中，模因库中的模因并非都能得到成功复制，而是具有选择性。模因的成功依赖三方面的因素：模因自身内容、模因环境以及外部环境（Distin，2005：57）。模因的外部环境包括要引起注意的人的周围物理环境、基因环境（基因型）和心理环境（心智、情感）等。模因要使自己得到复制并能持久生存主要取决于它获得并保持人们注意力的能力。Distin（2005：63—64）说："一个人更可能接受与他所崇拜的人所共享的或社群中大多数人所采纳的模因。"⑤例如：《圣经》中的故事、教义和语言等作为模因广泛出现在西方文学作品里。Faulkner 的小说《押沙龙，押沙龙！》就与《圣经·旧约》中记载的关于古代以色列大卫王的儿子押沙龙的故事类似。伟大作家的作品也往往成为后世模仿的对象。Joyce 的《尤利西斯》重写了 Homer 的《奥德赛》中关于 Ulysses 的希腊神话。Shakespeare 戏剧里的许多语言、人物故事作为优秀模因也为后世文学家所效仿。Faulkner 的小说《喧哗与骚动》（*The Sound and the Fury*）的题目就让人想起 Shakespeare 戏剧《麦克白》（*Macbeth*）第五幕里的一段台词：

> Life's but a walking shadow，a poor player
> That struts and frets his hour upon the stage
> And then is heard no more. *It is a tale*
> *Told by an idiot*，*full of sound and fury*，
> *Signifying nothing*.（Act 5，scene 5，lines 19 - 28）

小说第一章从康普生家族的三兄弟之一、傻子班吉的视角讲述康普生家的故事，正契合了上文中最后一句话所说的："这是一个傻子所讲的故事，充满喧哗与骚动，但无关紧要。"

此外，互文性的形成过程还往往伴随着模因的变异。在模因传播过程中，很难保证模仿完全精确，有些模因会发生变异。徐盛桓（2005：62）指出："从幂姆论（模因论）的角度看，一个语篇的某一部分被另一个语篇所化用、改写、吸收、扩展或在总体上加以改造，这个部分就是一个幂姆（模因）；化用、改写、吸收、扩展、改造等就是对它不同程度的复制。"实际上，化用、改写、吸收、扩展、改造等都是广义上的模仿，都可能引起模因的变异。在上述例子中，《醉中天》里的"落日映残霞/隐隐平林噪晚鸦"两句显然是由《赏花时》里的句子"落日平林噪晚鸦"吸收、扩充而成；Faulkner 的《喧哗与骚动》第一章傻子班吉讲的故事是对 Shakespeare 的《麦克白》里一句台词的化用和扩展。此外，Proust 的《追忆似水年华》滑稽地模仿了 Flaubert、Balzac 等经典作家的风格，成为现代主义小说的杰作；罗贯中的《三国演义》将陈寿的《三国志》改写为通俗小说，开创了中国文学史上演义正史之风。这些有意识的模仿既保持着前文本的痕迹，同时又进行了大胆的创新。这些创新来自模因的重组或者突变（Distin，2005：185）。

5. 结语

语篇是文化传播的重要形式,互文现象是文化传播的具体体现,是交际主体之间模仿的结果。从模因论的角度看,互文现象是模因传播的产物,互文性的形成是模因选择、复制和变异的过程。这个过程既可以是有意识的,也可以是无意识的。模因论是一种关于人类文化传播和人类心灵的理论,突出了模仿在文化传播和演化中的作用。它不仅可以从文化进化论的角度揭示互文性的本质和产生机制,而且对语篇的生成和理解、故事的传承和演变以及体裁的形成和嬗变等都有很强的解释力。它有助于我们了解文学运动的规律,加深对文学本质的认识。当然,模因理论也存在一些不足之处。例如:模因概念是在与基因理论类比的基础上提出来的,本质上是一个隐喻,需要更加清晰的界定;模因的传播规律也尚需进一步的验证。近年来,认知神经科学领域兴起的镜像神经元理论揭示了模仿的生物基础,为模因理论提供了证据支持。总的来说,人类的进化是基因—文化共同演化的结果。

注释

① 这一区分与生物遗传学中基因型(genotype)和表现型(phenotype)的区分类似。
② 模因载体(vehicle)又被称为"生存机器"(survival machine)或"互动子"(interactor)。
③ 词的模因可以由诗的模因转化而来,即"以诗入词"。例如:王力指出,在平仄上"律句是词的基础,不但五字句和七字句绝大多数是律句,连三字句、四字句、六字句、九字句也都是由律句变来的"(2002:50)。
④ 可参考 Genette(1992)的"原文本性"(architextuality)。
⑤ 同一个模因可能有两个或两个以上的变体,称之为等位模因(alleles)。
⑥ Tarde(2008:139 - 140)也指出,模仿虽然可以双向流动,但是范本一般是从高位向低位辐射,地位越高、社会距离最近的人最容易成为模仿对象。

参考文献

Aunger,R. *The Electric Meme: A New Theory about How We Think*[M]. New York: Free Press, 2002.

Bakhtin,M. M. *Speech Genres and Other Late Essays*[M]. Austin: University of Texas Press, 1986.

Barthes,R. *Image,Music,Text*[M]. New York: Hill and Wang, 1977.

Barthes,R. Theory of the text[J]. In R. Young (ed.), *Untying the Text*. London:

Routledge, 1981.

Beaugrande, R. de. & W. U. Dressler. *Introduction to Text Linguistics*[M]. London: Longman, 1981.

Blackmore, S. *The Meme Machine*[M]. Oxford: Oxford University Press, 1999.

Bloom, H. *The Anxiety of Influence: A Theory of Poetry*[M]. Oxford: Oxford University Press, 1973.

Brodie, R. *Virus of the Mind: The New Science of the Meme*[M]. London: Hay House, 1996.

Croft, W. *Explaining Language Change: An Evolutionary Approach*[M]. Harlow, Essex: Longman, 2000.

Dawkins, R. *The Selfish Gene*[M]. Oxford: Oxford University Press, 2006/1976.

Dawkins, R. *The Extended Phenotype: The Gene as the Unit of Selection*[M]. Oxford and San Francisco: Freeman, 1982.

Dennett, D. *Consciousness Explained*[M]. New York: Back Bay Books, 1991.

Dennett, D. *Darwin's Dangerous Idea: Evolution and the Meanings of Life*[M]. New York: Simon & Schuster, 1995.

Distin, K. *The Selfish Meme*[M]. New York: Cambridge University Press, 2005.

Fairclough, N. *Discourse and Social Change*[M]. Cambridge: Polity Press, 1992.

Foucault, M. *The Archaeology of Knowledge and the Discourse on Language*[M]. New York: Pantheon Books, 1972.

Genette, G. *The Architext: An Introduction*[M]. Berkeley: University of California Press, 1992.

Habermas, J. *Theory of Communicative Action* (*Vol.2*)[M]. Boston, Mass.: Beacon Press, 1987.

Halliday, M. A. K. & R. Hasan. *Language, Context and Text*[M]. Victoria: Deakin University Press, 1985.

Inchaurralde, C. Intertextuality, mental space and the fall of a hero: Pinochet as a developing topic[J]. In L. Saussure et al. (eds.), *Manipulation and Ideologies in the Twentieth Century: Discourse, Language and Mind*, 2005.

Kristeva, J. *Desire in Language: A Semiotic Approach to Literature and Art*[M]. New York: Columbia University Press, 1980.

Kristeva, J. *Revolution in Poetic Language*[M]. New York: Columbia University Press, 1984.

Kristeva, J. *The Kristeva Reader*[M]. Oxford: Blackwell.

Lynch, A. *Thought Contagion: How Belief Spreads Through Society*[M]. New York: Basic Books, 1996.

Pinker, S. *How the Mind Works*[M]. London: Penguin Books, 1998.

Plotkin, H.C. Hunting memes[J]. *Behavioral and Brain Science*, 1993(16).

蒂费纳·萨莫瓦约.互文性研究[M].邵炜译.天津：天津人民出版社,2003.

何自然等.语用三论：关联论、顺应论、模因论[M].上海：上海教育出版社,2007.

加布里埃尔·塔尔德.模仿律[M].何道宽译,北京：中国人民大学出版社,2008/1890.

罗　钢."把中国的还给中国"："隔与不隔"与"赋、比、兴"的一种对位阅读[J].文艺理论研究,2013(2).

隋树森.马致远的《天净沙》小令和《夜行船》套数[J].语文学习,1957(7).

王　力.诗词格律十讲[M].北京：商务印书馆,2002.

王铭玉.符号的互文性与解析符号学[J].求是学刊,2011(3).

武建国.篇际互文性的运行机制探析[J].中国外语,2012(4).

武建国、秦秀白.篇际互文性的顺应性分析[J].外语学刊,2006(5).

辛　斌.体裁互文性的社会语用学分析[J].外语学刊,2002(2).

辛　斌、赖　彦.语篇互文性分析的理论与方法[J].当代修辞学,2010(3).

徐盛桓.幂姆与文学作品互文性研究[J].暨南大学华文学院学报,2005(1).

杨汝福.互文性模式的功能语言学建构[J].外语教学,2008(6).

转喻模因的体验性认知基础 [*]

魏在江

1. 引言

模因论是基于达尔文进化论的观点解释文化进化规律的一种新理论，它尝试从历时和共时视角诠释事物之间的普遍联系以及文化具有传承性这种本质特征的进化规律。模因论最核心的术语是模因，Dawkins 在 *The Selfish Gene*（《自私的基因》）（1976）中首次提到它。语言是模因传播的最得力工具，是文化传承的主要载体，通过语言传播而生成的模因现象就是语言模因。从语用学角度可以根据模因的定义给语言模因下定义：语言模因是携带模因宿主意图，借助语言结构，以重复或类推方式反复不断传播的信息表征。Meme 已经成为英语中使用频率最高、影响最为深远的词汇之一（何自然、陈新仁，2014：1）。

何自然等（2014）总结模因研究的最新成果，探讨模因的修辞维度、模因与翻译、模因与第二语言习得的关系等，并且预言模因论将与历史语言学、系统功能语言学相结合，但他没有提到模因论与认知语言学的结合。我们认为，模因不是先验产物，它以体验为基础，主要通过知觉和感官形成。不同的个体由于生活经历、社会化过程、教育程度、性格、情感等诸多因素的不同，对相同模因可能存在不同的体验，模因的体验性从本质上说就是人类心智的体验性。模因论与认知语言学结合是模因研究的新视角。没有体验，何谈模因？没有模因，何谈语言创新？本文从认知语言学体验性视角探讨转喻模因的体验性认知特征。

2. 转喻模因的定义及特点

陈望道（2001：82）认为，所说事物纵然同其他事物没有类似点，假使中继还有不可分离的关系时，作者也可借关系事物的名称来代替所说的事物。按照传统修辞学的观点，（1）转喻是一种语言现象，而且是一种特

---

* 本文原发表于《外语学刊》2015 年第 6 期。

殊的语言现象,直叙是自然的,转喻是不自然的;(2)转喻是一种词义或者指称义的转移;(3)转喻是语词的借用;(4)转喻涉及两个事物之间的关系,两者"相关联"(王冬梅,2010:25)。事实上,这种观点存在缺陷。按照认知语言学的观点,转喻不是特殊的语言现象,也不仅仅是语言现象,而是一种概念上的转指;转喻不仅仅是词义转移,还涉及范畴构造。在社会语境中,转喻言语的使用还体现出一种大众文化行为,呈现出复制速度快、传播范围广的特点,符合语言模因的传播和产生规律。这一类语言模因被称为"转喻模因"(李捷,2013)。邹春玲以"模因-模质"之间的"互推-链接"为分析模型,从转喻的相邻问题入手,说明转喻的理解过程(邹春玲,2008)。该"模因-模质"说将"模因"定义为基本思维单位,"模质"为其思维或语言的内、外表征。模因在思维层面上运作,模质在思维和语言两个层面上运作。仔细观察周遭世界,就能发现模因现象几乎无处不在。可以说,我们生活在模因的海洋里,我们的世界被模因包围。模因左右着我们的存在,左右着我们的交际,并在我们生命旅途中不断更迭或升级,直至生命停止的那一刻(何自然、陈新仁,2014:155),它甚至是我们赖以生存的方式。转喻与模因的关系是:(1)转喻是模因得以传播和复制的主要途径及方式,模因是转喻性的;(2)转喻采取凸显方式在传播过程中凸显模因的某一部分,如部分代替整体、具体代替抽象、方式代替功能等;(3)所谓语言偏离现象,实际上是转喻的正常使用和体现,属于认知的正常体现,语言研究既要关注常规现象,也要关注偏离现象,这也是转喻体现的形式。转喻是一种认知过程,在同一个认知框架内,以一个概念为参照点建立与另一个概念(目标概念)的心理联系。

转喻和模因分别作为输入空间,经过扩展、延伸、筛选、过滤、选择等过程,产生出新的浮现结构,即转喻模因。转喻模因保留原来两个输入空间的一些特征和痕迹,但转喻模因并不是转喻与模因的简单复制和组合,而是具有新的特征,这种特征具有创新性和融合性。用事物表示该事物的性质是人类转喻思维模式的体现,因为事物与事物的性状有一种很自然的关联,当描述某事物性质的形容词"缺位"或需要用特别复杂的形式表达时,人们会用与该事物或现象相关的人或事物的名词来表述,这样就出现以工具代替功能、以具体器官代替抽象的感受、以部分代替整体等的转喻形式。转喻性语言模因因为偏离一般的语言使用规范,会给人带来一种新意,甚至是诗意,而这种新意会迎合人们求新求异的心理,所以更容易被大众接受,因而能在更广的范围内传播(何自然、陈新仁,2014:91),具有时尚、幽默、简洁、质疑与嘲讽等功能。

3. 转喻模因的体验性认知特征

根据何自然等人的观点,模因研究主要有以下几个流派:(1)信息观,(2)思维传染观,(3)文化进化观和(4)模因符号观。这门学科将小到一个理念大至文化都看成一个模因单位或模因复合体,一种文化和理念之所以不同于其他文化和理念,是因为它们都有独特的模因。谢朝群(2011:174—175)认为,模因有凸显性、顺应性、争议性、社会性、内嵌性、体验性、区域性、相对性、动态性9个属性。

Lakoff和Johnson(1999:19)认为,我们身体的独特属性使我们有概念化和范畴化的能力。我们的基本概念源自直接的身体体验,思维是具身的,本质上是身体的;我们概念的独特结构反映我们身体的独特性。概念通过身体、大脑及其对世界的体验而形成,概念通过体验,特别是感知和肌肉运动,获得(Lakoff & Johnson,1999:497)。Horst Ruthrof(2000)认为,有一个"肉身转向"(the corporeal turn);Laurence Shapiro 的 *Embodied Cognition*(《具身认知》)封面上有一句话:具身认知正在横扫这个星球。Varela、Thompson和Rosch拒绝视认知为表征计算的传统观点,取而代之的是他们把认知设想为"具身运动"。为了统一名称,根据具身认知的英语原文,我们把具身性、具身都称为体验性。

3.1 转喻模因的构成性特征

构成性指身体或世界在认知加工中扮演一个构成而非仅仅是因果作用的角色(Shapiro,2014:4—5)。根据该观点,认知过程的构成成分可以延展到脑外,包括身体或世界的特征。

语言模因的复制和传播主要依靠模因。语言本身就是模因,可以表现在字、词、句乃至篇章层面上。根据何自然等人的研究,自然语言中的模因主要体现在三个方面:教育和知识的传授、语言的运用以及通过信息的交际和交流(尹丕安,2005)。模因是一种信息单位,通过模仿得到复制和传播,模因也是一种认知行为或行为模式,由一个人传播到另一个人,它的表现形式是词语、音乐、图像、服饰、格调,甚至首饰或脸部表情。成功的复制因子有三个特点:保真性、多产性和长寿性。语言模因在复制、传播的过程中往往与不同的语境相结合,由此出现新的集合,组成新的模因复合体(尹丕安,2005)。根据何自然等人的研究,模因的传播主要有两种形式:(1)内容相同形式各异——模因基因传播,即相同的信息直接传递,相同的信息以异形传递;(2)形式相同内容各异——模因表现型传播:同音异形横向嫁接、同形联想嫁接和同构异义横向嫁接。从模因论的角度看,语言本身就是一种模因,它可以在字、词、短语、句子、段落乃至篇章层面得到体现,语境经常内嵌于语言模因中(何自然、陈新仁,2014:前言)。模因具有思维普遍性,是基本的思维单位。也就是说,人类认知,无论是感知、选择、记忆、说明或表达感情,都要依赖语境,语言模因的传播可以被不同的认知语境触发。不同的个体在运用语言时会产生不同的认知语境。例如:

① a. The secret of happiness is this: let your interests be as wide as possible, and let your reactions to the things and persons that interest you be as far as possible friendly rather than hostile. (Betrand Russel: *The Conquer of Happiness*).

b. The secret of happiness is to see all the marvels of the world, and never forget the drops of oil on the spoon. (Paulo Coelho: *The Alchemist*).

c. The secret of happiness is not having more, but wanting less.

d. The secret of happiness is not to have what you want, but to have what you have.

e. The secret of happiness is not in doing well what one likes, but in liking what one has to do.

f. The secret of happiness is to fill one's life with activities.

g. The secret of happiness is freedom. (何自然、陈新仁,2014)

什么是幸福?不同的人有不同的认识和解读,因而也就有了上面例子中丰富的表达。这些例子说明,不同的认知语境能触发语言模因,并使它以相同结构、不同内容的方式复制、传播。何自然等(2014)认为,社会语境的触发,人们只有在广泛语境化的社会和在动态的社会语境化模拟过程中交往,才有意义。社会语境的变化诱发语言模因在复制传播中变异,语言模因可以衰减也可以消亡,在模因进化过程中存在巨大的选择压力。模因论使我们认识到语言传播的过程就是模因复制、传播的过程。又如:

② 戏说高考
甄嬛版:今日提到成绩,小主倍感乏力,恐是昨夜梦魇,扰了心神,都是最近差生众多烦闷了些。加上早起后,看了周测成绩,不想那数据难看极了,愈加心烦。若能取消成绩考核,那必是极好的!

鲁迅版:进了学校,办公桌上有两堆本子,一堆是作业,另一堆也是作业。初夏已经颇热,脊背上却一层又一层冷汗。班主任例会照例是不会少了,优秀班主任排名榜全然没有我的名字。责任似乎并不在我,譬如使惯了刀的,这回要我耍棍,能行么?

仓央嘉措版：上与不上，课时都在那里，不多不少；批与不批，作业都在那里，不增不减。让我的努力走进你的 45 分钟里，或者你把 45 分钟递进我的手心里，默然，焦虑，寂静，哭泣。

赵忠祥版：全校上下人人心里白茫茫一片，像冰雪笼罩着的阿拉斯加。成绩下滑不是谁能负责的，绝望之中，我们只好紧紧闭上眼睛，像一头濒死的海豹，坠入无边的冰冷与黑暗。

最炫民族风版：静静的课堂是我的爱，一份份作业慢慢打开。什么样的老师是最呀最无奈，心里绞痛的无法释怀……

朱自清版：这几天心里颇不宁静，看着教室里越来越多睡觉的学生，像牛毛，像花针，像细丝，密密的斜织着，却无从做起。于是忆起《长歌行》里的句子：少壮不努力，老大徒伤悲……这样想着，猛一抬头，却见教室外炽热的眼神，校长要喷火了！

古龙版：尽管校领导脾气很怪，但各个年级的排名手法更是匪夷所思、闻所未闻。只见月末绩效考核，月初教案检查，似乎好兄弟商量好了一般！

　　由于体验角度和概念化方式的不同，就有了上述那些关于高考的不同版本。人们面对客观世界为什么会有如此丰富的表达，为什么会产生不同的词汇、概念结构、思维方式呢？人们的思维、心智、概念都基于客观世界、感知体验、身体运动，具有体验性。这说明，范畴和概念产生于人类与客观世界的互动，没有体验，就没有模因的产生和传播。不同语境从不同的侧面反映人们不同的身体体验，模因因而真实地反映人们对外部世界的体验和不同的认知，这说明模因与人的生活、身体体验密切相关。根据体验性的构成规则，身体是人认知的有力工具；语境不同，模因不同，构成模因的要素也就不同。

3.2　转喻模因的体验性

　　Lakoff 和 Johnson(1980：57)承认经验的文化基础，认为每一次经验都发生在一个巨大的文化预设背景中。他们为经验主义辩护，经验总是一个互动过程，包括来自身体组织方面神经、生理的制约以及环境方面的特征启示。语言形成于认知，语言是系统的、基于人类认知的，认知语言学力图准确地说明语言是如何基于认知而形成的：世界与语言之间存在认知这一中介，语言形式是体验、认知、语义、语用等多种外在因素作用的结果；意义是基于体验和认知的心理现象，不能脱离人的身体特征、生理机制和神经系统而独立存在，即"意义基于体验"（王寅，2002：197）。从人类日常经验中形成的概念系统是研究自然语义的基础，语义是从语言表达到某些心理实体的映射。可以说，没有人的真实体验，模因就不可能形成并得以传播。例如：

③ 爱的说明书

　　爱：一种对人或事持有的强烈深挚的感情或者爱好，在日常语境里，它主要是指人与人之间亲密的情感，如恋人之爱、朋友之爱、家人之爱。

　　产品成分：依恋、怜悯、包容、奉献，以及责任。

　　适应症：作为一种广谱健康用药，爱对许多人性的消极面都有很好的疗效，特别是针对仇恨、悲观、孤独等症状，具有很好的化解与改善的功能。在药理上，爱能很好地唤起使用者大脑皮层中善的一面，并通过持续的刺激，让它逐渐摆脱旧有的运行程序，焕发出新的活力。

　　使用方法：作为常备健康用药，爱应每日适量服用。

　　不良反应：使用本产品时，偶尔会伴有一定程度的嫉妒、不安与惶恐等情绪，只要在正常范围内，这类情绪均被视为正常反应，使用者不应放弃使用。

　　贮藏条件：高温

　　有效期：1 秒～永远

　　价格：0

　　注意事项：本产品方便快捷，可通过邮件、电话、问候乃至一个眼神来轻松送服。但同时应小心维护。本品在市面上有仿冒产品，如占有牌胶囊、自恋牌冲剂等。敬请留意，谨防误服。（《读者》2009 年第 8 期）

这份说明书有些特别，它无疑复制于人们日常服用的药品说明书。用这种说明书说明非常抽象的"爱"，意味深长。按照药品说明书进行模因复制和传播，写得非常生动、形象。这些模因的产生都是基于人们的体验，否则不可能有这样丰富的语言表达。Maurice Merleau-Ponty（2001：24）认为，我们体验到的大部分事物都必须要保留在其特定的背景中，只有这样，才能在前景中更好地知觉它们。用"体验具身"这个词，我们意在突出两点：（1）认知依赖于体验，体验来自具有各种感知运动的身体；（2）个体的感知能力自身内含在一个更广泛的生物、心理和文化情境中。用"行为"这个词，我们意在强调感知与运动过程、知觉与行动在认知中不可分离（Shapiro，2014：57）。有人的体验，才有生动的转喻模因，才有这样精彩的语言表达。

3.3　转喻模因的概念化特征

　　概念化指一个有机体身体的属性限制或约束其能够习得的概念

（Shapiro，2014：4—5）。一个有机体赖以理解周围世界的概念取决于它的身体的种类。如果有机体的身体不同，它们对世界的理解也将不同。根据这个假设，有机体身体的属性决定该有机体能获得有关世界的哪些概念。Langacker（1987：12）指出，应该从最宽泛的意义上理解概念化，它几乎包括各种大脑活动，其中重要的有：（1）原有的和新的概念；（2）抽象的或智力概念以及直觉的感觉、运动和感情经历；（3）非即时的、逐渐展开的概念；（4）对物理、社会和语言语境的完整把握。简言之，语言意义是物理体现、以社会-文化为基础的人脑的心理活动的结果（束定芳，2008：105）。概念化既包括抽象概念，也包括一个人对外部世界、社会、语言和环境的认识，实际上就是认知处理。形式逻辑难以描写语义结构，因为它具有主观性。例如：

④ 语言学博士在婚礼上的致辞

"婚后既要适当注意固定资产的积累，也要有足够的流动资金。我是说既要在逢年过节的时候给对方买些礼物，这就是所谓的固定资产，同时也要让平时的生活充满爱意，这就像是流动资金……""恋爱的时候以及新婚初期，男女之间自然存在着万有引力，但是随着时间的推移你们会发现身边经常会有大大小小的星球飘过，这些外来的星球也会产生大大小小的引力，比如说非常规物质诱惑，情感诱惑。要防止离心力的作用，一个简单的办法就是保持夫妻之间足够近的距离。"

"婚后小夫妻有了自己的生活，这时候可以慢慢地将父母看成是一种长期股，健康的时候不用天天看着，隔三岔五地关心一下就可以了，但股市不健康的时候就要多多关注了。可以适时调整长期股的内容，但不可以随便抛售。""要处理好学业、工作和生活的关系，学业和工作像是银河系，而生活像是太阳系，当太阳系在银河系中运转的时候，它自身的运转也一刻没有停歇。"（扬子晚报，2014/6/16）

这份致辞用许多金融、物理方面的专业词汇（固定资产、流动资金、万有引力、星球、引力、离心力、长期股、股市、抛售、银河系、太阳系、运转等），风趣幽默又发人深省。这里，说话人用金融、物理词汇来比喻婚姻生活，这些词汇形成一个个模因，并被不断地复制和传播。这说明模因是人们经常使用的创新手段，是思维概念化的基本表现方式之一。语言使用者对语言的不断模仿、传播是模因生命力之所在。模因与隐喻、转喻具有许多相似之处，这也说明认知语言学的理论完全可以应用于模因研究。

语言模因之所以能够复制，离不开语言使用者的不断模仿、传播。语言模因传播的触发语境有情景语境、语言语境、认知语境和社会语境。语言就是承载、传播思想文化模因的单位，其本身也是一种模因。语言模因论从人类语言行为中大量存在的模仿复制入手，对语言形式和功能的形成、发展、变异,对语言修辞性使用,对语言和话语意义的解读机制,对语言的社会价值,对翻译、二语习得和语言教学的实质和实践等,都能进行令人耳目一新的解读和阐释(何自然、陈新仁,2014:150)。

3.4　转喻模因的替代特征

替代性指一个与环境交互作用的有机体的身体取代被视为认知核心的表征过程(Shapiro,2014:4—5)。因此,认知不依赖于针对符号表征的算法过程,能在不包括表征状态的系统中发生,无须诉诸计算过程或表征状态就能被解释。转喻模因在复制、传播过程中凭借的线索是各事物之间的相关性,转喻模因能成为成功模因的关键在于,它们能提高语言的运作效率,推动语言的时尚性进程,增强语言的形象性表达,使语言富有幽默感,起到良好的语用修辞效应(李捷,2013)。转喻模因在修辞过程中的复制和传播体现语言的大众化进程。例如:

⑤ 寒冬起床的 N 种纠结版本

　　　　寒冷的冬天,你被恼人的闹铃声吵醒,可是太困了起不了床啊有木有?每次起床都要纠结半天啊有木有?害怕迟到了被老板扣工资啊有木有?下面,就让我们一起看看上班族早晨起床的 N 种纠结版本吧!

　　TVB 版:呐,上班这种事呢,最重要的就是开心。每天都准时起床从不迟到呢,是不能强求的。今天早晨你迟到被老板扣发奖金,发生这种事,大家都不想的。有些事是不能勉强的,你已经尽力早起了。所谓吉人自有天相,如果迟到了就哭出来吧,哭出来会舒服点。你肚子饿不饿啊?我煮杯咖啡给你喝,喝完了就好好工作吧!

　　360 版:尊敬的上班族用户,您今天起床用时 18 分钟 38 秒,只击败了全国 18% 的上班族。有 265.38 万的“懒虫级”上班族第一次起床失败,正在重新起床;另有 88.95 万的“超级赖床族”全部睡过头,铁定迟到。如想加速起床时间,请联系您的老板对“生物钟”进行优化!

　　QQ 版:敬爱的老板,在您看到这条短信的时候,我刚刚做出了一个非常艰难的决定:在你停止对我升职、加薪之前,我决定不去上班而继续在床上呼呼大睡。即使我的奖金不保、职位降低甚至被你开除,我仍然毅然决然地履行承诺,继续睡觉!我深知这样会让你失望万分,也可能造成我巨大的工资福利损失,对此我诚恳地向您致歉。

　　金庸武侠版:你运足丹田,把全身的内力都集中在了手臂上,你顿觉沉重的身体慢慢被撑了起来，心中不禁暗道一句："一定要 Hold 住！"你的对手"瞌睡虫"开始暗自运功抵抗，身体如同灌了水银一般越来越沉。你再次用力，上下翻掌，左右开弓，让身体难有下沉之机。然"瞌睡虫"的功力几倍于你，你的身体不由暗暗叫苦，额头上豆大的汗珠流淌了下来，被褥在你纠结的挣扎中像海浪一样上下翻滚……终于，你面如死灰，重新睡下，打开手机："老板，我今天身体有些不舒服，想请一天假！"

古龙武侠版：

2012 年 1 月 12 日，早晨。

黑暗的房间，床。

窗外寒风凛冽，天空灰暗。

谁能忍受得了上班迟到？

你能！

你正趴在暖和的被窝里。

闹铃已经响过三次了。

没人知道闹铃会不会继续响第四次。

你试着撑起身体，你知道一切都是徒劳。况且这不是你自愿的。

你的脑子很沉重，身体也软了下去。一种叫"瞌睡虫"的东西仿佛要掐死你。

挣扎了两下后，一切又安静了下来。

黑暗的房间，床。

一切又恢复了原样。寒风凛冽，天空灰暗。

安静的卧室里，只有微微的鼾声在回荡……

琼瑶版：你静静地躺在暖和的被窝里，双眼望着天花板，仿佛在等待着什么，讨厌的闹铃第三次响了起来，你那沉重的身体开始微微颤抖。你讨厌这种纠结的感觉，你的心仿佛都要碎了。脑海中传来了老板那咆哮的声音："这年头找份好工作容易吗？我们学习了一辈子，工作了一辈子，劳累了一辈子，愤恨了一辈子，但是仍然要感激上苍，让我们还是一个有单位的人，否则，生命会像一口枯井，了无生趣。"你的眼圈红了，几滴泪珠顺着脸庞流了下来。你掀开被子，一骨碌爬了起来，用力按下闹钟道："我伤不起啊！你就不能轻点响吗？"

周星驰无厘头版：曾经有一段充足的起床时间摆在我面前，我没有珍惜，等到上班迟到被老板扣奖金的时候才后悔莫及，人世间最痛苦的事莫过于此。刺耳的闹铃声你就在我耳边响起吧，不用再顾忌我伤不伤得起了！如果上天能够给我一个再起一次床的机会，我会对自己的身体说：赶紧起。

如果非要在这个机会上加一个期限,我希望是周一到周五的每一个早晨。

(广州日报,2012/03/04)

基因型语言模因指以相同或不同形式传播但内容始终不变的言语模式,是以传递信息为主的模因。隐喻性语言模因可以帮助我们通过具体而清晰的概念认知和理解那些相对抽象的概念;转喻性语言模因因为偏离一般的语言使用规范,会给人带来一种新意甚至诗意,而这种新意迎合人们求新求异的心理,更容易被大众接受,因而在更广范围内传播(何自然、陈新仁,2014:91)。认知语言学认为,语言不是一个封闭的系统,而是客观现实、生理、心智、社会文化等多种因素综合作用的结果,对语言的解释必须参照人的一般认知规律和百科知识。模因论将语言模因视为文化进化的基本单位,是文化进化的机制。这说明认知语言学与模因论的基本思想完全契合,二者具有互补关系。

由此可以得出结论:(1)转喻模因是人思维的表征形式,是正常语言表达形式的体现,研究转喻模因有利于更加深刻地揭示人认知的奥秘;转喻模因的形成、选择与使用是人认知活动的体现,与人的体验和日常生活紧密相联,反映语言使用者的心理诉求和情感表达,具有强烈的语言使用倾向和主观性、主体性;(2)转喻模因不仅兼具转喻和模因的特点,而且还具有母体不具备的特点,是动态的、变化的,模因传播和使用受多种语境因素的制约和影响,语言模因最重要的传播方式是隐喻和转喻,模因概念的产生既是隐喻性的,也是转喻性的;(3)转喻模因的理解必须依赖特定语境,它是人们语言使用的选择;影响模因选择的因素既有内因,也有外因,它既可以复制传播,也可以衰减甚至消亡;(4)转喻模因在广告、新闻、网络语言中大量存在,它通过多种方式复制和传播,是人们创造性地使用语言的基本表现形式之一。转喻模因的形成与传播基于体验、认知和思维互动。

4. 结语

模因论为言语交际研究提供新思路。在语言模因作用下,新词语得到复制,创造新词语的创意也得到复制,形成人和语言的互动模式,从中可以窥见语言的变化和发展(尹丕安,2005)。语言体验性认知是将具身认知与认知语言学结合起来的一套崭新的认知语言学研究范式,它综合认知科学、认知心理学、认知神经科学、当代脑科学的最新研究成果。语言具身认知是语言、具身、认知三位一体的耦合结构,是身体、大脑、环境三者交互作用所形成的自足的认知动力系统(许先文,2014：258)。语言体验性认知具有多维内涵：不仅是一种语言认知观念、语言认知研究范式,而且是一种崭新的语言认知方式。本文以认知语言学的体验哲学为基础,从语言模因的构成性、体验性、概念性、替代性等方面论述其认知体验特征,旨在为模因研究提供新视野。

参考文献

Horst，R. *The Body in Language*［M］. New York：Cassell，2000.

Lakoff，G. & M. Johnson. *Metaphors We Live By*［M］. Chicago：University of Chicago Press，1980.

Lakoff，G. & M. Johnson. *Philosophy in the Flesh: The Embodied Mind and Its Challenge to Western Thought*［M］. New York：Basic Books，1999.

Langacker，R. W. *Foundations of Cognitive Grammar: Theoretical Prerequisites*［M］. Standford：Standford University Press，1987.

陈望道.修辞学发凡［M］.上海：上海世纪出版集团,2001.

何自然、陈新仁.语言模因理论与应用［M］.广州：暨南大学出版社,2014.

劳伦斯·夏皮罗.具身认知［M］.北京：华夏出版社,2014.

李　捷.转喻模因的语用探讨［J］.湖南科技学院学报,2013(3).

里查德·道金斯.自私的基因［M］.长春：吉林人民出版社,1998.

梅洛·庞蒂.知觉现象学［M］.北京：商务印书馆,2001.

束定芳.认知语义学［M］.上海：上海外语教育出版社,2008.

王冬梅.现代汉语动名互转认知研究［M］.北京：中国社会科学出版社,2010.

王　寅.认知语言学的哲学基础：体验哲学［J］.外语教学与研究,2002(2).

谢朝群.礼貌与模因：语用哲学思考［M］.福州：福建人民出版社,2011.

许先文.语言具身研究［M］.北京：人民出版社,2014.

尹丕安.模因论与隐喻的认知理据［J］.西安外国语大学学报,2005(2).

邹春玲.汉语转喻理解的模因分析［J］.外语学刊,2008(6).

"中国梦"话语的模因论阐释*

陈梅松　　陈新仁

1. 引言

　　语言的发展常常与时代的脉搏密切相连。随着经济社会的迅猛发展,中国在国际上的地位已经极大提高,从全球化世界的边缘成长为关键组成部分之一,并在整个世界格局中体现出不凡的力量和影响。这样的时代和发展语境在语言上也留下了不可磨灭的印记。习近平主席于2012年11月29日参观"复兴之路"展览时正式提出的"中国梦"政治理念,经过系列会议和讲话中的深刻阐述、媒体宣传和全民实践,逐步构建成为具有中国特色社会主义的话语体系。"中国梦"因为承载了中国新的发展目标和方向,迅速成为热门话题和词汇,引发大量相关话语的产生,深刻影响着新时期社会意识形态和发展实践,也塑造了中国在世界舞台上的形象,因而也逐渐成为学术界关注与研究的焦点。

　　在语言学界,"中国梦"话语吸引了相当多学者的研究兴趣,认为深度剖析"中国梦"语言现象将有助于我们更好地把握中国当代发展的主题,提升中国形象的表达效果。本研究在前人的研究基础上引入模因理论视角,旨在阐释一些非常核心但之前研究未加以回答的问题,如"中国梦"作为一个强势模因表征了什么内容,该语言模因具有什么样的社会语用效应,其传播具有什么特点等,从而深化关于"中国梦"话语作为语言模因的认识,更好地践行"中国梦"。

2. 相关研究概述

　　现有关于"中国梦"的研究呈现出多视角的特征,其中主要包括文化视角、传媒视角、国际政治视角、语言学视角等。文化视角下的"中国梦"研究主要探讨其内涵与实施方式、影响等。譬如,崔华华和翟中杰(2014)认为,"中国梦"的文化特征凸显精神象征性、实践主体性和文化

　　* 本文原发表于《天津外国语大学学报》2016年第4期。

自觉性三个方面,其文化功能包括价值导向、话语建构、精神凝聚和文化传承四个领域。有些学者从传媒学视角聚焦公益广告、电影艺术、主题电视剧作品、小说、摄影、书法、绘画等,分析"中国梦"的大众表达方式、媒体责任和宣传效应(官科,2015;刘文良,2014;王冰雪,2015)。还有学者站在国际对话的高度看待问题,如李海龙(2013)从国际政治视角解读"中国梦"所处的国际环境、意义和价值。也有关于"中国梦"和"美国梦"的比较研究,从而区分出不同的价值观念和意识形态体系(孟睿思、杨一婧、李巍,2013)。邵斌和回志明(2014)采用批评话语分析方法研究西方媒体对"中国梦"的报道,发现西方媒体对"中国梦"多持肯定态度,认为其内涵是民族复兴和世界和平,但也不乏媒体对其持有否定和偏见,偏信所谓的"中国威胁论"。梁茜(2015)运用框架理论分析外媒对"中国梦"的报道维度,继而指出我国在进行"中国梦"对外宣传和传播过程中应该注意策略。刘宇松和蔡朝晖(2013)基于社会语言学视阈探讨"中国梦"的内涵与时代特征,尝试阐释"中国梦"被广泛传播的原因,认为"中国梦"的内涵体现了当今社会的时代特征,代表了群众的心声与愿望,同时新闻媒介起到了推波助澜的作用,再加上词汇使用的从众效应,"中国梦"等词汇在社会语言中得到了更迅速的传播。尤其值得一提的是,《天津外国语大学学报》2016 年第 1 期推出"中国梦"研究专栏。学者们运用系统功能语言学的分析框架和话语分析方法,从话语建构、话语权、国家身份建构、话语功能等不同角度分析"中国梦"话语建构,理解"中国梦"的实质,进一步拓展了"中国梦"话语解析的维度和深度。

这些研究从不同角度剖析"中国梦"的表征与内涵,有助于深入我们对"中国梦"丰富的表征形式与涵义的理解,但分析视角较为单一,未充分揭示"中国梦"话语的形成、传播、演变的轨迹。如果能够将语言现象与文化传播相结合,剖析该话语的语境、本体特征以及社会和国际影响,应该能够将"中国梦"话语研究变得更加丰富,更有价值。鉴于"中国梦"话语在不同维度上体现了中国当代的发展主题,既是语言现象和社会现象,也是一种文化传播现象,而语言模因论正是从语言、传播、社会语用效应等层面揭示话语的外在和本质特征,本研究拟引入语言模因论视角,从"中国梦"话语的生成语境与表征内容、传播特点、主体性与社会语用效应和传播特点三个方面探究其模因本质。

3. 模因论的概念与应用

基于达尔文主义进化论,Dawkins(1976)提出模因概念和模因论来解释文化进化规律,认为那些能够使文化得以进化的复制因子可以称为模因,相当于基因的文化对等物。"能够通过广义上称为'模仿'的过程而被复制的信息单位都是模因"(Blackmore,1999:43)。"对于语言而言,那些被大量模仿、复制和传播的语言单位也就成为一种模因,即语言模因"(陈新仁等,2013:207)。何自然和陈新仁(2014:6)指出,我们的衣食住行均涉及模仿,而且在模仿的过程中,借助宿主的主体性,模因经过进一步加工(改良或创造)变异成模因复合体,并将语言模因定义为"携带模因宿主意图,借助语言结构,以重复或类推的方式反复不断传播的信息表征"(何自然、陈新仁,2014:9)。

语言模因的传播力度和生命力长短各不相同,因为"在模因进化的过程中存在着巨大的选择压力。所以在数量极大的潜在的模因中,能够生存下来的模因为数并不是很多"(Blackmore,1999:65)。有些模因得不到宿主的重视和使用,仅存在于小范围之内,随着时间与语境的变迁逐渐或很快消失,因而是弱势模因。相比之下,那些能够被接受、复制和传播的模因则是强势模因。语言模因有基因型语言模因和表现型语言模因两种复制和表达方式(何自然,2005),前者是相同信息直接传递或以异型传递,是内容相同而形式各异的模因;后者是模仿现有的语言结构和形式,根据表达需要来传递不同的信息内容。

国内语言学界的研究者们普遍把模因论当成一种解释语言现象的视角,即用模因论来解释各种语言现象。语言模因论在研究实践中体现出强大的解释力,可以分析语言在实际生活中的有趣使用(何自然,2003,2005,2008),也可以解释修辞、流行语、广告、相声、新闻语言等(何自然,2008;庄美英,2008;王尚法、徐婧华,2013;杨婕,2008;等等)。本文关注"中国梦"和模仿其形式或寓意生成的相关语言表达式,以习近平主席自2012年11月29日参观"复兴之路"展览到2013年6月11日观神舟十号发射期间在多个场合阐释"中国梦"的15篇讲话[1],以及2012年11月20号到2016年1月1日主流新闻媒体网站相关宣传报道[2]和"中国梦"系列平面公益广告[3]为语料,运用模因论相关理念来分析"中国梦"话语,尝试从其生成语境与表征内容、传播特点、主体性与社会语用效应来解析其语言模因本质。

4. "中国梦"话语的生成语境与表征内容

从构词上来看,"中国梦"是"XX梦"表达式的复制和模仿结果。著名黑人民权运动领袖 Martin Luther King 以"我有一个梦想"为题发表演讲,表达了对自由、民主和种族平等的渴望。类似的还有相信只要经过不懈奋斗便能获得更好生活的"美国梦",追求可持续性文明发展的"欧洲梦",以稳定、和平、发展为目的的"非洲梦",构思企业发展规划的"企业梦",谋求个人前途与幸福的"助学梦"等都是用高度概括的"XX梦"构式来形容个人、民族或国家对美好未来的憧憬。

从内容上来看,"中国梦"是中国乃至世界文明发展到当代的缩影。首先,自古以来人类对未来寄托美好期望,并勾画发展蓝图。如古希腊哲学家Plato早在公元前5世纪就描绘了一个充满理想色彩的美好世界。当前在中华民族伟大复兴的新起点上,习近平主席通过"中国梦"提出了对中国社会理想化期许的号召,这与柏拉图的"理想国"有着异曲同工之妙。其次,"中国梦"从我国的传统文化获取思想源泉,也是后者的延续。近年来在中国城市大街小巷中随处可见的"中国梦"公益海报大量呈现了中华民族的仁爱、和为贵、兄谦弟恭、孝道等传统美德,体现了信息内容复制上的保真性。从古代"家国天下"的儒家思想、孟子的"正气"说和"以民为本"观念、清朝《弟子规》的守则规范,到以爱国、敬业、诚信、友善为价值诉求的社会主义核心观和"中国梦"对传统美德的弘扬,这一传承过程体现了中华伦理意蕴的历史继承性。人们通常会对比"美国梦"和"中国梦",两者具有相同的语言组合方式,但是追溯"中国梦"的民族性和传统性就会发现它体现的是与崇尚个人主义的"美国梦"完全不同的意识形态。"中国梦"还延续了中华民族长期以来的富强梦。再次,"中国梦"也是"国际梦",反映了全世界人民对和平与发展的向往。习近平主席在第十二届全国人民代表大会第一次会议上进一步强调"中国梦"是和平、发展、合作和共赢的梦。例如:

(1) 实现中华民族伟大复兴,就是中华民族近代以来最伟大的梦想。④

(2) 实现中华民族伟大复兴的中国梦,是近代以来中国人民最伟大的梦想,我们称之为"中国梦",基本内涵是实现国家富强、民族振兴、人民幸福。⑤

(3) 中国人民爱好和平。我们将高举和平、发展、合作、共赢的旗帜,始终不渝走和平发展道路,始终不渝奉行互利共赢的开放战略,坚持与邻为善、以邻为伴的方针,把同周边国家的互利合作推向新的水平。积极参与多边外交事务,促进国际合作。致力于同世界各国发展友好合作,履行应尽的国际责任和义务,继续同各国人民一道推进人类和平与发展的崇高事业。⑥

例(1)和(2)分别给出"中国梦"的定义,详细阐述"中国梦"的内涵,指出"中国梦"在本质上就是"复兴梦",延续了近代中国以求发展为代表的强国梦想。从例(3)中可以看出,"中国梦"话语是具有国际性的,既需要有利的国际大环境作保障,其提出和实现也会极大推动整个世界的和平与发展事业。

通过以上"中国梦"话语的生成语境分析可以看出,"中国梦"在构成形式上模仿了"XX梦"的形式,属于表现型语言模因;在信息内容即文化表征的 DNA(Distin,2005)上,"中国梦"一方面借鉴了柏拉图式"理想国"和"美国梦"的部分元素,另一方面继承了中华民族传统因素,同时融入了鲜明的时代特色,成为一个内容丰满、内涵深厚的思想体系。由此可见,"中国梦"并非无源之水,无论是从构词方式还是从内容上,都可以看出来它是历史文化的产物和对时代需求的积极响应,具备了形成语言模因的生成基础。

5. "中国梦"模因的传播

第一,"中国梦"话语覆盖了"中国梦"大主题(整体性传播)和不同层面的子主题(分解式传播),呈现出整体性和分解式传播特征。在中国当代社会,"中国梦"就是实现中华民族的伟大复兴,更具体的含义包括实现国家富强、民族振兴、人民幸福,是"国家梦""民族梦"和"人民梦"的复合体。在解读和传播的过程中也分解出其他梦想,有远大的"强军梦""文化梦"等,也有指向个人学业、事业、婚姻和家庭的各种梦的小主题。

第二,"中国梦"话语的传播经历了自上而下、从个体到全民的人际传播过程。继 2012 年首次提出,习近平主席在国内及国际多个场合,结合不同工作内容就"中国梦"具体内涵、奋斗目标、总体布局、实现路径等进行系统阐释。十二届全国人大一次会议闭幕会上习近平主席甚至九次提到"中国梦",直接推动了"中国梦"的讨论热潮。各级政府、部门和单位,以及社会团体充分利用电影、电视、报刊等媒介参与其中,以不同方式从不同角度阐释和宣传"中国梦"。譬如,《中国日报》以常规报道和"我的中国梦"专栏两种方式,将热点事件报道与评论相结合,从百姓和代表委员的不同角度来解读和见证"中国梦",兼具趣味性和即时性,生动地说明和阐释了"中国梦"的理念和实现途径。

第三,"中国梦"话语的传播方式体现了多样化的特征。各级政府、媒体平台、社区积极宣传"中国梦"的内涵、意义及其与个人的关系。如CCTV推出一系列大型纪录片助力"中国梦"主题宣传。主题纪录片具有真实性和源于生活的感染力,采用真人真事,以荧幕为媒介,传递中国形象和中国精神,给观众带来视觉上的巨大冲击力。其中央视网的《百年潮·中国梦》多维度诠释了"中国梦"的历史成因和时代内涵,告诉人们"中国梦"连接着过去与现在、历史与未来,连接着国家与个人、中国与世界,传导出 13 亿中国人民为实现中华民族伟大复兴而勃发的正能量。无论男女老少、名人或普通老百姓,大家都自觉或不自觉地积极参与了圆梦行动,为实现"中国梦"而贡献自己的力量。知名人士通过自身的公信力来宣传和巩固"中国梦",如央视著名主持人白岩松在耶鲁大学以"我的故事以及背后的中国梦"为题发表演讲,在读者和观众中引发了书写读后感的浪潮;姚明也畅谈"体育梦"等。普通老百姓或以舞蹈、音乐、书法、摄影作品展示自己对"中国梦"的理解与支持,或通过博客、微博、微信、百度贴吧、论坛/BBS 等自媒体发布自己亲眼所见、亲耳所闻的事件。

由上述分析可以看出,"中国梦"概念的提出、阐释性的系列讲话、主流新闻媒体网站相关宣传报道和"中国梦"系列平面公益广告等形成一个庞大的话语体系,具备了强势语言模因的传播特征。

6."中国梦"模因的主体性及社会语用效应

习近平主席参观国家博物馆主办的"复兴之路"展览时提出要实现中华民族伟大复兴的"中国梦",表达出了老百姓的心声,即在满足了物质生活的富足后,开始追求精神层面的美好。加上其清新的理念和亲和的风格,很快成为老少皆知的词,并位列 2013 年度《咬文嚼字》十大流行语榜首。"中国梦"话语一经提出就受到全社会的普遍关注和认同,具备强势语言模因的可注意性。"中国梦"话语体现了个体的需求和利益,也从成长、亲情等多方面给予情感关怀。"中国梦"系列讲话中提出"中国梦"必须紧紧依靠人民来实现。"中国梦"的目的是为人民谋福利,梦想的实现也需要人民共同参与,人民既是受益对象,也是宣传对象、宣传者和执行者。国家命运与家庭幸福、个人成长密不可分,表达了"中国梦"从根本上来说就是老百姓自己的梦。因此,"中国梦"模因构建了个体的多重身份,突出了宿主的重要性。

(4) 中国梦归根到底是人民的梦,必须不断为人民造福。[⑦]

如例(4)所示,"中国梦"话语从一开始就被赋予群众属性,讲述的是为人民谋求福利的未来规划。在一幅公益广告中,创作者通过两位老人之间的亲密对话:"你看见什么啦?""我看见我的梦啦!",以叙事的手法讲述了在"中国梦"的语境下普通老百姓对未来的期盼,暗示了"中国梦"与个人梦的密切关系,体现了"中国梦"语言模因对宿主的重要意义。

由此可见,宏观的"中国梦"内化和体现在每一个微观的个体身上,代表了群众的利益,也因群众的力量得以传播和实施,由此形成的"中国梦"

语言模因充分彰显了主体性。正因为"中国梦"模因表征的内容关注个体利益，并调动个人的主观能动性，充分体现了宿主在该语言模因生成与传播过程中的重要作用，得到了广泛的社会认同，因而具有强大的社会语用效应。一方面，"中国梦"模因增强了全民凝聚力，凝聚中国力量是实现"中国梦"的必然途径，事实证明，在这个时代最强音的召唤下，全国人民空前的团结起来，参与宣传和实践活动；另一方面，"中国梦"模因引发了国际社会的高度关注，西方媒体争相报道和诠释"中国梦"，如《纽约时报》《华盛顿邮报》《卫报》、CNN 及 BBC 都有"中国梦与中国发展""中国梦与世界关系"等议题，社交媒体 Twitter 上也有关于"中国梦"的讨论。

总之，"中国梦"话语反映了人类文明和思想在当代中国的发展，表现出不同层面上的主体性，在国内和国际上都产生了巨大的影响，充分体现了强势语言模因所具有的主体性和积极的社会语用效应。

7. 结语

语言源自需求，服务于社会。"中国梦"话语描绘了中华民族伟大复兴的蓝图和实施纲领。从其生成语境和表征内容来看，"中国梦"既是中国特色的政治话语，也是世界文明和意识形态的继承和发展。"中国梦"话语贯彻了以人为本的思想，通过各种途径进行迅速的传播。"中国梦"话语在全社会甚至全世界范围内刮起了中国风，产生巨大的社会语用效应。由此可见，"中国梦"话语具备了强势语言模因的各种典型特征。理解"中国梦"话语的模因特征，充分发挥其积极的社会语用功能，有助于准确把握执政理念和社会发展规划。正如习近平主席在 2016 年新年贺词中所说的那样："只要坚持，梦想总是可以实现的。"⑧本研究没有使用定量统计加以佐证，也没有系统跟踪"中国梦"话语的发展轨迹。今后研究可采用定量与定性相结合的实证研究方法，历时考察其发展过程，更加全面地理解"中国梦"话语的内涵与意义。

注释

① 人民网《习近平总书记 15 篇讲话系统阐述"中国梦"》（http://theory.people.com.cn/n/2013/0619/c40531 - 21891787.html）。

② 主要参考人民网、CCTV、新浪、搜狐、网易、腾讯、凤凰网、新华网等中国主流新闻媒体网站。

③ 参见关键词为"中国梦公益广告"的百度搜索结果。

④ 新华网《习近平在第十二届全国人民代表大会第一次会议上的讲话》(http://news.xinhuanet.com/2013lh/2013‐03/17/c_115055434.htm)。

⑤ 人民网《习近平在莫斯科国际关系学院发表重要演讲时强调建立以合作共赢为核心的新型国际关系》(http://politics.people.com.cn/n/2013/0324/c1024‐20892638.html)。

⑥ 人民网《习近平：中国梦是和平、发展、合作、共赢的梦》(http://theory.people.com.cn/n/2014/0902/c40531‐25587270.html)。

⑦ 同④。

⑧ 人民网《只要坚持，梦想总是可以实现的》(http://opinion.people.com.cn/n1/2016/0101/c1003‐28003380.html)。

参考文献

Blackmore，S. *The Meme Machine*[M]. Oxford：Oxford University Press，1999.

Dawkins，R. *The Selfish Gene*[M]. New York：Oxford University Press，1976.

Distin，K. *The Selfish Meme*[M]. Cambridge：Cambridge University Press，2005.

陈新仁等.语用学与外语教学[M].北京：外语教学与研究出版社,2013.

崔华华、翟中杰."中国梦"的文化特征、功能及其实现[J].探索,2014(4).

官　科."中国梦"系列公益广告中的多模态隐喻[J].湖南科技大学学报(社会科学版),2015(4).

何自然.语言中的模因[J].语言科学,2005(6).

何自然.语言模因及其修辞效应[J].外语学刊,2008(1).

何自然、陈新仁.语言模因理论与应用[M].广州：暨南大学出版社,2014.

何自然、何雪林.模因论与社会语用[J].现代外语,2003(2).

李海龙.国际视阈下的"中国梦"解析[J].山西社会主义学院学报,2013(4).

梁　茜.以框架理论分析《纽约时报》对"中国梦"的报道[J].广西大学学报(哲学社会科学版),2015(2).

刘文良."中国梦"视域下我国电影的创新与发展[J].中州学刊,2014(11).

刘宇松、蔡朝晖.基于社会语言学视阈看语言模因"中国梦"[J].湖南社会科学,2013(6)

孟睿思、杨一婧、李　巍.中国梦？美国梦？——基于新浪微博的分析[J].中国经济报告,2013(6).

邵　斌、回志明.西方媒体视野里的"中国梦"——一项基于语料库的批评话语分析[J].外语研究,2014(6).

王冰雪.以影释梦,共论影视传播新时代[J].浙江传媒学院学报,2015(5).

王尚法、徐婧华.相声和小品流行语的模因视角分析[J].山西大同大学学报(社会科学版),2013(6).

杨　婕.新闻标题中流行语的模因论研究[J].外语学刊,2008(1).

庄美英.模因工程——如何打造强势的广告语言模因[J].外语学刊,2008(1).

转喻模因的框架语义研究[*]

魏在江

1. 引言

　　模因论是基于达尔文进化论的观点解释文化进化规律的一种新理论。它试图从历时和共时的视角对事物之间的普遍联系以及文化具有传承性这种本质特征的进化规律进行诠释。模因论最核心的术语是模因，该术语是由新达尔文主义倡导者 Dawkins 在其 1976 年所著的《自私的基因》(*The Selfish Gene*)一书中首次提到(何自然，2005)。根据何自然的研究，模因的研究目前主要形成了这样几个流派：(1) 信息观；(2) 思维传染观；(3) 文化进化观；(4) 模因符号观。模因研究有两个角度：一是从文化的角度看模因；二是从语言学角度来看模因，把模因纳入所讨论的语言学的一个内容，如认知语言学、语用学、语义学等学科里面(桂诗春，2014)。语言模因的形成和传播机制不能简单地概括为模仿、信息复制因子等，在这些表象背后隐藏着深刻复杂的认知机制，值得深入研究。近年来，语言模因的认知研究已经成为模因研究的新方法和新视角。我们认为，模因是一种认知行为，因此，本文拟从认知语言学的视角，对转喻模因进行新的研究。

2. 转喻模因研究的认知视角

　　语言的复制和传播主要依靠模因。语言本身就是模因，它可以在字、词、句乃至篇章层面上表现出来。根据何自然的研究，自然语言中的模因主要是从三个方面体现的：教育和知识传授、语言本身的运用和通过信息的交际和交流(何自然，2005)。模因是一种信息单位，通过模仿而得到复制和传播，模因也是一种认知行为或行为模式，由一个人传播到另一个人，它的表现形式是词语、音乐、图像、服饰、格调甚至首饰或脸部表情。成

　　* 本文原收录于黄国文、陈新仁、冉永平、李捷主编《语用人生——何自然教授八十华诞庆贺文集》，高等教育出版社 2016 年 6 月第 1 版。

功的复制因子有三个特点：（1）保真性：语言具有很高的保真性，因而代代相传；（2）多产性：模因复制能力很强，传播的速度也很快；（3）长寿性：复制模式存在越久，复制的数量越大（尹丕安，2005）。语言模因在复制、传播的过程中往往与不同的语境相结合，出现新的集合，组成新的模因复合体（何自然，2005）。根据何自然（2005）的研究，模因的传播主要有两种形式：（1）内容相同形式各异——模因基因传播，即相同的信息直接传递，相同的信息以异形传递；（2）形式相同内容各异——模因表现型传播：同音异形横向嫁接，同形联想嫁接，同构异义横向嫁接。

按照传统修辞格的观点，（1）转喻是一种语言现象，而且是一种特殊的语言现象，直叙是自然的，转喻是不自然的；（2）转喻是一种词义（或者说指称义）的转移；（3）转喻是语词的借用；（4）转喻涉及两个事物之间的关系，两者"相关联"（王冬梅，2010：25）。事实上，这种观点存在很大缺陷。在认知语言学看来，转喻不是特殊的语言现象，也不仅仅是语言现象，而是一种概念上的转指；转喻不仅仅是词义的转移，还涉及范畴上的构造。转喻不仅是语词的借用，而是通过一个心理实体来跟另一个心理实体建立心理上的联系，是一种"参照体—目标"的心理操作过程。转喻是一种认知过程，在同一个认知框内，以一个概念为参照点建立与另一个概念（目标概念）的心理联系（王冬梅，2010：28）。Blackmore（2008：513）论述了语言和模因的密切关系：语言和模因都与生物有机体有某些相似性（如复制性、选择性、变异性等）。就此而言，语言就是一个庞大的模因复合体（a vast complex of memes），由众多相互交织、共同演化的模因组成。转喻模因在复制传播过程所凭借的线索是各事物之间的相关性。转喻模因能成为成功模因，关键在于它们提高了语言的运作效率，推动了语言的时尚性进程，增强了语言的形象性表达，使语言富有幽默感，起到了良好的语用修辞效应（李捷，2013）。转喻模因主要以同构异义横向嫁接为复制传播途径，指某种语言结构和形式保持不变，填充不同的词语，意思也因此有所不同。转喻模因在修辞过程中的复制和传播体现了语言的大众化进程。

近年来，从认知的角度来研究模因已经悄然兴起，如卢军羽的《语言模因与事件域认知模型——以"人肉搜索"事件的语言模因为例》，尹丕安的《模因论与隐喻的认知理据》，刘悦明、沈兴涛的《语言的模因、隐喻和全息》，邹春玲的《汉语转喻理解的模因分析》，李捷的《转喻模因的语用探讨》，邹春玲以"模因-模质"之间的"互推-链接"为分析模型，从转喻的相邻问题出发，对转喻的理解过程作出说明。该"模因-模质"说有望成为转喻研究的另一种分析模式（邹春玲，2008）。在社会语境中，转喻言语的使用还体现出一种大众文化行为,呈现出复制速度快、传播范围广的特点,符合语言模因的传播和产生规律。对于这一类的语言模因,本文称为转喻模因(李捷,2013)。语言模因的传播和变异是以事件域概念网络为基础的,即事件域内要素的替代、连结或整合为语言模因的运作提供了认知理据。我们相信,认知语言学理论可以为语言模因的研究注入新的动力,提供新的理论视角。

3. 转喻模因的框架语义学分析

框架语义学(Frame Semantics)是美国语言学家 Fillmore(1977a, 1977b)在早期格语法理论的基础上提出的,它是从人们理解语言的角度阐释词汇意义的理论。其核心思想是,人们是在词语所激活的语义框架中理解词语的意义的。Lowe 等(1997:2—3)指出:"我们只有参照概念结构,才能充分地理解词语的意义,概念结构是词语意义的依托和理据。一般而言,框架以图式化的方式对现实世界的知识进行编码。词语唤起相应的框架,或例示特定的框架元素。"框架语义学是认知语言学的一个重要分支,它对语义学的发展做出了重要贡献,同时它还具有现实的和潜在的应用价值。

3.1 转喻模因的体验复制

框架语义理论自称为理解的语义学,它强调概念与意义对人的经验的依赖。传统的结构主义语义学认为概念与语言之间有确定的对应关系,并以此为出发点研究各种语义现象。框架语义理论承认概念与语言之间存在着比较固定的关系,但同时更强调经验在意义生成与传播中的重要作用。以经验为手段来分析和组织概念,框架语义理论使得人们对概念与意义的认识发生了一种根本性的改变。框架语义学是对人类认知规律的假设,这个假设就是:人们用语义框架和语义网络来理解词汇的意义,语义框架和语义网络是我们心理词库的重要组织方式。框架语义学提出从经验角度来分析语义成分及其成分之间的结构关系,虽然未能详述句法实现的机制与其遵循的哲学原则,但为语法理论的创新与实践提供了空间。人类认知的普遍机制是转喻(metonymy),即借助显著度高的概念唤起、激活(activate)不凸显的项目,源域(source domain)为目标域(target domain)提供心理可及(mental access)。Radden 和 Kovecses (1999)把转喻分成两大类:整体与部分转喻、整体各部分之间相互转喻。转喻是一种认知过程,在同一个认知框内,以一个概念为参照点建立与另一个概念(目标概念)的心理联系。用事物来表示该事物的性质是人类转喻思维模式的体现,因为事物与事物的性状有一种很自然的关联,当描述某事物性质的形容词"缺位"或需要用特别复杂的形式来表达时,人们就会拿与该事物、现象相关的人或事物的名词来进行表述,这样就出现了以工具代替功能、以具体器官代替抽象的感受、以部分代替整体等转喻形式。根据概念合成理论,转喻模因可以用图1来表示:

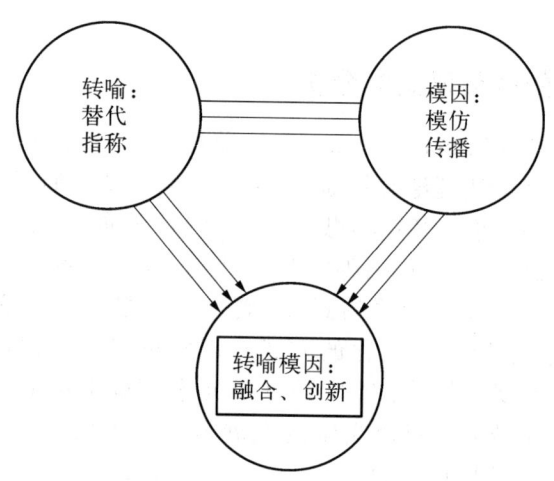

图1 转喻模因的概念合成空间网络表征

图1表明,转喻和模因分别作为输入空间输入后,经过扩展、延伸、筛选、过滤、选择等过程,产生出新的浮现结构,即转喻模因,转喻模因保留了原来两个输入空间的一些特征和痕迹,但转喻模因并不是转喻与模因的简单复制和组合,而是具有了新的特征,这样的特征具有创新性和融合性。转喻性语言模因因为偏离了一般的语言使用规范,会给人带来一种新意,甚至是诗意,而这种新意迎合了人们求新求异的心理,更容易被大众接受,因而在更广的范围内传播,起到了表达时尚、传递幽默、追求经济、质疑与嘲讽等修辞功能(何自然,2014:91)。框架语义学以事件域整体结构为背景知识,语义还包括参加者的意向、社会文化的背景,动作或状态的行为等(顾鸣镝,2013:19-20)。除了"框架"之外,认知心理学称之为"理论之理论"(theory of theory)、社会学称之为"社区"(communities)、人工智能称之为"图示"(scripts),还有人把其称为图式(schema)、普遍模式(global pattern)、认知模型(cognitive model)、经验格式塔(experiential gestalt)、场景(scene)等。转喻模因经过体验、复制和传播,过滤、选择和重构,整合、延伸和扩展等几个环节得以形成和传播,其过程可用图2来表示:

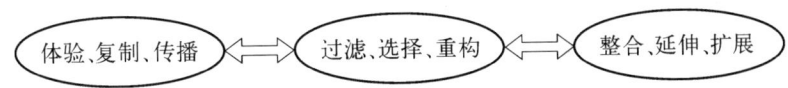

图 2　转喻模因的复制与传播过程

心智的体验性认为：我们的范畴、概念、推理和心智并不是外部现实客观的、镜像的反映，而是由我们的身体经验所形成，特别是由我们的感觉运动系统所形成。我们大部分推理的最基本形式依赖于空间关系概念，身体、大脑与环境的互动，提供了日常推理的认知基础（王寅，2002）。日常生活中的经验不可避免地会使我们获得基本概念，我们只能通过体验才能获得意义。体验性具有双重意义：它既包含身体作为活生生的、经验的结构，也包含身体作为认知机制的环境或语境。框架是概念系统，是人类经验、思维的结构背景，要理解系统中的任何一个概念都要首先理解它所在的整体结构。

（1）庆东版"围炉夜话"

北京大学青年学者孔庆东将清代王永彬的《围炉夜话》中的一些语句做了些整理，现选摘一些，想必它们于家长于孩子都有教育意义。1.教子弟要正大光明，检身心须谨小慎微。2.人品不高，总为利字看不破；学业不进，总为懒字丢不开。3.做人忽势利，习业莫粗浮。4.自励可再起，因循难复兴。5.要小聪明不如守拙，交滥朋友不如读书。6.寒门要留读书种子，富人莫忘稼穑艰辛。7.天资好也应勤奋，品德佳莫忘细行。8.能读书即是享福，能教子便是齐家。9.身不饥寒，天未负我；学无长进，我何对天。10.山河皆文章，天地皆师友。（摘自《四十不坏》，华文出版社，另见《文摘周报》2006年1月24日）

（2）短信恶搞　国歌改"股歌"

"起来，还没开户的人们，把你们的资金全部投入火热的股市，中华民族到了最疯狂的时刻，每个人都激情地发出买入的吼声！快涨！快涨！我们万众一心，怀着暴富的梦想，前进！前进！前进！进！"（《北京晚报》2007年5月9日，《文摘报》2007年5月17日）

前几年，许多手机用户收到火爆的"股歌"短信。明眼人马上就可以看出，这条短信的体例是仿照国歌改编的。框架语义学研究话语主体如何根据概念结构来理解句子当中词汇项的语义内容，为语义结构的描写提供了指导；框架语义学依据特定的事件框架来理解具体的词义和语句表达；当一个框架中的某一个概念被置于相关语境时，概念框架中的其他所有概念都会被自动激活。框架的形成有赖于人们的认知体验，有赖于人们身体与外部世界的互动。我们认为，如果模因不依赖于这样的认知框架,是很难复制的,更不用说传播了。

（3）**股票版春晚节目**

小崔：大叔大妈,您二老当年谁追的谁?

丹丹：小崔,你应该有那眼力,当年我家——那不是吹呀! 住的是"万科楼",用的是"中石油",喝的是"五粮液",日子是从来不用愁。瞧见没有,上衣——"雅戈尔"的,裤子——"报喜鸟"的,你大叔家那穷得还穿双"青岛双星"呐。

本山：那不也送你条项链吗?

丹丹：拉倒吧,还好意思说呢,愣说是"山东黄金"的,最后找人一鉴定,原来是"云南铜"的!

小崔：大叔大妈,在节目最后按照惯例,每人说一句话。

丹丹：就剩一句了? 我十分想抛"中石油"!

本山：拉倒吧,瞎抛啥玩意,你说点有用的。我也剩一句了——印花税谁给我报了?

（《羊城晚报》2007 年 12 月 31 日,《文摘报》2008 年 1 月 6 日）

原来的语篇是赵本山、宋丹丹两人的春晚小品节目,这里采用了原来的框架,变成了股票版的春晚节目,该语篇制造者别出心裁,对网络语境超媒体性的顺应,丰富了内容,增加了信息含量,呈现出一种多模态语篇特征,这样的语篇带有明显的模仿特征。可以看出,上面语篇的转喻模因模仿痕迹非常明显。具有很强的讽刺意义。理想化认知模式（Idealized Cognitive Model,简称 ICM）,也叫认知框架（frame）,是语言群体基于日常生活体验建立起来的概念与概念之间相对固定、约定俗成的关联模式,它们是描写任何一个语言表达式的意义所必须参照的背景知识。框架语义学认为,一个词语的意义应当在其可能激活的一整套结构或经营空间的全景式框架中获得妥切的理解,对概念结构框架的句法表达应考虑不同"视角"（perspective）的选择,即从不同视角凸显其中不同的语义关系,会形成不同的句法形式。

（4）世界再大,也要回家,看望我的爸爸妈妈……
再不想相亲,也得照顾父母情绪。
再辛苦,也要帮儿子多还点房贷。
再繁华的都市,也代替不了家的温暖。

这里,先交代一下语境知识。2014 年 2 月 7 日晚,寒风夹着小雪,回家的人们踏上了路途。西安西大街从下午 4 时起至晚上 11 时,车辆首尾相接,行驶缓慢。出租车的 LED 屏上,打出一行字幕"世界再大也要回家……"忙碌了一年的你,有哪些心愿想告诉他们,请你用"……再……

也……"造句,写下新年寄语。每年春节,漫漫回家路,浓浓思乡情。生活在这座城市的每个人,不论功成名就,还是平凡一人,每个人心中都有一个新年愿望。这样的句法诉说了不一样的新年心愿。认知语言学的体验哲学观是深深植根于人的体验活动中的,也说明了体验与认知之间的互动关系。模因的形成有赖于框架,这样的框架在模因的复制与传播中起到了非常关键的作用。

3.2　转喻模因的选择重构

框架网络的理论基础是框架语义学,而框架语义学则是在格语法基础上的进一步发展。陶明忠等(2008)将其看作格语法的第三阶段。二者最明显的不同表现在语义角色("框架语义元素",简称"框架元素")的细化上。语义角色是为解释复杂语义关系所作的努力,情境图式可以通过语义格系统来定义,考虑到要能够刻画所有词汇的语义特征,就要在更大的认知结构中提供新的语义角色概念。词的使用、词的搭配与其他词的使用、词的搭配之间的转喻关系也是转喻模因的体现。

(5) **常上网"晒晒"**:网上流行"晒"。晒工资、晒股票、晒基金、晒房子、晒女友、晒隐私……笔者自诩有十来年的网龄,当然不能免俗。一边忙于"自晒",一边欣赏"他晒",还真"晒"出了滋味。于是,有事没事,就找点空闲,找点时间,点着鼠标,常上网"晒晒"。(《光明日报》2007 年 9 月 16 日)

"晒工资"晒出的沉重:"晒工资",有人晒出了骄矜,有人晒出了悲凉;有人晒出了自得,有人晒出了忧患。"晒工资"晒出了行业、地区间收入差距,晒出了贫富差距加大。(《工人日报》2007 年 2 月 7 日,另见《文摘报》2007 年 2 月 15 日)

"晒"学费:社会监督的新途径　"9 月 1 日到了,大家都来晒晒孩子的学费吧"。在晒工资、晒股票、晒基金后,"晒客"们又适时地找到了新的"晒点"。(《光明日报》2007 年 9 月 16 日)

上面例子中,"晒"的搭配出现了新的变化,即原来"晒"一般和具体的物体性的宾语搭配,而上面例子中的"晒"通过网络可以"晒工资""晒学费""晒股票""晒房子"了,这是"晒"的新意了,可以说这也是一种转喻模因,这样的名动搭配体现了一种转喻思维,也是一词多义、一词多用的体现,具有很强的能产性。任何字、词、语句、段落乃至篇章,只要通过模仿得到复制和传播,都可以成为模因汉语的古诗词、文言文到白话文中的写作句式,说明语言的直接套用,而从象形字到指事、意会再到形声字,无不说明语言在其传播过程中被改装而成为一种模因变体的模因现象(刘悦明、沈海涛,2013)。模因本身具有很强的生命力,它们具有可复制性。

在模因形成的过程中,人们依据认知框架对其进行过滤、筛选,然后在此基础上进行重构,这种重构具有创造性。框架语义学反对将词义归结为一组充分必要条件,认为框架是理解和界定词义的基础。框架是一种多维的概念结构,由一系列概括性概念范畴组成,这些范畴有各种相应的详细说明(specification),概括性概念范畴也被称为"概念槽"(slot),详细说明也被称为"填充物"(filler)。框架内同一个概念槽可以有各种不同的填充物(李福印,2008:220)。李宇明(1999)认为,当代汉语的大多数新词语,都是通过"词语模"类推出来的。所谓"词语模",就是一个能批量造出新词语的模子,由模标和模槽两部分构成。模标是词语模中不变的词语,模槽是词语模中的空位。

(6)《霾愁》 古时候 口罩是一种小小道具 我在这头 强盗在那头 小时候 口罩是我的小小恐惧 我在这头 护士的针头在那头 后来呢 口罩是 2003 年的集体记忆 我在这头 SARS 在那头 而现在 口罩是路人的防霾武器 我在这头 却看不清 谁在那头?

此例,明眼人一看便知,这首《霾愁》是模仿余光中的《乡愁》而来。最近一段时间,有关雾霾的网络语言特别丰富,人们呼吁除雾霾、保健康。下面的例子也是这方面的反映。

《沁园春·霾》 冰城风光,千里朦胧,万里尘飘;望环内环外,浓雾莽莽;松江上下,阴霾滔滔;车舞长蛇,烟锁大道;欲上高速把车飙,需晴日;将车身内外,尽心洗扫;空气糟糕,引无数美女戴口罩;惜一罩掩面,白化妆了;唯露双眼,难判风骚;一代天骄,入云龙塔,只见底座不见腰;尘入肺,有不要命者,还在做操!

《品霾》 相比于鲁霾的沉重,冀霾的激烈,沪霾的湿热和粤霾的阴冷,我更喜欢京霾的醇厚,黄土的甜腥与秸秆焚烧的碳香充分混合,再加上尾气的催化和低气压的衬托,最后再经热源袅袅硫烟的勾兑,使得京霾口感干冽适口,吸入后挂肺持久绵长,让品味者肺腑欲焚,欲罢不能。这是人类辛劳与自然的馈赠共同作用的结晶,这是自然给予人类的嘉奖。雾是帝都重,霾是北京醇!

一般说来,一种语言的语法结构比较稳定,但词语的运用和语意义的表达变化都非常灵活,随着社会的发展,文化的进步,人们对各种事物的观察、理解更加准确、科学,语言表达更加丰富生动,新词不断涌现,旧词新用,一词多用,使语言充满了活力,这也为模因的复制与传播提供了条件。语言的模因体现在词汇概念和语法层面上。从概念层面上说,人类的认识总是以概念的形式存在,一个新的概念的诞生总是在原有概念体系类比的基础上产生的,这本身就是模因工作的结果。为了传达一个相似的概念将某个词或词组进行复制,久而久之被复制的词或短语对本意发生了偏移产生一个新的意义并继续复制下去,这个语言单位(词或词组)就是一个语言模因。模因的形成与传播,往往与社会现实紧密相关,再加之网络的发展,直接推动了模因的网络传播,这样的传播更为简便、快捷。

3.3　转喻模因的替代整合

到目前为止,人类所认识到的商业活动一般涉及购买者、销售者、货物、货款等。框架语义理论把框架纳入了考虑范围,并且把其作为一个概念不可分割的组成部分。框架语义理论第一次把这些外在的、非本质的因素作为一个概念不可或缺的重要组成部分加以考虑,从而带来了对概念结构的新认识。因此,语义框架所设立的框架元素既要符合框架的个性,又要具有一定的概括性和通行力,即要坚持精确度和概括度原则。关于框架元素的细化,Fillmore(1982)是这样说明的:"我把每一个格框架看作是一个小小的抽象的'场景'(scene)或'情境'(situation)。"这样,要分析转喻模因的语义结构,就必须首先理解这类图式化的情境。语义框架是现实场景的抽象,是符合认知体验的,路线是自底向上。模因在形成过程中,会依据已有的固定的认知框架,对其进行新的整合,并对原有框架进行延伸,进行拓展,这样的过程也充分反映了人们的认知规律,人们在语言的使用过程中,一定会进行有限度的模仿和复制,绝不是完全照搬照抄。有人参照国药标准说明书,模仿药品的说明书,采用模因的方式,对"媳妇"进行"使用说明"。

(7) [**品名**]媳妇

　　[**通用名**]老婆

　　[**化学名称**]已婚女性

　　[**成分**]水、蛋白质、脂肪、核糖核酸、碳水化合物及少量矿物质,气味幽香。

　　[**理化性质**]酸性;易溶于蜜语、甜言。

　　[**性状**]本品为凹凸状,表面光洁,涂有各种化妆品;对钻石、铂金有磁性;遇名车、豪宅效果更佳。羞涩时泛红,生气时踝踝,初用时手感柔软细腻,存放时间久后会出现黄斑、起皱、松弛等正常现象,不影响继续使用。

　　[**功能主治**]主治单身恐惧症,对失恋和相思病有明显疗效,适用于烧淘洗买、带孩子。

　　[**副作用**]气管炎、耳根软、视觉疲劳、行为受阻等。严重不良反应者,可

致皮肉损伤。

［用法用量］一生一片。捧在手心里使用效果佳。

［禁忌］同时服用两片及以上者恐出现不良反应,严重情况恐失效过期。

［注意事项］肾功能不全者慎用。

［规格］偏重超标不影响使用。

［贮藏］适俯首帖耳保存;避免与其他女性共同存放;严禁在外过夜存放。

［包装］各种时装、鞋帽、首饰、手袋,随季节变化更换。

［有效期］一生一世

［批准文号］见结婚证

［生产日期］见身份证

［生产企业］岳父岳母

［特别说明］退货手续繁琐,买之前睁大眼睛,买之后睁只眼闭只眼。

更有甚者,参照国药标准说明书解释,如法炮制了丈夫的"说明书"。

(8)［品名］丈夫

［通用名］老公

［化学名称］已婚男性

［成分］水、蛋白质、脂肪、肌肉、核糖核酸、碳水化合物及少量矿物质,气味多变,带男人味最佳。

［理化性质］碱性;易溶于小三;难溶于情敌。

［性状］形状不一;略带烟酒味;对香烟、美酒有磁性;遇美女效果更佳。羞涩时脸微红,生气时偶尔发飙,不动粗;初用时各种体贴耐用,存放时间久后会出现出轨、偷腥等正常现象,不影响继续使用。

［功能主治］主治单身恐惧症,对失恋和相思病有明显疗效,适用于粗活、赚钱、保镖、护卫、带孩子。

［副作用］不听话、行为受阻等。严重不良反应者,可致家庭生活不和谐。

［用法用量］一生一片。尽量别存放家里,做到收放自如效果最佳。

［禁忌］同时服用两片及以上者恐出现不良反应,严重情况会出现血腥暴力事件。

［注意事项］性冷淡者慎用。

［规格］偏重超标不影响使用。

［贮藏］适俯首帖耳保存。避免与其他女性共同存放。严禁在外过夜存放。

［包装］根据场合不同,三套西服,五件衬衣,外加一年逛两次海澜之家,随冷暖变化可考虑更换。

［有效期］一生一世

［批准文号］见结婚证

[**生产日期**] 见身份证

[**生产企业**] 公公婆婆

[**特别说明**] 退货手续繁琐,买之前睁大眼睛,买之后睁只眼闭只眼。

通常情况下,药品的说明书包括这样一些元素:品名、规格、生产企业、药品批准文号、产品批号、有效期、主要成分、适应症或功能主治、用法、用量、禁忌、不良反应和注意事项、储藏方法等,中药制剂说明书还包括主要药味(成分)性状、药理作用、贮藏等信息。药品说明书能提供用药信息,是医务人员、患者了解药品的重要途径,是宣传介绍药品特性、指导合理、安全用药和普及医药知识的主要媒介。药品说明书上特别标明的内容,如幼儿、老人以及孕妇等特殊人群的用药,须严格遵守,注明运动员慎用,直接关系到人的生命安全。框架语义学认为,人们通过对真实场景的反复体验,在大脑中形成了意象图式,或者说形成了认知完形,这就是抽象的语义框架。框架就是我们大脑中的概念结构。理解一个概念结构中的任何一个概念,必须以理解它所适应的整个结构为前提。当这样一个概念结构中的一个概念被置入一个文本或一次交谈中时,该概念结构中其他所有的概念都自动被激活(Fillmore,1982:111-137)。框架就是一种概念系统,理解该系统中的任何一个概念都必须以理解整个系统为前提,引入其中任何一个概念都会涉及系统内其他所有概念。上面两个"媳妇""丈夫"的说明书,完全按照一般药品说明书的框架来进行模仿与复制,在结合"媳妇""丈夫"的特征上,采用模因的方法进行了重构,其元素的信息完全不同,幽默诙谐,令人啼笑皆非。通过框架元素的细化,我们就能更好地理解上述语篇的框架特征。

3.4 转喻模因的网络拓展

Fillmore(1982)把每一个格框架看作是一个小小的抽象的"场景"(scene)或"情境"(situation),要理解转喻模因的语义结构,就必须首先理解这类图式化的情境。一个框架可以构成一个情境,彼此间的元素似乎应该是独立的、互不相干的,但因为框架间有相互继承等各种关系,彼此又构成一个庞大的语义网络。框架是作为一种认知模型,框架表征与具体的、反复出现的场景相关的知识和信念密切相关,构成复杂多义相互交织的网络体。

(9)《沁园春·堵车》各城市版本

《沁园春·帝都堵车》: 帝都风光,千里车流,万里人潮。望二环内外,车行如蚁;西单国贸,汽笛啸啸。司机烦躁,膀胱欲破无处尿。看日落月升,尚未过桥。交通如此糟糕，引无数驾友赴公交。叹神龙大众，慢如蜗牛；奔驰宝马，无处发飙。一代天骄，兰博基尼，泪看电摩把车超。俱往矣，数兜内钞票，把车卖掉。

《沁园春·温州堵车》：温州风光，千里车流，万里人潮。望小城内外，车行如蚁；瓯江之畔，汽笛啸啸。司机烦躁，膀胱欲破无处尿。看日落月升，尚未过桥。交通如此糟糕，引无数驾友共嚎啕。叹神龙大众，慢如蜗牛，奔驰宝马，无处发飙。一代天骄，兰博基尼，泪看电摩把车超。俱往矣，数兜内钞票，把车卖掉。

《沁园春.杭州堵车》 杭城风光，千里车堵，万里人焦。望绕城内外，车流茫茫；钱江两岸，喇叭嚣嚣。司机烦躁，困兽车中，膀胱涨暴无处尿。上立交，看日落月升，还未过桥。交通如此糟糕，引无数驾友挤公交。叹大众福特，慢如蜗牛；奔驰宝马，无处发飙。一代天骄，兰博基尼，泪看电摩把车超。俱往矣，数兜内钞票，把车卖掉。

《沁园春· 郑州堵车》：郑州风光，千里车流，万里人潮。望三环内外，车行如蚁；二七钟楼，汽笛啸啸。司机烦躁，困兽车中，膀胱欲破无处尿。上匝道，看日落月升，尚未过桥。交通如此糟糕，引无数驾友共嚎啕。叹神龙大众，慢如蜗牛，奔驰宝马，无处发飙。一代天骄，兰博基尼，泪看电摩把车超。卖车吧，携老婆孩子，早晚长跑。

类似的还有：《沁园春·武汉堵车》《沁园春·合肥堵车》《沁园春·太原堵车》《沁园春·珠海堵车》《沁园春·上海堵车》等，这里不一一列举。以上《沁园春·堵车》有许多雷同的地方，为了便于体现模因的传播，我们都罗列在此。沁园春是常见词牌名。据《辞海》记载："沁园春，词牌名。东汉窦宪仗势夺取沁水公主园林，后人作诗以咏其事，此调因此得名，又名《寿星明》《洞庭春色》等。双调一百十四字，平韵。"曲牌亦有《沁园春》，大致与词牌相同或有变化。据《词谱》载，《沁园春》，双调，一百一十四字。上片十三句，四平韵；下片十二句，五平韵。上面的例子《沁园春·堵车》各城市版本分别罗列了北京、温州、杭州、郑州、武汉、合肥、太原、珠海、上海等地堵车的情况，都采用了《沁园春》词牌的框架，在认知框架的导引下，很多模因概念元素都得以激活，形成一个衔接连贯的语篇织体，框架链接以及被激活取决于主体对特定转喻的熟悉度、语境假设的形成、认知图式与输入模型的匹配等，大同小异，笔者没有去考证这些材料的真实性和可靠性，仅仅把它当作我们分析的语料，这样的例子充分说明了模因在认知框架内的能产性，因而上述《沁园春·堵车》各城市版都非常巧妙，引人入胜，特别幽默诙谐。模因论主张，语言以及那些隐藏在语言背后的东西都是模因。语言本身就是模因，这不但指表层的语言行为本身，而且指隐藏在表层语言行为背后的东西。转喻理解是语言—思维—认知的过程、语言—主体认知本体思维—主体间认知模式思维的连续、制约过程。语言和客观世界的对接以及人的认知思维模式受客观世界存在的方式决定的，语言是语言模因和转喻发生存在的基础。转喻模因的形成与传播，是基于体验、认知、思维互动的结果。在此，如图所示：

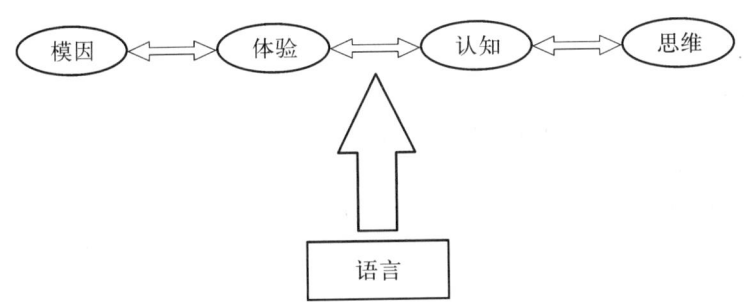

图 3　转喻模因与体验、思维的关系

图 3 表明，转喻模因是语言表达的一种主要形式，它不仅反映了体验与认知的关系，而且也体现了语言思维表征的特征，转喻模因不仅仅是语言表达的外在表征，更重要的是，转喻模因更是人们思维的主要特征，是我们须臾不能离开的思维方式之一。模因的形成和传播是一个系统，每个系统中由无限层级的子系统，每个系统内部存在着无限多的元素，它们之间相互体现，相互依存，互为条件，互为结果，互为体现。从上述分析可以看出，无论是基因型模因的形式变化还是表现型模因的意义变迁，都与一定的认知框架有关，都可以从认知框架元素的认知操作机制中得到合理的解释。

4. 结语

　　模因论对言语交际的研究也提供了新思路，特别是对研究网络交际时代的言语行为特征会有所启发。在语言模因的作用下，新词语得到复制，创造新词语的创意同样也得到复制，形成了人和语言的互动模式，从中可以窥见语言的变化和发展（何自然，2005）。一个框架可以构成一个情境，彼此间的元素似乎应该是独立的、互不相干的，但因为框架间有相互继承等各种关系，彼此又构成一个庞大的语义网络。框架就是我们大脑中的概念结构，理解一个概念结构中的任何一个概念，必须以理解它所适应的整个结构为前提。模因在形成过程中，会依据已有的固定的认知框架，对其进行新的整合，并对原有框架进行延伸，进行拓展，这样的过程也充分反映了人们的认知规律，在模因形成的过程中，人们依据认知框架对其进行过滤、筛选,然后在此基础上进行重构,这种重构具有创造性。转喻模因的形成与传播,是基于体验、认知、思维互动的结果。我们相信,认知语言学理论可以为语言模因的研究注入新的动力,提供新的理论视角。

参考文献

Blackmore, S. *The Meme Machine*[M].Oxford: Oxford University Press, 1999.

Blackmore, S. Those dreaded memes: The advantage of memetics over "symbolic inheritance"[J]. *Behavioral and Brain Sciences*, 2007(30).

Blackmore. S. Memes shape brains shape memes[J]. *Behavioral and Brain Sciences*, 2008(31).

Brodie, R. *Virus of the Mind*[M]. Seattle: Integral Press, 1996.

Dawkins, R. *The Selfish Gene*[M]. New York: Oxford University Press, 1976.

Fillmore, Charles. (with Paul Kay and Mary Catherine O'Connor) Regularity and idiomaticity in grammatical constructions: The case of let alone[J]. *Language*, 1988: 64(3).

Fillmore, C. & S. Atkins. Starting where the dictionaries stop: The challenge for computational lexicography[A]. In Atkins, B. T. S. & A. Zampolli (eds.), *Computational Approaches to the Lexicon* [C]. Oxford: Oxford University Press, 1994.

Fillmore, C. Frame semantics and the nature of language[A]. In *Annals of the New York Academy of Sciences: Conference on the Origin and Development of Language and Speech*[C]. 1976.

Fillmore, C. Frame semantics[A]. In *Linguistics in the Morning Calm* [C]. Seoul, Hanshin Publishing Co.: 1982.

Fillmore, C. *Lectures on Deixis*[M]. Stanford: CSLI Publications, 1997.

Fillmore, C. The case for case[A]. In Bach and Harms (ed.), *Universals in Linguistic Theory*[C]. New York: Holt, Rinehart, and Winston, 1968.

Fillmore, C. The position of embedding transformations in a grammar[J]. *Word*, 1963(19).

G. Lakoff, & M. Johnson. *Metaphors We Live By*[M]. Chicago: University of Chicago Press, 1980.

G. Lakoff, & Mark Johnson. *Philosophy in the Flesh: The Embodied Mind and Its Challenge to Western Thought*[M]. NewYork: Basic Books, 1999.

G. Lakoff. *Women, Fire, and Dangerous Things: What Categories Reveal about the Mind*[M]. Chicago: University of Chicago Press, 1987.

Horst Ruthrof. *The Body in Language*[M]. London and New York: Cassell, 2000.

M.Johnson. *The Body in the Mind：The Bodily Basis of Meaning，Imagination and Reason*［M］. Chicago：University of Chicago Press，1987.

William Croft. *Explaining Language Change*［M］. Beijing：World Book Publishing Company，2011.

Zouheir A. Maalej & Ning Yu. *Embodiment via Body Parts*［C］. Amsterdam/ Philadelphia：John Benjamins Publishing Company，2011.

陈望道.修辞学发凡［M］.上海：上海世纪出版集团,2001.

桂诗春.序［A］.何自然、陈新仁.语言模因理论与应用［M］.广州：暨南大学出版社,2014.

何自然.语言中的模因［J］.语言科学,2005(6).

何自然、陈新仁.语言模因理论与应用［M］.广州：暨南大学出版社,2014.

劳伦斯·夏皮罗.具身认知［M］.李恒威、董达译.北京：华夏出版社,2014.

里查德·道金斯.自私的基因［M］.卢允中等译.吉林人民出版社,1998.

李　捷.转喻模因的语用探讨［J］.湖南科技学院学报,2013(3).

李宇明.词语模［A］.汉语法特点面面观［C］.北京：北京语言文化大学出版社,1999.

刘悦明、沈兴涛.语言的模因、隐喻和全息［J］.大连大学学报,2010(2).

卢军羽.语言模因与事件域认知模型——以"人肉搜索"事件的语言模因为例［J］.现代外语,2011(3).

梅洛·庞蒂.知觉现象学［M］.姜志辉译.北京：商务印书馆,2001.

束定芳.认知语义学［M］.上海：上海外语教育出版社,2008.

王冬梅.现代汉语动名互转认知研究［M］.北京：中国社会科学出版社,2010.

王　寅.认知语言学的哲学基础：体验哲学［J］.外语教学与研究,2002,34(2).

王　寅.体验哲学和认知语言学为语言哲学之延续——二十九论语言的体认性［J］.中国外语,2013(1).

谢朝群.礼貌与模因：语用哲学思考［M］.福州：海峡出版发行集团/福建人民出版社,2011.

许先文.语言具身研究［M］.北京：人民出版社,2014.

尹丕安.模因论与隐喻的认知理据［J］.西安外国语学院学报,2005(2).

邹春玲.汉语转喻理解的模因分析［J］.外语学刊,2008(6).

短期强势语言模因成功传播的原因探析 *

戴仲平

1. 引言

　　自从牛津大学动物学家 Richard Dawkins(1976)在 *The Selfish Gene*
(《自私的基因》)一书中首次提出"模因"(meme)这个概念后,有关模因
的理论探讨一直持续不断。目前,在模因概念的基础上发展起来的模因
论(memetics)已发展成为一种独立的关于人类文化进化的新理论。这种
理论不仅阐明了模因的定义、范围、特点、选择标准、传播规律、与基因的
相互关系等基本问题,而且还形成了一种独到的文化阐释观。模因论认
为,我们人类的行为,有相当一部分之所以会自然加以选择而进化出来,
就是因为他们能够有效地传播他们以之为基础的那些基因。然而,我们
人类的行为同样也要接受模因的选择作用,而接受模因选择的这些行为,
之所以能够被选择而进化出来,乃是因为它们能够有效地传播它们以之
为基础的那些模因。也就是说,今天,对人类行为及文化的解释,既要考
虑基因选择的作用,也要考虑模因选择的作用。

　　模因论作为一种新的文化进化理论,同样被用于语言研究。无论是
国外还是国内学者,都已经直接将语言看作模因进行研究。Dawkins
(1976)首次提出模因这个概念时,就把口号(catch-phrase)列举出来作为
模因的例子。Blackmore(1999)在书中多处提到语言是模因的观点。例
如:"任何只要是以这种方式从一个人身上传到另一个人身上的事物都是
模因。它包括你所掌握的词汇中的所有单词……""作为促进智慧发展的
因素,模因包括 Dennett 所谓的'心灵的工具',而在心灵的工具中,最重
要的就是词语"。荷兰莱登大学学者 George van Driem(2004)把语法范
畴的意义称之为语法模因(grammatical memes),把词义、语素、固定短语
称之为词汇模因(lexical memes)。可见,把语言看作模因是毫无疑议的。
国内学者何自然(2005)更是专门撰文探讨了语言中的模因的特点和复

---

　　* 本文原收录于黄国文、陈新仁、冉永平、李捷主编《语用人生——何自然教授八十华诞庆贺
文集》,高等教育出版社 2016 年 6 月第 1 版。

制方式。

就语言单位来说,语素、词、词组、句子、话语、篇章这些单元都是可以作为整体通过模仿而传递的,都可以分别看作是模因。

语言模因可以根据其保真性、长寿性、多产性分为强势语言模因和弱势语言模因。强势语言模因根据其强势程度又可分为长期强势语言模因和短期强势语言模因。长期强势语言模因是语言中最强势的模因,稳定性最强,使用率最高,存活时间最长。弱势语言模因则相反。

长期强势语言模因主要包括以下三类:(1)一种语言中的基本词汇和语法规则;(2)语言中的熟语(包括成语、俗语、谚语、惯用语、歇后语等)、格言、警句等;(3)经典名篇或话语。

短期强势语言模因是在某个特定历史时期中特别活跃的语言模因,在某一时期内,其保真性高、复制频率高,但过了特定时期后便归于沉寂甚至消失,其活跃时间相对于长期强势语言模因要短。短期强势语言模因主要包括以下三类:(1)在某一特定时期流行的热词劲语;(2)在某一特定历史时期流行的各种宣传口号、标语以及普遍流行的口头语、歌词、广告语、电影电视对白、文学作品中的语句等;(3)在某一特定时期流行的话语篇章。

一些语言模因为何会成为短期强势语言模因?对此,本文将借鉴Blackmore(1999)有关模因成功复制的原因的论述来探讨短期强势语言模因的传播原因。针对社会生物学者们关于任何文化现象的解释,都要回溯到基因的观点,模因论学者Blackmore(1999)认为对人类行为的解释必须同时考虑到基因选择和模因选择。我们认为对短期强势语言模因成功传播的原因的解释也同样要从这两个方面进行。

2. 从基因选择看短期强势语言模因成功传播的原因

从模因论的观点来看,为什么有些模因被选择了,另一些模因被淘汰了,一部分原因确实是基因选择的结果,即自然选择会以有利于基因的方式塑造我们的大脑,进而影响着我们大脑对模因的选择。

人类的自然本性和生存需要使得一些语言模因易于成为短期强势语言模因。

"从模因论的观点来看,拥有聪明、智慧而能思维的大脑的人类,既可以作为模因的复制机器(replicating machinery)而存在,也可以作为对模因起选择作用的环境因素而存在"(Blackmore,2001)。这也就是说,人类作为模仿者和选择者自身的特性是影响模因复制成功的重要原因。具

体到就语言模因来说,一些语言模因之所以能够成为短期强势语言模因有两个方面的原因:

2.1 人的自然本性决定某些词语必然成短期强势语言模因

"在很大程度上讲,决定哪些模因将获得成功的关键因素,依然是我们人类通过生物的方式而进化出来的自然本性。由我们人类自然本性决定其必将成功的模因类型,自然是那些与性、饮食、争斗等有关的模因"(Blackmore,2001)。凡是与我们人类通过生物的方式而进化出来的自然本性直接或间接相关的语言模因,因为关系到人的基本需求,所以自然会受到人们的高度关注而成为短期强势语言模因。

一些语言模因是因为直接或间接地与人的饮食的基本需求有关而受到广泛关注并流行起来的。例如 汉语中的"便当""料理""套餐""快餐""吃食堂""自助餐""生猛海鲜""有机食品""绿色食品""转基因食品""菜篮子工程""味道好极了"等,因为直接与满足人的饮食需求有关,自然会容易受到人们的关注;不仅如此,人们还常常借用一些与饮食有关的词语进行比喻造词,如"菜单""菜鸟""大虾""奶酪""蛋糕""炒作""爆炒""歇菜""荤菜""断奶""开涮""啃老""豆芽菜""铁饭碗""开洋荤""炒鱿鱼""吃螃蟹""吃软饭""吃青春饭""吃大锅饭""精神快餐""豆腐渣工程"等,这些新词语本来与人类的饮食需求没有直接关联,但因采用了与饮食相关的词语来造词,所以也得以借此成功传播开来。

还有一些词语是因为直接或间接地与两性交往或性需求有关而受到广泛关注并传播开来。例如"早恋""网恋""拍拖""同居""裸聊""劈腿""泡妞""惹火""三陪""闪婚""包养""包二奶""非礼""性骚扰""一夜情""婚外恋""黄昏恋"等。除此之外,一些与性间接相关的词语,如"酷""靓""美眉""霉女""恐龙""青蛙""熟女""辣妹""人妖""骨感""性感""帅呆""闷骚""写真""荤段子"等,这些词语或者与异性相吸有关,或者与性文化有关,都间接与人的性本能有关,所以也容易传播开来。

2.2 人的社会化生存需要导致某些词语成短期强势语言模因

人除了自然属性以外,还有社会属性。每个人都生活在特定的社会环境中。社会中大的群体性行为对个人的生存和发展都会产生不同程度的影响。特定历史时期发生的大的群体性的政治、经济、文化、宗教等活动,几乎人人参与,即使不直接参与,但也是个人必须了解的。否则就会影响到个人的生存与发展。所以,一些与特定历史时期大的政治、经济、文化、军事、科技、社会生活活动有关的词语,一经产生,就会在当时成功传播开来,成为当时的短期强势语言模因。例如 20 世纪 60 年代"文革"期间,有关词语成为当时复制率极高的短期强势语言模因,了解这些语言形式是生存和发展的需要。

上述分析是从基因选择的视角来分析的,也就是说一部分短期强势语言模因之所以成功传播,是因为它们所代表的对象能够直接或间接地满足人作为基因传播者的基本需求,从而间接地有利于基因的复制。这种分析视角既是社会生物学和进化心理学者所坚持的,也是模因论学者部分认可的。但是模因论反对将人类的一切文化现象的解释都归因于基因的选择,即所有成功传播的文化是因为均能使基因更好地得到遗传。

3. 从模因选择看短期强势语言模因成功传播的原因

模因论认为,有些文化现象的成功传播,与模因自身的特性和传播规律有关,而与基因的选择关系不大。因此,下面我们将从语言模因本身的特性、传播规律和模因宿主的类型三个方面来探讨短期强势语言模因的成功传播原因。

3.1 语言模因本身的特性使得某些语言形式易于成为短期强势语言模因

语言模因的一些特性有利于它自身的复制和传播,因而易于使其自身成为短期强势语言模因。这些特性包括以下几个方面:

3.1.1 易于模仿和记忆

语言模因只有本身易于模仿和记忆才能被更多的人所传播,才能成功传播开来。短期强势语言模因大多属于新产生的词语或话语,但是并非所有的新产生的语言形式都能够成为短期强势语言模因。那些既符合人的自然本性又有利于人的社会化生存的词语是不可计数的,但只有少部分能够成为短期强势语言模因,其中一个重要的原因,就是凡是能够成功传播开来的语言形式,首先必须具有易于模仿和记忆的特性。对于语言模因来说,易于模仿和记忆,就是要易于听说。因此,这种语言模因具有口语化特征。在语音上,音节分明、节奏明快、平仄相间、音韵和谐、双声叠韵相配、句子前后音节相等均有利于口头模仿和耳闻熟记;在语义上,语义之间呈现出对比、对称、递进、假设、并列、选择等有序语义关系的话语便于记忆;在句法上,词性相对、结构相似或对称、句法简单、结构紧凑的语句形式便于记忆。一句话,简明、凝练的语言形式易于模仿和记忆。例如"男人的一半是女人""一半是海水，一半是火焰"等之所以成功传播，与句子本身易于模仿和记忆密切相关。这个句子在语音上音节分明，句法结构简单，没有多余的修饰成分，因而便于听说；语义上对比鲜明突出，能给人留下深刻的印象，因此便于记忆。

3.1.2　构成复合模因

　　模因论认为，模因与模因之间会相互组合而形成大的模因组合以便更容易得到共同复制和传递，这种模因组合可称之为协作模因或复合模因（memeplexes）（Speel，1995）。有些语言形式能得以成功传播，就是因为它们有效地构成了复合模因。例如"不见不散""爱你没商量""爱拼才会赢""你总是心太软""冬天里的一把火""都是月亮惹的祸""该出手时就出手""让我欢喜让我忧""路边的野花不要采""不经历风雨，怎么见彩虹"等歌词，与优美的音乐旋律构成了强大的复合模因，借助优美的旋律，使它们更易于传播，如同长上翅膀，飞得更高、更远；又如"做人要厚道""打死我也不说""给我一个理由先"等，这些短期强势语言模因，或是影视作品名称，或是台词，因为与电影、电视的主题、情节、场景、声音、旋律、色彩以及剧中人物的语音、服装、表情、形体动作等多种模因构成了强大的复合模因，只要其本身具有可复制性，在戏剧、电影、电视剧成功演出后，很容易成为短期强势语言模因。

3.2　特定的模因宿主类型有助于某些语言模因成为短期强势语言模因

　　对于模因的宿主来说，也是存在区别的，一些宿主的言行是最有可能被别人模仿的，从而也是最有可能向他人传播模因的，Dennett 称之为"模因的源泉"（meme-fountain）（Blackmore，2001）；一些宿主是不大可能被别人模仿，从而也不大可能向别人传播模因的，被称为"模因的死水坑"（meme-sink）。一个进入到某一模因的源泉之中的模因，在自我复制方面的表现必将优胜于另一个进入到某一模因的死水坑之中的模因（Blackmore，2001）。哪些人将最有可能被别人模仿，也就是成为模因的源泉呢？一般而言，拥有权力的人（以及那些看似拥有权力的人）、具有专家身份的人以及处于权威地位的人等，都可以被看作是"模仿成功者"的典范（Blackmore，2001）。语言模因的宿主同样存在上述两种类型。而显然只有进入模因源泉的语言模因才有可能成为短期强势语言模因。具体来说，以下几种类型的语言模因宿主对语言模因成为短期强势语言模因是有利的：

3.2.1 名人

一些具有影响力的政治文化名人、知名专家、模范人物、影视明星等显然属于典型的模因的源泉。语言模因经过他们最容易得到传播，也最有可能被别人模仿。因此，许多短期强势语言模因，就出自名人之口。例如全国劳动模范铁人王进喜的"有条件要上，没有条件创造条件也要上"这句话，不仅在当时是家喻户晓的短期强势语言模因，而且直到今天仍在流传。

3.2.2 公众媒体

电视、电影、报纸、杂志、网络等公众媒体具有广泛的公众影响力，也属于模因的源泉。一个本身具有易于传播特性的语言模因经过大众媒体，就会得到大范围的快速传播，使其迅速成为短期强势语言模因。例如网络短期强势语言模因"顶""沙发""楼主""886"等的成功传播，大多得益于网络这种便捷、快速、影响力大的传播媒介的帮助。还有许多短期强势语言模因是通过多种媒体合力传播得以成功传播的，例如"打酱油""很黄很暴力"，先经电视报道，然后通过网络而成功传播的。在现代社会，短期强势语言模因中的大部分是通过大众媒体才得以广泛传播的。

4. 结语

综上所述，从模因论的角度看，短期强势语言模因之所以成功传播，一部分原因来源于这些短期强势语言模因能与人作为一种生物进化体的基因复制需要相关，另一部分原因则与短期强势语言模因作为语言模因其本身的特性和复制能相关。更多的时候，一个短期强势语言模因成功传播可能是上述两方面的原因同时起作用的结果。由于人的本性需求多元化，社会化生存环境、复合模因体、宿主类型等诸因素也是不断发展、变化的，新的语言模因会不断涌现，语言模因之间的竞争与淘汰不可避免，因此，大多数语言模因的强势也只能是短暂的，随着时代的变迁，会逐渐被人们所淡忘。

参考文献

Blackmore，S. *The Meme Machine*［M］. Oxford：Oxford University Press，1999.

Dawkins，R. *The Extended Phenotype*［M］. Oxford：Freeman，1982.

Dawkins，R. *The Selfish Gene*［M］. Oxford：Oxford University Press，1976.

Speel, H. C. Memetics: On a conceptual framework for cultural evolution[Z]. Paper presented at the symposium 'Einstein meets Magritte', Free University of Brussels, 1995.

van Driem, G. The language organism: The leiden theory of language evolution[C]. In Minett, J. W.; Wang, W. S-Y. (eds.), *Language Acquisition, Change and Emergence: Essays in Evolutionary Linguistics*. Hong Kong: City University of Hong Kong Press, 2004.

何自然.语言中的模因[J].语言科学,2005(6).

苏珊·布莱克摩尔.谜米机器[M].高申春、吴友军、许波译.长春:吉林人民出版社,2001.

模因论与隐喻的认知理据*

尹丕安

1. 引言

　　对模因(meme)理论的讨论在西方学术界正热烈地展开。meme 源于生物学词汇 gene(基因)。这个词是牛津大学动物学家 Richard Dawkins 在其著作 *The Selfish Gene*(《自私的基因》)中首先提出来的。作者在描述基因作为复制因子的特征的基础上,构想了存在于人类社会文化传递的复制因子——模因。国外一些学者将模因定义为个人记忆中的信息单位,它能够从一个人的记忆中复制到另外一个人的记忆中去。它将文化隐喻为一种有机体,一个"文化传播单位"可以看作是一个文化基因(meme)。因为在生物系统中,个体、种群和群落组成基因族、基因库,文化也可按其影响规模分为个人的、种族的文化。生物体需要靠遗传和进化来延续其生命基因,生物体本身是基因的生存机器,称为"宿主"(host)。与之相似,文化也需要本身的继承和进步来延续其文化基因。随着模因概念的引进,一门研究模因的新学科"模因学"应运而生。根据何自然的总结(2003：202 - 204),针对模因的研究目前主要形成了几个流派：(1) 信息观；(2) 思维传染观；(3) 文化进化观；(4) 模因符号观。结合这几个观点,我们可以得出有关模因论的总体认识：模因学研究的基础是从生物学到文化领域的隐喻。这门学科将小到一个理念,大至文化,都看作是一个模因单位,或模因复合体(meme complex)。一种文化和理念之所以不同于其他文化和理念,是因为它们都有使其独特的各种模因。对于生物种群来说,物种的进化是通过基因库中基因的准确复制和有益突变的积累来实现的。对于一种文化来说,其进步也需要通过本身模因的复制和先进外来的模因突变来实现。

　　隐喻作为一种修辞手段,也是文化的一部分,它也存在着进化的过程。模因的概念不仅使我们可以从全新的角度来看待隐喻,还可以进一步剖析其深层的认知过程,解释隐喻在进化中出现的一些突变及重生现象。

---

　　* 本文原发表于《西安外国语学院学报》2005 年第 2 期。

2. 模因与隐喻认知的关系

2.1　模因的特性

　　模因是一种信息单位，通过模仿而得到复制和传播。模因也是一种认知或行为模式，由一个人传播到另一个人，它的表现形式是词语、音乐、图像、服饰、格调甚至首饰或脸部表情。成功的复制因子有三个特点：（1）保真性（copying-fidelity）。语言、宗教、传统风格代代相传。具有相当高的保真性。（2）多产性（fecundity）。它是指模因的复制速度。复制速度越快，模因散布越广。（3）长寿性。复制模式存在越久，复制的数量越大。模因的生命周期可划分为四个阶段。（1）同化（assimilation）。成功的模因必须能感染新的个体，进入他的记忆。同化有两个条件。一是个体必须和模因载体有接触，通过思考，重组现存认知因子，独立发现模因；二是所呈现的模因必须分别受到注意，被宿主所理解和接受。（2）记忆（retention）。模因在宿主的大脑里停留的时间越长，传播和影响其他个体的可能性就越大。（3）表达（expression）。它指的是在与其他个体交流时，模因必须从记忆储存模因中出来，进入能被他人感知的物质外形这一过程。最突出的表达手段就是话语。（4）传播（transmission）。自从大众媒体，特别是互联网出现后，传播阶段显得尤为重要。模因自上而下的成功与否与其关系甚大。以上四个阶段，周而复始，形成一个复制环路，选择在每个阶段都有，一些模因在选择过程中被淘汰。

2.2　模因与隐喻认知

2.2.1　模因与语言全息论

　　自从模因论出现以来，人们已经不限于只讨论模因论的定义。有很多学者开始用模因论解释社会文化领域的各种现象（何自然、何雪林，2003）。我们首先从全息论的角度来看模因与语言的关系。我们知道，生物全息率的本质就是信息全息，也就是说，生物机体的任一部分都包含着整体的全部信息。语言也是如此。语言系统内部的每一个单元都在不同程度上成为整体的缩影（钱冠连，2002）。此观点与模因论是相一致的。生物的性状通过基因传递给后代，而模因传递的则是社会文化信息。每个模因都包含着丰富的社会文化信息，无论是简单模因还是存在于大脑之中，因为感染，它很快会传播，从思想上升到行为。话语中的模因会从表达进入句法，直到更高一级的语法和词汇及语篇与认知图示。

2.2.2 隐喻的认知基础

Lynch(1991)针对模因信息无法量化研究这一观点，提出可以用集合来说明简单模因如何构成模因复合体。Lynch 把模因看作是一种信息图式，如右图：

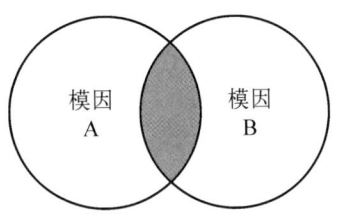

模因AB（阴影部分）

图1 模因复合体图式

如图所示，我们很难说明模因 A 比模因 B 的信息量大。但却可以说模因 AB 复合体（即集合 A 与集合 B 的并集）的信息量比模因 A 大。由此可以假设：模因复合体可能发挥的作用比简单模因强。

不同模因之间具有相互竞争性，而相似模因之间却有协调推广作用，从而有可能形成较大的模因复合体。

从现代隐喻理论的观点看，隐喻不仅是一种语言现象，更重要的，它是一种人类的认知现象。现在，人们不再把隐喻单纯看成是语言内部的修辞手段，而是把隐喻和人类的认知过程相联系。认为它是能够反映语言与人类思维、认知的相互关系的。认知语义学者认为，隐喻并非语言的异常表现。它是语言和思维所固有的，是人类认知、组织、归纳客观事物的重要媒介。重要的是，人类有能力将一个概念域隐喻性地映和到另一个概念域，从而建立起不同概念域之间的相互关系。

人们对隐喻的理论认识经历了一个从狭到宽、从表层到深层的过程。人们不再把隐喻单纯看作语言内部的修辞手段，而是把隐喻和人类的认知过程相联系，认为它是能够反映语言与人类思维和认知关系的。在语言与认知关系上，I. A. Richards 指出，语言是不同领域经验的交汇点。语言不仅是认知的表现形式，而且是它的组成部分。这样，通过隐喻—语言—认知，我们就在隐喻、语言与认知三者之间发现了其中内在的、有机的联系。换言之，在隐喻结构中，两种本似无联系的事物之所以相提并论，是因为人类在认知领域对它们产生了相似联想。隐喻让我们通过相对具体、结构相对清晰的概念去认知和理解那些相对抽象、缺乏内部结构的概念。由此可见，隐喻是理解抽象概念，进行抽象思维的主要途径。

2.2.3 模因与隐喻的认知机制

隐喻学中的根隐喻是一个作为中心概念的隐喻，常常反映了人类对自然和世界的早期认知。派生隐喻是根隐喻的外在表现，是围绕根隐喻而派生出的相关隐喻。下面分析一下英国剧作家莎士比亚的名言：

All the world is a stage.

And all the men and women merely players;

They have their exits and their entrances.

And one man in his time plays many parts ...

第一句是根隐喻，其余的几句是派生隐喻。莎士比亚借 Jaques 之口，道出了他对人生的感悟，流于悲观，却不无哲理。将世界比作舞台，是因为其实际生活与戏剧舞台密切相关，因而他的联想和比喻带有对人生的深刻体察和认知。"世界是个舞台"这一隐喻关涉太多我们可以认知、理解和想象的生活层面。所以，当我们触碰到一系列具有内在逻辑关联的隐喻词 stage、players、exits、entrances、plays 和 parts 时，我们的心理认知力被激活，这些词汇串成了一幅幅视像，相互关涉并支撑，描摹出自成一体的舞台人生。

具体来讲，"世界是个舞台"是简单模因，它和其他句子组合成模因复合体，通过各种载体传播，为全世界所知。从此例可以看出，基本模因可以体现为根隐喻，模因复合体可以体现为派生隐喻。

隐喻的实质就是通过另一类事物来理解和经历某一类事物。所以，模因同基因的关系总体来说是隐喻性的，模因学与生物学同理。隐喻也存在着进化的过程。新隐喻有着临时性的特点，它的意义原来并不是焦点词义的一部分，在达到特定的交际目的后，就完成了使命。作为模因现象，一些新隐喻在模因循环测试中被淘汰掉，而大部分隐喻经过同化、记忆、表达和传播后被重新复制，广为流传，其隐喻意义作为隐喻词意义的一部分沉淀在语言中，有的则变异为死喻或称为"超隐喻"，成为语言常规的一部分。有时，死喻在特定的语境中被激活，回复其字面意义，达到一语双关的效果。在"牵挂你一生，爱戴你一世"这句话中，看似情侣的对白，其实是一幅黄金首饰的广告。当"牵挂""爱戴"回复到字面意义时，令人回味无穷。还有一则我们可以经常看到，在汽车尾部写的一句"我怕修，别吻我"；在餐馆中经常出现的一句"吃不了，兜着走"等，都属于模因现象在隐喻中的效应。由于模因在语言中的感染效应，这些经过变异的隐喻一经出现，便成为模因复合体，它将与其相关的字面意义信息储存在人们的头脑中，在特定的语境中被激活，很快地得到复制和流传。

隐喻的本质决定了隐喻认知的思维方式必然是两个不同语义的互动。具体体现在两个方面：一是不同领域的相互关联、投射映现的认知方式。隐喻起源于对世界已知信息的共鸣。人们对客观对象的认识，必须借助已知之物，由已知喻未知。隐喻的生成依靠背景和经验知识，通过把不同的认知领域相互联系起来，刺激、导引认知主体采取有效的认知策略，唤醒记忆储存与知觉表象，展开敏锐的对比与推理，将某一领域的知识、经验投射映现到另一个领域,用熟悉具体的经验结构去说明阐释陌生抽象的经验域,最终达到对要认知的目标领域做出正确的识别。下面再看一例:

Martin Luther King 的"I have a dream"抒发了演讲者的百年梦想,其中俯拾皆是的隐喻用法有力地烘托了金的激越情怀。

> Now is the time to rise from the dark and desolate valley of segregation to the sunlit path of racial justice. Now is the time to open the doors of opportunity to all of God's children. Now is the time to lift our nation from the quicksands of racial injustice to the solid rock of brotherhood.

金把种族隔离比作黑暗贫瘠的山谷,把种族平等看作阳光大道,将种族不公比作无定的流沙,将友爱看成可信赖的坚固岩石。这一系列隐喻模因构成一个模因复合体。在这里我们对比加以分析:

> 模因 1:Now is the time to rise form the dark and desolate valley of segregation to the sunlit path of racial justice.
> 模因 2:Now is the time to open the doors of opportunity to all of God's children.
> 模因 3:Now is the time to lift our nation from the quicksands of racial injustice to the solid rock of brotherhood.

模因复合体中的模因 1、模因 2 和模因 3 相互作用,最终促使人民大众接受了金提出的"梦想"的合法性和迫切性,空前地对他的呼吁予以支持。当美国硅谷的开拓精英们将"I have a dream"作为语录信奉的时候,这一模因显然已超越了 Martin Luther King 的梦想,成为跨越时空的映合。

根隐喻作为人类概念系统的核心概念,对人们日常思维和谈话有很大的影响。近年来,随着信息技术的发展,电脑网络化成了人们生活中的新现象。"信息高速公路"也成了一个使用频率极高的"隐喻主题"。从模因论来看,它属于基本模因。基本模因在宿主的抽象思维作用下,经过宿主对其进行重新编码和传播,为其更换新载体,构成基本模因的新遗传阶段。模因的信息遗传并不像基因那样要求数字化的精确,它只要求模仿,每种新的语言表达方式都存在模仿的可能。以上例的"信息高速公路"为例,作为根隐喻,在经过宿主的大脑处理,形成新的模因后,便出现了以下的派生隐喻模因程式:(1)Prime Minister rides the info-highway.(2)White House counts two million cyber-tourists.(3)AT & T stalled on the info-highway.从以上例子可以看出,"highway"成了电脑网络隐喻中的一个中心概念,它是组织人们有关信息服务的概念系统中的一个重要的核心概念。

下面,我们再通过"Time is money."这一隐喻概念来了解模因概念是如何影响和操纵人类日常活动的。"Time is money."这一隐喻可以看成是一个简单模因,它经过同化(assimilation)作用,为宿主所理解和接受。经过在宿主大脑中长时间的停留,此模因开始传播和影响其他个体,这个模因体与中国文化自古所倡导的"一寸光阴一寸金"的模因体相结合,便构成了一个模因复合体。复合体中的模因概念在相互宣传,相互协调,使世界上大多数人都接受了这一论断,因而有了这些表达方式,诸如:a) You are wasting my time. b) I've invested a lot of time in her. c) I don't have enough time to spare for that.这些句子都隐含了"Time is money." "Time is a limited resource." "Time is a valuable commodity."等隐喻概念。其中money 蕴含了"a limited resource",而"a limited resource"又蕴含了"a valuable commodity"。因此在一种隐喻概念系统中,隐喻概念和表达这些概念的词语之间存在着许多蕴含关系,这样就使得隐喻概念系统具有相当的系统性和连贯性。把时间看作金钱这一隐喻方式在西方工业化的文化中很普遍,这一模因隐喻概念在社会文化中占有绝对优势。但在其他文化背景中并不是从这个角度来看待时间的。当前这一模因隐喻概念在与其他模因的相互竞争中占据优势,并且大大影响了发展中国家的时间理念。Gabora(1997)甚至认为,在某种意义上,发展中国家现代化进程的实质就是逐渐接受和推行"Time is money."这一模因理念。

隐喻这一手法被美国前总统布什在"9·11"恐怖事件之后的演说中反复使用。其中有一句"America was targeted for attack because we're the brightest beacon for freedom and opportunity"成为一句典型的突出美国民主价值观的模因。这一模因加到美国人民头脑中"美国是崇尚自由、民主的国家"这一模因之中,就形成了一个模因复合体。这一模因复合体最终促使美国人接受了布什对恐怖主义开战的借口,并空前团结地支持这一决定。从这一例子可以看出,隐喻对人类认知活动的影响是潜在而深刻的,它是人类概念系统组织和运作的一个重要手段。而模因在这一隐喻的宣传、协调、强化过程中,无疑充当着举足轻重的角色。

隐喻是通过某一领域的经验来谈论另一领域经验的认知过程。针对某一领域的隐喻所产生的模因,经过重新编码、复制,通过自然或人为的选择,形成了表达另一领域特点的隐喻模因。美国前总统卡特曾把能源危机比作一场战争,这一战争隐喻产生了许多相关的蕴涵。在这里,根隐喻是"Energy crisis is a war.",它构成一个基本模因。这一模因经过传播,影响和感染了其他领域,因而形成了许多模因复合体。因为战争,就有了enemy(敌人), threat to national security(威胁国家安全),因此需要setting goals(确定目标),establishing a new chain of command(建立新的指挥系统),gathering intelligence(收集情报),等等。

3. 结语

综上所述,隐喻是一种认知模式,是人类隐喻性思维活动的结果。由于模因论的出现,人们对隐喻的认知基础有了新的认识和阐释。它为隐喻的演变引入了信息复制的模式。在模因的作用下,新隐喻得到复制。创造新隐喻的思维也同样得到复制,从而构成了隐喻的认知理据。认知的隐喻性最终决定了语言的隐喻性。

参考文献

Dawkins,R. *The Selfish Gene*[M]. New York:Oxford University Press,1976.

Deacon,T. W. Memes as signs[J]. *The Semiotic Review of Books*,Volume (10),1999.

Goatly,A. *The Language of Metaphors*[M]. Routledge,1997.

Marsden,P. Forefathers of memetics:Gabriel Tarde and the laws of imitation[J]. *Journal of Memetics-Evolutionary Modes of Information Transmission*,4;http//jom-emit.cfpn.org/2000/Vol.4/marsdenp.html.2000.

Lynch,A. Thought contagion as abstract evolution[J]. *Journal of Ideas*,1991(2).

Pinker. S. *The Language Instinct*[M]. New York:Morrow,1994.

Sperber,D. and D. Wilson. *Relevance: Communication and Cognition*(*2nd ed.*)[M]. Beijing:Foreign Language Teaching and Research Press,2001.

何自然、何雪林.模因论与社会语用[J].现代外语,2003(2).

张 莹.从觅母的角度谈异化翻译的趋势[J].深圳大学学报(人文社会科学版),2003(6).

肖名丽.隐喻的认知方式及其文化阐释[J].山东外语教学,2000(1).

束定芳.论隐喻的认知功能[J].外语研究,2001(2).

语言和语"言"*

张巨文

　　关于语言的研究源远流长,其历史可以追溯到上古时期初民神话和宗教故事中有关语言的阐释,然而,这一时期以及以后相当长的时间内关于语言的研究尚不能称为科学的研究。简单地说,语言研究的历史可分为科学前的和科学的两个时期。科学前时期的语言研究虽然具有较大的科学成分和价值,但还不能算是真正的科学的研究。真正的语言科学于19世纪前25年才建立起来,它与语言的历史比较研究分不开,由此产生了普通语言学。20世纪初,Saussure的语言论述更是将语言研究推上了现代科学的舞台,使得现代语言学得以确立。Culler(1976)曾言:"Saussure无疑是现代语言学之父,他重组了语言的系统研究,使得20世纪的语言学所取得的成就成为可能。"20世纪50年代,Chomsky的转换生成语法在现代语言学研究领域异军突起,引发了一场意义深远的"语言学革命",其应用价值甚至在其他领域也得到充分体现。语法的生成观独辟蹊径,日益受到人们的重视并迅速形成共识。本文拟针对Chomsky的语言内在论假说提出语言和语"言"两个命题,旨在阐述两者之间的关系,并希冀从新的视角来审视语言的本质。

1. 语"言"与言"语"

　　生成语法学家试图结合儿童母语习得现象进行语言研究,认为语言理论必须能够解释母语习得的过程和本质。Chomsky(1986,2002)通过对儿童习得母语的现象研究,提出了语言内在论假说(innateness hypothesis)。根据该假说,Chomsky认为语言是人脑的产物,人们之所以能够习得、使用和理解语言,是由于人脑中存在一种与生俱来的语言能力(faculty of language,简称为FL),就如同人们具有视觉、听觉等生理能力一样。人脑呈模块性构造(modularized),在人脑中势必存在一种语言模块,亦为语言器官。语言器官是人类生来就有的,具有生物天赋属性,它

---

　　*　本文原发表于《郑州大学学报》(哲学社会科学版)2006年第2期。

所衍生的就是语言能力(FL)。语言能力的初始状态(initial state)系生物基因的外在表现,与人类视觉、听觉等能力的初始状态有相当的可比性。就语言能力的初始状态而言,人们不分国别与种族,具有绝对的相同性。据此,Chomsky 认为,在适当的条件下(即使条件不当或欠缺),任何儿童都有能力习得任何一种语言。在此之后,因为经验的促发和形成作用,语言能力的初始状态不断发生变化,并逐渐稳定下来,发展成为语言能力的稳定状态(steady state)。Chomsky 指出,语言能力的初始状态是与生俱来的,它就是人脑中所固有的普遍语法(Universal Grammar,简称 UG);相比之下,语言能力的稳定状态则因人而异,由于后天的作用,语言能力逐渐形成为人们所习得的特殊语法(Particular Grammar,简称 PG)。

从以上讨论可以看出,Chomsky 认为,人类的语言系统知识由两部分组成:一部分是遗传所得、与生俱来的普遍语法,另一部分是经验所致、后天习得的特殊语法。但是,对于普遍语法,有些问题人们至今尚未给出令人满意的答案,如人类所掌握的 UG 是否是经生物遗传而传袭下来的?UG 包含什么内容?是否像 PG 那样有音的规则、词的规则、句的规则和义的规则?以上问题难免会引发人们对"语言到底为何物?究竟从何而来"等问题的思考。

这些问题在现代语言研究中至今仍未解开谜底,观点各异,使得学界困惑不解。作为对上述两个问题的思考,本文中我们提出两个命题概念,即语"言"和言"语"①,从结构分析,语"言"是一个动宾结构,语为动作,"言"为动作的接受者。我们可以认为"言"实则是一事物,指人们通过声带发出的、表达某个意义或实施某种功能的声或通过运笔写成的字。"言"也是客观存在的,它是一种物质状态。从形态上看,"言"呈现的是一种静态,是无生命的、静止不动的,它所谓的生命在于人们依据自己的思维、想法和目的将"言"说出来或写出来这一动态的活动过程。语"言"是有目的的,在语"言"过程中,人们根据心中所构想的意义和目的,采取一定的策略可以将"言"这么说或那样说。诚然,语"言"亦可毫无目的,如胡言乱语。

通过上述类比分析,我们不难得出这样一个结论:语"言"是人们为实施某种目的而将"言"这么说或那样说的活动。该活动是动态的,赋给"言"以生命。换言之,人们为了语"言",必然具有一种语"言"的能力,我们这里所探讨的语"言",实际上指的就是人们的语"言"能力。就这一语"言"能力而言,它具有生物遗传属性,就好像人们生来就具有行走、视觉和听觉等生理能力一样。但需要指出的是,遗传下来的并非语"言"能力本身,而是人们语"言"的生物潜能或条件。这一潜能或条件须经验激发和形成,才能成为现实中的语"言"能力(有关"狼孩"的报道可以为该论断提供佐证)。

那么,语言②这一命题概念又当如何界定呢? 通过上述对语"言"的论述,我们可以认为,语言就是人们为了达到某种目的而语出的"言",亦可认为是所言出的"语"。换句话说,"言"即是语,"语"即是言。前文指出,"言"是指人们通过声带发出的、表达某个意义或实施某种功能的声或通过手臂运笔写成的字。因此,结合起来分析,"语"为声,"言"为字,作为表达意义和实施功能的物质媒介而言,两者是一样的,二者合一,就有了语言。据此,我们认为,就外在属性来看,语言与人们的声带和手臂有关,是通过声带振动和手臂运动的产物。就声而论,它无形,但有音和义;以字来看,它则是形、音和义的三者结合。但从内在属性来说,语言却是被赋予了意义和功能的声或字,是人们内心世界的外在表现,与人们的行为/目的、认知/心理以及社会/文化等有密切的联系,是人类社会化的结果。

2. 语言与遗传

Darwin 的进化理论开辟了生物遗传学的先河,为生物遗传研究奠定了理论基础。Darwin 认为,进化可以改变生物体的种类,父母体的结合会产生一种在物种繁衍过程中长期占据主导地位的生物特征。Mendel 遗传原理与 Darwin 理论的结合诞生了"新达尔文学说"(Neo-Darwinism),该学说明确指出,遗传个体单位世袭相传,而导致个体单位发生遗传变异的正是生物体内的基因突变。美国生物学教师协会 1995 年撰文指出,地球上的各种生命均为进化的产物,其进化过程伴随着因自然选择、偶然机遇、环境变化等导致的基因变异。据此,生物进化依据的是生物体内的基因组变,基因变异往往会促成生物体的变化。我们在此将语言和遗传联系起来进行讨论,首先必须认定语言和遗传之间的关系,即语言是否可以遗传。

我们业已提到,语言是指人们为了达到某种目的所语出的"言"或言出的"语",其外在属性是人们通过声带发出的、表达某个意义或实施某种功能的声或通过手臂运笔写成的字。语言的内在属性则是人类社会化的结果,与人类的行为/目的、认知/心理和社会/文化有关,是音和义以及音、形和义的统一体。那么,语言能否经生物遗传而一代一代地相传呢? 这一问题在语言学界已分歧多年,无有定论。我们认为,从生物学角度来看,语言遗传说尚无有力的研究论证予以支持③。因为,语言作为人们通过声带发出的、表达某个意义或实施某种功能的声或通过手臂运笔写成的字没有生命，它不是有机的生物体。与之相反，语"言"（指语"言"能力）却具有一定的生物遗传属性。但是，生物遗传下来的不是现实中的语"言"能力，而是人们根据某个意义或实施的某种目的进行语"言"的物质潜能或条件，如人类具有基因性质的声带和手臂。这就好比人类行走必须具有行走的物质潜能或条件——双腿，双腿是生物遗传的产物。虽然由于基因组变，人们的双腿各异，有长有短、有粗有细，但是双腿的生物属性是一致的，都是人们行走的物质条件。

那么，人们为什么会与前人语一样的"言"或言一样的"语"？换句话说，语言为什么能一代一代地相传下来呢？在这里发生作用不是人类的生物基因，而是人类社会世代相袭的模因（memes）。Dawkins（1976）率先独创模因一词，后经 Blackmore（1999）在 *The Meme Machine* 一书中详细阐述，meme 一词迅速传播，引起了广泛注意。据《牛津英语辞典》考证，meme 意为"an element of culture that may be considered to be passed on by non-genetic means."。由此，模因学（memetics）迅速兴起。模因因模仿而得以传承，所传承的模因可以是一个思想，也可以是一个行为，还可以是一个信息。模因作为文化的主导物，自身不断繁衍，并与环境适应一致，得以继续繁衍。正是由于模因的繁衍能力，Dawkins 将模因比作能力非凡的"复制机"（replicators）。为此，他提出三个标准，即成功的复制必须具有保真性（copying-fidelity）、多产性（fecundity）和长寿性（longevity）等特性。Blackmore 认为，模因可以用来解释现代社会及人类自身的一切问题，模因有其自身的生命并以 Darwin 所阐释的竞争方式不断进化。语言是人类社会化的产物，在人类社会进程中，文化起着不可或缺的作用。文化催生着语言，而语言也承载着文化。作为文化的载体，语言与文化息息相关，并得以世袭传承。语言因人、文化和国家而各不相同，其差异就是人类模因在相互竞争中发生组变的结果。

3. 母语与外语

《圣经·创世纪》说，天地初始，天下人所说的语言都是一样的。在示拿，他们利用共同语言的威力，团结起来，共同建造起了一座巴比塔，高耸入云，塔顶通天。该塔震惊上帝，使之惊呼："看哪，他们成为一样的人民，都是一样的言语，如今既做起了这事来，以后他们所要做的事就没有不成功的了。"于是，上帝便命人变乱天下人的口音，使他们的言语彼此不通。

虽然《圣经》关于语言的起源和变化的说法不是科学结论，但它却促使我们思考这样一个问题：即人世间的语言为什么会产生如此的变化，对于个人或各个群体的人来说为什么会有母语和外语之别呢？

这一问题值得深思。我们认为，答案应该从社会的进程，即人类的社会化来寻求，而不应该仅仅从生物遗传的角度去说明。语言作为人们为了达到某种目的而语出的"言"或言出的"语"，有声和字之别。作为声的语言看不见、摸不着，但作为音、义之和而为字的语言却有形有样，系形、音和义三位一体，共同传递着人们心中所构拟的意义和所想实施的目的。从模因学角度来看，模因的基本作用在于模仿、复制和传播，它是文化的主导物。前文指出，语言原本是人类内心世界的外在反映，与人类的行为/目的、认知/心理和社会/文化有着密不可分的关系。人们要语"言"或言"语"，必然要结合自己的行为目的、认知心理和社会文化来进行语"言"和言"语"的活动，"言为心声""语即心路"说明的就是这个道理。人类的社会化经历了复杂的历程，社会的整合和分化形成各个不同的国家、阶级和阶层等群体，作为社会联结的内在纽带和社会精神世界的承载体——文化，也在不断地进行着同化和异化。美国人类学家 Benedict（1988）在《文化模式》一书中指出：就一个群体而言，真正把人们维系在一起的是他们的文化，即他们所共同具有的观念和准则，由此可见文化在人类社会生活中的重要作用。因文化的形成、整合及发展历程各有不同，不同的文化便具有不同的社会、历史和民族等特征。

依据模因理论，文化的复制得以传载，而文化在复制过程中势必受到多种因素的影响，由此模因发生组变在所难免。人们得到传承的"言"或"语"作为文化的载体，在模仿和复制中，因模因的作用，亦会产生异化现象。因此，"言"或"语"也就异化为不同的"言"或"语"，产生各种各样的语言。对于语言的传导者——人——来说，所习得和使用的自然是不同的语言。据此，语言对于具有特定国度属性的人而言，就会产生母语和外语之别。人们习得和使用的无疑是自己的母语，但也可通过学习而掌握外语。外语将我们引领到一个新的世界，就好像是在异国进行了一次有重大发现的远航，使我们学了用新的眼光来看待自己的母语。因此，歌德说："谁不懂得外国语，谁就不了解本国语。"从以上不难看出，母语和外语既有相异之处，又有相通之处。

4. 语"言"的语法与言规

前文中，我们提到，语言就是人们为了表达某个意义或实施某种目的而语出的"言"或言出的"语",其内在属性是被赋予了意义和功能的声或字,是人们内心世界的外在表现。那么,在现实社会和个人生活中,人们是如何语或怎样言的呢?

要回答这个问题,我们离不开对人们心理世界的考察。人类的内心世界复杂、多变,七情六欲,无一不有,无一不在,无一不表,无一不为。要表达这些情感,实现这些欲望,人们就要依靠被赋予了意义和功能的声或字,即语言。语言就好像是人们心理世界的窥视镜,通过语言,人们的内心世界一览无遗(指常规如此。语言亦可犹如一面哈哈镜,使人们的内心世界发生扭曲,而变得模糊不清)。因此,Cassirer(1985)在《人论》一书中明确指出,若不洞察人类言语的真实本质,我们关于人类心灵发展的知识就是不彻底和不充分的。

鉴于此,人们在现实社会和个人生活中语或言的过程就是人们内心情感和欲望的表达和实施过程。但是,言有言规,语有语法,语言运用均为章法所致,均有规则可循。言规和语法为正常之规、正常之法,它管辖的是人们对语言的正常运用。人们对语言的"非正常"运用乃为常规、常法之变通、活用。具体分析,语言运用的言规和语法大体包括以下几个方面:

(1)言有所为。言有所为指人们运用语言是为了实施内心欲望,达到某种目的而使用语言进行的某种行为。对此,Austin 从语言哲学角度在《论言有所为》一书中已有明确的论述。言可以做事之说已为学界接受,并对现实中人们的语言运用发挥了启示和指导作用。有欲就要有为,语言之为无疑是人们实施内心欲望之所为中的一种。

(2)言为心声。语言作为人类内心世界各种情感的外在表现,毫无疑问地起着各种情感传感器的作用。通过语言,我们可以感受和了解彼此的情感,进而深入其内心世界,或与之交融,或与之抗争。总之,语言就像人们的面孔一样,时而激情荡漾,时而风平浪静;时而温暖温馨,时而冷漠无情。所有这一切都是人们内心世界各种情感的反映,乃为情感使然,言即心,心在言。

(3)言蕴文化。有哲人说过:人类生活的一切都是文化作用的结果,与文化有着密不可分的关系。文化实在是一个过大的概念,它涵盖着人类生活的方方面面。语言既为文化的内涵,又是文化的载体,两者密切联系,但又相互区别。语言作为承载文化的主体,对于文化的表现、继承和发展起着至关重要的作用,反过来,文化的更新和发展也为语言的丰富和发展提供了条件。人们在社会和个人生活中进行语"言"或言"语"的过程,实际上就是不同文化内涵进行冲撞和融合的过程。文化蕴于语言之中,语言传导着文化。

（4）言在语境。语"言"或言"语"讲究因人、因时、因地而采用不同的言或不同的语。换句话说，就是语言的使用离不开语境。简而言之，语境是指语言使用的环境，它包括人、时、地等多种因素。这些因素制约着语言的选择，主导着语言的使用以及影响着语言的效果。在某种语境条件下，我们会使用所谓的正常之言/语，直截了当，直表心声；在其他语境条件因素中，我们会采用"非正常"之言/语，含而不露，声东击西。但不管怎样，人们的一切语"言"或言"语"活动都必须受到语境的制约，这样所语之"言"或所言之"语"才能在语境中得以传递和理解。

语言在人类生活中所发挥的作用至关重要。没有语言，人类的文化传统和文明就失去了传导者和载体，因而文化和文明也就无法得以传承。语言作为人们语出的"言"或言出的"语"，无疑映射着人类的心理世界，是人类内心情感和欲望的外在表现。相比之下，语"言"或言"语"搭建的是人与人之间的相通的桥梁，它是人们运用语言表达意义和实施目的的能力。

注释

① 本文中，语"言"这一概念系指人们使用语言进行说或写的活动和能力。它原是人们经过生物遗传所传承的一种行为能力潜能和条件，在后天经验的作用，与所语之言发生结合，进而成为一种动态的、现实的语"言"能力。

② 语言就是所语之"言"或所言之"语"，是表义和实施功能的声和字。声以字为基础，声无形，但有音和义；字则是音、形、义的结合体。故此，语言的物质属性是音、形、以三位一体。语言作为人们从事心理和现实活动的物质媒介，与人们的行为目的、认知心理和社会文化发生联系，是构成人类丰富心理内涵的行为目的、认知心理和社会文化的外在表现。语言有其自身的音、形和义的系统，这些系统都受到规则的制约。

③ 生物遗传的必备条件是事物须具有所需的活性细胞，是有生命的有机体。对此，语言不具备这样的条件。

模因与教学

模因论对提高外语学习能力的一些启示[*]

高纯娟

1. 模因的特点与周期

奥地利人 Mendel 提出了遗传单位是遗传因子(现代遗传学称为基因)的论点,为遗传学奠定了基础。1976 年牛津大学动物学家 Richard Dawkins 在探讨基因自我复制以及相互竞争促进生物进化的基础上,模拟生物遗传单位 gene(基因),提出了文化传递单位 meme(模因)。模因学并不是空穴来风,它有着悠久的历史渊源。早在 1890 年,法国人 Gabriel Tarade 在他的著作 *The Laws of Imitation* 中指出:社会交际起源的所有相似物都是各种模仿形式的直接或间接的结果,如风俗模仿或时尚模仿,同情模仿或服从模仿,天然模仿,刻意模仿等。所以他认为社会就是模仿。

模因是一种信息单位,也是文化的基本单位,通过非遗传的方式,特别是模仿而得到传播。它存在于人的大脑之中,像是大脑的病毒,可以重组人的大脑,使之成为它更佳的栖息地。模因也是一种认知或行为模式,由一个人传播到另一个人,携带模因的人叫做宿主,因为宿主继续携带模因,传播过程也叫做复制,宿主继续向群体传播模因,进行自我再生产,所以模因也是复制因子。模因的表现形式是词语、音乐、图像、服饰格调甚至手势或脸部表情。成功的复制因子有三个特点:

(1)保真性(copying-fidelity)。语言、宗教、传统风俗代代相传,具有相当高的保真性。如李白、杜甫脍炙人口的诗篇,千余年来刻印在亿万炎黄子孙的心中。

(2)多产性(fecundity)。它是指模因的复制速度,复制速度越快,模因散布越广。网上模因几乎可以在一瞬间向全球任何地方传播,可以在很短的时间内复制成千上万份相同信息。

(3)长寿性(longevity)。复制模式存在越久,复制的数量越大。书本、杂志、计算机硬盘、摄影等都可以长久地保持信息,人的大脑可以将许

---

[*] 本文原发表于《桂林电子工业学院学报》2005 年第 4 期。

多印象深刻的模因保持很久。

模因的生命周期可划分为四个阶段：

（1）同化（assimilation）。成功的模因必须能感染新的个体，进入他的记忆。同化有两个条件：① 个体必须和模因载体有接触，或经过观察外部现象，通过思考，重组现存认知因子，独立发现模因；② 所呈现的模因必须分别受到注意，被宿主理解和接受。所以，模因载体应该十分显眼突出。

（2）记忆（retention）。模因在宿主的大脑里停留的时间越长，传播和影响其他个体的可能性越大。记忆具有很强的选择性，只有少数模因能够被保存下来。

（3）表达（expression）。它指的是在与其他个体交流时，模因必须从记忆储存模因中出来，进入能被他人感知的物质外形这一过程。最突出的表达手段就是话语，其他常见手段有文本、图片、行为等。

（4）传播（transmission）。模因表达需要有形载体或媒体，它们应该具有很强的稳定性，防止信息流失或变形。模因载体可以是书本、照片、人工制品、光碟等。自从大众媒体特别是互联网出现后，传播阶段显得更为重要，模因自下而上的成功与否与其关系甚大。

以上四个阶段，周而复始，形成一个复制环路，选择在每个阶段都有一些模因在选择过程中被淘汰。

2. 模因与语言的关系

2.1　模因与语言起源的关系

根据分子生物学家 Mario Vaneechoutte 从模因学角度提出的观点，语言源于下述三者的结合：

（1）人类在动物进化期对不断增强的大脑表征能力的自然选择，例如开始进行思考，增加心理活动广度与深度。

（2）在人类进化过程中人们对吟唱能力的自然选择，例如可以进行听与说的活动。

（3）在过去十万年中，模因选择机制重新使用上述两种能力创造了语言，并用语言进行交流表达感情与需要。

2.2　模因与语言的层级关系

美国生物学家 John S. Wilkins 认为生物学与模因学存在着严密的类

比关系,生物进化模式的复杂性表明,仅把模因当作病毒的概念不能代替模因发展的进化模式。模因是文化进化与选择的基本单位,模因发展的模式具有层级性,牵涉到一系列的进化过程周期。据此 Wilkins 分别提出了模因与语言等的进化过程周期层级模式图。

2.3 模因与语言的模仿机制

英国心理学家 Susan Blackmore 在其模因学力作 *The Meme Machine*(《模因机器》)中同样认为模因论与语言有着密切的关系,她指出,更加复杂的人类认知过程,例如语言、阅读、科学研究等等都以某种方式建立在模仿的基础上,因此,所有这些过程是或能够具有模因性质的。她还写道,人类从根本上有别于其他动物,不是因为他们特别聪明,也不是因为他们的脑袋大或掌握了语言,而是因为他们全面彻底的掌握了一般性模仿方式。

3. 模因论对外语学习能力的作用

根据以上模因论的特点和周期性质,我们可以肯定将模因论引入英语教学将会对英语学习者大有裨益。中国外语学习者中普遍存在这样一个现象:学习者的理解能力(comprehension ability)远远超过其外语的产出能力(production ability)。大部分英语学习者在经过十几年的学习后,掌握了大量的词汇,能够阅读英文资料,但却无法在说话和写作时,用上大脑中的大部分心理词汇。这里理解能力是指学习者听、读英语的能力,而产出能力则使学习者说、写英语的能力。在语言的理解和产出上,我们期待学习者更应重视后者。因为,第一,语言是一种社会现象,是社会交际的必要工具。而语言教学应该使学习者能够使用语言进行有效的交际。"有效交际"(effective communication)通常指交际者能够准确地传递和接受有关的书面及口语信息,其中包括掌握对某一语言的语法规则以及在特定环境下恰当的是用他们的能力。第二,与理解(即听、读)能力相比,产出能力是更高水平、更高层次的能力。一般而言,理解是产出的前提。学习者既然能拥有大量的词汇量及能够阅读有一定难度的专业文章,足可证明他们必是在一定语言实践中才达到如此水平。但为何学习者的产出能力会远远落后于理解能力呢?我们可以从模因论的观点出发分析学习者语言产出的过程与问题。

学习的过程是人们大脑加工信息的过程。人脑加工处理信息分为语言的识别、理解和产出几个层次。其中,理解和产出是这一过程的两个终端行为,是学习者表现出来的可以观察的行为。而认知的过程总是由浅入深,人们往往将学习分为几个阶段:先是理解,再是记忆储存。至于何时以及那些已储存的知识能被运用(产出),则听其自然。在心理学上,从理解,储存到产出之前的阶段被称作"孵化期"(incubation period)。就像人们的工作记忆一样,孵化期的阶段因人而异,也可以通过训练而改变。可是就现在所知,还没有人有意识地去缩短自己的孵化期,有时,甚至还有人为地延长了这一吸收过程。这种只满足于理解层面上的学习习惯,在外语学习时就造成了学习者可理解的信息(语法和词汇)远大于其所能产出的部分。根据模因论复制的特点我们可以缩短外语学习中的孵化期,缩短从理解到产出的时间。

根据行为主义语言习得原则之一概括原则(generalization):对某一"刺激"做出的"反应"会因为随之而来的"鼓励"而得到"强化",而这一"鼓励"同时也会强化对其他刺激做出的反应,前提是这些刺激的构成是先进的。行为主义学家 Skinner 认为,影响行为形成的要素有三个:模仿(imitation)、强化(reinforcement)和扩展(expansion)。"模仿"就是学习者对接触到的行为的模仿,反复的模仿,直到机械的、不假思索的程度;"强化"制的是对学习者正确行为的"鼓励"或是对错误行为的"惩罚",直至学习者作出恰当的反应;"扩展"掌握新的行为结构。对语言的模仿和强化实际上就是对语言的理解,语言的扩展亦即是语言的产出或输出。详细理解体会模因四个生命周期:可以为我们理解语言学习过程提供帮助。任何一位语言学习者都可以是语言模因的宿主或模因载体。经过强化训练,如背诵、模仿等,我们可以人为地缩短语言理解和输出的过程,还可以增大长期记忆中的信息量,在与人交流中实现有效的交际。

为更进一步提高外语学习者的产出能力,还可通过语言引用、移植、嫁接或词语变形等方法提高语言应用灵活度。引用:可通过直接引用,不做任何改动,引用各类文章的原文以及日常交谈中引用的名人名言或是听话人重复说话人的话。移植:语言形式没有变化,但具体语境发生变化,成为换喻。如现今网络语言中常用的"青蛙"与"恐龙"暗指长相不佳的男女。嫁接:结构没有发生变化,但关键字变成了其他同音异形的字,常见于人们口头笑话。词语变形:复制了发音,字形改变,但保留原意。如网络常用语言"FT",实指英文单词"faint",都表示吃惊、晕倒的意思。

4. 结语

几乎每个成功的学习者都曾采用背诵、模仿、引用、移植、嫁接或词语变形这一外语学习的策略。这一策略之所以收效甚好,道理就在于它将从理解到产出的过程缩短了,是所背诵的材料能够迅速转移到大脑中成为长期记忆。在这样的输入强化后,学习者可以内化该语言材料中所包含的句法结构及词汇,这也可以看作是同化和记忆阶段,并在孵化期后将其重新组织,从而出现在学习者的自由输出中,即学习者已进入可以表达和传播的阶段。通过这些方法与策略,学习者在储备一定可利用材料后,必能提高语言学习者的语言产出能力,达到"言之有文,行之必远"。模因论观点在外语教学上的应用可以在一定意义上帮助解决长期困扰外语教学者的学习者产出能力远远落后于理解能力这一问题。

参考文献

Blackmore, S. *The Meme Machine*[M]. Oxford:Oxford University Press,1999.

Marsden, P. Forefathers of memetics:Gabrid Tarde and the laws of imitation[EB/OL]. http://jom-emit.efpm.org/2000/Vol.4/Marsdenp.html,2005-03-11.

何自然、何雪林.模因论与社会语用[J].现代外语,2003(2).

牛　强.论二语习得中将理解与产出合二为一的外语学习策略[J].外语界,2002(1).

夏家骃、时　汶.模因论与人文社会科学——生物基因理论在语言上的应用[J].科技进步与对策,2003(9).

模因论——唤醒传统的外语教学模式*

杜 鹃

1. 模因与模因现象

"模因"（meme）这个术语在 Richard Dawkins（1976）所著的 *The Selfish Gene*（《自私的基因》）中首次出现，指文化领域内人与人之间相互模仿、散播开来的思想或主意，并一代一代相传下来。它是个人记忆中的信息模式，可以从一个人的记忆中复制到另一个人的记忆中去。

有学者认为，模因像病毒——一种思维病毒，从一个宿主过渡到另一个宿主，不断变化着，不断感染着人类的大脑，改变他们的行为，令他们着力宣扬这种模式。我们仍然无法指出模因是什么，但当我们看到某种现象出现，比如标语口号、时髦用语、流行时尚等，只要有人带个头，大家就会自觉不自觉地跟着模仿起来，传播出去，不断地进行炒作，这种"人云亦云""人为我为"的现象，就是模因作用的结果。

模因靠复制而生存，当某种思想或信息模式出现，在它被复制或被重复传播之前，它还不算是模因，只有当这种思想或信息模式得以传播、仿制才具有模因性。因此，社会上真真假假的传言，有事实的，也有谣传的，说明模因具有传播的特性。在传播的过程中，模因又有正和误、利和弊之分。正确的、有利的模因，可以使我们丰富自己的知识，并使积极的文化世世代代传承下去，发扬光大；有害的、不利的模因，同样也会传播，但只在那些意志薄弱、不辨是非的人群中进行传播；还有一些模因是中性的，无所谓好和坏，因个人所接受的文化知识和所处的生存环境的不同而进行传播。

2. 语言模因复制和传播规律与语言的背诵教学

我们常常会发现这样一个事实：少儿时所熟背的古诗等语言材料，不管是汉语的还是英语的，成年后，仍然能脱口而出，从大脑中清晰地复

* 本文原发表于《黑龙江高教研究》2006 年第 4 期。

制出来,并且可以随时应用于言语交际中。从心理学的角度来看,记忆有三个复杂的系统,即感觉记忆、短时记忆和长时记忆。当我们在识记阶段通过眼、耳、鼻、皮肤这些感觉器官不断往大脑中递送信息,使信息在大脑中形成印迹时,就形成感觉记忆。当感觉记忆材料得到保持,就进入了短时记忆,在此阶段我们可以把记忆材料分成适当长度的记忆块,再组合记忆,经过反复背诵,铭刻于心,进入长时记忆阶段,即模因复制成功。

Dawkins 说过,模因是存储于人脑中的信息单位,其自我复制的途径是从一个人的大脑复制到另一个人的大脑;从人的大脑复制到书本,又从书本传播到人的大脑,再从人的大脑传播到电脑,又从一个电脑复制到另一个电脑……可见,模因是靠复制、传播而生存的,而语言则是它的载体之一。何自然教授提到,语言模因从三个方面得以体现:教育和知识的传授、语言本身的运用和通过信息的交际和交流。

教育和知识的传授过程是模因得以复制和传播的重要途径之一。我们从别人那里学来的单词、语句以及书本上的成语、隐喻、谚语等在大脑中形成长时记忆后,他们所表达的信息在交际中又被复制、传播给另外的人,这些信息在不同的人群中不断地被复制、传播,语言也在人群中得以传承,并获得新生。

今天,无论是在高中的外语教学课堂上,还是在大学的外语专业学习中,越来越多的教师已经不屑于使用"背诵"这一传统的教学方式,而过分热衷于分析性、启发性的语言教学方法,似乎只有这样才能够显示出教学的深度和广度。然而他们却忽略了一个简单而重要的道理,我们的外语教学目标,是使学生能够正确使用外语进行交流,而听、说、读、写、译仍然是学生需要学习的基本技能。就模因论而言,语言是在不断的复制和传播中得以生存的,那么我们要求学生熟背一段莎士比亚作品中的精彩描述,远比强迫他们去了解莎翁写作时的历史背景和心理变化更具有实际效果。因此,将"背诵"这个教学手段毫不吝啬地遗弃,不但是学习外语的学生的损失,更是外语教学的损失。

3. 模仿对语言学习的积极意义

3.1 模仿与"克隆"

Clone 是一个生物学术语,指无性繁殖。但当它音译为"克隆"而在汉语语用中出现后,便迅速成为模因现象不断地得到复制和传播。"克隆羊""克隆文""克隆片"等词语相继出现在报纸、杂志等媒体报道中,大有被推广于世的革命气势。甚至,这一被复制出来的新生词汇已被收录于最新版本的汉语词典中。

menu 这一词语曾让使用英语语言交流的人们很容易想到一桌丰盛的美味佳肴,于是当电脑成为办公和家庭的必备之物时,人们把桌面上的一项项枯燥无味的命令冠以"菜单"的美称,立即被全世界的电脑使用者欣然接受。尔后,所有的电器设备的遥控器上,甚至于我们的手提电话上,都会出现"菜单"这一可爱的词语,模仿的作用实在功不可没。

学习语言的过程就是模因被模仿、复制、传播的过程,但是这种模仿和复制并不是百分之百的"克隆",而是模因集合的重组。有一些模因保存着内容,以不同形式传播,好像上面提到的 clone;另一些模因则根据相同的形式放进不同的内容进行扩展,如 menu。

3.2 模仿要在恰当的语境中进行

在外语教学过程中,我们既要教学生以不同的语言形式表达同一信息,又要学会以相同的语言形式套用不同的内容,也就是说要教会学生根据不同的语境以不同的表达方式来表达相同的思想。

人们在社会上的言语交往都是在某个特定的社交语境(social context)中进行的。这个社交语境主要指说话人使用语言和听话人理解语言的客观共处环境。言语交际双方心理上的认知环境各不相同,但各自的认知环境中却包含着他们共处的社交语境。社交语境直接影响交际双方对话语的理解和表达,如果他们对社交语境有足够的了解,并能恰当地加以利用,就能获得较好的语境效果,交际也就能取得成功。

I am sorry to hear about your grandma.

这是说话人知道对方祖母去世之后向对方说的一句安慰的话。从这句话的表面看来,所表达的信息并不多,听话人需要靠语境来领会说话人话语中暗含的关心和同情。但如果语境是对方祖母只不过跌了一跤,并无生命危险,那么,模仿同样的一句话,语境暗含的关心和同情程度,前后就会出现很大的差异。因此,我们提倡外语学习中使用模仿的学习手段,但要注意在恰当的语境中进行,寻找话语和语境之间的最佳关联。

3.3 模仿地道的英语表达方式与别人进行交流

我们在外语学习中常常遇到这样的问题,一名英语口语非常出色的学生在遇到外教时手足无措,除了一句"How do you do?",再找不到任何可以进行交流的话题。一方面是说明他缺乏对所学语言国家的文化的必要了解,另一方面也说明他缺乏英语交流经验。

又如,在一家中国餐厅的墙上,我们看到一幅这样的标语"No smoking, please."。从字面上看,这句话没有任何语法错误,也不会引起任何理解上的歧义,似乎还很礼貌。可是一名讲英语的外国人来到这里就会大惑不解,既然"no smoking"就是告诉人们这是禁止的、不允许的,又为何画蛇添足地加上"please"。因此,在外语教学中,我们要鼓励学生进行模仿,并且要模仿地道的英语。

4. 联想的教学手段

我们把由某事物而想起其他相关的事物,由某概念而想起其他相关的概念,由某种解题方法而想起其他不同的解题方法等一系列的思维模式称为联想。联想在外语学习中有着不可忽视的重要作用,它不但能增强外语词汇的记忆效果,还可以促进外语学习者活用语言。

I just couldn't help it.(我就是忍不住。)

这个简单的句子从字面上看没有太多的意义,可是通过联想,可以启发学生把它应用到各种情境中去,如:

I was deeply moved by the film and I cried and cried.I just couldn't help it.

The children would eat themselves sick on much chocolate. They couldn't help it.

又如比较两件事物优劣的英语表达方式:

I don't think there is much to choose between the two, but on the whole I prefer yours.

我们不但要求学生把它背下来,积累表达"比较"的各种同义结构,还要求他们学会联想两个不同事物,模仿复制这个结构来比较两者的内容,如比较两篇文章、两种事物、两件作品等等。

模因作为人类语言的心理、社会及文化基础的问题值得我们去不断探索和研究。语言模因的复制与传播规律更进一步证实了背诵、模仿和联想等传统的教学手段在外语教学中有着不可忽视的重要作用,而不断发展和完善这些教学手段,将有助于外语学习者在社会文化的交际和交流中更好地学习语言。

参考文献

Dawkins，R. *The Selfish Gene*［M］. Oxford：Oxford University Press，1976.

Verschueren，J.语用学诠释［M］.钱冠连、霍永寿译.北京：清华大学出版社,2003.

何自然.语用学概论［M］.长沙：湖南教育出版社,1988.

王福祥、吴汉樱.文化与语言［M］.北京：外语教学与研究出版社,1994.

何自然.语用学与英语学习［M］.上海：上海外语教育出版社,1997.

模因论与大学英语写作教学 [*]

陈琳霞

模因论（memetics）为语言演变引入了信息复制的观点，也为外语教学提供一种新的研究思路，启发我们在英语教学中利用模因复制、传播的特点提高学生的英语创新写作能力。本文尝试从模因论这一新的视角，结合全新版大学英语教程，探讨模因在大学英语写作教学中的应用。

1. 模仿与创新是和谐的统一

模因是模仿的产物。模因以模仿为基础，模仿又是创新的起点。模仿与创新是人类认识客观事物的一对相关的手段与方法，也是人类创造、发明所共有的必须遵守的认识规律。

1.1 模因的核心是模仿

模因论的根本要点都奠基于模仿这个词的含义之上。模因（meme）词源上来自表示"模仿"的希腊语词 mimeme，在牛津英语词典中模因的定义是文化的基本单位，通过非遗传的方式、特别是模仿而得到传播（Blackmore，1998）。可见，模因复制的基本特征是模仿，模仿是模因得以传播的关键，正是模仿才决定了模因是一种复制因子，并赋之以复制能力。法国社会学家 Gabriel Tarde 在 1890 出版的著作 *The Laws of Imitation*（《模仿法则》）中指出，社会交际起源的所有相似物都是各种模仿形式直接或间接是结果，整个人类历史就是一部模仿的历史，是模仿得以使某一个人的发明灵感成为大家共有的财富。模仿是社会发展和存在的基本原则，是社会进步的根源。他曾经宣称，"社会就是模仿"（Marsden，2000）。在 Tarde 看来，人的所有社会行为都是经由模仿途径而习得的，社会中的所有个人都在彼此模仿着他人的社会行为。人类社会再现"世界重演规律"主要靠模仿，人类社会就是相互模仿、互相学习和创造的社会。模仿对人类社会的进步作用是不能忽视的。Blackmore（1999：3）在

---

* 本文原发表于《外语学刊》2008 年第 1 期。

The Meme Machine(《模因机器》)写道,"使我们人类区别于动物而成为人的,乃是我们所拥有的模仿能力"。"模仿"一词的传统意义深入人心,但许多人却不能对它的作用和功能作出正确的理解和客观的评价,低估了模仿的重要性。之所以如此,是因为模仿是如此轻易、如此自然地伴随于我们的生活。他们认为模仿缺乏主见或创见,只是一种低级的、对认知水平要求不高甚至幼稚的行为形式。其实,作为文化传播手段的模因,它所涉及的模仿主要是人类的一种认知活动。Blackmore(*ibid.*:3)认为,"包含于模仿之中的,乃是一种令人意想不到的聪慧"。她还指出,人类的创造性就是一个(观念)的变异和重新组合的过程。每一个发明创造都是从先前的发明创造中衍生出来,是通过模仿和变异所发生的渐变过程(*ibid.*:15-27)。当某种想法、说法或做法出现,在别人对它进行复制或重复传播之前,它还不算是模因。只有当这种想法、说法或做法得以仿制与传播,它才具有模因性。也就是说任何新想法、新说法或新做法的产生都不是空穴来风,无中生有,而是以模仿现有存在物为基础的。

1.2 创新源于模仿,强化"模仿"利于创新

模因具有保留性、变异性和选择性。每一个模因既是对以前模因的复制和继承;又会在复制和传播的过程中产生一定的变异,在变异中求得发展。模仿、复制不是百分之百的原样"克隆",而是模因集合的重组。为此,应该说创新经常源自模仿,语言学习也是如此。朱光潜先生(1996)在《谈文学》中曾说"文艺必止于创造,却必始于模仿"。这是说模仿是创新的起点,应在"模仿"的基础上进行开放性思维创新。模仿中孕育着"发明"的种子,模仿者以自己的创造或补救办法来弥补不足的部分。模仿能加速语言从理解到运用的过渡,从模仿到独创是一个必然的规律。我们需要模仿名人,但更需要像名人那样模仿。名人一般不作平庸模仿,他们往往使用辩证的眼光看问题,在模仿中培植创新的萌芽。他们不让自己的智慧淹没在别人的思维模式中,反而把别人的思维模式作为点亮自己智慧的燧石。在模仿的基础上成功创新的例子比比皆是。如宋代诗人林逋的咏梅名句:"疏影横斜水清浅,暗香浮动月黄昏",深得梅花神韵,历代传诵不绝。其实这两句诗原本典出南唐江为的"竹影横斜水清浅,桂香浮动月黄昏。"原句分咏二物,意不专属;林逋改"竹""桂"为"疏""暗",两字之改,就化"腐朽"为神奇,使原诗的意境得到极大升华。于是林逋的模句深得后人钟爱,被奉为咏梅的绝唱(白灵阶,2006)。又如《环球》杂志广告语"The Globe brings you the world in a single copy"(一册在手,纵览全球),明显脱胎于 Stokely 唱片广告"The Stokely brings you the world on a platter."这是一句精心模仿的创新之作,故意将 Globe 与 world 两词相联。Globe 一语双关,既指地球,又指《环球》杂志,在新的语境中有了新的创意,推陈出新(周双娥,2001)。实践表明,任何创造性的语言使用都是在模仿的基础上进行的,先模仿而后创新,没有模仿和继承,就谈不上创造和创新。学语言的过程就是语言模因复制、传播的过程。语言模因论告诉我们,"模因"复制的前提是要有可复制的"模因",模仿写作是读写结合的最基本形式,是一种传统的写作方法。通过模仿能简约、便捷地获得写作理法,缩短学生探索直接经验的时间,从他人的成功中得出新的结论,提出新的认识,加速语言从理解到运用过渡。从模因论这一新的角度探讨模仿写作教学,有利于我们强化"模仿"力度,掌握丰富语言快捷、有效的方法,在"模仿"的基础上进行英语写作创新。

2. 模因复制、传播方式与英语写作

模因论使我们认识到语言传播的过程就是模因复制、传播的过程。语言作为一种模因之所以能够流传与语言使用者的不断模仿、传播是分不开的。如果语言不再被人们模仿和使用,那它必然逐渐被人遗忘并走向消亡。从模因论的角度观察,语言模因有基因型和表现型(何自然,2005:54-64)。了解模因的基因型和表现型及其复制、传播方式,可以为我们提高写作能力提供帮助。

2.1 基因型语言模因与大学英语写作教学

基因型语言模因指信息内容以各种方式来自我复制和传播。信息内容是模仿传播的主体,但形式上却五花八门。基因型语言模因的传播特征是直接套用或相同的信息以异型传递,是内容相同形式各异的模因。

2.1.1 直接套用

大学英语写作教学中的"直接套用",指通过引用的方式将信息内容直接用于大学英语写作中。《全新版大学英语》的课文和课后练习中有不少成语、谚语、俗语、名言、诗词名句,它们用词简洁、寓意隽永、哲理深刻,不仅是语言文化的积淀,更是人类经验智慧的结晶。我们教材中这些经典言语材料正好充当学生直接表达信息内容的"模因"。写作时用人们熟悉的经典名句直接加以套用,往往会发挥画龙点睛的作用。例如要表达学习知识重要性的信息内容,我们可以让学生引用 Bacon 的"Knowledge is power.";要表达有关发奋学习的重要性,就可以引用 Edison 的警句

"Genius is one percent inspiration and ninety-nine percent perspiration.";要谈论关于时间的重要性,可以引用谚语"Time is money."。在写作教学中提倡这样直接地套用信息,与模因以直接传递方式复制和传递相一致。在写作的开头或结尾加入这类套语,既生动和富有哲理,而且往往能一下子点明了主题和作者的观点。在《全新版大学英语》中有不少运用成语、谚语、俗语、名言、诗词名句作为文章的开头或结尾的范例。例如:《全新版大学英语》综合教程第二册第五单元课文 B"Fourteen Steps"就用谚语"A cat has nine lives."开头:They say a cat has nine lives, and I am inclined to think that possible since I am now living my third life and I'm not even a cat. "A cat has nine lives."说猫的生命力特别强,无论如何摔跌,它都能四脚落地,安然无恙。这句流传了几百年的英国谚语是个强势模因,喻指某个生命力极强的人在危险境况中往往会大难不死。作者直接引用这个早已作为语言模因而流传的谚语作为文章的开头,加强了文章的说服力和表现力(武汉大学英文系词典编辑室,1999)。所以,我们在教学过程中要求学生把教材中出现的经典语言"模因"贮存在大脑里,在写作过程中遇到与原语相似的语境,通过直接套用的方式加以复现,会增强学生写作中的表达效果。

2.1.2　同义异词

同义异词指相同的信息以异形传递。模因的这种表现规律给我们的启发是鼓励学生运用同义词语,或者是运用不用的句式来表达相同的信息。在大学英语写作教学中,通过使用同义语词,可以避免行文的单调、重复。我们看看下面的范文:《全新版大学英语》综合教程第一册第一单元课文 A "Writing for Myself"一文中,为了避免行文的单调、重复,分别使用了 dull、lifeless、cheerless、tedious 这 4 个形式不同的语词来表达"单调"这一语言信息。从模因的角度,那是实现了同义异词的传递,而从写作教学的角度,运用同义异词,杜绝了用词重复,使文章具有较强的表现力:

I found English Grammar <u>dull</u> and difficult.

I hated the assignments to turn out long, <u>lifeless</u> paragraphs that were agony for teachers to read and for me to write.

I anticipated another <u>cheerless</u> year in that most <u>tedious</u> of subjects.

2.2　表现型语言模因与大学英语写作教学

表现型模因指语言的形式嵌入不同信息内容而予以复制、传播的模因。它们的特征是不同的信息同型传递，是形式相同、内容各异的模因。表现型模因模仿已知的语言结构，根据实际需要，变动原来的语言信息或其中的成分，表达出不同的内容。模因这种表现形式对我们在大学英语写作教学的启发是，要教会学生结合不同的语境，在同一语言形式中嵌入不同的内容，组成新的模因复合体。由于篇幅所限，我们仅以同形联想为例予以分析。

同形联想这类语言模因以相同的形式出现在不同的场合，让人们产生不同的意义联想。语言模因在复制传播过程中会出现变异，意义变异是语言模因变异的一种重要方式。谢朝群、何自然（2007：36）认为，"模因变异从本质上可以说就是意义的变异，虽然有些模因在形式上并没有发生丝毫的变化，但其意义很可能因语言使用者的表达需要而发生变异"。语言模因的意义除了直接的、表面的、字典上的概念意义外，还有异彩斑斓的内涵意义或联想意义。《全新版大学英语》综合教程第三册第一单元课文 B"American Family Life：The Changing Picture"中有这样一句话：You can still visit such a home. Just watch reruns of old situation comedies. Leave it to Beaver，for example，shows Mom doing housework in pearls and high heels. Dad keeps suit and tie on all weekend.这里的"Leave it to Beaver"指美国电视历史上最著名的电视连续剧之一，描写了20 世纪 50 年代传统美国家庭的生活——爸爸工作养家，妈妈操持家务。Beaver 本义是"河狸"，但在英语中经常引申指"勤劳的，兢兢业业的人"。由于剧中的母亲每天忙碌、操劳，与 beaver 具有共同特征，于是 beaver 词义的引申就很容易产生联想。作者利用原义来让读者顺应新的语境，产生新的联想。Beaver 正是这样被复制成可供联想的同形模因。

此外，《全新版大学英语》综合教程第三册第二单元课文 A"The Freedom Giver"中又有这样的一句：I had traveled here to Henson's last home — now a historic site that Carter formerly directed — to learn more about a man who was，in many ways，an African-American Moses.其中的 Moses（摩西）原指以色列传说中的民族英雄，曾率领以色列人逃出埃及。在这句话中，形式上虽然用"Moses"这个词，但其意义已因语境而发生了变异，成了一个模因变体：指帮助美国黑奴逃离南方的英雄。

同构异义指模因在传播过程中模仿已知的语言结构而复制出一种具有新内容的模因表现型。这类语言现象在形式上相同或相近，但内容迥异。最早充当模因母体的语言结构可以是经典名句、名段或名篇。它们易于被模仿，是衍生能力很强的模因。从语言运用的角度看，这类模因现象使语言获得改造、在熟悉的基础上推向创新。《全新版大学英语》综合教程第三册第一单元课文 A"Mr. Doherty Builds His Dream Life"中就有这样一句：There is, as the old saying goes, no rest for the wicked on a place like this-and not much for the virtuous either.显然，这里的"no rest for the wicked"来自《圣经·以赛亚书》第五十七章中的"… no peace … to the wicked"，no peace 改为 no rest,整句意思是"穷人不得闲"，后面再加上"not much for the virtuous"（贤人也不得闲），这就恰到好处地表达了农村生活的忙碌、辛苦,语言运用上的变异而形成的模因表现型使语言表达变得生动有趣、幽默新颖,韵味无穷（李荫华,2002）。

同构异义的模因现象往往是模仿某一范文并以它作为模因母体进行复制和传播。《全新版大学英语》综合教程第二册第六单元课文 A"Women, Half the Sky"的课后练习中有一首小诗 *I Look at Myself in the Mirror*：

① I look at myself in the mirror,/and what do I really see? /A woman of forty-seven,/or the true essence of me? //

I can see me in my twenties,/the mother of children galore,/and there is me in my thirties,/scarred by the loss that I bore.//

And there is me in my forties,/older now, tolerant and wise/marked by love and affection,/and bags under my eyes.//

So yes that is me in the mirror,/me, as the person I am,/and if I am no more than image,/none of it matters a dam.//

这是一首脍炙人口的小诗,它不仅被人们不断复制、传诵,而且在不同的语境条件下不断被模仿,借以表达不同的故事和感情。

3. 结语

从模因论的角度看,模仿与创新是和谐的统一。我们模仿的目的是创新,因此,要把模仿当作创新的必要手段、过程,把创新当作模仿的目的和结果。正如李传锋（1997：3—4）在《模仿的技巧》中所形容的："呆笨的徒儿常常闹出东施效颦的笑话,而聪明的作者却能青出于蓝更胜于蓝"。"青,取之于蓝,而青于蓝"即是荀子对"模仿与创新"的朴素阐述。在我们练习英语写作的过程中,应当提倡模仿,让学生在模仿中前进,在模仿中提高,在模仿中创造。

参考文献

Blackmore, S. Imitation and the definition of a meme [J]. *Journal of Memetics-*

Evolutionary Models of Information Transmission（2）.http://jom-emit.cfpm.org/1998/vol2/blackmore_s.html.1998.

Blackmore，S. *The Meme Machine*［M］.Oxford：Oxford University Press，1999.

Dawkins，R. *The Selfish Gene*［M］. New York：Oxford University Press，1976.

Jacki 车俊思.镜中的我［J］.英语知识,2005(5).

Marsden，P. Forefathers of memetics：Gabriel Tarde and the laws of imitation［J］. *Journal of Memetics-Evolutionary Models of Information Transmission*（4）.http://jom-emit.cfmp.org/2000/vol4/marsden_p.html，2000.

白灵阶.林逋咏梅绝唱之魅力解析［J］.名作欣赏,2006(4).

陈琳霞、何自然.语言模因现象探析［J］.外语教学与研究,2006(2).

何自然.语言中的模因［J］.语言科学,2005(6).

李传锋.模仿的技巧［J］.语文教学与研究,1997(4).

李荫华.全新版大学英语综合教程(3)［Z］.上海：上海外语教育出版社,2002.

罗德芬.全新版大学英语综合教程讲析(3)［Z］.北京：北京邮电大学出版社,2003.

武汉大学英文系词典编辑室.英语习语大词典［Z］.北京：商务印书馆出版,1999.

谢朝群、何自然.语言模因说略［J］.现代外语,2007(1).

朱光潜.谈文学［M］.合肥：安徽教育出版社,1996.

周双娥.英语广告中的仿拟［J］.大学英语,2001(8).

模因论对大学英语听说教学的启示 *

张 颖

1. 引言

　　模因论（memetics）是一种基于达尔文进化论的观点来解释文化进化规律的新理论。"模因"（meme）这个术语在 Richard Dawkins(1976) 所著的 *The Selfish Gene* 中首次出现。"模因"（meme）一词可以让人联想起 gene(基因)一词，同时也可以让我们联想起 memory(记忆)一词，还可以让我们联想起法语 même(同样的)一词。总之，这个名字是要表达一种文化传播单位或文化模仿单位的概念，即模因代表文化领域内人与人之间相互模仿、散播开来的思想或主意，并一代一代地相传下来。当我们看到某种语言现象出现，比如名言警句、标语口号、时髦用语、广告语等，只要能够使多数人产生共鸣，大家就会跟着模仿，借助各种媒介广泛地传播。这种"人云亦云，人为我为"的现象，就是模因作用的结果。Richard Dawkins 认为模因是可以解释语言产生和消亡的重要因素。模因论为语言教学提供了一个全新的视角，人们学习语言的过程实际上可以理解为模因的不断复制和传播过程。模因论启发我们，大学英语听力和口语教学应充分重视模因的作用，提高听力和口语教学效度。

2. 模因的传播方式和生命周期

　　语言的学习与运用伴随着模因的存储与传递。语言模因在复制、传播的过程中往往与不同的语境相结合，出现新的形式，组成新的模因复合体。从模因论的角度观察，学习语言的过程就是模因被模仿、复制、传播的过程，但是这种模仿和复制并不是百分之百的"克隆"，而是模因集合的重组（杜鹃，2006）。语言模因的复制和传播有基因型（内容相同、形式各异）和表现型（形式相同、内容各异）两种方式（Blackmore，1999）。比如英语会话时引用的名言、警句，或是对课文内容的复述等，都是将相同的

---

　　* 本文原发表于《西安外国语大学学报》2009 年第 1 期。

信息直接复制或传递的模因,属于模因基因型(genotype);如果采用与名言、警句相同的表现形式,但却表达不同的内容,即所谓的形式近似,内容迥异,那么这样的语言模因属于表现型模因(phenotype)。

何自然(2007)在他的《语用三论:关联论・顺应论・模因论》中提到,语言模因从三个方面得以体现:教育和知识的传授、语言本身的运用和通过信息的交际和交流(杜鹃,2006)。在语言学习或传播的过程中,模因是存在于人脑中的一种思想信息(桂文泱,2007),它的生命周期可分为以下几个阶段:1) 同化(assimilation)。成功的模因必须能感染新的个体,进入他的记忆。同化有两个条件:一是个体必须和模因载体有接触,通过思考,重组现存认知因子,独立发现模因;二是所呈现的模因必须分别受到注意,被宿主所理解和接受。2) 记忆(retention)。模因在宿主的大脑里停留的时间越长,传播和影响其他个体的可能性就越大。3) 表达(expression)。在与其他个体交流时,模因必须从记忆储存模因中出来,进入能被他人感知的物质外形这一过程,最突出的表达手段就是话语。4) 传播(transmission)。自大众媒体特别是互联网出现后,传播阶段显得尤为重要。

3. 模因与听力和口语的关系

很长一段时间,我国的很多学者都认为听力是一种语言输入,而口语是一种语言输出,但是,听力和口语之间的关系到底是什么,或者说英语学习者是如何从听力练习的输入一直到口语的输出的,这个过程如何实现的? 如何提高的? 本文将从模因论的角度加以探索。

模因是一种文化基因,它的传播依赖于语言和各种媒介。学习者首先接受听力训练,这样就获得语言的输入,在这种语言输入之后,模因这个因素就开始发挥作用了。当听力的输入达到一定量的时候,这些潜在的输入就会在模因的作用之下通过模因基因型(genotype)传播和模因表现型传播(phenotype)在口语表达时被输出。我们知道,模因的基因型传播指的是表达同一信息的模因在复制和传播过程的表现形式可能一样,也可能不一样,但其内容却始终同一。同一信息可以先后在不同的语境中以不同的形式传递。也就是说,学习者接受到足量的听力输入之后,当他们在进行口语输出的时候,可以是某些句子的表达与听力输入时完全一致,这样的输出我们称之为相同的信息直接传递;也可以用自己的话来复述所听到的材料,这样的输出我们称之为相同的信息以异形传递。模因表现型传播是指这种类型的模因采用同一的表现形式,但分别按需要表达不同的内容。

对于模因基因型传播，作者发现，让学生复述听到的内容时一般都运用模因基因型传播。例如，笔者在对学生进行听力教学时发现，英语成绩好的学生更倾向于把所听到的材料重新用自己的话复述出来，而英语成绩差的学生更倾向于把原文的句子或者一些词汇原封不动地套用。但是不论是英语成绩好的学生，还是成绩差的学生，他们的口语输出都属于模因基因型传播，有一个听力材料是这样的：

Man：Did you hear about Mrs. Baroda?

Woman：Yes, I did. She was an upright and respectable woman. It is a pity that the world has lost a great modern dancer.

本文作者要求学生把他们所听到的材料的意思说出来，结果本人发现，英语学习成绩好的学生基本都说出了 Mrs. Baroda has died 这个意思。但是当提问到学习成绩差的学生时，多数回答要么没有听懂，要么把原对话中的词汇原封不动地说出来。这说明，英语学习成绩好的学生能够使得他们的听力输入在以相同信息异形传递的模因基因型为媒介进行口语输出，而英语学习成绩差的学生只能使得他们的听力输入在以相同信息直接传递的模因基因型为媒介进行口语输出。但是不论是英语成绩好的学生，还是成绩差的学生，他们的口语输出都属于模因基因型传播。

另外，对于模因表现型传播，作者发现，让学生自由表达思想时，或口语表达不限主题时，学生更多运用模因表现型传播。从听力输入到口语输出，这个过程可以是模因表现型的同构异义横向嫁接。例如，我们知道，Shakespeare 的 *Hamlet* 中有一句非常有名的话，那就是：To be or not to be, this is a question.（是死还是活，这是个问题。）那么我们就可以让学生发挥联想，在不同的情况下使用不同的版本，例如，To find a girlfriend or not, this is a question. To get married or not, this is a question. To go abroad or not, this is a question.等等。在以上三个变体中，我们会发现，To find a girlfriend or not, to get married or not, to go abroad or not,都属于模因表现型中的同构异义横向嫁接；而 this is a question 则是模因基因型传播中的相同信息直接传播。这样既可以使我们在语言运用方面有保留传统精华的一面，也有我们自己创新的一面。

经过上面的分析论证，我们可以发现语言模因在听力理解和口语表达之间所起的作用：听力输入→模因基因型、表现型传播→口语输出。由此可见，在听力输入和口语输出这两者之间，有一个很重要的传播媒介——语言模因。正是它架起了听力输入和口语输出之间的桥梁。语言模因的三个最主要的特性就是具有可复制性、变异性和可选择性,学习者自觉或不自觉利用了语言模因的这三个特性,将其听到的语言变成自己的思想信息储存于大脑,而学习者的嘴巴就好比执行机构,将思想信息及时地表达出来,从而完成语言输出,这就是语言的学习过程。但需要强调的是,语言学习中无论是将听到的信息储存起来,还是将思想信息表达出来,都不是简单的机械模仿,而是全智能化的一个实现过程。

从模因论角度出发,熟练的语言实现过程需要模因的不断复制,例如学习者的语言基础知识、词汇量和背诵量等。上文中提到的学习成绩好的学生就是因为具备了较多的词汇量,能够较好完成语言模因的复制,因而在口语输出时能够表达出 Mrs. Baroda has died 这个意思。

高层次的语言实现过程则需要模因的不断选择、不断变异和不断重组,需要不断纳入外在的语言模因,例如学习者的交际圈、文化背景知识和各种传播媒介等。这就要求学习者进行更多的语言交际,利用交际相互适应或"趋同",彼此同化对方的模因,并互动传播。这种交际对听力和口语的培养是最为有效的,能够强化大脑中的"复制因子",使语言模因在复制、传播的过程中不断与不同的语境相结合,不断出现新的集合,重组为新的模因复合体,提高语言输出能力。

语言模因是听力输入和口语输出之间的桥梁,语言模因具有生命周期。只重视听力训练而忽视口语表达,就等于放弃了语言模因的作用,学习只能是半途而废。因此只有听说并重,才能全面发挥语言模因的桥梁作用。

4. 模因论对英语听说教学的启示

中国的外语学习往往存在这样的现象:学生的阅读和听力相比较,听力水平总体较弱;写作和口语相比较,口语能力普遍不高。中国学生在经过了十几年的英语学习之后,掌握了系统的语法和大量词汇,并能够阅读高难度的英文资料,却还是"听不懂、不会说"。造成这种结果的原因很多,其中一项原因是英语听说教学长期以来不被重视。深刻理解模因的复制和传播规律,对提高英语听力和口语教学效度具有一定的帮助。

第一,语言背诵教学不但不应放弃,而且还应大力提倡。古人说,"熟读唐诗三百首,不会作诗也会吟。"在英语学习的初级阶段,由于语言积累少,听力方面会感到吃力,口语会话则更是难上加难。这时只有不断地加强语言输入,才可能对听力当中出现的新内容加以迅速地辨识、理解,从而使语言模因被学习者同化、记忆并最终以口语的方式表达、传播出去。

我们在学习母语时，由于没有听力理解障碍，模因的复制和传播过程很容易实现。而学习外语时，由于首先就遇到了听力理解障碍，模因的复制和传播过程就变得很难。对于初学者而言，最好的解决之道就是背诵。背诵是一种最简单的语言模因复制和积累的过程。当我们背诵量积累到一定程度时，这种简单的信息传递就可以发展为表现型模因传播方式，从而达到自由会话。背诵的初级阶段不可避免地带有机械记忆和模仿的成分，但随着语言材料输入量的积累，学习者的语言经验使所学知识内在化过程加速，他们的背诵将越来越带有认知的成分，将所习得的语言材料重新组织、编码，当环境需要时便顺利输出，从而实现 Chomsky 所说的生成数量庞大的句子，包括他们从来没有听到、看到过的句子（王慧青、高霄，2006）。在教学实践中，教师仅采用教材上的听力材料完成规定的教学任务是不够的，可以有目的地去搜集一些内容、题材与教材内容相近的文章让学生去背诵。大量的背诵可以使学习者在大脑中为自己创造出一种语境，加快模因的复制和传播过程。

第二，听说有机结合，着重训练学生学会用自己的语言进行创造性的表达。由于英语教学的应试性质使得学生根本不具备跟人用英语进行交流的能力，即使一些简单的日常交流，也使我们的大学生无地自容。其中最主要的原因是听和说的脱节。传统的英语听力课片面强调输入，忽视了输出，使学生失去了将可理解性输入的语言形式内化的机会。Merill Swain 认为可理解的输入在习得过程中固然有很大作用，但仅仅依靠输入还不足以内化所学的语言规律，只有通过输出才能促进输入语言转化，进而形成学习者自身的语言系统。如果学习者想使自己具备较强的综合运用外语的能力，不仅需要可理解的输入，更需要强化输出训练。听与说是外语学习不可分割的两个方面，只有通过口语表达练习，才能使学生将自己说出来的和听到的进行对比，反馈和修改出现的语言错误，从而进一步提高听力理解能力（吴淑严，2006）。

语言模因的不断重组与创新推动了人类语言不断发展进化。英语听说训练不能始终停留在复述所听到的文章。机械地背诵和单纯地模仿不能长期有效地促进学生的会话能力。从模因论角度来看，模因表现型传播是最高级的传播形式，只有发展和具备这种模因传播能力，才具备真正的语言交际能力。在听说教学活动中，语言输出训练不应仅局限于复述，还应包括问答、联想、对话、讨论、辩论、演讲、角色扮演等活动。

第三，重视对学生英语思维的培养，促进语言模因正确复制和传播。世界上有 6 000 多种语言。由于思维的不同最终形成了不同的语言模因，不同语言模因之间的差别造成了外语学习的一个难点。思维与语言的关系犹如母与子的关系，先有人类思维后有语言、图画、音乐、建筑、哲学、科学等人类文化模因的外在表现形式（吴淑严，2006）。处于不同文化中的人们无论操本族语还是说外语时都带有他们所属文化的思维烙印，并在日常交往中不断复制，世代流传。因此，听力和口语教学还应培养学生的英语思维，让学生了解那些说英语国家的人们普遍具有的生活方式、价值观念、宗教信仰以及地理气候环境等。这样学生才能更深刻地理解并发现外语文本中的隐含信息，促进语言模因正确地复制和传播。

5. 结语

语言的学习和发展过程就是模因的复制和传播过程。对于听力和口语而言，模因是二者之间的桥梁。根据语言模因复制、传播的规律，学习者可通过大量背诵，在大脑中为自己创造出一种语境，加快模因的复制和传播过程；作为大学英语听力和口语教学的重点，应努力培养学生的语言交际能力，学生要学会用自己的语言进行口语表达，提高语言输出能力。在教学过程中还应重视培养学生的英语思维，促使语言模因正确复制和传播。

参考文献

Blackmore，S. *The Meme Machine*[M]. Oxford：Oxford University Press，1999.

Dawkins，R. *The Selfish Gene*[M]. Oxford：Oxford University，1976.

杜　鹃.模因论——唤醒传统的外语教学模式[J].黑龙江高教研究，2006(4).

桂文泱.模因现象与英语教学[J].重庆科技学院学报(社会科学版)，2007(1).

何自然.语用三论：关联论·顺应论·模因论[M].上海：上海教育出版社，2007.

王慧青、高　霄.语言习得中背诵教学的模因理据[J].教学与管理(理论版)，2006.

吴淑严.模因论对英语教学的启示[J].牡丹江教育学院学报，2006(3).

汉语教学的模因论探讨 *

李　捷　　何自然

1. 引言

　　模因论（memetics）是一种基于达尔文进化论的观点解释文化进化规律的新理论。"模因"（meme）这一术语最早见于 Dawkins 在 1976 年出版的 *The Selfish Gene*[①] 中，用以与基于生物基础的"基因"（gene）相区分。Dawkins 认为"自私"的基因以繁殖为手段不断扩张，实现生物进化，而模因则通过模仿、复制为扩张手段实现人类文化的传递和进化。简言之，模因是一种传递人类文化的复制因子。就像基因能通过精子和卵子从一个个体传到另一个体一样，模因能通过模仿、复制从一个大脑跳到另一个大脑。譬如，我们将一个好想法告知他人或将它写在论文里时，如果别人知晓了该想法，那么该想法就是一种模因。任何一个信息，只要它能够通过模仿而得以复制、传播，就可以被称为"模因"。

　　戴浩一（2002）在论述语言的本质问题时也曾提及新达尔文主义的语言演化观。他指出，王士元先生也主张语言演化要注重模因（memes）的承传，即注重文化、社会及历史的语言基础。桂诗春先生在为顾嘉祖主编的《语言与文化》撰写的序言中指出，牛津英语大辞典将 meme 定义为：An element of a culture that may be considered to be passed on by non-genetic means, esp. imitation（一种被认为是以诸如模仿等非基因方式进行传播的文化单位）。他还引用模因论创始人之一的 Susan Blackmore 的话来说明模因与语言的密切关系："语言在 meme 传播中起了重要的作用。谈话促进了 meme，所以大脑、语言和 meme 结成了一种三角关系，促使了 meme 和 gene 的共同进化（coevolution）"（顾嘉祖，2002）。

　　由于模因的进化手段之一是借助语言，语言承传的机制则是语言模因。人们交际要说话，而话语中的意思和表达方式都是通过语言模仿而生成的，语言的交际过程就是语言模因的复制和传播过程。语言模因靠语言而演化，语言借语言模因的传播方式而发展。Heylighen（1998）认

---

　　* 本文原发表于《语言教学与研究》2010 年第 5 期。

为,模因(包括语言模因)的成功复制和传播有四个阶段。

(1)同化(assimilation),指成功模因"感染"宿主、进入宿主的记忆这一过程。如果宿主不接受某条信息,那就说明该信息存在证据不足,相应的语言模因就难以被同化,难以进入宿主的大脑。

(2)记忆(retention),指模因在宿主的大脑中保留的时长,亦即Dawkins(2006)提到的模因长寿性问题。模因必须在记忆中停留一段时间,在记忆里停留的时间越久,就越有机会通过宿主而得到传播。和同化一样,模因对记忆的依存是有选择性的,记忆保留时间的长短要看内容的重要性、必要性和重复频率。这一特性说明重复可以加强记忆。

(3)表达(expression),模因被传递前须由记忆模式转化为宿主能够感知的有形体,这个过程称作"表达"。语言模因最明显的表达方式是演说,其他方式包括图片以及行为举止。当模因宿主认为某种表达别人可能不感兴趣或想保留该秘密时,就不表达出来;当模因宿主深信某个信息相当重要,便广为表达,逢人必说。

(4)传播(transmission),主要指模因的传播方式。它需要凭借一些具有稳定性的物质载体或媒介以确保表达的内容得以成功传递。语言本身是模因,也是模因的载体。语言模因载体多种多样,传播过程中信息可能被复制,也可能被删除。如手稿可能被废弃,也可能被反复不断翻印;信号可能会因干扰而间断,也可能成功发送,让接收者普遍知晓。大众传媒出现之后,选择传播方式就成为模因特别是语言模因成功传播的关键。

以上四个阶段周而复始,形成一个模因复制和传播的循环路径;选择在每个阶段都会发生,一些不够强势的模因会被淘汰出局。每阶段的模因存活率可以通过"模因适者生存率"(meme fitness)的公式计算出来。[②]

基于模因成功复制传播四阶段的特性,我们认为,语言的教学过程可以看作是语言模因复制传播的过程。老师教给学生的成语、俗语、名段、名篇等都是复制过来的,它们又在日常交往中不断复制和传播(何自然,2005)。语言模因复制过程中的非机械性为语言的创新留出了余地,而新词语在使用过程中的复制和传播又能衍生出新的模因变体。语言模因论能为语言教学提供思路,本文将以汉语教学为例来对此进行探讨。

2. 模因论视角下的教学法

语言教学其实是传播语言模因的过程。教师帮助学生将要求掌握的模因进行同化、记忆、表达和传播,促使它们向长寿性、多产性和保真性的方向发展。因此,语言教学中运用背诵、模仿、复习等教学方法,能提高同化和记忆的比值；再辅以现代化的教学手段，如录音机、PPT、影音课件、网络、复印、flash 图片等教学手段和途径，来增加语言模因被表达的次数和它们载体的数目。何自然（2005）就曾呼吁语言教育界要重新审视和评价背诵、模仿和联想等传统教学方法，杜鹃（2006）用外语教学中的实例证实了这些教学法的作用。类似的研究还有很多，这里从模因的适者生存视角来探讨汉语教学的方法。

2.1　背诵教学法

"书读而记，记而解，解而通，通而作"等古训为我们实施背诵教学提供了很好的依据。但在素质教学兴起的今天，中国教育界几千年来所提倡的背诵式教学模式往往被贴上"死记硬背"的标签而被抛弃，似乎背诵与创新水火不相容。抛弃背诵法，确实是教育界的一大遗憾：不习诵，基本的词汇、公式、句式、分子式都不记得，何来创新？创新不能片面地理解为"无中生有"，创新多半是在原有的基础上推论而发展的。从模因论来看，我们大力提倡背诵：学习者要被语言模因成功同化，背诵是很重要的途径；熟诵的内容既可以以完全保真的模因基因型方式直接搬用，也可以以表现型的方式加以改装，熟诵有很强的使用辐射面积，能让学习者触类旁通，以点成片。经验证明，学生，尤其是外族语学生，通过背诵，的确掌握了很多只靠分析而无法获得的语言技巧。因此，运用背诵教学法可以很明显地提高上文提到的同化和记忆量，起到事半功倍的教学效果。

具体而言，教师可以把范文、经典句型、妙词妙语等圈点出来后，进行内容、文化背景知识、使用语境等方面的讲解后，指导学生结合使用语境背诵，这样才能使学生将背诵的知识得体地运用。背诵教学不是让学生死记硬背，而是要促进思辨和创新能力的发展。学生通过背诵可以更忠实地复制传播源语篇的信息，也可以通过重组成分构成新的模因，这一过程也能培养学生观察比较、分析思考、启发运用的能力，能帮助他们将学到手的各种语言表达手段成功地复制到交际中，提高他们的语言运用能力。

2.2　语境教学法

背诵的东西必须最终得到运用，而语言的使用又离不开语境。也就是说，语言模因的复制传播需要有合适的语境条件。语境教学法指根据教学内容和任务提供恰当的语境来加速语言模因在学生认知系统中的同化、记忆进程，并诱导他们将新仿造的模因表达出来，达到传播的效果。因此，语境教学法既可以用来指导语言知识的传授，也可以用来引导学生仿造新的"表达"。换言之,在语境教学法要求教师提供某种便于模因复制传播情景的同时,还要鼓励学生勇于结合情景将所学得的知识以仿造复制的方式"表达"出来,将死知识盘成活的交际能力。"表达"本质上也是在复制传播模因,只不过有它独特的"技巧":既可以直接引用,也可以根据语境要求提取记忆中的模因成分仿造组装成新的模因。

语境教学法的长处在于它能引导学生将可仿造传递的模因信息赋予新的内容并展现出来,提高了模因在复制、传播阶段的存活率,保证了源语篇的信息尽可能多地存活下来,进而感染学生,让学生掌握新的表达。

2.3 模仿教学法

模因的模仿、复制不总是原版的复印,它允许我们以相同形式去套用不同的内容或在不同的语境中使用同一结构而表示不同的语用意义。模仿教学法就是要学生依据范例或范文的格式、篇章结构、写作手法甚至情节等来仿写或仿说。在仿制的过程中,有些模因保留了形式,内容被替换,而另外一些模因则保存着内容,但以不同形式出现。例如学生在学完一种应用文体之后,要求他们保持范文的整体框架,替换部分可仿造复制的内容另成新文;也可以在他们读完一个故事后,要求他们模仿结构但须改变内容,或者要求以其他的形式来改写故事情节、内容。模仿法能迅速和高效率地传达教学内容,能提高模因在仿造复制阶段的存活率,从而增强教学效果。

模仿教学有利于培养学生的写作能力。教师一般都会有这样的经历:在教授写作技巧或给学生布置写作任务时,都会给学生念范文;在批改学生的作文之后,又会把其中写得好的文章拿出来在全班甚至全年级学生中传阅。这其实就是在鼓励学生模仿,而学生也乐意模仿。可以说,模仿是人类的天性,我们从婴幼儿时期似乎就具有这种本能了。在教学中引入模仿,就是要因势利导,引导学生恰当地仿造、复制和传播优良模因,避免闹笑话。例(1)出自一名语文教师的教学日志③:

(1) 有一天,我在班里表扬了一位同学,说他这个"青翠欲滴"用得好。下一次交上来的作文,几乎每个人都用了"青翠欲滴":"教室的一角里,有盆青翠欲滴的花","爸爸拿起青翠欲滴的玉酒杯","她穿上一件绿色的裙子,真是青翠欲滴"……有一个男生居然还写:"我的鼻涕青翠欲滴……"

例(1)说明,一方面,教师的模仿教学法很有成效——在他的引导下,全班学生对"青翠欲滴"这个成语疯狂模仿;但另一方面,在采用模仿教学法时,教师还要提醒学生注意语境,不要盲目模仿,否则会使语言表达得不伦不类。

此外,我们在语言教育中也可以拓宽语言教学的表达手段的范围,譬如,除了规范的文字,也可以引导学生适当使用时兴的网络语言,更新语言模因,吸引学生的学习兴趣。关于这一点,有些地区语文教材的编写中已经有所体现。《广州日报》2007 年 8 月 17 日 A3 版载,北京 9 区县的高中语文课本最近就收编了北师大岑运强教授的《新鲜的网络语言》一文,对":—)"和":—("等网络符号进行了介绍;编者们还更新了过时的语篇:金庸的武侠小说《雪山飞狐》取代了《阿 Q 正传》,余华的小说《许三观卖血记》取代了《陈焕生进城》,海子的诗歌《面朝大海,春暖花开》取代了《孔雀东南飞》,等等。这也正体现语言模因生命周期在传播时效方面的激烈竞争:优胜劣汰,适者生存。

3. 模因论与汉语教学

提高学生的听、说、读、写、译等五大基本技能是语言教学的基本目标,汉语教学也不例外。这五大技能与词汇、句段、篇章以及修辞等层面有着紧密联系,而这些层面都可能出现语言模因现象(何自然,2005)。据此,语言教学大致可以分以下几个步骤进行(下称"模因教学三步法"):

第一步:从模因的复制传播方式中考察教学内容,找出它们在结构和内容上的特征,整理集结成一个模因链,串起来教;

第二步:采用相应教学手段和方法促进模因的同化、记忆、表达和传播;

第三步:推进它们向具有长寿性、多产性和高保真性的成功模因的方面发展。

3.1 语言模因与听读技能

听、读是输入性技能,是学生要求掌握的基本功,当然也是汉语教学的基本内容。从模因论的观点来看,听、读是大面积同化、记忆模因,有助于加速语言模因的同化和记忆过程。听、读技能的教授也有一定讲究,否则学生容易听时"稀里糊涂,没法入心",读时"和尚念经,有口无心",导致说时"辞不达意,力不从心"。俗语所说的"耳熟能详""书读百遍,其义自见""熟读唐诗三百首,不会作诗也会吟"等都反映了听读技能在语言学习中的重要作用。多音字是汉语教学中的一大难点,这里以多音字教学为例。如带多音字"乐"的一组语词:

（2）快乐　音乐　欢乐　乐团　娱乐　乐队　乐观　乐器　乐园　乐曲　乐
手　乐趣　声乐　乐于　民乐　游乐　乐章　乐意　乐坛　享乐　乐谱
乐师　俱乐部　交响乐　以……为乐　乐此不疲

我们不妨采用上述提到的模因教学三步法，先引导学生观察一下这组语词在结构上的特点，他们会发现包含这两种读音的语词不存在结构差异。根据他们比较熟悉的"快乐（lè）"和"音乐（yuè）"，教师可以让他们按词义进行整理、归类：

（3）a. 快乐（lè）　欢乐　娱乐　乐观　乐园　乐趣　乐于　游乐　乐意
　　　　 享乐　俱乐部　以……为乐　乐此不疲
　　 b. 音乐（yuè）　乐团　乐队　乐器　乐曲　声乐　民乐　乐章　乐坛
　　　　 乐谱　乐师　乐手　交响乐

李如龙、吴茗（2005）发现，lè 音统率下的"快乐""欢乐""娱乐""乐观"等使用频率较高，词义都与"快乐"有关；yuè 音统率下的"音乐""交响乐""乐团""乐队""乐器""乐曲"等使用频率较高，词义都和"音乐"有关。我们可以将"快乐"和"音乐"组其他词语中的"乐"看作是分别对这两个词中"乐"的复制。在此基础上，我们可以让学生将它们反复朗读以加深记忆；在听的时候留意它们出现的语境及同现的词语等；经常在合适的语境准确说出来，延长它们在脑海中保留的时间。

3.2　语言模因与写作技能

大家对"移花接木法""旧瓶新酒法"等写作方法并不陌生，也不得不承认一个事实：写作中用到的词语、句式甚至篇章结构都存在模因复制的迹象，学生们常用的《写作佳句集锦》或类似书籍无非是为了收集众多语言模因的模因库。况且，恰当引用名篇名句来增添文采也是写作的基本要求。模因基因型传播方式说明在写作时要善于引用成语、典故、熟语、俗语、谚语、惯用语、名言、名句等语言精华要素。例如：

（4）我不知道，当我面临巨大困难或者生存危机时，我能不能表现出小狮子那样的勇敢与坚韧。当有人令我身陷困境无法自拔时，我能不能表现出小狮子那样的大度和宽宏。当有一项崇高的事业需要我奉献一切时，我能不能像小狮子那样义无反顾……
那年、那月、那狗，是我心中永远的情结。（张蕾《那年那月那狗》）

例（4）选自一本对外汉语综合教程教材，其中的"当……时，能不能……""那……那……那……"可以分别看作是一个语言模因，以此为源结构，学生可以在基本形式不变的框架内根据写作任务随时改用适当词

语,按照不同语境和交际意图复制出成千上万的变体,使语言表达更加生动。例如:

(5) 当被人误解时,我们能不能保持心平气和? 当别人身处困境时,我们能不能伸出自己的手? 当去苛求别人时,我们能不能先检讨一下自己? (某学生《宽容》)

(6) 那山、那水、那人,是我一辈子的惦念。(某学生《乡情》)

在传播、表达这些模因前,学生应完成它们的同化、记忆过程。这项任务对本族语学生而言并不是太难,但对于外族语学生来说,教师还须讲解使用的语境和相关文化背景知识,以便让学生运用得得体。写作过程其实就是模因以基因型和表现型复制传播的过程,也是将成功模因同化、记忆、表达并传播的过程。

3.3 语言模因与翻译技能

将模因引入翻译理论研究首推 Chesterman(1996,1997)。据何自然(2005)和马萧(2005)的介绍,Chesterman 所提出的"翻译模因论"将翻译理论进化(即理论的更迭和演变)过程看作是"翻译模因"(translation memes)不断复制和传播的结果,翻译模因库中的成功"翻译模因"既是对以前模因的复制和继承,也有所创新以永葆生命力。"翻译模因"指与翻译实践和理论相关的模式、规范、策略和价值观念等。这里试举两例:

(7) 月光如流水一般,静静地泻在这一片叶子和花上。薄薄的青雾浮起在荷塘里。叶子和花仿佛在牛乳中洗过一样;又像笼着轻纱的梦。(朱自清《荷塘月色》)

Moonlight cascaded like water over the lotus leaves and flowers. Light white mist floating up from the pool, making the leaves and flowers seem washed in milk or caught in a gauzy dream.

(8) Gray peace pervaded the wilderness-ringed Argentia Bay in Newfoundland, where the American ships anchored to wait the arrival of Winston Churchill. Haze and mist blended all into gray: gray water, gray sky, gray air, gray hills with a tint of green. (*The Winds of War* by Herman Wouk)

灰色的宁静笼罩着四周一片荒凉的纽芬兰阿根夏湾。美国的舰只停泊在这里等候着温斯特·丘吉尔的到来。薄雾和霭霾把一切都融合成了灰色:灰色的海水,灰色的天空,灰色的空气,和带着一抹淡绿的灰色的山岗。

从模因论的翻译观来看,这两例都是较为成功的译文,因为它们不仅充分表达了原意,还较好地传播了原文的意境,很能感染受众。模因论的翻译观认为翻译过程是将源语模因以译文为表达方式向目标语模因传播的过程。原文是承载原作者思想和文化背景的模因综合体,译者要将它们翻译出来,首先必须解读源语模因并被其感染,成为这些模因的宿主,再用目标语对源语模因进行重新编码,以另一种载体传播源语模因。例(7)(8)都较好地兼顾了这几个方面。

因此,成功的翻译过程应是:模因的新载体能使新的宿主通过转换过的语言,成功解码这些模因,使源语模因由此得到传播(尹丕安,2006)。这对提高翻译技能很有帮助,例如翻译诗歌可以根据创作的年代、内容来选择合适的表现形式,翻译小说则可以联想目标语语言大师所用的语言结构;在翻译日常和科技语篇时也可以借鉴目的语的用法。

4. 结语

模因论的生存发展阶段和成功模因的特点为我们教授语言提供了新的方法、策略和路向。汉语教学中五种技能的教授和训练都是帮助学生同化、记忆、表达和传播语言模因的过程。语言模因经过学生们以口、笔语的方式表达出来后,通过他们之间的相互交流,又可以起到仿造复制的作用,使更多个体获得接受、同化、记忆、表达和传播的机会。这个过程既能强化模因的长寿性、多产性,提高了保真性,又能促进模因的分化,产生新的模因复合体。随着模因理论研究的深入,它将给语言学习、语言教学和语言使用带来更多的启发。

注释

① 该书 1976 年首次出版,1989 年发行第二版,2006 年发行 30 周年纪念版。这里引用的是 2006 年纪念版。

② Heylighen(1998)提出,一个模因(m)的总的存活率可以表示为 F(m),即 meme fitness,它是 t 时段时的模因平均数除以上一阶段或上一代(t−1 代)的模因平均数所得的商。若令 A=assimilation,R=retention,E=expression,T=transmission,则每个阶段的存活率可以简单表示为:F(m)=A(m).R(m).E(m).T(m),这里 A 表示被同化了的宿主所接触的模因载体或独立发现的模因比例,R 表示在记忆中保留的同化了的模因比例,因此,A≤1,R≤1。E 指被保留的模因被宿主表达的次数,T 指传播给潜在新宿主的“表达”有形体的复制数目。不像 A 和 R,E 和 T 都没有上限,尽管 E 比 T 可能更受限制。显然,只要 A、R、E、T 四个数目中一个为 0,F 立刻归 0。从中可知:一个得以复制的模因必须成功通过这四关中的每一关;对于成功模因而言(即 F>1 时),必然是 E>1 或 T>1。

③ 摘自 http://www.blogcn.com/user39/jibril/blog/20843197.html, 2007 年 8 月 23 日。

参考文献

Chesterman, A. Teaching translation theory: The significance of memes[A]. In C. Dollerup & V. Appel (eds.), *Teaching Translation and Interpreting* [C]. Amsterdam: John Benjamins.

Chesterman, A. *Memes of Translation*[M]. Amsterdam: John Benjamins, 1997.

Dawkins, R. *The Selfish Gene* (*30th Anniversary Edition*)[M]. Oxford: Oxford University Press, 2006.

Heylighen, F. What makes a meme successful? [A]. In *Proceedings of 15th International Congress on Cybernetics*[C]. 1998.

戴浩一.概念结构与非自主性语法[J].当代语言学,2002(1).

杜 鹃.模因论——唤醒传统的外语教学模式[J].黑龙江高教研究,2006(4).

顾嘉祖.语言与文化(第二版)[M].上海：上海外语教育出版社,2002.

何自然.语言中的模因[J].语言科学,2005(6).

李如龙、吴茗.略论对外汉语词汇教学的两个原则[J].语言教学与研究,2005(2).

马 萧.翻译模因论与翻译教学[J].山东外语教学,2005(3).

尹丕安.模因论与翻译的归化和异化[J].西安外国语学院学报,2006(1).

模因式英语写作教学模型探讨[*]

夏新蓉

英语写作是第二语言习得的一项重要技能，"中学新课程标准改革"和"大学英语课程教学要求"对培养学生的英语写作能力分别有明确的要求。"中学新课程标准改革"要求"能比较详细和生动地用英语描述情景、态度或感情；能阐述自己的观点和评述他人的观点，文体恰当，用词准确"等等。"大学英语课程教学要求"有"一般要求""较高要求"和"更高要求"，其中较高要求"能基本上就一般性的主题表达个人观点，能写所学专业论文的英文摘要，能写所学专业的英语小论文，能在半小时内写出不少于160词的短文，内容完整，观点明确，条理清楚，语句通顺"。应该说，这些要求是恰当的，也是必要的。只有通过中等教育和高等教育逐步提高英语语言能力和语言运用能力，逐步达到上述各级要求，我国学生才可能在实际中运用所学到的外语。但是，我国学习者现有的英语写作水平却并不令人满意。学习者虽然记住了大量英语单词和短语，能够阅读文章理解大意，但一旦动笔就力不从心，词语搭配不恰当和遣词造句不符合英语习惯的现象比比皆是。这种情况说明在我国第二语言写作教学中，语言学习的"输入"和"输出"的环节上存在缺陷，亟需探索我国英语写作教学的新思路和新途径。

20世纪末以来，社会语言学和应用语言学领域都对语言中表达整体意思的多词板块结构表现出了极大的研究兴趣，并将之运用于词汇和写作教学。模因理论及其信息复制观点为有效地进行英语写作教学，提高学习者写作能力提供了新视角。模因是储存在大脑神经中的记忆信息元件，是记忆复制的单位。语言的任何部分都有可能通过模仿而得到复制和传播成为语言模因（linguistic memes），学习者可以根据想要表达的信息，从大脑的语言模因库中调出一些预制英语写作模因，经过细微的加工，组成比较符合语法和语用规则的句子，快捷准确流利地表达自己的思想。预制英语写作模因在写作语言的输入和输出之间搭建了一座桥梁，是英语写作教学的理想单位和可操作途径。因此，通过各级师资培训，推

---

[*] 本文原发表于《四川师范大学学报》（社会科学版）2011年第2期。

广模因式英语写作教学,有助于提高新课改的写作教学质量以及大学英语写作教学质量。本文拟探讨模因式(meme-based)英语写作教学模型构建,从模因理论视角探索有效提高我国学习者英语写作能力的可操作途径。

1. 模因理论及其对英语写作教学的启示

1976 年,动物学家 Richard Dawkins 在 *The Selfish Gene*(《自私的基因》)一书中首次提出作为人类文化传播的复制因子"模因"(meme)概念,把达尔文进化论扩展运用于人类文化传播领域。模因理论的核心是:(1) 文化的习得与传承是通过模仿而实现的,模仿的基本单位是模因;(2) 模因是和基因一样的复制因子,通过不断的模仿感染大脑,并在感染者之间进行复制、传播并最终存活。

基因通过自我复制、相互竞争和自然选择,促进生物的进化。模因同样以适应环境变化为生存基石,遵循以保持、变异和选择为基础的进化规则。任何模仿都是有选择的,而选择的标准是模因的适应性原则。模因选择过程包含四个阶段并进行周期循环:(1) 同化:模因引起宿主注意,并被理解和接受;(2) 记忆:经过同化阶段的模因,必须在记忆系统中保持才有可能"感染"其他宿主,并得以进一步地传播;(3) 表达:模因进入宿主的认知和记忆系统后,必须转化为能够被宿主感知的物质外形,才能得到复制和广泛传播;(4) 传播:模因通过宿主的同化和记忆后,需要通过各种传播途径和传播载体"感染"潜在宿体,并进入新一轮的复制和传播。模因发展的每一个阶段都有各自不同的选择器,对该阶段的模因提出具体要求。在模因的传播过程中,正如并不是每一个基因库里的基因都能复制成功一样,模因库中的模因也并非都能复制成功。成功通过模因选择四阶段的模因,通常具有三个特征:保真性(copying-fidelity)、多产性(fecundity)及长寿性(longevity)。竞争中能取胜的,成功被注意、记忆、复制和传播的是强势模因,反之则是弱势模因。模因的复制和传播有两种方式:基因型(genotype)即"内容相同、形式各异",以及表现型(phenotype)即"形式相同、内容各异"。

模因理论的核心是"模仿"。语言的任何部分,词语、句段、篇章,只要通过模仿而得到复制和传播,都有可能成为语言模因。在执行写作行为时,师生之间、生生之间的常用写作词汇、句型、语篇模块,可以通过横向传播和纵向传播的路径,成为写作语境中复制能力强的写作语言模因。因此保证模仿过程在英语写作教学环境中发生,就可以从根本上保证第二语言写作模因的传播和形成。我们可以建立一个以模因理论为指导的第二语言写作教学模型，首先选择符合模因特点的语言因子，然后以教师的模因传播权威者的身份确定强势模因的优先感染，再通过过程写作教学法，为英语写作教学环境中的语言模因创建一个同化、记忆、表达和传播的非自然发展过程，保证具有复制因子特征的语言因子经历完整的模因选择和生长阶段，使之最终转化为第二语言的写作模因，为二语写作者习得。

2. 模因及模因组在英语写作教学中的有效性

应用语言学传统认为，语言的流利程度主要由大脑中储存的生成语法规则和单个词汇的多少决定，但近年的语料库数据分析发现，语言交际主要是由固定或半固定的多词组合结构来实现的。根据模因理论，模因是记忆对信息加工后的表达单位，通常表现为固定或半固定的词块形式，可分为四类：聚合词语、限制性结构短语、约定俗成的表达结构和句子构造型短语。当某种"模因"被大脑视为有价值时，大脑就会将其作为一种复制因子，通过情绪、感觉、记忆、推理、经验、对比等心理活动进行选择性的模仿、复制或传播。模仿是有选择的模仿，而选择是由人的认知水平和人的心理决定的。教师的权威性通常能够保证新的写作模因在教学环境中的感染。强势模因因其自身的强感染性，在作为教学内容输入时，能有效地推动写作语言模因的生成和输出。大脑感染的模因越多，信息储存也越多，这些模因本身就构成了大脑据以思考的工具。当写作模因在学习者的大脑中的储存达到一定数量后，必将以一定的秩序重塑大脑，学习者的写作模仿能力也将相应增强。

写作语言模因在写作教学中极其实用，因为它具有传统写作教学所不具有的优势。首先，写作语言模因可以减轻言语编码负担，提高语言输出效率。二语写作模因是作为整体储存在大脑之中、执行写作行为的文化信息单位。在进行写作任务时，它能被当作预制的记忆单位迅速提取和使用，而不需要写作者有意识地注意语法结构，从而减轻了大脑处理言语编码的负担，提高了第二语言表达的自动化程度，保证了写作语言表达的流畅与准确。第二，写作语言模因可以提高词汇记忆质量，降低语言输出犯错几率。第二语言写作模因可以是较大词汇组块，也可以是句子框架或整个句子，甚至可以是句群或语篇。其中不仅蕴含着语法结构和语义搭配的双重限制，也融合了各组成部分之间的句法关系和语用规则。因此，以模因形式储存的信息更有利于记忆的"组块效应"发挥作用，学习者能够降低记忆负荷,提高词汇记忆的准确度,大大提高语言输出的正确率,获得近似本族语的遣词造句能力,克服写作中的母语负迁移。第三,写作语言模因可以加快语篇组织速度,提高语言输出的连贯性和逻辑性。不同模因之间相互竞争、淘旧出新,而相似模因之间却相互协调、共同推广,具有比单个模因更强势的宣传作用。对于同一话题模因组而言,所包含的模因越多就越稳定,话题中的语言因子也就更有可能成为强势模因,习作者在写作时,能够在记忆库中迅速检索和提取话题标志、话题展开、话题总结等写作模因,略微加工,就能写出行文连贯、逻辑严密的文章。

作为整体被储存的模因是学习者创造性使用语言的基础,为他们第二语言写作能力的提高提供了宝贵的资源。在写作教学中,应该重视第二语言写作模因及模因组的输入。

3. 模因式英语写作教学模型

模因式二语写作法在英语写作教学中的实施主要分为四个阶段,即模因输入阶段、模因记忆阶段、"过程写作"模因输出阶段和模因互动和创新阶段。输入、记忆、输出和互动这四个教学过程与完整模因发展的四个阶段紧密配合,并且针对模因不同发展阶段的选择器,教学重点与教学要求也各不相同。只有保证二语写作模因真正在人脑中形成,并通过写作模因构架"输入"与"输出"的桥梁,才能真正提高学习者的二语写作水平。

模因输入阶段即写作语言因子的有效输入阶段,其实质是模因选择过程中的同化阶段。根据模因理论,模因具有选择性,与宿主已存在的认知体系相适应的新的模因被宿主同化的几率更高,这一阶段模因发展的选择器要求语言因子的可理解性输入。同样,在预备写作阶段,符合学习者的语言发展阶段的输入才是有效输入。潜在的模因怎样才能被激活,感染学习者的大脑,进入学习者的认知体系呢?教师是"模仿成功者"的典范之一,他们所拥有的模因极具权威性,很容易被学习者认可和模仿。在写作教学中,教师权威话语是二语写作模因的重要来源。教师对语言信息的创造、理解和运用,在很大程度上影响着学习者对语言信息做出相同或类似的举动。那么,在模因输入阶段中,应重点输入哪些写作模因呢?模因观察表明,相似模因之间互惠互利,其复合体具有极强的生命力。因此模因输入时应优先考虑:基于同一意义或话题的词语组合与短语结构,基于同一意义或话题的套语和句型,基于同一意义或话题的句群和语篇。围绕相关话题组块式或整体式的输入,可以培养学习者模因识别的敏感性。引起学习者关注的模因,才更容易被内化吸收。教师可以以权威者的身份设置语境,引导学习者在语境中识别和操练模因组块,使之迅速被理解和掌握,并内化成学习者自身的"自然语言"。强势写作语言模因是写作教学语境中最活跃、最具文化性的写作行为模版。这些强势语言模因的复制与传播,为学习者关注和掌握正确的写作语言构建了一个良好的起始平台,使学习者更加便捷地学会如何使用规范写作语言。只有通过成功而有效的输入,才能激活学习者思维,促成学习者头脑中写作语言模因的形成和传播。学习者大脑中储存的预制信息越多,执行后阶段写作行为时,其模仿能力就越强,文章的流畅和准确才有保障。

模因记忆的意义在于,虽然模因一旦通过模仿传递就形成了,但只有在记忆中长时间停留的模因才能存活下去。因为在大脑中长时记忆才能更多地建构模因的内容与解释。模因在宿主的大脑中保留的时间越长,竞争力越强,传播和感染其他宿主的可能性就越大。相对个人记忆的模因,被群体记忆的模因更强势。那么,教师和学习者应采用何种学习和记忆策略才能够强化和巩固潜在的写作语言模因,使之能长期保持在记忆中呢?教师首先应针对输入的模因话题组设置语境,为学习者提供充分应用并输出同一意义或话题模因的操练机会,通过整体记忆和群体记忆强化模因意识,而且使话题组模因在反复运用后内化成学习者自己的"自然语言",并以信息预制的模式储存在大脑中,从而提高语言输出的准确性。其次,教师应引导学习者有意识地通过复述、背诵和仿写范文等各种记忆和学习策略及时地应用并内化输入的写作模因,积极积累和扩展写作模因资源库。另外,教师应培养学习者的自主学习能力,对已获得的模因资源库进行归类整理,使写作模因库的知识系统化,既有利于写作模因的记忆储存和检索提取,也能不断提高自身通过对记忆的自发性调节和从记忆中重新选择某种细节和信息,使新模因更加完善的能力。只有这样,从教师身上传递到学习者身上并在学习者群体中复制和传播的写作模因才能高度真实地被大量复制且长期保存在记忆中。

在模因输出阶段应进行基于强势语言模因输入的"过程写作"法进行循环训练,帮助学习者把积累的模因知识转化为执行写作行为的文化信息,并外显为写作中遣词造句的能力。因为,从模因视角观察,人们是以"模因"为单位来体验和认识世界,并将其作为知识块储存在大脑中,建构人的认知心理和认知规律。即人脑的认知过程是原模因选择与新模因建构的过程。任何一个成功模因都是在不断的对比中被选择和被建构,并在复制与传播的周期循环中持续占据大脑有限的记忆资源。教师可以采用"过程写作"法,通过写前准备(模因提取)、初稿(模因组合)、修改(模因修正)、二稿(模因重组)、教师讲评反馈(模因扩展)、重写(模因巩固)

等写作步骤,促成有效写作语言模因的复制和传播。这六个阶段相辅相成、循环往复,教师可遵循阶段侧重原则,根据学习者能力,安排各种写作训练,并通过"观、听、思、写"等语言实践活动,促成学习者总结、反思与归纳各种类型的模因组合。学习者在反复习作训练中,原有的语言模因以及新出现的模因不断得到验证和调整,并再次积累和进一步丰富写作模因库,扩展模因写作知识。随着有效模因的增加,学习者的模仿能力也越强,也更有能力流畅而准确地完成写作任务。在"过程写作"模因输出阶段,学习者通过一系列写作实践活动,逐步概括出关于写作行为的抽象概念结构,学习者大脑将拥有更多关于二语写作的语法表达公式。而拥有更多写作模因、发育更完善的大脑也将促进新的二语写作语言的形成。

在模因互动和创新阶段强化对强势写作模因的"模仿",可以加速语言从理解到运用的过渡,有助于模因变异和创新。从模仿到创新是模因发展的必然规律,模因学中的模仿并不是原样"克隆",而是有选择的模仿。每一个模因既是对旧模因的复制和继承,又会在复制和传播的过程中产生变异或者创新,以求生存和发展。所以,随着语言表达能力的提高,就会有越来越多的模因被创造出来;而这些被新创造出来模因,反过来又会进一步地促进语言表达能力。学习者就在新写作模因的不断选择和旧写作模因的复制和变异过程中形成了自己特有的写作模因库。因此,在写作完成后,教师还应通过师生合作、生生合作等方式,采集学习者作文中的"闪光点",重新编制涵盖字、词、句和篇章的写作模因复合体,供学习者进行背诵和仿写。教师应有的放矢地为学习者安排不同难度、不同形式的写作练习。教师可以鼓励学习者通过对语言表达结构上的重复套用,以模因基因型方式复制传播写作语言模因,该方式能有效扩大学习者语言输入量。教师也可以鼓励学习者以模因表现型方式复制传播写作语言模因,把已知的一种语言结构与不同的语境相结合,填入不同内容的模因变体,这种通过类推模仿方式创造出新的语言模因变体进行写作的方式,可以促进学习者对模因知识的巩固和内化。

在模因互动和变异阶段,强势写作模因互动的学习策略使语言模因变体自然地融入学习者的知识体系中,提高写作语言的输出质量,使模因在写作中稳定而长期地发挥作用。

二语写作模因是涵盖语法、语义和语境的语言半成品,能够被整体学习并储存在记忆中,在执行写作行为时,能够作为预制的信息单位从大脑模因库中整体提取,为写作语言的输入与输出搭建了一个理想通道。以具有复制因子特征的二语写作模因,作为写作教学时语言输入、记忆、储存、输出的最小单位,不仅能够有效提高语言信息处理的效率,而且能够提高语言输出质量和表达的流利性和准确性。因此,在英语写作教学中加强学习者的语言模因知识意识,并有针对性地对学习者进行写作模因认知策略培训,可以有效提高学习者的英语写作水平。在英语写作教学中实施模因式二语写作法的关键在英语教师。首先,英语教师要做"模仿成功者"的典范,有意识地培养构建丰富自己的模因,有意识地使自己的模因具有权威性、适用性和感染性。教师对语言信息的创造、理解和运用,在很大程度上影响着学习者对语言信息做出相同或类似的举动。教师应在评估学生的需求、兴趣及已有的知识背景的基础上,以模因传播权威者的身份有预期目的地培养和构建实用性强的语言模因。教师权威话语是二语写作模因的重要来源,略高于学习者目前的语言水平且不会构成其理解偏差和歧义的信息输入才具有感染性,才能够激活学生现有的写作模因图式,促成新的关于语言和文化结构的写作模因图式的重构。其次,英语教师要有意识地采用模因式英语写作教学模型,要有意识地将自己的模因"传染"给学习者,培养构建学习者的模因。模因式英语写作教学模型强调师生之间以及人和语言的互动。教师应根据话题组模因设置写作语境,帮助学习者把教学内容即教师为提高学习者写作能力为目的而建构的语言模因与学习者原有的写作模因认知结构联系起来,促进有意义学习发生,使第一宿主(教师)头脑中具有遗传信息的复制因子通过复制、模仿和变异等途径,成功地感染新宿主(学习者),并以信息预制的模式储存在大脑中,内化为新宿主写作知识结构的一部分。

参考文献

Heylighen, F. What make a meme successful? [A]. In *Proceedings of the 15th International Congress on Cybermetics*[C]. 1998.

Lewis, M. *The Lexical Approach*[M]. Hove: Language Teaching Publications, 1993.

Moon, R. Vocabulary connections: Multi-word item in English[A]. In Sehmitt, N. & M. McCathy. (eds.), *Vocabulary Description, Acquisition and Pedagogy*[C]. Shanghai: Shanghai Foreign Language Education Press, 2002.

Nattinger, J. & J. DeCarrico. *Lexical Phrases and Language Teaching*[M]. Oxford: Oxford University Press, 1992.

顾嘉祖.从谜米学的崛起看动态符号学的理论框架[J].外语学刊,2008(1).

何自然.模因论与社会语用[J].现代外语,2003(4).

何自然.语言中的模因[J].社会科学,2005(6).

何自然.语言模因及其修辞效应[J].外语学刊,2008(1).

里查德·道金斯.自私的基因[M].长春：吉林人民出版社，1998.

教育部高等教育司.大学英语课程教学要求[M].北京：外语教学与研究出版社，2007.

苏珊·布莱克摩尔.谜米机器[M].长春：吉林人民出版社，2001.

杨玉晨.英语词汇的"板块"性及其对英语教学的启示[J].外语界，1999(3).

中华人民共和国教育部.普通高中英语课程标准(实验)[S].北京：人民教育出版社，2003.

"听说写一体"写作教学模式实验研究：模因论的视角[*]

陈成辉　肖　辉

1. 引言

写作是必须掌握的语言技能之一，是教学中发展学生思维能力、培养其综合创新能力的重要方法，是测试中检测学生英语综合知识和能力的有效手段。为此，自大学英语四、六级考试推出以来，作文一直是其必考项目。然而，历年大学英语四、六级考试结果表明，写作又是学生丢分最多的项目。有研究指出，学生写作方面存在的具体问题有：拼写错误多，用词不当，语法错误比较突出，句子的逻辑关系混乱，语篇连贯力差，构思和扩写能力弱，写作速度较慢等（李金红，2006：43）。对照《大学英语课程教学要求》提出的"内容完整，观点明确，条理清楚，语句通顺"的写作"较高要求"，大学英语写作教学还有很多工作要做。

为了探寻有效的写作教学方法，国内外研究者从不同角度尝试将写作与其他语言技能培养相结合，比如对于读写结合的写作教学方法开展了有益探索并取得了一定成果（Ascención Delaney，2008；Kwan，2009；Plakans，2009；李福祥，1997；徐浩、高彩凤，2007）。但是，关于听说促写的研究却极为鲜见。根据马广惠和文秋芳（1999：35）建立的语言知识与能力变量对英语写作能力的影响模式，英语听力与口语能力分别对英语写作能力有间接影响（.15）和直接影响（.20），二者的影响力合计为.35；听力能力对写作能力的间接影响是通过其对口语能力的直接影响而产生的。这说明英语听说能力对英语写作能力的发展具有积极的推动作用。又有研究（张颖，2009：111）指出，模因论（memetics）为语言教学提供了一个全新的视角，学习语言的过程可以理解为不断复制和传播模因的过程。模因论强调，语言学习者必须把语言的输入与输出过程有机地结合起来，才能成功习得语言（李捷等，2011：162）。由此，在模因论的理论基石之上，本着语言输入和输出紧密结合的原则，我们建立了一种听说写结

---

* 本文原发表于《外语界》2012 年第 6 期。

合、听说促写的"听说写一体"写作教学模式,旨在为大学英语写作教学探索出一条新路。

2. 研究背景

模因论是基于达尔文进化论观点解释文化进化规律的一种理论。模因是一种传递人类文化的复制因子,以模仿和复制为扩张手段实现人类文化的传递和进化。Blackmore(1999)特别指出,模因是通过模仿传递的,而模仿是人类特有的,模仿不是动物的简单联想和试误学习,而是能动的模仿学习。模因论的核心概念是模因,模因概念的核心是模仿。模因主要通过模仿得到复制、传播和发展。模因现象几乎无处不在,任何想法、说法或做法都有可能成为模因。任何一个信息,只要能够通过我们广义而言的"模仿"得到复制,就可以算作一个模因(Blackmore,1999:43)。作为文化传播单位,模因的载体之一是语言,同时语言本身也是一种模因。根据 Blackmore(1999)的分析,模因要得到成功传播应该尽量满足以下三方面要求:一是模因要符合、顺应作为模仿者和选择者的人的本性。真实有用、引人注意、使人产生独特情绪体验的模因易于成功传播。二是模因要具备便于传播的自身特性。易于模仿和记忆的模因、复合模因、能够进入宿主"自我"之中的模因容易得到传播。三是模因要进入合适的宿主。模因如果进入模因的源泉(meme-fountain,即最有可能被他人模仿,从而也最有可能向他人传播模因的宿主),就易于成功传播;如果进入模因的死水坑(meme-sink,即不大可能被他人模仿,从而也不大可能向他人传播模因的宿主),就不容易成功传播。目前,模因论已成为人文社科研究的一个热点。不过,有关模因与语言之间的界面研究才刚刚起步,尚未成熟和系统化(如 Worden,2000;Ritt,2004;Xie,2007;何自然,2005;陈琳霞、何自然,2006;谢朝群、何自然,2007;李捷,2008;张颖,2009;李捷、何自然,2010)。本文尝试从模因论的角度探索英语写作教学的新模式,为模因与语言之间的界面研究做出新的努力。

模因论揭示了语言发展与演变的规律,也为我们的语言教学,特别是外语教学,提供了一种新的研究思路。李捷等(2011:162)指出,模因论使我们认识到,为了成功习得语言,语言学习者必须把语言的输入与输出过程有机结合起来。模因传播的过程与 Ellis 从认知角度提出的二语习得过程是一致的,如图1(李捷等,2011:162)所示:

从图1可以看出,二语习得过程实际上也是一个模因复制和传播过程。语言的输入过程伴随着模因的同化和记忆,而语言的输出过程则是

二语信息加工过程	模因传播过程
二语输入	模仿
被注意到的输入	同化
被理解的输入	吸入
显性、隐性知识	记忆
输出	表达与传播

图 1 二语习得与模因传播

语言学习者将内化的模因表达出来的过程,即"语言输入—模因基因型、表现型传播—语言输出"(李捷等,2011:162)。由此可见,语言输入是第一性的,是输出的基础。没有足够的、地道的语言材料的输入,或者输入的语言材料未被学习者理解和吸收,模因传播过程就会中止,语言输出也就无从实现。反之,只重视输入而忽略输出的语言学习,就等于放弃了语言模因的作用,学习只能是半途而废。因此,我们提出的"听说写一体"写作教学模式的指导思想是:语言输入决定语言输出;就写作课而言,写作前的听和说都是输入,听说写结合,以听说促进写作。

3. 研究设计

3.1 研究问题

本研究主要探讨以下两个问题:

(1)与传统的写作教学模式相比,"听说写一体"写作教学模式能否提高学生的写作水平?

(2)与传统的写作教学模式相比,"听说写一体"写作教学模式是否会对学生的写作动机产生不同影响?

3.2 研究对象

我们根据南京某高校 2010 级非英语专业大学一年级学生的英语高考成绩选取了两个班,共计 109 名学生。其中,一个班为法律专业 1001 班,55 人(男生 25 人,女生 30 人,平均年龄 18.2 岁);另一个班为社会工作专业 1001 班,54 人(男生 23 人,女生 31 人,平均年龄 18.5 岁)。两个班的英语成绩用百分制换算后,对其进行了独立样本 t 检验。检验结果(见表 1)显示,两个班的平均分和标准差非常接近,没有显著差异(p=.314>.05)。从整体上讲,两个班的英语成绩大致相当,两个班学生入学时的英语水平基本相同。我们把法律专业 1001 班作为实验班,社会工作专业 1001 班作为控制班。

表 1　两个班的英语高考成绩 t 检验结果

班　级	N	均　值	标准差	t 值	p 值
实验班	55	65.27	9.662	−1.011	.314
控制班	54	67.13	9.517		

3.3　实验过程

　　本次实验从 2010 年 9 月开始至 2011 年 6 月结束,持续两个学期。实验构建并实施了"听说写一体"写作教学模式。

3.3.1　"精品作文"的设计

　　根据模因成功传播的条件,为了提供最佳语言输入,我们充分利用现有教学资源,从报纸、杂志、经典文学作品、名人演讲和网络材料中精心选取具有时效性和趣味性、易于理解和表达、地道的语言材料,经过节选和略作修改,汇编了《精品作文 50 篇》。作文的内容主题分为校园生活、经济发展、科学技术、思想道德、文化教育、旅游、环境、体育、娱乐、时事以及社会热点等,体裁包括说明文、议论文和应用文。我们把这些作文作为学生写作的范例,把它们打造成学生容易模仿和复制的"语言复制因子",以加速学生对语言模因的"同化""吸入"和"记忆"过程。具体做法如下:把这些作文做成类似复合式听写(compound dictation)的形式,听写的内容包括衔接手段、重点句型、短语等,大多是学生写作中容易出错的地方。每篇作文都含有重点词汇表、文章点评(主要涉及文章的结构特点、修辞手段及写作技巧)和汉语译文。之所以这样做,主要是为了满足英语水平较低学生的需求,使这些精品作文成为他们也能轻松模仿和复制的模因。

3.3.2　"听说写一体"写作教学模式的实施步骤

　　(1)首先,实验班学生在"精品作文"的基础上进行类似于复合式听写的训练,直到把作文中所有缺失的信息补充完整为止。这些作文挂在网上,实验班学生可以在网络教室学习,也可以把作文下载下来,随时随地听读。

　　(2)在普通教室里,采取抽查或小组代表的方式,让实验班学生以与"精品作文"相同的话题进行脱稿陈述(presentation),目的是督促学生在课下不仅反复听"精品作文",而且反复朗读甚至背诵。

（3）在普通教室里，实验班学生以与"精品作文"相同的话题进行写作训练。每两周训练一次，并且按照大学英语四级考试作文题的评分原则和标准对作文进行评估，成绩记入平时成绩。

（4）控制班学生也以与实验班相同的话题每两周写一次作文，作文按照四级考试作文题的评分原则和标准进行评估，成绩记入平时成绩。但是，控制班学生没有基于"精品作文"开展复合式听写和脱稿陈述。

简而言之，"听说写一体"写作教学模式为：复合式听写＋脱稿陈述＋写作训练。

从模因论的角度看，这种写作教学模式体现了"语言输入—模因基因型、表现型传播—语言输出"的规律。"复合式听写＋脱稿陈述"都可视为前期输入，为后面的输出"写作训练"打下基础。在"复合式听写"和"脱稿陈述"之间可能还包括一些隐性输入，比如学生为了能够达到"脱稿陈述"的要求，课下反复地听读甚至背诵作文。有了持续的前期输入，学生很可能会在写作过程中模仿精品作文中的语句，甚至能逐步达到灵活运用的程度，实现模因基因型和表现型传播。

3.4 数据收集

3.4.1 测试

实验最后，我们对实验班和控制班学生进行了大学英语四级考试作文模拟测验，作文满分为一百分。评分采用四级考试作文题的评分原则和标准，采用总体评分（Global Scoring）方法。评分工作由两名多次参加四级考试作文阅卷的教师承担，评分者间的可靠系数 α 为 .91。每篇作文的最后得分取两名阅卷者的平均分。

3.4.2 问卷

为了了解"听说写一体"写作教学模式能否对学生的写作动机产生影响，我们根据澳大利亚动机研究专家 Biggs 的学习动机理论编制了写作动机调查问卷。Biggs 和 Phillip（1993）把学习动机分为成就动机、深层动机和表层动机。这一动机理论后来被教育界和心理学界广泛接受。我们编写的问卷共有 25 个项目，包含 3 个分量表：（1）英语写作成就动机，9个项目；（2）英语写作深层动机，8 个项目；（3）英语写作表层动机，8 个项目。英语写作成就动机是指为获得高分、得到表扬、获取某种地位或工作而进行写作的动机。英语写作深层动机是指对英语写作有内在兴趣，为掌握和发展写作能力而进行写作的动机。英语写作表层动机是指为了应付英语写作方面的检查或要求而进行写作的动机。问卷采用李克特5

级量表形式,"完全符合"为 5 分,"完全不符合"为 1 分。

我们通过前测对初始问卷 25 个项目进行结构效度分析。3 个因子设想为成就动机、深层动机和表层动机。KMO 测度显示,KMO 值为 .831;Bartlett 球体检验的 Approx. Chi-Square 值为 987.136,p 值为 .000。上述数据说明本问卷适合进行因子分析。对 25 个项目进行主成分分析抽取共同因素后,再通过方差最大正交旋转淘汰因子负荷量在 .30 以下的项目,最后剔除了 6 个不达标的项目,剩余 19 个项目作为正式问卷的题目。主成分分析结果显示,3 个因子的累积贡献率为 49.763%,方差最大正交旋转结果与所构想的结构基本一致,表明该问卷具有较好的结构效度。

问卷的信度用内部一致性系数 Cronbach α 来衡量。成就动机、深层动机和表层动机的 α 值分别为 .890 1、.786 3 和 .820 4,整个问卷的 α 值为 .906 3。这说明整个写作动机问卷和 3 个分量表的内在一致性较好,具有较高的信度。

我们还对两个班 109 名学生进行了问卷调查,共回收 106 份有效问卷(实验班 54 份,控制班 52 份)。

3.4.3　访谈

实验结束后,我们对实验班和控制班的部分学生进行了访谈,了解他们的写作体会。

4. 结果与讨论

4.1　"听说写一体"写作教学模式对学生写作水平的影响

两个班大学英语四级考试作文模拟测验的结果表明,与传统的写作教学模式相比,基于模因论的"听说写一体"写作教学模式能显著提高学生的写作水平。表 2 显示,实验班的平均分比控制班高出 6.481 4 分,而且 p=.000<.05,说明实验班的作文成绩显著好于控制班。在这次测验中,实验班高分段(85 分以上)的学生有 6 人,而控制班高分段的学生仅有 2 人。

表 2　四级作文模拟测验成绩 t 检验结果

班　　级	N	均　　值	标准差	t 值	p 值
实验班	55	73.6512	10.97326	21.0038	.000*
控制班	54	67.1698	12.53840		

* p<.05

评分完毕后,我们又对两个班作文中的主要错误进行了统计。表3详细列举了在这次四级作文模拟测验中学生的主要错误。卡方检验结果显示,实验班的总错误数明显少于控制班,且两者之间有显著差异($\chi^2 = 46.147, p = .000 < .05$)。同时,实验班的作文在连贯、衔接、句子结构、选词方面的错误均显著少于控制班。这说明实验班在写作的内容连贯、语篇衔接、用词准确性以及句子结构等方面均明显好于控制班。

表3　四级作文模拟测验主要错误统计

错误类型	实验班	控制班	卡方值	p 值
连贯	6	32	17.789	.000*
衔接	10	37	15.511	.000*
句子结构	87	146	14.940	.000*
选词	132	214	19.434	.000*
拼写	43	51	.681	.409
标点	67	68	.007	.931
合计	345	548	46.147	.000*

* $p < .05$

由此可见,如果学生在写作之前有了积极的模因输入(复合式听写＋脱稿陈述),他们在写作的内容、语篇、句式和词汇等各个方面都会有较大进步。这充分说明"听说写一体"写作教学模式符合模因传播的 4 个阶段。Heylighen(1998)认为,模因(包括语言模因)的成功复制和传播有四个阶段,即同化、记忆、表达和传播。本研究实施的听说促写教学模式就是要学生依据范文的内容、篇章结构、句式及词汇等进行仿写。学生为了作文获得高分,利用"精品作文"这一模仿的模因库,在写作之前反复听、读、说甚至背诵某些段落,完成模因的同化和记忆过程。在写作时,学生就可以轻松地从记忆中提取内容、语篇、句式和词汇等各个层面的相关模因,完成模因的表达和传播过程。其中,有些模因保留了形式,内容被替换,而另外一些模因则保留了内容,但以不同的形式出现。可见,写作过程其实就是模因基因型和表现型复制传播的过程,也是将模因同化、记忆、表达并传播的过程。我们不得不承认一个事实:写作中用到的词语、句式甚至篇章结构都存在模因复制的迹象(李捷、何自然,2010:25),这也正好说明了实验班学生的作文为何在词汇、句式、语篇、内容等各个层面都得到了很大提高。

从访谈的结果来看,与传统的写作教学模式相比,基于模因论的"听说写一体"写作教学模式更受学生欢迎。在第二学期结束时,我们本着自愿原则对实验班和控制班某些学生(实验班4名,控制班3名)进行了访谈。下面是对两个分别来自实验班和控制班学生的访谈记录:

学生A(来自实验班):我觉得这种以听说促进写作的方法,很适合我。坦率地说,我的英语语法在高中学得还不错,但是就是写作文的时候常常因为找不到合适的句型、合适的词语而苦恼。好像平时学的词语都用不上,脑子里一片空白。通过做一些范文的听力练习,我对于范文的内容有了大概了解。然后,老师让我们在课堂上做关于这些话题的脱稿陈述,我只好在课下花些时间反复听读这些范文材料,有时甚至背诵部分段落。老师让我们在课堂上就这些话题进行四级作文写作训练时,我不再感到脑子一片空白,把在范文中学到的很多词语句型都用了上去,如 it's … that/who …, last but not the least, contribute to 等。说实话,开始的时候,我感觉我的作文就像范文的副本,有很多拷贝的成分。不过,随着范文听读得越来越多,在作文训练时我觉得自由发挥的空间也逐渐变大了。

学生B(来自控制班):我感觉上大学以后,我的作文水平没有什么明显提高,甚至有些下降。可能是因为在高中时天天有英语课,天天学英语,而上大学后每周只有两次课,课下我又没有毅力天天看英语。所以,在写作文时很多以前熟悉的单词就想不起来了,脑子里好像一片空白。

通过访谈我们认识到,学生写作前大量的输入是非常必要的。从模因论的角度来看,听、读、说是大面积同化、记忆模因,有助于加速语言模因的同化和记忆过程(李捷、何自然,2010:24)。有无可供模仿的好的语言模因对学生的写作过程也许会产生较大影响。如果有了好的模因并积极加以模仿,学生在写作时就可能会文思泉涌、游刃有余;反之,学生写作时就可能会出现要么言之无物,要么找不到合适表达方式的情况。这也体现了模仿对于语言学习,尤其是外语学习的重要性,从一个侧面印证了模仿本能论的观点。模仿是人类具有的天性,但模仿却是一个容易引起误解的概念(谢朝群、何自然,2007:37)。"模仿"一词的传统意义使我们不能对它的作用与功能做出正确的解释和客观的评价,总以为模仿是不好的,模仿缺乏主见或创见。其实,模仿行为的实施过程往往会有一种"令人意想不到的聪慧"(Blackmore,1999:3)隐藏其中。模仿不是百分百的原样"克隆",创造经常源自模仿(谢朝群、何自然,2007:37)。因此,随着学生对范文的不断模仿,他们写作时"自由发挥的空间也逐渐变大",创作的成分也就越来越多。

4.2 "听说写一体"写作教学模式对学生写作动机的影响

对实验班和控制班 109 名学生的写作动机问卷调查结果的 t 检验结果(见表 4)显示,实验班学生写作的成就动机和深层动机平均值都高于控制班,且具有显著差异(p=.000<.05)。特别值得我们注意的是,实验班深层动机的平均值高达 3.896 5。可见,基于模因论的"听说写一体"写作教学模式颇受学生喜欢,激发了他们的写作兴趣和热情。这也从一个侧面支持了模因的传播规律。好的模因,如动人的歌曲、优美的舞蹈、精巧的服饰,令人陶醉的同时还会促使人们积极模仿复制。语言流畅、朗朗上口的英语美文在使学生欣赏学习西方语言文化的同时,还会促使他们积极模仿,增强输出(本文指写作)的欲望和兴趣。这大概就是基于模因论的"听说写一体"写作教学模式能够深受学生欢迎,增强他们写作的深层动机和成就动机的主要原因。

表 4　学生写作动机 t 检验结果

因　子	班　级	N	均　值	标准差	t 值	p 值
成就动机	实验班	54	2.940 1	.645 62	50.435 7	.000*
	控制班	52	2.067 4	.638 76		
深层动机	实验班	54	3.896 5	.587 19	50.379 7	.000*
	控制班	52	2.942 2	.802 31		
表层动机	实验班	54	2.268 2	.624 09	−1.002	.318
	控制班	52	2.326 7	.578 83		

* p<.05

5. 研究启示

从本研究的学生作文成绩、访谈结果和写作动机调查结果来看,基于模因论的"听说写一体"写作教学模式总体上是成功的。这种写作教学模式也给我们的语言教学和学习提供了有益的启发与指导。

(1)我们汇编的《精品作文 50 篇》充分体现了"语言复制因子"在写作中的重要性。时下各种大学英语教材课文的语言水平一般都比非英语专业学生的英语水平高出不少,致使他们很难做到有效的模仿和应用,这些课文甚至进入"模因的死水坑"(Blackmore,1999),而精品作文"符合、顺应作为模仿者和选择者的人的本性"(Blackmore,1999),时效性、趣味性、实用性强，贴近生活，语言地道，学生容易模仿和运用，"具备便于传播的自身特性"（Blackmore，1999）。

（2）"听说写一体"写作教学模式支持了语言背诵的观点。模因论促使我们重新审视一些过去被认为不合理或不可取的传统教学模式和教学主张。例如，语言模因的复制和传播规律告诉我们，语言的背诵教学不但不应放弃，而且还应大力提倡（何自然，2005：62）。背诵本来就是我国传统的教学模式之一。"熟读唐诗三百首，不会作诗也会吟"表达的就是背诵的重要作用。在本次实验中，大多数英语水平一般的学生为了能够做到脱稿陈述，在课下反复听读甚至背诵范文，不然他们很难做到脱稿陈述，也很难在写作测验中取得良好的成绩。"听说写一体"写作教学模式印证了语言两重性的观点：语言既遵循"语法规则"，又依赖"定式短语"。在第二语言教学中，除了分析句型、学习语法规则以外，背诵课文和记忆语块同等重要（丁言仁，2004）。本次实验的结果表明，对于那些在高中阶段语法学得不错，但词汇相对匮乏、写作内容空洞无物的学生来说，这种听说促写的教学模式无疑是雪中送炭。这部分学生在这种教学方法的指导下，加强了对固定短语和地道英语表达方式的记忆和运用，在写作训练中取得了实效。

（3）"听说写一体"写作教学模式充分体现了"语言输入—模因基因型、表现型传播—语言输出"的模式，验证了语言输入和语言输出紧密结合的原则在语言学习中的重要性。我们在研究过程中发现，输出目标越明确，学生在输入过程中就越认真；输入越认真，他们输出的语言水平就越高。

6. 不足与展望

本研究尽管取得了一定效果，但也存在一些不足之处。例如，在研究设计中未能涉及控制班写作前的语言输入问题，并且学生对这种教学模式也提出了一些有待改进的地方。一些英语水平较高的学生能够比较容易地掌握范文，写作也能够轻松取得好成绩，因此他们期待能再提供一些与自己专业相关的文章，以更利于自己的发展。而一些英语基础较差的学生则希望能够对范文增加语法点和语言点的解释，尤其是对句子结构的分析。由此可见，针对不同层次的学生和学生的不同要求，教师提供相应的语言模因是非常必要的。我们期待在这些方面和同行一起开展进一步研究。

总之，本研究表明，模因论指导下的"听说写一体"写作教学模式能够显著提高大学生的英语写作水平，增强他们写作的深层动机和成就动机，并促进他们语言综合技能全面发展。

参考文献

Ascención，D. Y. Investigating the reading-to-write construct［J］. *Journal of English for Academic Purposes*，2008(7).

Biggs，J. B. & J. M. Phillip. *The Process of Learning*［M］. Toroner，Sydney，Tokyo：Prentice Hall of Australia Pty Ltd.，1993.

Blackmore，S. *The Meme Machine*［M］. Oxford：Oxford University Press，1999.

Heylighen，F. What makes a meme successful?［A］. In *Proceedings of the 15th International Congress on Cybernetics*［C］. 1998.

Kwan，B. S. C. Reading in preparation for writing a PhD thesis：Case studies of experiences［J］. *Journal of English for Academic Purposes*，2009(8).

Plakans，L. The role of reading strategies in integrated L2 writing tasks［J］. *Journal of English for Academic Purposes*，2009(8).

Ritt，N. *Selfish Sounds and Linguistic Evolution：A Darwinian Approach to Language Change*［M］. Cambridge：Cambridge University Press，2004.

Worden，R. P. Words, memes and language evolution［A］. In Knight C.，J. R. Hurford. & M. Studdert-Kennedy.（eds.），*The Evolutionary Emergence of Language：Social Function and the Origins of Linguistic Form*［C］. Cambridge：Cambridge University Press，2000.

Xie，C. Controversies about politeness［A］. In Dascal M. & H. Chang.（eds.），*Traditions of Controversy*［C］. Amsterdam：John Benjamins，2007.

陈琳霞、何自然.语言模因现象探析［J］.外语教学与研究,2006(2).

丁言仁.背诵英语课文——现代中国高等院校中传统的语文学习方法［M］.西安：陕西师范大学出版社,2004.

何自然.语言中的模因［J］.语言科学,2005(6).

教育部高等教育司.大学英语课程教学要求［Z］.上海：上海外语教育出版社,2007.

李福祥.精读课中的写作教学［J］.外语界,1997(2).

李　捷.模因论视域中的言语幽默［J］.外语学刊,2008(1).

李　捷、何自然.汉语教学的模因论探讨［J］.语言教学与研究,2010(5).

李　捷、何自然、霍永寿.语用学十二讲［M］.上海：华东师范大学出版社,2011.

李金红.国外主流写作理论对我国外语写作教学的启示［J］.国外外语教学,2006(2).

马广惠、文秋芳.大学生英语写作能力的影响因素研究［J］.外语教学与研究,1999(4).

谢朝群、何自然.语言模因说略［J］.现代外语,2007(1).

徐　浩、高彩凤.英语专业低年级读写结合教学模式的实验研究［J］.现代外语,2007(2).

张　颖.模因论对大学英语听说教学的启示［J］.西安外国语大学学报,2009(1).

模 因 与 翻 译

模因与翻译[*]

王　斌

1. 模因的概念

　　模因（meme）是由一个个体（人或动物）传给另一个个体的认知或行为模式（cognitive or behavioral pattern），它存在于个体的记忆中，是文化的基本单位。因而，也有人将之翻译为"文化基元"。笔者将之译成模因是由基因而来：基因（gene）是生物遗传与变异的基本单位，模因是文化传播与嬗变的基本单位；基因既是音译又是意译，乃基本因子之意，模因模仿基因的翻译而来，也是音意结合的翻译，它是文化传播的单位，然而我们却很难给出这个基本元素的准确界定，所以它是个有待揭秘的传播单位。因模因是由传播者携带，所以这种传播又被解释为复制：一个模因的版本被拷贝到另一个个体的记忆中去，使他/她成为携带者。这个自我复制的过程壮大着携带者群体，使模因像基因那样成为复制者（replicator）。

　　模因这个概念最先是由牛津大学教授 Richard Dawkins 在他的著作 *The Selfish Gene*（1976）中提出来的。

　　与基因不同的是，基因是代与代之间的垂直传播（vertical transmission），由父母至小孩，而模因可在任何两个个体之间传播，是平行传播或多项传播/生成（horizontal transmission or multiple parenting）。基因传播需要一代人的时间，模因的传播只是瞬间的事，因而其传播力远胜于基因。然而，模因复制的信度总的来说较低，同一个故事被第十个人说出时与第一个人讲的很可能会大相径庭。这种变化与模糊也许正是文化模式与 DNA 结构的不同之处，因为每个人的思想、信念各不相同。

1.1　模因的特征

　　Dawkins（1979,1989）列出以下三个特征：

　　（1）保真性（copying-fidelity）：保真性越高，原版就越能保留。如果

　　* 本文原发表于《外语研究》2004 年第 3 期。

一幅画的复制是由复制品到复制品,而不是由原件得来,复制的次数越多越走样。

(2) 多产性(fecundity):复制得越快,复制者数量越多。工业印刷远胜于办公室复印机。

(3) 长寿性(longevity):复制模式存在的时间越长,复制者数量越大。沙滩上的画是存不久的,更难复制。

1.2 模因复制的 4 个阶段

Francis Heylighen 认为,模因复制需经过 4 个阶段:

(1) 同化(assimilation):一个有效模因应能"感化"受体。比如某个模因呈现在一个新的可能的受体面前,"呈现"意味着个体遇见了这个模因的载体或他/她通过观察外部现象或思考(重新整合现有认知因素)独立发现了它。同化指呈现的模因被受体注意、理解和接受。注意是指模因载体的显著程度足以引起受体的关注;理解意味着受体能将该呈现的模因纳入自己的认知体系。人的心智并非是一块任何思想皆可涉入的白板。被理解则是某个新的思想或现象能与这个个体已有的认知结构相连接。比如,有人告诉你你开的车是火星上的绿人造的,对这种说法不难理解,但没有证据你是不会相信的。所以通常不会记着这个说法,它也就不会感化你。

(2) 记忆(retention):第二阶段是指模因在记忆中的保留时间。由定义可知,模因必须在记忆中停留,否则就不是模因。停留的时间越长,感化受体的机会越多。这正是复制者的特征之一(longevity)。

记忆就像同化一样是经过严格挑选的,只有少数能够存活下来。我们每天听到的、看到的或体会到的大多数只能在我们的记忆中停留几个小时。虽然我们真切地看到或听到摩洛哥与西班牙为一个无名的荒岛发生争执,但旬月之后我们是不大可能记住这件事的,除非我们身在其中。是否记住某事要看该事对你有多重要和它出现的频度(反复出现或反复思忖)。所有学习的经验表明反复是记忆之母。

(3) 表达(expression):为了能广泛传播,模因必须由记忆模式转化为受众能够感知的有形体。这个过程就是"表达"。最明显的方式莫过于演说。其他的方式如篇章、图画和行为举止。表达无须载体的刻意行为。人们走路、办事的方式或衣着都是模因的表达。

有些模因可能永远不会被表达出来。比如某个载体不认为这个模因会引起别人的兴趣,下意识地使用它而没有任何外在的表现,或不知如何表达,或只想使之成为秘密。相反,如果载体认为它非常重要,也会逢人必说。

（4）传播（transmission）：为了传递给另一个受体，表达需要有形承载或媒体，它们应具备一定的稳定性以保证表达的传递不过于失真、走型。比如演说用声音传递表达，而篇章用纸墨或网络电子脉冲。表达呈现为有形信号，将模因物质化，然后再解读还原实现传播。这些有形体可被称作模因载体（the meme vehicle），如书籍、照片、工艺品或 CD‐ROMs。

传播阶段模因载体的选择是通过对某些模因载体的删除来实现的，如模因载体在被另一受体接受前毁坏或受损，或多种手段扩散来实现的，如载体被复制成诸多版本，如手稿可能被抛进碎纸机或印制成册大量出版。无线电通信会因噪音消失或向千百万人播送。尤其是大众传媒的出现，使模因传播的成败反差更大，模因载体的选择也就显得尤为重要。

从模因的角度来看，人类只不过是传播模因便捷的、有效的机器（Blackmore，1999）。毫无疑问，模因也通过翻译来传播。事实上这正是翻译意义的所在：将模因由一个地方传递到另一个地方，并能平安地越过文化界线。因此，翻译研究就是研究模因及其在某中环境下传播的途径和方法。

2. 翻译模因库（meme-pool of translation）

任何时候，我们都可将某个文化描述为一个完整的模因库（a meme-pool）。中国文化模因库大体可包括儒、道、墨、法、佛和外来的西方社会人文哲学及自然科学；西方文化模因库大体包括希腊—罗马神话、圣经、亚瑟王的故事以及在此基础上发展而来的社会人文哲学、自然科学及外来东方哲学。我们也可用同样的方法来描述这个文化的某个领域，如自然科学：物理、化学、生物、数学、遗传等。翻译研究作为研究文化传播的一个手段当然也可被看作是个独立的模因库，是模因学（memetics）的一个分支。通常在这个模因库中我们见到的模因有：

> Translation transfers/preserves meaning.
> The source text is holy.
> Translating is copying/imitating …
> Translating is performing/representing …
> Translations enrich the target culture.
> Translation honors the source text.
> Translation can reveal the "pure language".
> Translation domesticates the other.
> Translations are more neutral than originals.

Translations show signs of ST interference.

The best translations are not recognized as such.

The best translations get the same effect as the ST.

Some STs get translated more freely than others.

Translating is recoding.

Translating is communicating a message.

The form of a translation is determined by its function.

Translations can have hidden agendas.

Translation is like cannibalism.

Translating is a decision-making activity.

Translators make formal and semantic changes.

Translators change cultures.

Translators make mistakes.

Translations are often done by amateurs.

Machines can/cannot translate well.

...

（Chesterman，2000）

Andrew Chesterman（1997）提出在翻译模因库中有 5 个超级模因（supermemes），它们虽偶然表达各异，但却随处可见。

The source-target meme

The equivalence meme

The untranslatability meme

The free vs. literal meme

The all-writing-is-translating meme

这些翻译中反复出现的概念及其传播，符合 Dawkins 提出的有关模因的 3 个特征和 Heylighen 提出的 4 个阶段。这在翻译教学中表现得尤为突出。

2.1 翻译模因在教学中的体现

国内翻译教学中经常提到的有关翻译标准的阐述中，玄奘的"既需求真，又需寓俗"，严复的"信、达、雅"，鲁迅的"洋化与归化"等模因，只要和翻译沾边的人差不多都知道，它们被记载在教科书中一代一代地传扬下去。尽管解释各异，但却是同样的文字叙述，这符合模因的 3 个特征。课堂上教师反复宣讲，让学生理解其义，并在理解的基础上加以记忆，应用到翻译实践中去，取得某些经验后，进一步加以阐述表达，而使自己成为这些模因的承载者。这也符合模因复制的 4 个阶段。那么模因在翻译及其教学中是如何作用的呢？

2.1.1　工具箱作用

翻译模因库就像是个技能工具箱,里面装载的只是些概念化的工具,而非数字运算技能。数字技能可运算而且只能导致一个结果。概念化工具不可运算,只能被选择,而且相同的选择有可能导致不同的结果。要完成一项翻译任务,需要从这个模因库中作出多项选择。然而,如何作出正确的选择,模因库本身并不能提供严密的数理逻辑推理。翻译模因只能告诉我们翻译中可能遇到的现象,并提供解决翻译问题时所需的被选择的工具。

我们通常教授的模因有:汉外词汇、句法现象比照,词义的选择、引申和褒贬,词类转译,增词,重复,省略,正反、反正,分句、合句,长句处理,习语,拟声,归化和异化等。这些模因几乎成了翻译教学中的经典部分。但是,认识了这些模因不等于会应用它们。例如,如何翻译"Every life has its roses and thorns."这个句子? 有些教科书将该句作为词义引申的范例译为"每个人的生活都有甜和苦"。此译法留住了"意象"却丢掉了"喻象"。为什么"每个人的生活都有玫瑰和荆棘"不更好呢? "意象"与"喻象"都被保留住了。由此可见,工具并不能提供任何保障:不能提供特定环境下选择的参数和判断好坏的标准。如何使用这些工具则完全是另一码事。对翻译的研究与教学如果只局限在抱怨工具或把玩工具上,就会跌入永无止境的争执和故步自封的泥潭。上句的第一个译文采用了词义引申和归化的译法,而第二个译文则无引申,采用洋化的译法。这两种译法(工具、翻译模因)本身并无对错,值得关注和需要讨论的应是哪种译法得出的译文更能使原语中的文化模因得到较好的传播,应是工具以外的东西,比如如何使用翻译模因和调整它们之间的关系。

专业译者与非专业译者的区别并不在于他们所使用的工具不同,而在于如何恰当地去使用同样的工具。所有专业译者都有一套有关翻译的概念知识:专业翻译模因。虽然某些专业译者未经过严格的翻译训练,但他们在实践中已经掌握了这套模因,只是没有明确地认识它们而已。专业译者的娴熟正在于精当地使用模因。

2.1.2　示范作用

翻译模因本身虽不能教会人们如何翻译,但可以给学习翻译的人提供范式,为教学提供纲要,让学习者们知道专业译者是如何翻译的,对翻译有个概念性的认识。

界定概念。翻译是一项模因传播行为。译者是思想的传播者而不是篇章拷贝者。翻译用新的篇章改变着世界,是文化发展和思想进化的主要活动形式。模因的传播始终存在着嬗变,因此我们无须过多考虑翻译的不可译性,而要关注原文被翻译时篇章本身的变化,探索其变化的起因和性质,拓展翻译研究的范围,增强译者的责任感。

训练对策。翻译模因告诉我们在特定语境下解决某些问题可采取的对策。学习者可根据这些对策进行有意识的逐一单项训练,连点成线,事半功倍。这既用最简洁的方式知晓了学习者翻译模因的范围及其各自的内容,又熟悉了翻译中可能存在的诸多语境及其可供选择的对策(尽管它们是分离的、各自独立的)。

示范标准。翻译模因教给学习者对策的同时也限制了他们选择的范围,为译者提供了共享的翻译模式/标准,减少决策时间。翻译标准也是一种度量衡。若被遵守,这个标准就会传递下去,播散得更广;若被打破,则被削弱,还有可能产生新的标准,十六两制就会变成十两制。标准模因告诉译者应该怎么做,对策模因提示译者只能怎么做。

2.2 翻译模因的模因功能

翻译模因的模因功能作用在于它像基因一样遵循适者生存的规律。一方面,如同基因的遗传与变异,它也存在着传播与嬗变(见下节);另一方面,翻译模因的传播与嬗变并非都是有益的,如同病菌,只要有适合的条件就能生存,并不在意你是否喜欢或是否有益。"翻译无需理论"模因就是这样一种寄生模因。它认为翻译是一种简单、直观的活动,只要认识两种语言闭着眼睛也能做。目前国内持这种观点的仍大有人在。笔者曾经不止一次地被人问起为什么要将简单的东西复杂化。他们认为所有的科学研究都是将复杂的问题简单化而不是相反。简单是繁复运作的成果。或许目前的翻译研究还没能达到这一阶段,仍然挣扎在繁复的认知阶段,对翻译没能形成全面的了解。换个角度来看,将简单的问题复杂化仍然是科学研究的方法。许多现象看上去很简单,但要详实地去解释它却并非易事。就翻译而言,值得研究的正是原文与译文之间的繁复的运作过程与机制以及影响它们的诸多因素。译文决不会由阿拉丁的神灯里自己跳出来。所谓理论,简单地说,就是某种系统地看待事物的方法与假设。"翻译无需理论"意味着无视翻译中的种种活动与思维现象,或如Ernst Gutt(1991)所认为的那样"我们需要的只是交际理论:最佳关联"。

翻译模因中的另一个寄生模因是"不可译论"。文化模因中确实存在某些难以播散的模因,如诗歌,但这不是翻译的本质。自从有人类交际以来,翻译就没停止过,诗歌的翻译也不例外。"不可译"论的根基是翻译的隐喻观与意义的客观论(王斌,2001;2002)。翻译的不可译论也就顺理成章。殊不知这个立论的根基本身就存在着问题。

以上两种模因正是翻译模因库中寄生的有害病菌,要让翻译模因库健康地存在与发展,必需尽早防治。

3. 翻译模因的传播与嬗变

模因的传播不仅只是静态守性的,也是进化的过程,存在着嬗变。这与基因的遗传和变异极为相似。翻译史是翻译模因演化的最好见证。不同的翻译模因来来往往如同服装秀,因各自的社会文化模因状态,有的持久,有的则转瞬即逝。上文提到的 5 个超级模因,从某种角度来说则是基本守性的,因为不同的文化中这些模因从未间断过而且基本保持不变。大部分其他模因则顶着不同的名号促进嬗变,试比较:

> translate word for word
> translate closely
> translate literally
> translate in a source-oriented way
> produce a semantic translation
> produce a documentary translation

虽然这些模因各不相同,但多多少少都是同一模因的演绎和嬗变。了解翻译模因的变化,有利于形成自己的翻译理论,有目的地整合不同的模因,使个体理论的发展能与翻译理论的系统演化并行,并找到自己的位置,明确自己的方向。对于学习翻译的人来说,了解翻译模因的变化,意味着体验和忖度现有的翻译标准,探寻新的解决问题的方法,整合新的思想,找到翻译研究的新领域。因此,翻译史的研究在整个翻译模因库中显得尤为重要。

由模因的嬗变也可看出翻译的超隐喻性。Chesterman(2000)指出:"This means that we see it(translation)as being not on an equative relation, nor on one of transfer, but on replication: an additive relation."。翻译既不是 A＝A′(equative),也不是 A→B(transfer),而是 A→A＋A′(additive)。虽然 Chesterman 由模因的嬗变把翻译看作"both the original(A)and an additional one, a replica(A′)that happens to be in a different language. So the memes of text or message A now spread further. They do not have to stop spreading in the source culture, so their territory has expanded."(*ibid.*),但他未能阐述翻译模因为什么会产生这种嬗变及其机制,而仅仅指出这种现象。笔者认为翻译模因产生嬗变的原因是因为人们有着不同的概念整合(交织)模式,其中部分整合模式是隐喻式的,而其他整合模式则是非隐喻性或超隐喻性的。这就是上文提到的如何使用翻译模因。翻译模因是概念模式,要掌握翻译模因首先要从概念入手,找到人们思想形成的概念模式及其运作机制。将这些概念模式的运作机制与翻译的跨文化因素相交织,翻译模因的嬗变机制也就不难找出。这也正是此文的写作目的:把两个有着独立体系、形成规模并蓬勃发展的新学科——模因学与认知语义学(概念交织)——结合起来,采用新的方法,带着更广阔的视野去研究翻译。

4. 翻译模因的研究方法

对翻译模因研究方法的划分可谓见仁见智,种类繁多。笔者在此提出个人看法(仅限于理论研究),恳请方家斧正。请见下图:

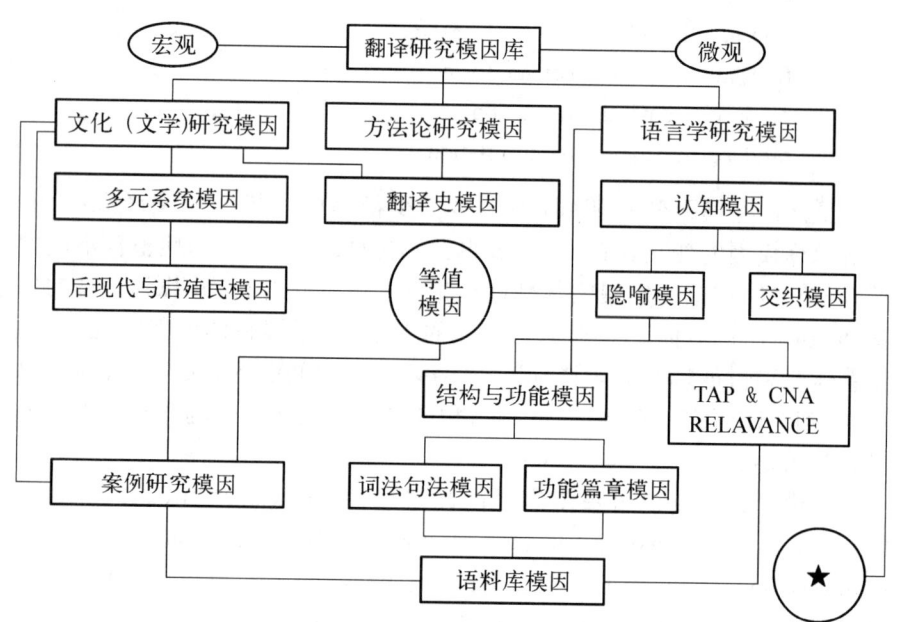

传统的翻译模因研究,从微观角度看,大多数紧跟语言学研究的步伐,并局限于隐喻思想统治下的结构研究之内,而较少考虑影响这些结构

的诸多因素,较多玩味工具性模因本身。将结构与意义画上等号,误认为结构本身就是意义,并因无法解决形与意的对等而局促不安,圈困良久,伺机发难。

翻译的结构隐喻观研究还包括采用诸如功能语言学理论、交际理论或其他语言学理论来研究翻译的篇章,如系统功能理论、关联理论和语用理论等;认知语言学的研究也被纳入其列,如 TAP 和 CNA。这两种认知研究方法较新,在此略作赘述。

自语法(TAP: think-aloud protocols),借自心理学和认知科学,基于一种假设:信息储存在人的工作记忆中,并可原封不动地再现出来。此法被认为能够揭示认知过程所描述的"心理状态",因而可重构输入与输出的工作流程。但此法有着明显的不足。它过于依赖受控环境,并受制于主体差异;再者,认知科学文献中无证据可证明长期、复杂的工作心理状态亦可像短期工作记忆那样被再现出来,而且这种方法路径有限,通常只有一种是"正确"的。换句话说,即便有充分证据来证明,在适当的环境中,自语并不干扰思维,且能真实地演绎输入与输出时的心理状态,但这种概括与归纳以及通过概括与归纳在无把握环境下取得的数据是很难作出正确估量的。这种模式本身对什么都不能给予保证。

选择分析法(CNA: choice network analysis),与教育心理学家们研发的概念映射法有相似之处,旨在用概念网络来表达知识结构。该法的假设基础是,倘若有十人翻译同一个句子,译句则能反映出这十个译者的选择路径,因而或多或少也能反映所有译者的翻译状态。每个人的选择路径可通过某种选择网络归结起来。结点与结点标识可通过两个因素来推定:首先,选择网络应该简洁明了,分支数量极少但能涵盖每条信息,即能抓住每个译者的翻译动态;其次,选择网络应该能被语言理论所阐释,即网络呈现的模式从语言学理论的角度来看应是合理的。

然而,选择分析法过于依赖译文的作品(篇章)分析,忽略了文化因素在翻译中的作用,而且把翻译当作隐喻来对待,因此,此种方法无法显现译者翻译过程中真实的心理状态,也不能说明翻译是什么;也就是说,它没法说明翻译是如何运作的以及译文的实质是什么。

此类研究无论方法如何不同,等值概念始终是研究的中心。

于是人们改换角度,从宏观上来重新审视翻译(在此并非指时间的先后)。比较有代表性的学派如以色列的以 Itamar Even-Zohar 和 Gideon Toury 为首的"多元系统理论"(polysystems),提出翻译研究的"文化转向"(cultural turn)。翻译研究中的"文化转向"向我们揭示,文化再不能被看作是一个静止的概念,而是一个动态的过程,具有差异性、不完整性;

文化是"洽商与行为"。这就是为什么"Dove"是巧克力商标时译成"德芙",而作为肥皂商标时则译成"多芬"。译者与翻译研究者越来越清楚地意识到翻译未必就是"两种文化"间搬运式的转换,而是不同文化的整合,是一片新的空间(翻译文化)。因此,翻译,尤其是文化不平衡状态下的翻译,就不必划定界限、分出中心与边缘或谁非得迁就谁,而应建立多元(多中心),文化差异通过商洽得到解决。国内的翻译文化研究具有代表性的有王克非的《翻译文化史论》(1997),他指出翻译的文化研究至少要注意四点:(1)对重要的文、史、哲本的翻译处理及其产生的影响进行研究;(2)考察翻译过程(如翻译动机、译稿的修改、原作的解读);(3)研究翻译语言本身(如词、句法和语体)及其对译入语的影响;(4)考察翻译文学对译语文学的影响及译者的作用和地位。

值得注意的是,翻译的文化研究已经将翻译研究本身拉出隐喻的认知范畴,如上文所述翻译是两种文化的商榷而不仅仅是搬运,商榷意味着取舍变化、增盈亏损,但却不为研究者们所明识(如多元系统理论)。因而,等值在翻译的文化研究中始终是个翻译标准的默认值。再者,翻译的文化研究聚焦于影响翻译的诸多因素而较少注意翻译过程本身。限于篇幅,对上图的解释只能是蜻蜓点水,其他部分不再逐一解释。

我们研究翻译,关键是研究文化模因在翻译中的嬗变及其影响,而不是研究如何把 water 译成"水"。

5. 翻译模因库需解决的问题

翻译模因库需解决的问题首先来自文化模因库。尽管模因学研究在西方正蓬勃发展,但也存在诸多需要解决的问题。首当其冲的是,对此持怀疑态度的人认为模因本身是基因的拷贝、是一种隐喻,不具备科学性。然而,几乎所有的科学在概念上都是基于隐喻的,由此及彼的;这也正是我们理解大多数事物的方式。比如我们将"光"既可理解为"粒子",也可理解为"波",或两者皆是。有人认为模因看不见摸不着,充其量是种假设。模因学者们的解释是这与基因和原子初现时的状态是一样的,它们刚被提出时也看不见摸不着。

模因库中真正难解决的问题是模因概念的模糊性:模因的单位如何确定?是否存在无标记单位?这在翻译中则直接表现为翻译单位的任意性。模因传播与嬗变的规律是否可以完全界定下来,如何界定?如果不能诠释这些规律,翻译的转换机制也就无从谈起。笔者认为这些规律就是概念交织规律。

6. 结语

从模因学的角度研究翻译，其优势在于模因能为我们提供较好的切入点：文化概念，从而使翻译的文化研究和语言研究、认知研究和结构研究、宏观研究和微观研究因其共享模因"概念"而结合在一起，从根本上寻找翻译模因的运作机制；也能为真正意义上的机器翻译提供解答难题的契机。上图中右下角的星号正是概念的集/激点，它可辐射整个图形，也是笔者目前学习与研究的对象，欢迎同趣者加盟，更欢迎方家指导斧正。

参考文献

Bartsch，R. *Norms of Language*［M］. London：Longman，1987.

Bassnett，S. and L. André.（eds.）. *Translation History and Culture*［C］. London：Pinter，1990.

Blackmore，S. *The Meme Machine*［M］. Oxford：Oxford University Press，1999.

Chesterman，A. Teaching translation theory：The significance of memes［A］. In Dollerup，C. & V. Appel.（eds.），*Teaching Translation and Interpreting*［C］. New Horizons. Amsterdam：Benjamins，1996.

Chesterman，A. *Memes of Translation*［M］. Amsterdam：Benjamins，1997.

Chesterman，A. Communication strategies，learning strategies and translation strategies ［A］. In Malmkjaer，K.（ed.），*Translation and Language Teaching*［C］. Manchester：St. Jerome Publishing，1998.

Chesterman，A. Memetics and translation strategies［J］. *Synapse*，2000(5).

Dawkins，R. *The Selfish Gene*［M］. Oxford：Oxford University Press，1976/1989.

Dennett，D. C. *Consciousness Explained*［M］. Harmondsworth：Penguin，1991.

Even-Zohar，I. The making of repertoire，survival and success under heterogeneity［A］. In *Festschrift für die Wirklichkeit*（*To Honor Sigfried J. Schmidt*）［C］. Guido Zurstiege，ed. Darmstadt：Westdeutscher Verlag，2000.

Fauconnier，G. & T. Mark. *The Way We Think*［M］. New York：Basic Books，2002.

Gutt，Ernst-August. A theoretical account of translation — Without a translation theory ［J］. *Target*，2/2，1990.

Gutt，Ernst-August. *Translation and Relevance*［M］. Oxford：Blackwell，1991/2000.

Hansen，G.（ed.）. *Probing the Process in Translation：Methods and Results*［C］. Copenhagen Studies in Language（24）. Copenhagen：Samfun dslitteratur，1999.

Hermans，T. *Translation in Systems*［M］. Manchester：St. Jerome Publishing，1999.

Heylighen，F. Selfish memes and the evolution of cooperation［J］. *Journal of Ideas*，Vol.2/4，1992.

Heylighen, F. Selection criteria for the evolution of knowledge[A]. In *Proceedings of the 13th International Congress on Cybernetics*[C]. 1993.

Heylighen, F. Objective, subjective and intersubjective selectors of knowledge[A]. *Evolution and Cognition*[C]. 1997.

Heylighen, F. What makes a meme successful? [A]. In: *Proceedings of the 15th International Congress on Cybernetics*[C]. 1998.

Moritz, E. Memetic science: I — general introduction [J]. *Journal of Ideas*, 1990.

Schäffner, C. (ed.). *Translation and Norms*[C]. Clevedon: Multilingual Matters, 1998.

Tirkkonen-Condit, S. A theoretical account of translation-without translation theory? [J]. *Target*, 4/2, 1992.

Toury, G. *Descriptive Translation Studies and Beyond* [M]. Amsterdam: Benjamins, 1995.

Vermeer, H. J. Translation and the 'meme'[J]. *Target*, 9/1, 1997.

Wang, B.. Translation and Conceptual Integration. Ph. D Dissertation[Z]. Fudan University, 2002.

王　斌.关联理论对翻译解释的局限性[J].中国翻译,2000(4).

王　斌.交织与隐喻的比较研究[J].外语学刊,2001(1).

王　斌.概念整合与翻译[J].中国翻译,2001(3).

王　斌.隐喻系统的整合翻译[J].中国翻译,2002(2).

王建开.英美文学在现代中国的译介与接受[D].复旦大学,2001.

王克非.翻译文化史论[M].上海：上海外语教育出版社,1997.

张培基.英汉翻译教程[M].上海：上海外语教育出版社,1997.

翻译模因论与翻译教学*

马　萧

1. 引言

模因(meme)这一概念源于社会生物学，最早见于动物学家Dawkins(1976)的畅销书*The Selfish Gene*(《自私的基因》)中。基因是传递生物信息的单位，生物体通过基因进行传播而得以生存。Dawkins希望meme这个类似gene的词能描叙文化现象的进化。他在该书的最后一章引入了与基因相对应的模因概念，并把模因定义为"文化传播的单位，或模仿的单位"。模因能够通过模仿和复制在人的大脑之间相互传染而进行传播(Dawkins, 1976/1989: 206; Chesterman, 1997, 2000; 何自然、何雪林，2003)。心理学家Blackmore(1999)认为人类语言甚至大脑的发展都是由于模因的驱动。

Dawkins认为，人是基因赖以生存的机体之一，是基因得以不断复制和永存的一种方式。同样，人类也是模因赖以生存的载体(但不是唯一的载体)，是最便捷、最有效的模因传播机器。在同一文化中模因的传播总是通过模仿，尤其是通过语言进行传播。如果模因要通过语言进行跨文化传播，那就需要翻译了。因此，翻译是模因跨越文化疆域进行传播的生存载体。

2. 翻译模因论

2.1 翻译的历史进化观

模因论(memetics)是研究模因的理论。最早把模因引入翻译理论研究的当属Chesterman(1996, 1997)和Hans J. Vermeer(1997)。Chesterman把有关翻译本身以及翻译理论的概念或观点统称为翻译模因(translation memes)，如翻译的理论概念、规范、策略和价值观念等

* 本文原发表于《山东外语教学》2005年第3期。

(Chesterman，1996：63-71；1997：7)。他把翻译研究看作是模因论的一个分支，试图用模因论来解释翻译提出的问题，并通过对翻译理论发展史的研究，探寻翻译理论的进化和形成规律。他详细讨论了翻译模因库中的五种超级模因（supermemes）——源语—目标语模因、对等模因、不可译模因、意译—直译模因、写作即翻译模因（Chesterman，1997：7-14），发现在翻译理论的进化过程中，有些翻译模因由于不能被普遍接受而消亡；有些翻译模因曾流行一时而最终被取而代之；有些则具有很强的生命力，得以生存和发展。同时通过考察西方翻译理论的进化过程，他发现在某一特定的历史时期都有某一翻译模因处于主导支配地位，而其他翻译模因则处于被压制的地位，从而把西方翻译理论史划分为八个阶段：词语阶段、神谕阶段、修辞学阶段、逻各斯阶段、语言学阶段、交际阶段、目标语阶段和认知阶段（ibid.：20-42）。各种模因为了适应社会环境，在不同时期均以不同的面貌出现，不断进行复制和传播，以求生存和发展。

随着翻译理论的发展，翻译模因库中积累的翻译模因越来越多。每一模因既是对以前模因的复制和继承，但又存在一定的"突变"（mutation）。模因在传播过程中产生变异，在变异中得以发展。模因之间的复制关系既非等价，亦非转移，而是增值关系（additive relation），即 $A \rightarrow A + A'$（Chesterman，2000）。因此，模因传播是动态的、而非静态的过程。模因分共生模因（mutualist memes）和寄生模因（parasitic memes）。共生模因与寄主互为生存、共同发展。如大多数翻译模因都对翻译的进化有所裨益，从而促进了翻译理论和翻译实践的发展，属共生模因；而寄生模因将杀死其寄主而自行消亡。如"翻译理论无用"模因、"不可译"模因等，阻碍了翻译理论与实践的发展，最终必然消亡（Chesterman，1997：6，2000）。

2.2　翻译理论与实践的关系观

Chesterman 把 Popper 的科学哲学观引入他的翻译模因论，认为翻译模因处于 Popper 的第三世界中。Popper 把世界划分成三个世界：第一世界是客观物质世界；第二世界是个人思想、情感的主观心智世界；第三世界是指思想的客观内容，属客观知识世界，即关于思想、理论、论题等的知识，存在于公共领域，不是指存在于个人头脑中的观念（第二世界）。如书籍作为客观物质对象存在于第一世界中，但书籍的内容存在于第三世界中，书籍可以被烧毁，但书籍的内容是不能被烧毁的。

Popper 的三个世界是相互作用、相互依存的。模因起源于人们的大脑，即源自第二世界；当用语言符号表达出来成为客观知识就进入了第三世界。第三世界是第一世界和第二世界相互作用的产物,反过来又影响第二世界,从而影响第一世界。观念影响我们的行为,行为影响客观物质世界,而物质世界又反过来产生新的观念(Niinilutuo,1978;Chesterman,1997:14,1996:64)。

Popper 认为理性是人的本质属性,思维能力就是批评判断能力。理性批判是认识发展和进化的主要工具。由于第三世界对我们的思维、信念和行为产生影响,因此,第三世界的进化就意味着人类的进化,包括个体进化和群体进化。如果每个人都要从亚当开始,人类就无法进步了。因此,第三世界的翻译模因是促进翻译技能发展的关键因素。根据Popper 的理论,个人翻译技能的发展来自我们的错误,来自我们以前的翻译实践,来自对他人的译作的研究,来自前人对翻译的思考,来自翻译理论和翻译历史的学习。我们通过批评对话,自我批评,从他人的反馈信息中发展自己(Chesterman,1997:167)。

因此,根据 Popper 的理论,翻译模因,即翻译理论或翻译观念,不可避免地影响译者的思维方式和翻译行为。这也是 Chesterman 对翻译理论与翻译实践之间关系的理解。

2.3 个体发生与种系发生的平行观

Popper 接受了达尔文进化论的一个最具挑战的观点:个体发生(ontogenetic)平行于种系发生(phylogenetic)。Chesterman 将这一观点应用到翻译能力的习得中。他认为,一个译者的个体发生过程应该遵循翻译理论的种系发生过程,也就是说,一个译者的观点、态度变化过程可能反射出整个翻译理论的发展,反之亦然(Chesterman,1997:159)。

这一假设对翻译教学具有深刻的启示。也就是说,我们可以利用个体发生与种系发生的相似性来强化翻译过程教学。这也是为什么必须给学生讲授翻译理论发展史的原因。其目的是使有关翻译理论发展的知识最终成为学习者的一种概念工具,并可为学习者提供比照来观察自己的学习进程,培养学习者的自我意识,使他们有一种亲身参与历史进程的体验。

3. 翻译模因论对翻译教学的启示

3.1 翻译理论教学的重要性

Chesterman(1996)认为,人与机器的不同之处在于人可以掌握理论概念。翻译理论作为概念工具是翻译能力的重要构成因素。

许多译者甚至是职业译者对翻译理论抱着怀疑的态度，或根本不承认翻译理论的存在，认为高谈抽象的理论毫无用处。初学翻译的学生似乎也有同感，觉得翻译只是需要多练习。Chesterman 对这一错误的思想（寄生模因）进行了纠正，认为译者必须要有翻译理论，没有理论的翻译是盲目的翻译(To translate without a theory is to translate blind.)；理论概念是翻译过程中思维和决策的基本工具，翻译理论对译者、学生和教师都是非常有用的。为了说明翻译理论的重要性，Chesterman 借用了 Popper 有关三个世界划分的理论框架，论证了翻译理论与翻译实践之间的关系。翻译理论存在于第三世界，必然影响译者个人的主观心智世界（第二世界），最终影响到翻译行为（第一世界）。有些译者和学生之所以认为翻译理论无用，是因为他们认为翻译理论不能直接解决翻译实践中存在的具体问题，但是他们没有看到翻译理论可以通过译者个人的主观心智世界间接地影响着自己的翻译行为，是翻译实践中概念工具的直接来源。

3.2　翻译史教学的必要性

翻译模因的进化发展是动态的，具有历史的敏锐性。翻译史教学可以使学生了解翻译模因进化的来龙去脉和历史渊源，懂得任何翻译模因的变化和发展都是受一定社会文化制约的。在一定历史时期，某一翻译模因处于支配地位时，这一模因就演化成了该时期的规范，而其他模因则处于被压制的弱势地位。遵循规范的翻译则被视为正统，而违反这一规范的翻译则被视为错误，或根本就不被认为是"翻译"（Chesterman，1997：50－51）。因此，翻译模因是历史的产物。

翻译史教学可以使学生对翻译模因进化的历史全程有一个整体认识（Chesterman，1996：69），深谙模因之间的联系与变化，有利于学生对形形色色的翻译理论的深刻理解。而不只是掌握一些片面、零散的翻译概念，以避免学生形成以点代面的错误观念。由于不同阶段的翻译思想都只是突出了翻译现象的某一具体侧面，如果学生对翻译史没有一个全方位的了解，就会犹如盲人摸象，大家摸到的都是大象的不同部位，但都认为自己摸到的就是大象的全部。因此，翻译史教学能帮助学生把不同的翻译思想整合起来，对翻译现象形成一个全面完整的认识。（Chesterman，1996：69，1997：18－19）

根据 Darwin 的观点，个体发生能反映种系发生的规律。那么，教师可以通过翻译史教学来强化学生的个体发生过程。学生可以利用种系发生过程来比照、观察自己的学习进程，使自己有一种亲身参与历史进程的体验，减少学习的盲目性。Chesterman（1997）把翻译理论史分为八个阶段,假如这一种系发生过程与译者的个体发生过程相一致,那么,其中每一个阶段都代表着学生个体发展的必经阶段,因此,翻译教学就应该按照这一种系发生的过程规律实施。

"词汇"阶段是翻译学习者的起始阶段。初学者自然会采用"词对词"的翻译方法,教师不能一味抱怨学生过分注重词汇问题,停留于词汇层面,而希望学生尽快进入下一个阶段。但不要忘了,这是初学者必须经过的阶段,我们只能充分利用这一阶段的特征,做好教学工作。在这一阶段,我们应该围绕词汇进行翻译教学,培养学生的词汇翻译能力。教学内容可涉及词典等工具书的使用、词语的外延意义和内涵意义、词汇语言学、成分分析、词典学、专门词语的翻译等,还可以利用词汇教学展开对"可译性"问题的讨论。

第二阶段是"神谕"阶段。主要强调语法形式和直译。一般来说,大学生往往处于这一阶段。大学教师经常批评学生固守中学传统翻译习惯,但这也是学生整个发展过程的必要一环。正当的方法是使学生认识到"直译"只是翻译的一种形式。教学内容可涉及 Nida 的最小转换(minimal transfer)、字面转换(literal transfer)和文学风格转换(literary transfer);Newmark 的语义翻译和交际翻译;翻译材料可以选择侧重原文形式的文本类型(哲学文本和法律文本等)和要求事实准确的科技翻译。

第三个阶段是"修辞学"阶段。在这一阶段,教学重点应放在学生译文文体自然、表达灵活上,可要求学生针对目标语进行写作训练。尤其是将母语译成外语时,更要强化对目标语驾驭能力的训练。Hewson & Martin(1991)提出的变异翻译模式适合这一阶段的训练。他们认为翻译是建立在两个释义变体集合基础之上的:源语释义集合和目标语释义集合。译者首先生成某一原文的释义变体集合,然后给出其相应的目标语释义变体集合;比较分析两组释义变体集合之间的异同,最后根据目标情景制约因素和规范,从中选择一个最佳译文。这一方法可以训练学生两种语言驾驭能力。在这一阶段,学生可以学习有关文体学、文本语言学、修辞学等理论概念,同时进行编辑、校读训练。

第四阶段是"逻各斯"阶段。这一阶段主要强调语言的创造力和文学翻译。"杂合翻译"是这一阶段的一个中心概念,要求学生认识到原文可映射到译文中去,译文不可避免带有外来色彩;学会区分语法次序与信息次序。在许多文本类型中,保留信息次序比保留语法次序更为重要;掌握主述谓结构、强调、有标记和无标记表达等;识别显性翻译与隐性翻译,源语文化浓厚的文本应采用显性翻译,而一般的文本可以采用隐性翻译。因此,文本类型是制约译者决策的一个重要因素。应该使学生明白译者并不总是隐形于目标文本与目标读者之间，有时也现形、在场、显示身份，承担译者的责任；解构主义的翻译观也是这一阶段的重要教学内容之一。

"语言学"阶段主要强调语言学知识的重要性。教学内容应涉及符号学、语义学、语用学等，为学生评估、选择译文提供概念工具；在这一阶段还必须涉及对比语言学的内容，强调对两种语言系统（langue）的对比分析，为其译文形式（parole）的选择提供依据。

在"交际"阶段，学生必须认识到作为译者、专业交际者的社会形象和社会作用，考虑翻译任务的整体性质，重视翻译交际过程中各参与者的作用：谁需要翻译？谁付钱？谁出版？谁是读者？等等。交际阶段不再只关注文本本身，并且关注情景。教学内容可涉及交际理论，如 Grice 的合作原则及其准则、一般语用学理论（礼貌原则、关联理论、顺应理论等），强调译文的可读性。还可以展开对"对等"观念的讨论，使学生认识到任何交际者都不可能对同一交际作出完全相同的解释。

"目标语"阶段侧重于目标语的文化层面。翻译文本总是嵌入目标文化之中。这一阶段学生可学习多元系统论，练习翻译一些文化负载重的词语、典故等，掌握其处理策略；提高学生对文本操纵的意识，使他们认识到文本操纵是不可避免的，是意识形态作用的结果。因此，译者必须负起责任；学生还必须明白处于支配地位的文本与处于边缘地位的文本之间的翻译是不同的；翻译规范因不同时期、不同文化而发生变化。

"认知"阶段主要关注译者大脑这一"黑匣子"，探索译者的决策过程。从个体发生的角度看，这是译者能力发展的成熟阶段，即自我意识阶段。译者的自我意识也包括对翻译行业种系发展的意识。自我意识可使学生从教条中解脱出来，成为一个自由的主体，一个对自己的行为负责任的主体，而不是一个顺从的客体（Chesterman，1997：163）。

3.3 翻译教学必须遵循翻译能力的进化规律

翻译作为一种行为技能是翻译能力的一个重要方面。Chesterman 认为翻译技能是可以学会的，必须遵循 Dreyfus 兄弟（1986）提出的专业技能发展规律。Dreyfus 兄弟把专业技能的进化分为五个阶段：（1）初学者阶段（novice stage）。学习者主要学习识别与技能相关的各种客观事实及特征，以获取决定行为的规律。这些特征非常显著，无需语境便可识别。（2）高级学习者阶段（advanced beginner stage）。学习者经历了更多真实情景后，发现有些特征是因情景变化的（situational），而不能脱离语境（context-free）。（3）能力形成阶段（competence stage）。随着经验的增加，识别的情景特征增多，人们很难把所有这些特征都储存在意识之中。

因此就必须发展优先选择意识,人们要学会决策的层级程序,包括情景的整体判断能力、制定计划以及选择实现这一计划最为重要的因素的能力。在这一阶段,有能力的学习者具有任务目标意识,目标意识决定情景特征的优先选择。(4)熟练阶段(proficiency stage)。在这一阶段,人们不再只根据客观规则进行决策,而更多的是根据个人经验。根据经验判断某些情景特征比其他特征更为突显。学习者能本能地运用这些模式,而无需解构这些模式,这并不是说整体性就排除分析性,熟练者根据直觉组织和理解任务的同时,也会对要做的任务进行分析性思考。因此,熟练者总是在直觉理解与理性的、审慎的行为之间摇摆。(5)专业技能阶段(expertise stage)。在这一阶段,一切依赖于直觉。有意识的参与被无意识的参与所取代。专业技能不再是分析性的、运算性的,而是非理性的、直觉的。

因此,技能习得的整个过程是一个逐渐自动化的过程:从原子分析到整体识别;从有意识反应到无意识反应;从分析性决策到直觉性决策(Chesterman,1997:150)。

在翻译教学中我们必须遵循这一循序渐进的能力发展规律,起初要刻意培养学生识别各种翻译模因的自我意识。教师要针对各种翻译模因有计划、有步骤地要求学生进行反复的翻译训练,并要求其翻译行为明确地受到意识的监控;随着翻译专业技能的发展,学生识别相关的情景特征的能力和选择恰当的翻译策略的能力逐渐趋于自动化,最终成为一种直觉。这样,清醒的意识就演变成了译者能够随意运用的一种工具,各种翻译模因就内化为译者翻译能力的一部分。下面以翻译策略能力的培养举例说明。

在初学者阶段,给学生介绍一些典型的翻译策略,要求学生在比较源语文本和翻译文本时识别这些翻译策略,把翻译策略作为概念和经验规则学习。如要求学生找出某一翻译文本中使用的某些翻译策略。

在高级学习者阶段,要求学生根据原文分析译文,列举他们观察到的翻译策略。此时,这些基本的翻译策略已是学生非常熟悉的概念了,他们已经具备在具体语境中识别这些翻译策略的能力;也可要求学生通过翻译练习,学习运用某些翻译策略的能力。如要求学生在翻译具有显著特征的、标记性很强的文本类型或段落时使用某一具体的翻译策略,使学生逐步掌握翻译的句法/语法策略、语义策略和语用策略。

在能力形成阶段,主要侧重对学生分析决策能力的培养。要求学生进行译本分析,并阐明译者使用这些翻译策略的原因,译者优先考虑的因素或目标是什么? 在进行具体翻译练习之前,要求学生陈述他们将要使用的翻译策略并阐明理由。

在熟练阶段,要着重培养学生从分析性思维转向直觉思维。要求学生在规定的时间内完成某一翻译任务。因为时间压力,学生只能依据直觉选择翻译策略,没有时间进行分析思考。翻译任务完成后,要求学生针对所选用的翻译策略进行理性分析、比较和评估。也可进行分组讨论,让学生对各自译文进行相互讨论和评价。目的是使学生对通过直觉产生的译文进行反思。在专业技能具备阶段,无需实施教学(Chesterman,1997:154)。

4. 结语

翻译模因论从翻译模因的进化过程阐述了翻译理论的历史进化规律,根据 Popper 的理论论证了存在于第三世界的翻译模因对翻译实践的影响关系,从个体发生与种系发生的角度说明了翻译学习者个体翻译能力的形成和发展实际上从属于翻译能力种系发展的历史过程。由此,翻译模因论使我们认识到在翻译教学中不可忽视翻译史、翻译理论的教学内容,翻译技能的培养也必须遵循翻译能力的发展规律。

参考文献

Blackmore, S. *The Meme Machine*[M]. Oxford: Oxford University Press, 1999.

Chesterman, A. Teaching translation theory: The significance of memes[A]. In C. Dollerup, C. & V. Appel. (eds.), *Teaching Translation and Interpreting* (3) [C]. Amsterdam: John Benjamins, 1996.

Chesterman, A. *Memes of Translation: The Spread of Ideas in Translation Theory*[M]. Amsterdam: John Benjamins, 1997.

Chesterman, A. Memetics and translation strategies [J]. *Synapse*, 2000(5).

Dawkins, R. *The Selfish Gene*[M]. Oxford: Oxford University Press, 1976/1989.

Dreyfus, H. L. & S. E. Dreyfus. *Mind Over Machine* [M]. Oxford: Blackwell/New York: The Free Press, 1986.

Hewson, L. & J. Martin. *Redefining Translation: The Variational Approach* [M]. London: Routledge, 1991.

Niinilutuo, I. Notes on Popper as follower of Whewell and Peirce [J]. *Ajatus*, 1978(37).

Vermeer, H. J. Translation and the 'meme'[J]. *Target* 9/1, 1997.

Zeldin, T. *An Intimate History of Humanity*[M]. London: Minerva, 1995.

何自然、何雪林.模因论与社会语用[J].现代外语,2003(2).

从模因到规范[*]

——切斯特曼的翻译模因论述评

马　萧

1. 引言

世界万物都是相互联系的,每一个体都不可能孤立存在,或多或少都与其他个体存在一定的联系。一切事物的衍生都是在对原有事物的继承、复制基础之上传播的结果,继承和复制体现了事物之间的联系。正因为联系和接触,事物的发展必然受到其他个体异质性的影响,也正因异质性的影响给事物的发展带来了活力。切斯特曼通过考察翻译模因的发展史及其发展过程,从文化进化、知识进化、技能进化的角度,提出了翻译模因论。

模因论(memetics)是研究模因(meme)^①的理论。翻译模因论则是研究翻译模因的理论。Chesterman 的翻译模因论的核心是翻译规范论。他在《翻译模因论》及其他相关论著中对翻译规范进行了详细的论述。下面作者简要介绍一下翻译模因论的主要概念,从翻译模因的产生、发展及其演化过程等方面,阐明翻译理论、翻译技能及翻译规范模因的形成规律,以期对翻译研究和翻译教学有所启示。

2. 模因论

2.1　模因的概念

模因(meme)这一概念最早见于生物学家 Dawkins 1976 年出版的 *The Selfish Gene*(《自私的基因》)一书中。Dawkins 希望 meme 这个词类似于 gene 能描叙文化现象的进化。基因是传递生物信息的单位,生物体通过基因进行传播而得以生存。Dawkins 在该书的最后一章引入了与基因相对应的模因概念。因此,他把模因定义为"文化传播的单位,或模仿

＊　本文原发表于《广东外语外贸大学学报》2005 年第 3 期。

的单位",模因通过模仿和复制在人的大脑之间相互传染而进行传播。心理学家 Blackmore 认为人类语言甚至大脑的发展都是由于模因的驱动。

Dawkins 认为,人是基因赖以生存的机体之一,是基因得以不断复制和永存的一种载体。同样,人类也是模因赖以生存的载体(但不是唯一的载体),是最便捷、最有效的模因传播机器。模因有共生模因(mutualist memes)和寄生模因(parasitic memes)。共生模因与寄主相互发展、互为生存;寄生模因将杀死其寄主而最终自行消亡。

2.2 翻译模因的概念

模因在同一文化中的传播总是通过模仿,尤其是通过语言进行传播。如果模因要通过语言进行跨文化传播,那就需要翻译了。因此,翻译是模因跨越文化疆域进行传播的生存载体。最早把模因引入翻译理论研究当属 Chesterman 和 Hans J. Vermeer。Chesterman 把有关翻译的概念或观点以及翻译理论统称为翻译模因(translation memes),如翻译的理论概念、规范、策略和价值观念等。他详细讨论了翻译模因库中的五种超级模因(supermemes)——源语—目标语模因(source-target)、对等模因(equivalence)、不可译模因(untranslatability)、意译—直译模因(free-vs-literal)、写作即翻译模因(all-writing-is-translating)——的进化情况和相互关系。同时,通过考察西方翻译理论的进化过程,发现在某一特定的历史时期都有某一翻译模因总是处于主导支配地位,并据此把西方翻译理论史分为了八个阶段:词语阶段(Words)、神谕阶段(The Word of God)、修辞学阶段(Rhetoric)、逻各斯阶段(Logos)、语言学阶段(Linguistic Science)、交际阶段(Communication)、目标语阶段(Target)和认知阶段(Cognition)。各种模因为了适应不同时期的社会环境,以不同的面貌出现,不断进行复制和传播,以求生存和发展。

2.3 翻译模因的进化

除上述五种超级翻译模因之外,翻译模因库中还存在大量的翻译模因,每一模因既是对以前模因的复制和继承,但又存在一定的"突变"(mutation)。模因在传播过程中产生变异,在变异中得以发展。模因之间的复制关系既非等价,亦非转移,而是增值关系(additive relation),即 A→A+A′。因此,模因传播是动态的,而非静态的过程。Chesterman 通过对翻译理论发展史进行研究,发现在翻译理论进化过程中,有些翻译模因由于不能被普遍接受而消亡;有些翻译模因曾流行一时而最终被取而代之;有些则具有很强的生命力,得以生存和发展。在翻译模因库中,大多数翻译模因对翻译理论的进化和发展有所裨益,从而促进了翻译理论和翻译实践的发展,属共生模因。而有些翻译模因,如"翻译理论无用"模因、"不可译"模因等,无助于翻译理论与实践的发展,最终必然消亡,属寄生模因。

2.4 翻译模因的位置

根据 Popper 三个世界的划分,翻译模因存在于第三世界。第一世界是客观物质世界;第二世界是主观世界,包括意识、心智状态和行为倾向;第三世界是指思想的客观内容,属概念世界。Popper 的三个世界是相互作用、相互依存的。模因起源于人们的大脑,即源自第二世界;当用语言符号表达出来就进入了第三世界;第三世界是第一世界和第二世界相互作用的产物,反过来又影响第二世界,从而影响第一世界。观念影响我们的行为,行为影响客观物质世界,而物质世界又反过来产生新的观念。

因此,翻译理论可以通过影响译者的思维方式和翻译理念,间接影响译者的翻译行为,对译者的翻译实践显然具有指导作用。这有力地解释了翻译理论与翻译实践之间的关系,批驳了"翻译理论无用"的错误观点。

3. 翻译模因的产生与发展规律

3.1 翻译理论进化规律

翻译模因作为理性知识必须符合 Popper 的科学知识的获取过程,其表达式为:P1→TT→EE→P2。一切知识的获得均源自一个问题(P1),针对这个问题,人们提出一个尝试性理论(Tentative Theory,TT)或尝试性假设,即试验性的解决方案。简言之,理论就是解决问题的假设,是对某一问题的假设性回答。尝试性理论必须服从于纠错过程(Error Elimination,EE),纠错过程是区分科学知识与伪科学或非科学知识的关键。尝试性理论必须经受各种检验和批判:如与其他相关理论进行比较以检验其内部的一致性;接受各种数据和最新数据的检验以及产生的可检验假设的检验等等,其目的就是要证明其错误,即证伪。Popper 认为,一个理论如果不可证伪(至少具有潜在的可能性),该理论就不是一个经验性理论,也不是一个科学理论。

本质上说,一个假设,一个理论是永远不可能最终被证明是正确的,尽管有新的证据支持。因此,一个理论重要的不在于是否可被证实(因为证实是无止境的),而是在于是否可被证伪。纠错过程的结果是提出另一个新的问题(P2),这一过程往复循环,以至无穷。理论永远也不可能达到真实,只能不断地逼近真实。

翻译模因的进化也是一个从提出问题(P1),到试图解决问题(TT),到发现新的问题(P2)的永无终结的过程,以期更加逼近翻译的真实性。翻译本身就是一种尝试性理论,任何一种译文都是对原文的一种试验性的解决方案。

Chesterman认为,翻译理论目前的优势在于我们有广泛的具体问题(P1s)需要解决,主要弱势其一是缺乏经验性的纠错过程(EE),以至于尝试性理论(TTs)往往停留在一个比喻的水平;其次是缺乏一个整体框架把那些低一层次的尝试理论(TTs)以连贯一致的方式联系起来。这也就是他构建翻译模因论的动因。

3.2 翻译模因的个体发生与种系发生论

Popper接受了达尔文进化论的一个最具挑战的观点:个体发生(ontogenetic)平行于种系发生(phylogenetic)。Chesterman将这一观点应用到翻译能力的习得中。他认为,一个译者的个体发生过程应该遵循翻译理论的种系发生过程,也就是说,一个译者的观点、态度变化过程可能反射出整个翻译理论的发展。那么,我们可以利用个体发生与种系发生的相似性来强化翻译过程教学。这也是为什么必须给学生讲授翻译理论发展史的原因。其目的是使有关翻译理论发展的知识最终成为学习者的概念工具,并可为学习者提供比照来观察自己的学习进程,培养学习者的自我意识,使他们有一种亲身参与历史进程的体验。

Chesterman把翻译理论的发展过程分为八个阶段,假如这一种系发生过程与译者的个体发生过程相一致,那么,其中每一个阶段都代表着翻译学习者理论发展的必经阶段,因此,翻译教学就应该按照这一过程实施。当然,根据西方翻译理论划分的八个阶段是否具有合理性、必然性和普遍性的确令人怀疑。

3.3 翻译技能模因的成熟规律

翻译技能作为翻译能力的一个方面,可以通过学习成为具有专业知识、专业翻译能力的行家。Dreyfus兄弟提出了习得专业技能的五个阶段:初学者阶段(novice stage)、高级学习者阶段(advanced beginner stage)、能力形成阶段(competence stage)、熟练阶段(proficiency stage)、专业技能阶段(expertise stage)。他们认为技能习得的整个过程是一个逐渐自动化的过程:从原子分析到整体识别;从有意识反应到无意识反应;

从分析性决策到直觉性决策的过程。

翻译作为一种行为方式可以纳入行为理论的框架之下。Steiner 把语言活动置于人类活动之中，认为任何人类活动都是一种层级结构形式。最高一层是活动行为(activity)，即一种文化和生理需要的行为，表现为人与其环境之间的关系状态。当活动行为完成后，行为者达到一种目标状态。其次是行动行为(actions)，行动行为是实现活动行为目标的必要手段。再次是操作行为(operations)。

翻译行为是一个多层面的层级过程。Chesterman 最为关心的是行动行为与操作行为，认为行动行为是意识行为，可以用语言表述清楚。操作行为是前意识行为，但可通过意识努力成为行动行为；当行动行为成为自动的、无意识的，就成为操作行为。前期的技能学习具有行动行为性质，而后期的专业技能阶段具有操作行为性质。因此，翻译技能的成熟是一个从行动行为到操作行为的过程。成熟的专业译者主要是依赖直觉，形成了一套自动的行为程序，只是当遇到异常情景时，才会调动意识理性，操作行为就会暂时回到行动行为，实施大脑的有意识监控。毫无疑问，翻译技能的成熟规律对翻译教学和翻译培训有着借鉴和启示作用。

4. 翻译规范论的形成

4.1　从模因到规范

当某一模因被某一社团广泛接受便成为规范。同样，当某一翻译模因在某一时期处于支配主导地位，这一翻译模因就演化成了翻译规范，而其他翻译模因则处于被压制的弱势地位。遵循规范的翻译则被视为正统，而违反这一规范的翻译则被视为错误，或根本就不被认为是"翻译"。因此，翻译规范模因对翻译理论和实践具有制约作用。

Chesterman 的规范论明显地受到了语言学家 Bartsch 和翻译理论家 Toury 的影响，其翻译规范的分类也借鉴了社会学和语言学对规范的分类方法。

4.2　Chesterman 的翻译规范论

Chesterman 认为规范是描写性的而不是规定性的，是对某一社团内部的具体惯常行为的描写。Bartsch 把规范定义为"正确观念的社会现实"。一定社团的人不可避免对某一具体行为的"正确性"有着共同的观念，他们对这一行为是否正确有着某种程度上的一致性。作为"社会现实",规范存在于主体之间。每个人都对规范有自己的认识,规范只有依赖其社会存在才能被公认。规范存在于社会意识之中,而不知其存在的规范是不存在的。我们可以说:"N 曾经是规范,但目前大多数人都不遵守这一规范了。"但我们不能说:"N 是现行的规范但大多数人都不遵守它。"

Chesterman 的翻译规范论是继 Toury 之后对翻译规范理论的又一重大发展。Toury 是把规范理论运用到翻译研究中的首倡者之一,他把翻译规范分为:1)预备规范,与一定文化中的翻译政策有关,涉及社会、文化、经济甚至政治问题;2)操作规范,指翻译过程中指导实际翻译决策的规范,如文本规范等;3)初始规范,制约译者在原语文本与目标文本之间进行选择的规范。选择源语作为初始规范将会产生准确的(adequate)译文;选择目标语作为初始规范就会获得可接受的(acceptable)译文。Chesterman 关注的是在客户委托翻译之后那些起作用并能指导译者工作的规范。Chesterman 通过对 Toury 的操作规范和初始规范的分析,在社会学的产品规范(product norms)和过程规范(process norms)以及语言学的产品规范、交际规范和道德规范(ethical norms)的基础上,从不同的视角提出了期待规范(expectancy norms)和专业规范(professional norms)的概念。

(1)期待规范

期待规范由预期读者或翻译当事人对翻译产品的期待所决定,实际上也是一种产品规范。Chesterman 的进步在于把期待规范置于社会历史条件下,认为期待规范是动态变化的。期待受目标文化中流行的翻译传统以及类似文本形式的制约,也受经济、意识形态因素和同一文化内或文化间权力关系的影响。读者对文本类型、篇章常规、风格、语域、语法、文本特征的分布、搭配、词汇选择等等都有自己的期待。正如 Hermans 所说,"正确"的翻译就是符合某一具体系统中流行的正确观念。因此,期待规范可用来评判译作。也就是说,译者满足了期待规范,就会被视为好的翻译,而不符合期待规范的译作可能被视为劣质的译作。不过,是否符合了期待规范很难评判,无法在翻译评估中进行实际操作。

(2)专业规范

专业规范实际上是一种过程规范,起指导、调节翻译过程的作用。专业规范是有能力的专业译者翻译行为的具体体现,是非专业译者试图努力达到的标准。

专业规范包括责任规范(accountability norm)、交际规范(communication norm)和关系规范(relation norm)。责任规范是一种道德规范(ethical norm）。要求译者应忠实于原作者,满足翻译委托人、译者本身、预期的读者以及其他相关当事人的要求;交际规范是一种社会规范(social norm)。在特定的情景下译者旨在使参与交际的各方取得最佳交际效果。译者扮演着交际专家的角色,既是他人意图的传递者,本身又是实实在在的交际者;关系规范因涉及文本之间的关系,因而是一种语言规范(linguistic norm)。

Chesterman 认为,译者应在源语文本和目标文本之间确立一种恰当的关联相似性关系。源语文本与目标文本之间存在着广泛多样的关系,而不只是"对等"关系,译者应根据文本类型、委托人的愿望、原作者的意图、预期读者的需求等,视情况而定选择适当的关系。

过程规范来源于规范权威,规范权威是社会公认的有能力的专业译者,因此,"能力"和"专业性"是以主体间性定义的。译者的能力必须得到权威的认可;而权威又必须得到人们的公认。由此可见,Chesterman 的翻译规范论也是对以前规范模因的一种继承和发展。

5. 结语

Chesterman 把翻译研究纳入了模因论的研究范围,从模因论的新视角,论述了翻译模因的产生、传播和发展规律,从而把一些互不关联的翻译观点联系起来,构建了一个系统的翻译模因论。翻译模因论从文化进化、知识进化、技能进化的角度,阐明了翻译理论的形成规律,翻译理论与翻译实践之间的关系,澄清了"翻译理论无用论"等错误观点。尽管有些论述还不够具体充分,但其对翻译研究和翻译教学的指导意义显而易见。

注释

① Meme 一词目前存在多种译法,这里作者采用了何自然教授的译法"模因"。因为 meme 是由希腊语 mimeme 一词缩略而成,Dawkins 希望其读音和意义都类似 gene,具有模仿、复制和传播的功能。译为"模因"容易使读者联想到"基因"的读音和功能,具有类比性。因此,作者认为译为"模因"较妥。Memetics 指研究 meme 的理论,因而译为模因论。

参考文献

Bartsch, R. *Norms of Language*[M]. London: Longman, 1987.

Blackmore, S. *The Meme Machine*[M]. Oxford: Oxford University Press, 1999.

Chesterman, A. Description, explanation, prediction: A response to Gideon Toury and Theo Hermans [A]. In Schaffner, C. (ed.), *Translation and Norms* [C]. Clevedonetc.: Muiti-lingual Matters, 1999.

Chesterman, A. From "Is" to "Ought": Translation laws, norms and strategies[J]. *Target*, 1993(5).

Chesterman, A. *Memes of Translation: The Spread of Ideas in Translation Theory*[M]. Amsterdam: Benjamins, 1997.

Chesterman, A. Memetics and translationstrategies[J]. *Synapse*, 2000(5).

Chesterman, A. Teaching strategies for emancipatory translation[A]. In Schaffner, C. and B. Adab (eds.), *Developing Translation Competence*[C]. John Benjamins: Amsterdan/Philadelphia, 2000.

Chesterman, A. Teaching translation theory: The significance of memes[A]. In C. Dollerup & V. Appel (eds.), *Teaching Translation and Interpreting (3)* [C]. Amsterdam: Benjamins, 1996.

Dawkins, R. *The Selfish Gene*[M]. Oxford: Oxford University Press, 1976/1989.

Dreyfus, H. L. & S. E. Dreyfus. *Mind Over Machine* [M]. Oxford: Blackwell/New York: The Free Press, 1986.

Hermans, T. Translation norms and correct translations[A]. In Leuven-Zwart and Naaijkens (eds.), *Translation Studies: The State of Art* [C]. Amsterdam: Rodopi, 1991.

Steiner, E. Describing language as activity: An application to child language[A]. In R. P. Fawcett and D. J. Young (eds.), *New Developments in Systematic Linguistics (Vol.2): Theory and Applications*[C]. London: Pinter, 1988.

Toury, G. *Descriptive Translation and Beyond* [M]. Amsterdam and Philadelphia: Benjamins, 1995.

Vermeer, H. J. Translation and the 'meme'[J]. *Target* 9/1, 1997.

Zeldin, T. *An Intimate History of Humanity*[M]. London: Minerva, 1995.

何自然、何雪林.模因论与社会语用[J].现代外语,2003(2).

模因论与翻译的归化和异化 [*]

尹丕安

1. 引言

　　近几年来西文文化传播领域对模因(meme)理论的讨论正在热烈地展开。模因是由一个个体(人或动物)传给另一个个体的认知或行为模式(cognitive or behavioral pattern),它存在于个体的记忆中,是文化的基本单位。模因这个概念最先是由牛津大学教授 Richard Dawkins 在其著作 *The Selfish Gene*(1976)中提出来的。作者在描述基因作为复制因子的特征的基础上,构想了存在于人类社会文化传递的复制因子——模因。与基因不同的是,基因是代与代之间的垂直传播(vertical transmission),由父母至小孩。而模因可以在任何两个个体之间传播,是平行传播或多项传播生成(horizontal transmission or multiple parenting)。基因传播需要一代人的时间,而模因的传播只是瞬间的事,因而其传播力远胜于基因。国外一些学者将模因定义为个人记忆中的信息单位,它能够从一个人的记忆中复制到另外一个人的记忆中去,它将文化隐喻为一种有机体,一个文化传播单位可以看作是一个文化基因(meme)。在生物系统中,个体、种群和群落组成基因族、基因库。文化也可按其影响规模分为个人的、种族的文化。生物体需要靠遗传和进化来延续其生命基因,生物体本身就是基因的生存机器,称为"宿主"(host)。与之相似,文化也需要本身的继承和进步来延续其文化基因。

　　随着模因概念的引进,一门研究模因的新学科"模因学"应运而生。根据何自然(2003:202-204)的总结,针对模因的研究主要形成了几个流派:(1)信息观;(2)思维传染观;(3)文化进化观;(4)模因符号观。结合这几个观点,我们可以得出模因论的整体认识:模因学研究的基础是从生物学到文化领域的隐喻,这门学科将小到一个理念,大至文化,都看作是一个模因单位,或模因复合体(meme complex)。一种文化或理念之所以不同于其他文化或理念,是因为它们都有使其独特的模因因子。

　　* 本文原发表于《西安外国语学院学报》2006 年第 1 期。

对于生物种群来说,物种的进化是通过基因库中基因的准确复制和有益突变的积累来实现的。对于一种文化来说,其进步也需要基因库中基因的准确复制和有益的突变积累来实现。从源语模因的角度来看,翻译活动是通过语言引进外来模因,从而保证本国文化的进步性。从目的语模因的角度来看,翻译活动是传播和复制过程。复制的准确性、稳定性和传播速度是目的语模因在新的文化中能否生存的保证。因此,模因的概念使我们可以阐释翻译中的归化和异化问题。

2. 模因与翻译的归化和异化

2.1 模因的特性

模因是一种信息单位,通过模仿而得到复制和传播。Dawkins(1979,1989)认为模因有以下三个特征:(1)保真性(copying-fidelity)。复制保真性越高,原版就越能保留。(2)多产性(fecundity)。它是指模因的复制速度。复制速度越快,模因散布越广。(3)长寿性(longevity)。复制模式存在的时间越长,复制者数量越大。Francis Heylighen 认为,模因复制需经过 4 个阶段:(1)同化(assimilation)。一个有效的模因应能感染新的受体,假如某个模因呈现在一个新的可能的受体面前,此时的同化指呈现的模因被受体注意、理解和接受。注意指的是模因载体的显著程度足以引起受体的关注;理解意味着受体能将呈现的模因纳入自己的认知体系。接受则是某个新的思想或现象能与这个个体已有的认知结构相连接。(2)记忆(retention)。此阶段是指模因在记忆中的保留时间。模因必须在记忆中停留,停留的时间越长,感化受体的机会越多。记忆就像同化一样是经过严格挑选的,只有少数能够存活下来。(3)表达(expression)。它指的是在与其他个体交流时,模因因子必须从记忆储存模因中出来,进入能被他人感知的物质外形这一过程。最明显的方式莫过于演说,其他方式如篇章、图画和行为举止,人们走路、办事的方式或衣着都是模因的表达。(4)传播(transmission)。为了传递给另一个受体,表达需要有形承载或媒体,它们应具备一定的稳定性以保证表达的传递不过于失真、走型。演说用声音传递表达,而篇章用文字或互联网来传递。表达呈现为有形信号,将模因物质化,然后再解读还原实现传播。以上四个阶段,周而复始,形成一个复制环路,选择在每个阶段都有,一些模因在选择过程中被淘汰。

从模因的角度来看,人类只不过是传播模因便捷的、有效的机器

（Blackmore，1999）。毫无疑问，模因也可以通过翻译来传播。事实上这正是翻译的意义所在：将模因从一个地方传递到另一个地方，并且能顺利地超越文化鸿沟。模因概念不仅使我们可以从新的角度来看待翻译活动的意义，还可以阐释翻译中的归化和异化现象。

2.2 模因的传播过程与翻译

翻译过程可以看作是异国文化的模因通过语言向本国传播的过程。首先，原作者的作品是一个模因综合体的载体，负载着作者的思想和作者的文化背景。作者的思想理念是核心模因，存在于作品中的还有体现文化背景的各种模因。译者了解了源语信息，就自然成为模因的宿主（host）。译者既是源语模因的解码者和被感染者，也是源语模因的重要传播者。

根据 Bjarneskans 对模因的生命周期的研究，模因存在于其载体阶段，称为遗传阶段。未经阅读的源语信息处于遗传阶段，读者理解并接受作品的阶段是模因的解码和感染阶段。读者受到感染，成为宿主，便会对模因进行重新编码和传播。译者属于特殊的宿主，用新的语言对源语模因进行编码，为其更换新载体，构成模因的新遗传阶段。因此理想的翻译是：模因的新载体能使新的宿主通过转换过的语言，成功解码这些模因，使源语模因由此得到传播。以下是模因通过翻译传播的过程图解：

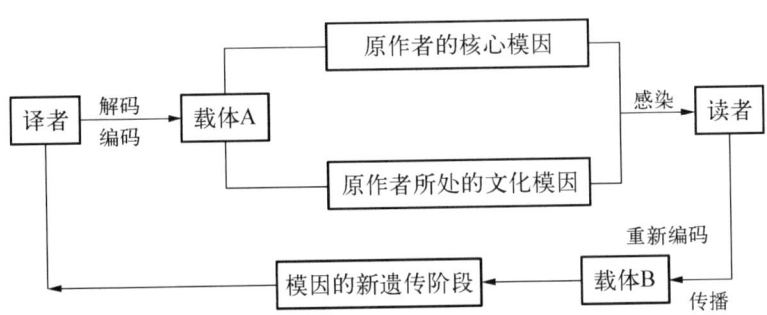

模因传播最重要的过程便是宿主解码和受感染阶段。如果译者编码模因的新载体，即译本不为读者所接受，模因也就无法感染这些新宿主，从而中断传播而消亡。以何种方式对源语模因进行编码，最大限度地复制源语模因，并同时让新宿主所接受，是翻译活动的焦点所在。

2.3 归化异化翻译与模因的传播

模因的本性是在传播中如基因一样，尽可能完全地复制自己。在上图中,最理想的复制是译文对读者不仅要产生原文对其读者的相似效果,还要从语言、文化和风格上将原文复制出来,这正是异化翻译所追求的目标,即译文应以源语或原文作者为归宿,在目的语文本中,在风格和其他方面突出原文之"异",目的就是让译文读者了解源语文化。但译者所翻译的这种模因综合体的载体是语言,而不是音、像、物等人类共通的东西。每一个模因综合体背后都蕴含着其独特的文化,因此异化翻译很难达到所追求的效果。

虽然源语和目的语的语言是独特的,但文化的共性又使得相对的复制成为可能。有时候源语文化中的模因可以在目的语文化中找到相似的模因,对其宿主产生相似的感染,对读者产生相似的效果。英文中的"armed to the teeth"和中文的习语"武装到了牙齿"有着相似的深层含义。又如英文的"Man proposes, God disposes."和中文的"谋事在人,成事在天"也有异曲同工的效应。因此,许多译者便采取归化翻译的方法,它强调要尽可能地将源语文化转换成目的语文化,使源语文本所反映的世界接近以目的语文化为依归的读者的世界,在目的语中寻找和源语文化信息相似的模因,以期产生原作模因对其读者产生的相似效果,从而相对忠实地传播原作模因综合体中的核心模因。

中文中有"沉鱼落雁之容,闭月羞花之貌"的说法。有人译为"Her beauty is beyond description."。将"天有不测风云,人有旦夕祸福"译成"The weather and human life are both unpredictable."。这二例都采取了归化的翻译,但译文却不能反映源语中的文化模因所体现的特色,从而丢失了这些模因。相对归化翻译而言,异化翻译虽然有时会使读者在解码过程中产生相应难度,也许会影响源语模因的感染范围,但相对而言更忠实于整个源语模因综合体。

2.3.1　归化翻译与模因的传播关系

当两种文化接触之时,由于译入语体系和源语体系相差很大,译入语的读者对源语的文化极其陌生,很可能由于无法解码异国的模因而拒绝接受感染。因此,在这个阶段,译者往往倾向于采取归化的翻译方法,力图使目的语读者成功地理解源语的核心模因。如在 20 世纪 20—30 年代,将文学、电影中的人物大量地译为具有中国人名字特点的称呼。如电影《飘》的男女主人公白瑞德、郝思佳等。再如佛经在中国的早期翻译,采取了大量的道教名词,进行"比附"和"格义",由此,"出世"思想——佛经中的核心模因,成功地得以传播。虽然源语模因综合体中的其他文化模因遭到了舍弃,但这种归化翻译的传播意义非常大,它使得两种文化开始相互了解,为以后模因的更完整复制和传播创造了条件。

在对中国古典名著《红楼梦》的翻译中,西方学者 David Hawkes 的翻译堪称归化的代表。为了避免中英两种文化的冲撞,Hawkes 宁可采用《红楼梦》的另一个书名《石头记》,因而译成了"The Story of the Stone"。他认为"红楼梦"这个意思在英美读者头脑中引起的联想,与在中国读者头脑中引起的联想完全不一样。在英美读者的头脑中,"红楼梦"的意思是"一个人睡在一间红颜色的房子里"。这一书名颇能引起他们优美神秘的联想,遗憾的是,这不是中文书名的意思。在必须把"红楼梦"三个字译成英文时,他译成"The Dream of Golden Days"。在翻译"癞蛤蟆想吃天鹅肉"时,Hawkes 用"鹅"(goose)的形象,替代了"天鹅"(swan)的形象,是为了适应英美读者的审美观,因为在英美文化中,"鹅"和"天鹅"有完全不同的联想意义,这从英文成语"a swan among geese"中足以见其差别。所以,此处 Hawkes 采用的译文用异化的方式保留了原文的核心模因"the toad",而"天鹅"这个模因却被英国人眼中的"goose"所替代,译为"The toad on the ground wants to eat the goose in the sky."。在翻译"至于才子佳人等书"时,Hawkes 将其译为"and the boudoir romances",将"更有一种风月笔墨"译为"still worse is the erotic novel"等等。Hawkes 采取的归化方法,虽然牺牲了源语的比喻形象,但译文却保留了为目的语读者所熟悉的核心模因,更有助于读者所理解和接受。这也从一个侧面解释了归化翻译是核心模因传播和生存的需要。再看下面这句:

> "Didn't know you were in the Sates, Mitty," groaned Remington. "Coals to Newcastle, bring Mitford and me up here for a tertiary." (J. Thurber:"The Secret Life of Walter Mitty")

译为:"我不知道你就在美国,安蒂,"雷明顿嘟囔囔说,"把米特福德和我叫来治这第三期梅毒,岂不是多此一举。""Coals to Newcastle"是英国成语"to carry coals to Newcastle"的变体,纽卡斯尔本是英国煤都,再运煤到那里就是多余的举动。但鉴于此成语已经陈旧,传译时,没必要异化成"远煤到纽卡斯尔",归化成"多此一举"即可。

但是,随着两种文化的日益熟悉和融合,读者的求新、求真心理和模因的复制本性将不再满足于归化翻译,所以异化翻译成为模因传播的趋势。

2.3.2 归化翻译的局限性与异化翻译在模因传播中的层递性

归化翻译的优势在于有助于目的语读者理解源语文本中的核心模

因。但经过归化翻译后的译文文本载体中的模因集合与源语文本的模因集合有很大差异，译入语中存在的被解码的模因实际上是与源语文本的核心模因相似的模因。在文化接触的初级阶段，核心模因的当务之急是力求生存而不至于灭亡。因此经过归化翻译的译文有其积极的一面。但是如果一直拘泥于由相似模因在译文中占主导的替代阶段，模因将无法进行自我复制，最终将被淘汰掉。所以从模因的角度看，归化翻译远远满足不了模因传播的需要。

归化翻译从表面上看似乎缩短了源语文化与目的语文化之间的距离，使译文更加贴近目的语读者的欣赏口味。但实际上，归化的译文隔绝了不同文化间的互动，剥夺了读者了解其他文化的机会。随着目的语读者对源语文化的了解的深入，他们将会有更充分的能力和机会来解码源语文本的其他模因，将不会再满足于用本国的文化去生搬硬套地解码异国文化的相关模因。归化是以牺牲源语所附带的文化信息为代价的。读者体味不到原文的原汁原味，感受不到它所携带的独特的文化气息。从这个层面来讲，异化翻译成为模因传播的要求和趋势。异化翻译要求读者有很高的理解源语文化的能力，通过这种方法一方面可以大大地丰富目的语的语言，使其表达更加精彩，还可使目的语文化趋于多样化。有时在两种文化相对熟悉的时候，仍然有一些源语文化的模因很难被目的语文化的宿主所理解。但作为传播模因的宿主，译者应该努力地去复制这个模因，使译文成为这个模因的忠实传播载体，而不能轻易地在目的语文化中找相似的模因去代替。例如，把英语习语"go to law for a sheep, you lose a cow"译为"捡了芝麻，丢了西瓜"。两种表达方法看似相似，实际上并不完全对等。该习语除表示"得不偿失"的喻义外，还附带表示律师借打官司之际，向原告和被告收取尽可能多的钱财的意思，反映了西方民族习惯于通过法律途径解决纠纷的文化风尚，这些内涵是中文谚语"捡了芝麻，丢了西瓜"所不曾含有的。在此用归化译法无疑失去了附载模因。如果异化译为"为一只羊打官司，却损失了一头牛"，更易于读者理解。如果译者为了达到当时的通顺和易懂，保守地采取归化的翻译，以目的语相似模因代替源语的模因，目的语文化便永远失去了获得源语文化模因的机会。我们再看下面几句的翻译：

(1) I supposed I should be condemned in Hareton Earnshaw's heart, if not by his mouth, *to the lowest pit in the infernal regions* ...（E. Bronte：Wuthering Heights, ch. 18, V. Ⅱ）

译文：我想，哈雷顿·厄恩肖即便嘴里不说，心里也要诅咒我下到十八层地狱里去。

此译文从字面看,特别是"十八层地狱"尤显顺畅,但稍有宗教意识的人会发出疑问,十八层地狱是佛教术语,怎么放到基督教徒嘴里去了?为避免"文化错位",避免给译语读者造成错觉,还是以源语文化核心模因为依托,将原文斜体字异化处理为"下到地狱最底层"为佳。

(2) Unless you've an ace up your sleeve, we are dished.
    译文:除非你有锦囊妙计,否则我们输定了。

这句译文,特别是用"锦囊妙计"传译"an ace up one's sleeve",从异化的角度看,这一译法存在一个不容忽视的问题。英语的"an ace up one's sleeve",是西方玩牌赌博时藏在袖中的王牌,而"锦囊妙计"则是中国古代宫廷争斗或疆场争战时封在"锦囊"中的神妙计策,两个模因有着截然不同的文化背景和内涵,因而会引起不同的联想。如用来互译,势必给译语读者造成错觉。此句还是异化译为:除非你袖中藏有王牌,否则我们输定了。

生物体的进化是通过精确、快速的基因复制和有益基因突变形成的。生物学的转基因技术已经使一些生命体引入其他的基因,加快有益突变从而得到进化。而翻译也是一个文化转向(cultural turn)的过程。"文化转向"向我们揭示,文化再不能被看作是一个静止的概念,而是一个动态的过程,具有差异性和不完整性。文化体本身也常有吸收异族模因的要求,对本族文化的模因来说,这些引进的异族模因构成了文化生命体进化所需的约10%的突变,使本族文化获得新的生命力。在汉语文化中已经吸收了许多经过异化翻译的异族文化元素,如音位层上的"巧克力",词汇层上的"黑匣子"等,这些都是异族文化模因在中国文化中成功繁殖的结果。

3. 结语

翻译是一种文化传播活动。从模因这个角度来看待翻译,这给我们提供了一个新的工具来衡量归化与异化的问题。我们认为,归化翻译是模因传播初期的必要阶段,它将源语文化异质成分转换成另一文化中人们所熟知的内容。而随着译入语读者对源语文化的日益熟悉,他们将越来越不满足于用本国的文化模棱两可地去解码异国的文化模因。因此在这一阶段,异化翻译就成为模因传播的要求与趋势。

参考文献

Dawkins, R. *The Selfish Gene*[M]. New York: Oxford University Press, 1976.

Deacon, T. W. Memes as signs[J]. *The Semiotic Review of Books*, 1999(10).

Goatly, A. *The Language of Metaphors*[M]. Routledge, 1997.

Hawkes, D. *The Story of the Stone*[M]. Penguin Books, 1973, 1977, 1980.

Lynch, A. Thought contagion as abstract evolution[J]. *Journal of Ideas*, 1991(2).

Marsden, P. Forefathers of memetics: Gabriel Tarde and the laws of imitation[J]. *Journal of Memetics-Evolutionary Modes of Information Transmission* (4); http// jom-emit.cfpn.org/2000/Vol.4/marsden p.html.2000.

Neubert, A. & G. M. Shreve. *Translation as Text*[M]. Ohio and London: The Kent State University Press, 1992.

Nida, E. A. *Towards a Science of Translating*[M]. Leiden: E. J. Brill, 1964.

Nord, C. *Text Analysis in Translation*[M]. Amsterdam-Atlanta: GA, 1991.

Pinker. S. *The Language Instinct*[M]. New York: Morrow, 1994.

Sperber, D. and D. *Wilson*. *Relevance: Communication and Cognition* (2nd ed.)[M]. Beijing: Foreign Language Teaching and Research Press, 2001.

何自然、何雪林.模因论与社会语用[J].现代外语,2003(2).

张　莹.从觅母的角度谈异化翻译的趋势[J].深圳大学学报(人文社会科学版),2003(6).

肖名丽.隐喻的认知方式及其文化阐释[J].山东外语教学,2000(1).

束定芳.论隐喻的认知功能[J].外语研究,2001(2).

语言模因与汉英翻译*

赵　湘

1. 引言

　　模因(meme)是一种信息单位,也是文化的基本单位,它靠复制、传播而得以生存。模因论又称模因学(memetics),它是从进化论中提取的一个概念并将其应用到人类文化中,它在我国学界还是一个很新的理论。随着何自然教授的"模因论与社会语用"(何自然、何雪林,2003)一文的出现,国内不少专家、学者从不同角度对此展开了热烈的讨论。如"模因论与人文社会科学"(夏家驷、时汶,2003),"语言中的模因"(何自然,2005),"从模因到规范"(马萧,2005),"模因论与翻译的归化与异化"(尹丕安,2006)等。模因论为语言演变引入了信息复制的观点。在模因作用下,新词语得到复制,创造新词语的创意也同样得到复制,从而形成了人和语言的互动模式,因此,可以说,语言中的模因具有某些符号特性,但它又是超符号的。模因论对言语交际的研究也提供了新思路,特别是对研究网络交际时代的言语行为特征会有所启发。模因论提出的语言感染和信息感染,或许能增加人们对词语语法功能转变的认识。被模因传染的词语个体数量达到一定程度,就会导致语言对社会交际产生正面或负面的影响(何自然、何雪林,2003)。模因是一种认知或行为模式,由一个人传播到另一个人,这种传播的过程就是一种复制,所以模因也是复制因子。成功的复制因子有三个特点:一是保真性。语言、宗教、传统风俗代代相传,具有相当高的保真性。二是多产性。模因的复制速度越快,散布越广,网上模因几乎可以在一瞬间向全球任何地方传播,可以在很短的时间内复制成千上万份相同的信息。三是长寿性。复制模式存在越久,复制的数量越大。模因的生命周期可分为四个阶段:一是同化(assimilation)。一个成功的模因应能感染新的个体,进入它的记忆。二是记忆(retention)。它是指模因在记忆中的保留时间,模因在宿主的大脑里停留的时间越长,传播和影响其他个体的可能性越大。记忆具有很强的选择性,只有少数

---

　　*　本文原发表于《外语教学》2008 年第 2 期。

模因能够被保留下来。三是表达（expression）。它指的是在与其他个体交流时，模因必须从记忆储存模因中出来，进入能被他人感知的物质外形这一过程。最突出的表达手段就是话语，其他常见手段有文本、图片、行为等。四是传播（transmission）。模因表达需要有形载体或媒体，它们应该具有很强的稳定性，防止信息流失或变形。模因载体可以是书本、照片、人工制品等。这四个阶段，周而复始，形成一个复制环路，选择在每个阶段都有，一些模因在选择过程中被淘汰（夏家驷、时汶，2003）。从模因的角度看，人类只不过是传播模因便捷的机器。毫无疑问，模因也可以通过翻译来传播，事实上这正是翻译的意义所在。将模因从一个地方传递到另一个地方，并且能顺利地超越文化鸿沟，模因概念使我们可以从新的角度来看待翻译活动的意义（尹丕安，2006）。学者们将模因与语言、翻译结合起来进行交叉研究，给我们提供了一个新的研究思路。

2. 模因论

模因论（memetics）是一种基于新达尔文进化论的观点解释文化进化规律的新理论。模因（memes）这个术语由美国动物学家 Richard Dawkins 于 1976 年在他的著作 *The Selfish Gene*（《自私的基因》）中首次使用，它指通过人类文化，经过一代一代相传下来的思想。Richard Dawkins 为它取了一个同基因（gene）相似的名字，他认为这个新的复制基因的名字要能表达作为一种文化传播单位或模仿单位的概念。"Mimeme"这个词出自希腊词词根，但他希望有一个单音节的词，而且听上去像基因（gene），于是他把"mimeme"这个词缩短为"meme"，读作"meem"，意思勉强可译为"文化基因"。当时的中译本（科学出版社，1983）将其译为"觅母"，后来中译本的新版（吉林人民出版社，1998）改译为"拟子"，也有音译成"谜米""文"（文化基因）或"縻縻"的。何自然教授将其译为"模因"，是有意让人们联想它是一些模仿现象，是一种与基因相似的现象，音义兼备，实为佳译。他认为基因是通过遗传而繁衍的，而模因却是通过模仿而传播，是文化的基本单位（何自然，2005）。模因所指，可大可小，大到基督的教义、庄子的思想、柏拉图的哲学，小到一段曲调、一个概念、一句妙语、一种时装，都是模因。模因也是自私的，也要极力传播自己淘汰别的模因。

Glenn Grant 认为模因是一种传染性的信息模式，它靠寄生复制来影响人类的大脑，改变人类的行为，使他们去传播这种模式。它与病毒不一样，病毒需要在 DNA 分子中进行编码，而模因只不过是一种信息模式，偶尔形成的一种模式就会引得人们去重复这种模式。标语口号、时尚词语、音乐旋律、偶像崇拜、创造发明、流行时尚等都是典型的模因。模因本身也是在逐渐发展的。比如"传话游戏"，一个人听到一个信息传给下一个人，再一个人一个人地传下去，他们在不停地复制，但每一次的复制都有些走样。人们以他们认为最有吸引力的模因相互影响，而不会去考虑这个模因本身客观上是否真实。比如，非典型性肺炎就被简单地复制为"非典"或英语的 SARS，在社会生活中广为传播，表现为一种语言模因。"非典"这种叫法其实不科学，因为非典型性肺炎不只这一种，但这个叫法就这样传播出去了，人们也就不管这个叫法科学不科学。

　　Richard Dawkins 认为调子、思想、时尚词语、时装造锅以及建造拱廊的方法等都是模因。正如基因通过精子或卵子从一个个体传到另一个个体，从而在基因库中进行繁殖一样，模因也是从一个大脑传到另一个大脑，从而在模因库中进行繁殖，从广义上来说，这个过程可以称之为模仿。如果一个科学家听到或读到一个精彩的观点，他把这个观点说给他的同事和学生，在文章中或讲课时提及这个观点，如果这个观点被接受，我们可以说这个观点被传播了，一传十、十传百地传播开去。N. K. Humphrey 认为应该把模因看作是一种有生命力的结构，这不仅是一种比喻的说法，而是有其技术含义的。当你把一个有繁殖能力的模因植于我的大脑中，你就把我的大脑变成了这个模因的宿主，使之成为传播这个模因的工具。它就像是大脑中的病毒，当他们从一个宿主过渡到另一个宿主时，虽然外形发生了变化，但其固有的性质和相同的模式并没有改变。

　　何自然（2003）总结了模因研究的不同观点，认为模因研究主要形成了几个流派：（1）信息观。这一流派以 Lynch 和 Dennett 为代表，把模因看作是一种信息图式，认为模因载体既存在于头脑中，也体现为物体本身。（2）思想传染观。这一流派以 Gatherer 为代表，反对将模因看成是储存于大脑神经中的信息单位，而坚持模因论在出现初期下的模因定义，即：模因是文化遗传单位或者模仿单位。（3）文化进化论。代表这一流派的 Gabora 认为模因是连接生物进化和文化进化的桥梁，模因既有生物基础，也有文化表象，强调文化和生物进化相似，将文化看成是可以进化的一个系统。（4）模因符号观。模因符号观的代表是美国波士顿大学生物人类学教授 Deacon，他把模因当作是一种符号，或者确切说，是一种符号载体。把模因论引入符号学，是因为模因这个概念有助于解决以往符号学理论中无法解释的难题。如果把语言符号看成是模因，那么模因不但具有了能被复制的物质外形，而且也具备了通过物质外形的复制而使信息得以传播的功能。

3. 语言模因

语言作为模因揭示了话语流传和语言传播的规律,语言模因的复制与传播主要表现在三个方面:即教育和知识传授使模因得以复制和传播、语言本身的运用促成模因的复制和传播以及通过信息的交际和交流,也就是通过交际和交流而形成的语言模因,这里指根据语境即兴而发,后来得到广泛复制和流传的信息(何自然,2005)。语言是社会政治、经济、思想、文化的象征,社会生活中的热点会很快在语言中反映为相应的时尚词语,而人们学会了某些新词语和它们所代表的事物之后,这些词语便被广泛复制和传播从而成为另一种模因表现。"军嫂"的事迹还在传诵,"X嫂"就已成为模因现象广为传播、复制。经过反复的自我复制和传播,出现了新的模因复合体(meme complex),如"空嫂""警嫂""呼嫂""护嫂""纱嫂""报嫂"等等。同样,"绿色"本是颜色的一种,常用来形容草和树叶茂盛时的颜色,我们常见的植物都称为绿色植物。但在使用过程中,"绿色"这一词义发生了改变,它不是指颜色,而是表示没有污染的、有利于身体健康的产品。"绿色食品"本来指没有污染的、健康的食品,一问世,便复制出无数的"绿色 XX"组合,如"绿色农业""绿色产品""绿色扶贫""绿色服饰""绿色家电""绿色文化"等等。"工程"原指土木建筑或其他生产、制造部门用比较大而复杂的设备来进行工作,如土木工程、机械工程、化学工程、采矿工程、水利工程、航空工程等。但近年来"工程"一词却像病毒一样到处传播,复制出无数的"XX 工程",如"五个一工程""希望工程""再就业工程""211 工程""菜篮子工程"等等,凡此种种,不一而足,简直让人应接不暇。

语言学上把基本模式称为"原型",当某个原型成为时尚语言的框架后,人们就会照此模仿,即保留原型的格式骨架,删掉格式中的某些语言单位,又填入所需的某些词语,若干个人的创意,最终形成一系列套语流行格式(贺又宁,2002)。"一国两制"出现之后,这个语言模式很快被广泛复制,于是"一校两制""一院两制""一厂两制""一街两制""一地两制""一村两制""一家两制"等等语例被迅速复制出来。这种克隆(clone)句式在汉语语用中出现之后,便迅速成为模因现象而不断地得到复制和传播。有的利用谐音谐义加以变动,形成一种新的表现手法。如"新闻夜总汇"(湖南卫视一电视栏目)、"信息 e 点通"(手机广告)、"星表现"(明星演唱会)、"法网视界"(电视法制节目)、"e 路领先"(电子产品广告)、"一键钟情"(娱乐节目,按键选择朋友)、"名正财顺"(指企业要有自己的品牌),更有买东西要"颜形烤闻"(指挑选食品时,要看颜色、形状,闻味道。

对烧烤食品要多加观察,如烧鸡,眼睛睁开的是新鲜的,而眼睛闭上的是死鸡;铁盒装的食品要看外形,表面凹下去的是好的,而凸起来的就是变质食品等等)。这种克隆句式往往套用现有格式框架,根据所需将个性化的词语或谐音字填入原型格式之中,造成既似曾相识又与众不同的印象,最常见的是利用汉语的成语影响,用同音字或音近字对现有成语进行谐音换字,其形式、音节与原成语相似,但意义已经改变了。这种用法常见于广告用语。有人称之为"谐音成语广告"。如:"默默无蚊(闻)的奉献"(蚊香广告)、"一步到胃(位)"(胃药广告)、"随心所浴(欲)"(热水器广告)、"骑(其)乐无穷"(摩托车广告)、"首屈一纸(指)"(纸张广告)、"鸡(机)不可失"(快餐鸡广告)、"衣(一)鸣惊人"(服装广告)、"不同凡享(响)"(娱乐射击广告)、"默默无炎(言)"(空调广告)、"百文(闻)不如一键(见)"(电脑广告)等等。语言模因在人们的交流中自我复制、传播而得以生存。上述模因具有一定规模化,极大地丰富了汉语的表现力,具有较强的生命力而得以广泛流行,但有一些不一定得到广泛的流行和传播。模因的存亡取决于它的语用功能。当词语得到广泛应用,在交际中发挥积极作用时,表明这些模因复制能力强,能融入这种语言中不断复制和传播,反之,随着环境的变化,一些活跃不起来的模因就会逐渐消失,被人们遗忘。

4. 语言模因的翻译

翻译,既是两种语言的转换,也是两种文化的转换。就汉英翻译来说,是在充分理解汉语原文的基础上重新用英语进行表达的过程,它不是字面上的"对号入座",而是一种十分复杂的创造性劳动。面对大量的模因复合体以及泛化的模因复合体,如何及时地将它们译成准确、地道的英语,值得我们关注。最早把模因引入翻译理论研究的当属 Chesterman,他将有关翻译的概念或观点以及翻译理论研究统称为翻译模因(translation memes),如翻译的理论概念、规范、策略和价值观念等,他详细讨论了翻译模因库中的五种超级模因(supermemes),即:源语—目标语模因(source-target)、对等模因(equivalence)、不可译模因(untranslatability)、意译—直译模因(free-vs-literal)和写作即翻译模因(all-writing-is-translating)之间的进化情况和相互关系(马萧,2005)。他认为有些翻译模因由于不能得到普遍接受而消亡,另一些翻译模因则流行一时而最终被新的模因集合所取代,也有一些翻译模因却具有很强的生命力,从而在译界得以生存和发展。翻译也要与时俱进,随着形势的变化,理解的深入,译文也在变化。如,"外向型经济"，过去我们译为"export-oriented economy"，后改译为"internationally-oriented economy"。我们国家改革开放早期的外向型经济一般是指出口，而现在的外向型经济不仅指出口，也指吸收外资和到国外投资办厂，即"引进来，走出去"，所以，现在译为"outward-looking economy"，充分体现了该词语现在的内涵。再如"三角债"，英译为"chain debts"较之"triangle debts"无疑更准确、更地道，也更能体现"三角债"的内涵。汉语中的一些提法、词汇和表达方式在英语中找不到相应的译法，如"菜篮子工程""小康水平""一国两制"等，表面上看，是两种语言上的差异或冲突，而深层次上则是两种文化和思维方式上的差异所形成的。随着语言模因的迅速复制和传播，这种差异和冲突还会不断以新的形式出现，把汉语中所特有的语言表达译成英语中所没有的语言表达，不可能以修改原文来迁就英语，唯一的办法就是要借用英语表述形式，即依据英语语言的规律，创造出新词或词组。如上面提到的"菜篮子工程""小康水平""一国两制"，就可相应地译为："vegetable basket project"；"fairly comfortable standard of living"；"one country, two systems"。这种情况过去有，如"纸老虎"，就译为"paper tiger"，既形象又生动，是不可多得的佳译。随着语言模因的迅速复制、传播，这种情况还会出现更多。

4.1　模因复合体的翻译

模因复合体是一种有标识的群体组合模式。在组合中一般有两个结构项，其中一个是同一群体组合的定项标识，它表示模因复合体的外部特征；另一个是由语言使用者按照自己的需要搭配的自由变项，它表示该模因复合体的区别性特征。翻译这种模因复合体如果套用 AB 式（A 为变项，B 为定项）则恰如其分，多姿多彩。例如"XX 效应"，"效应"本来是指物理的或化学的作用所产生的效果，如"光电效应"（photoelectric effect）、"热效应"（heat effect）、"化学效应"（chemical effect）等，但现在已泛化成为表示引起某种反响或产生某种效果的用语。如："深圳效应"（Shenzhen effect）、"明星效应"（star effect）、"人才效应"（talent effect）、"名人效应"（celebrity effect）等等。又如"滑坡"，本来是一个地理术语，指地表斜坡上大量的土石向下滑动的自然现象，现在也用于其他领域，表示某方面出现衰退现象，如："政治滑坡"（political decline）、"经济滑坡"（economic decline）、"道德滑坡"（moral decline）、"财政收入滑坡"（revenue decline）等。

4.2　泛化的模因复合体的翻译

语言本身的运用促成模因的复制和传播，在复制和传播的过程中，有的定项其语义有泛化的趋势,能与若干自由变项自由搭配,但其定项原意已产生变化。翻译时切忌对号入座,要字斟字酌,结合语境译其内涵。例如:"XX霸"系列,"霸"在(《现代汉语词典》1982)中有"强横不讲理"之意,所以,"水霸""电霸""路霸""油霸"可相应地译为:water-overlord;electricity-overlord;highway-overlord;petroleum-overlord。可眼下市场品牌中称"王"称"霸"成了时尚,到处是"霸"。这些个"霸",则引申为"最好的、顶呱呱的"之意。如:"净霸"(洗衣粉)、"彩霸"(电视机)、"强霸"(灭蚊器)、"凉霸"(空调机)、"天霸""海霸"(手表)、"超霸"(电池)、"浴霸"(浴室取暖、照明产品)、"足霸"(皮鞋)、"面霸"(方便面)、"声霸"(音响)等等。翻译时,可用 top、best、excellent、good、first-rate、tip-top 等词。此外,有的词语从外语翻译而来,有的从港、台、粤方言复制而来,虽然模因在传播、复制的过程中出现变异,但内容本身并无变化,只不过用词不一样。对这类词首先要理解原意,译文必须要确切无误地反映原意,不能偏离原意,更不能曲解原意。例如:"埋单"(结账)、"资讯"(信息)、"涵括"(包括)、"飙升"(急速上升)、"的士"(出租车)、"波鞋"(球鞋)、"跟风"(模仿)、"营造"(制造)、"秀"(表演)、"加盟"(加入)、"舍宾"(健美)、"一头雾水"(糊涂)等等。

4.3 谐音成语模因的翻译

不同的思维方式、独特的语言结构和民族文化内涵往往成为语际翻译的障碍,即形成了翻译的可译性限度。在汉英成语的翻译过程中,既可保留喻义又可采用其喻体的成语为数不多。如:"One stone kills two birds."("一石二鸟"或"一箭双雕")。当成语的喻义与喻体形象无法同时兼顾时,往往舍其喻义,而改换喻体形象。如:"like a duck to water"与汉语中的"如鱼得水"。尽管获得了与原文读者大体相同的喻义,但各自产生的形象联想是不完全相同的,因为原文的喻体"duck"改换成了汉语的"鱼"。谐音成语模因往往是利用汉语的成语影响,用同音字对现有成语进行谐音换字,其形式、音节与原成语相似,但意义已经改变了。这种以谐音引起的语义联想所形成的风趣幽默,在译语中通常是难以达到"等效"的,所以在翻译时只能舍音取意。如:"一键钟情"(fall in love with a key press),"衣鸣惊人"(amaze the world with fashion clothes),"一步到胃"(cure one's stomach with one dose),"骑乐无穷"(ride it a joy),"随心所浴"(shower as one pleases)等等。

词汇变化的深度、广度和速度无疑都是空前的,语言模因的新色彩、新格调、新表达是其变动的态势和特点。以上翻译都是在词和短语的层面上作对译,当用在句中时,因受语境的制约,其含义会有所变化,译者应当根据语境作一些调整,必要时还要作变通处理。

5.结语

模因论丰富了言语交际理论,给语言交际的研究提供了新思路。模因复制的结果不一定是内容前后完全相同,更非形式等同的转移。翻译模因复制可能出现增值或删减的动态过程。一词多译是翻译中的普遍现象,模因词语的翻译也不例外。因此,只要符合标准,同一新词的多种译文,特别是同一词语在不同语境中的不同表达,都是可取的。作为译者在平时的学习中要注意积累充分的素材,收集各种不同的用语和译文,以备将来之需。提高译者的语言水平和综合素质,跟上时代的步伐,努力达到原文与译文的和谐统一,永远是我们所追求的目标。

参考文献

Glenn, G. Memes：Introduction[J/OL].http：//pespmcl.vub.ac.be

Mard, W. Memes：Memes are idea that spread[J/OL].http：//www.pragmaticschina.com

Dawkins, R. *The Selfish Gene*[M/OL].http：//www.pragmaticschina.com

何自然.语言中的模因[J/OL].http：//www.pragmaticschina.com

何自然、何雪林.模因论与社会语用[J].现代外语,2003(2).

贺又宁.论语言的时尚化[J].贵州师范大学学报,2002(4).

马 萧.从模因到规范[J].广东外语外贸大学学报,2005(3).

尹丕安.模因论与翻译的归化与异化[J].西安外国语学院学报,2006(3).

夏家驷、时 议.模因论与人文社会科学——生物基因理论在语言上的应用[J].科技进步与对策,2003(9).

语用、模因与翻译 *

—— 何自然教授访谈录

莫爱屏　蒋清凤

　　何自然教授是国内外著名的语用学家,曾任国务院学位委员会第四届学科评议组成员,广东省高校多种评审委员会评议组组长、评审委员会副主任委员,国内外多家主要语言类刊物的编委、顾问等,现任中国语用学研究会会长。何教授从 1959 年起一直在高等院校从事外语教学,先后被国内的 10 多所高校(清华大学、浙江大学、南京师范大学等)聘为客座或兼职教授;1992 年起享受国务院政府特殊津贴。何教授在过去 30 多年里在国内外发表论文近 200 篇,出版了国内第一部《语用学概论》及专著、译著 10 余部。据中文社会科学引文索引(CSSCI)统计,何自然教授的论著在有关学科论文中的被引用次数一直排在全国前列;2008 和 2011 年曾连续两届入选中国杰出人文社会科学家名单,是中国外语界具有较大学术影响的学者之一。

　　莫爱屏(以下简称"莫"):语用学研究在中国历经 30 多年的发展,从最初对西方语用学理论的简单引进、介绍到结合汉语实际开展理论和应用的研究,取得了一定的成果。您带头先后举办了多个语用学假期学习班,面向全国招收学员,共同研讨语用学的研究课题。作为语言学的一门新兴学科,语用学能够被确认成为一门独立的学科,有哪些标志性事件?

　　何自然(以下简称"何"):1977 年,《语用学学刊》(*Journal of Pragmatics*)在荷兰出版发行,对推动语用学在全世界的发展起了巨大的作用。在过去的 20 余年里,在中国语用学迅猛发展的进程中有许多令人瞩目的里程碑:1980 年,胡壮麟先生发表"语用学"一文第一次把语用学作为一门学科比较系统地介绍给中国学人;1988 年,本人编著的中国第一本语用学教材《语用学概论》问世,极大地推动了语用学研究在中国的开展、普及和发展;1989 年,首届全国语用学研讨会在广东外语外贸大学的前身——广州外国语学院隆重召开;2003 年,在中国修辞学会的支持下,中国语用学研究会正式成立,研究会的工作网站(http://www.cpra.com.cn)也随

　　* 本文原发表于《山东外语教学》2014 年第 5 期。

即开启。语用学研究成果广泛发表于各类语言学刊物以及综合性学报。

为了给增量迅猛的语用学研究成果提供更多的平台，提升中国语用学研究成果的交流效果，中国语用学迫切需要一个属于自己的专业平台。《语用学研究》（高等教育出版社）便是为了适应这一需要而诞生的。

蒋清凤（以下简称"蒋"）：那么，《语用学研究》有着怎样的作者群和读者群呢？

何：迄今为止，国内拥有语用学研究方向的博士点有十多个，拥有语用学研究方向的硕士点数十个，全国范围内从事语用学研究的专家学者、博士、硕士数以千计，且在不断增长。国外语用学专家以及国内其他相邻学科的专家也将成为《语用学研究》的潜在撰稿人。

《语用学研究》也有着广阔的读者群。语用学是一个带有跨学科性质的研究领域，其研究成果具有广阔的应用空间。语用学又是关注语言生活的学科，对各类语言实践具有直接的指导意义。可以相信，凡是对语言哲学、语言逻辑、认知科学、人工智能与信息处理、社会心理、人际交往、语言教育、语言应用、儿童发展、跨文化交际等感兴趣的读者都可以从《语用学研究》中读到自己关心的研究成果。

莫：2013 年在浙江外国语学院召开了第 13 届全国语用学研讨会暨中国语用学研究会第 8 届年会，年会上讨论了浙江外国语学院和中国语用学研究会合作办刊问题，您能告诉我们关于这方面的一些细节吗？

何：经与浙江外国语学院领导和学报有关负责人商议，中国语用学研究会拟与浙江外国语学院合作办刊。当前，国际外语教育的潮流，除按传统培养各教育层次的师资之外，更需要满足社会各行业对外语的需求。社会各行业需要的是既精通所从事的专业，又谙熟外语的人才。语用学是一门研究语言理解和使用的学科，能在社会各行业的交际中发挥指导作用。为此，我们商议将《浙江外国语学院学报》的办刊重点转到语用学和跨学科研究上来，这将有利于大学在未来培养既精通外语，又能在本专业的基础上运用专业外语进行专业交际，为各行业的顺利发展和运作发挥作用。

改版后的《浙江外国语学院学报》将突出学报多学科的兼容性。人文社会科学中的所有学科，几乎都能够结合语言语用或社交语用开展学科间的界面研究。如经济与语言、语用与翻译、旅游与语用、认知与语用，对外汉语教学、中小学及大学英语教学的语用，语用与二语习得，语际语用等。即使是其他学科的论文，只要是与中外语言教育有关的好文章，学报都可以接受，这体现出学报的跨学科性。所谓跨学科，其实就是开展语言和其他学科之间的界面研究，在这个标题下办的学报，在处理稿件方面可以很灵活,是大有可为的。

蒋:目前这项工作落实得如何了?

何:我们已经签了合作办刊协议书,首先合作编辑《浙江外国语学院学报》的"语用学研究"专栏,在学报封面增加"《语用学与跨学科研究》(*Pragmatics and Beyond*)"字样。接着,年内将《浙江外国语学院学报》或该学校一级主管的其他期刊之一更名为《语用学与跨学科研究》(*Pragmatics and Beyond*)。更名后的期刊将作为中国语用学研究的专门期刊,主要刊载中国语用学界的研究成果,发展成为一个专业性的学术期刊。

今年该学报的"语用学研究"专栏将刊登第 13 届全国语用学研讨会上部分中外学者宣读的有较大影响的学术论文。

莫:21 世纪中国的语用学研究十分活跃,学术活动频繁。近年来好像在每次全国语用学研讨会会期中间都插入了一个规模比较小的语用学专题高端论坛,请您谈谈你们已做了哪些工作,包括这些工作的意义与价值。

何:语用学研讨会从 20 世纪 80 年代末开始,每两年召开一次全国性研讨会,从未间断。仅从 21 世纪开始算也召开过 6 次了。其中 2001 年第 7 届全国语用学研讨会对国内外语用学研究现状、语用学的哲学渊源和基础理论研究、认知与语用学、语用学与外语教学等主题进行了广泛深入地探讨;并清醒地看到语用学研究应与时代相结合,要注意理论思维的创新性和前瞻性;做有意义的原创性的调查,观察实际言语交际中的语用问题;推动汉语语用学和汉外对比研究的发展。

2003 年的第 8 届全国语用学研讨会上,我们同时召开了中国语用学研究会第一届年会,宣告我们努力多年的、团结全国语用学学术力量的中国语用学研究会正式成立。大会得到国际语用学研究会的祝贺,英国著名的语用学家 Deirdre Wilson 和 Jenny Thomas 教授莅临大会,并做了专题讲演。正是这一年,我们将办了 10 多年的《中国语用学通信》网页升级为中国语用学研究会(CPrA)的官方网站。从此,我国语用学研究者拥有了自己独立的学术组织和对外宣传窗口,为中国语用学的普及和发展起着积极重要的作用。

2004 年的第 2 届年会和 2005 年的第 9 届全国语用学研讨会召开,围绕语用学基本理论、言语行为、礼貌原则、语用推理、认知语用学、语篇语用学、社会语用学、跨文化语用学、法律语用学、语用学与语言教学等若干主题探讨。参会的论文一反以往老调重弹的颓势,扛起了创新的大旗。如语言模因论的出现,将语用和社会文化紧密结合,探讨网络语、流行语的语用现象。会上有相当一批青年学者思路活跃、学问扎实、敢打敢闯。甚至有青年学者运用数学方程公式来尝试性地计算最佳关联度，颇有创意。虽关联理论大师 Sperber 和 Wilson 二位早就声称关联仅是相对的比较概念，精确度量不得，但后生如此胆略，的确令人刮目相看。

2007 年第 10 届全国语用学研讨会以"语用、认知与习得"为主题，介绍了中国语用学研究的新成果、新特点、新趋势、新方法。论文中有相当多的研究采用实证方法，体现中国语用学研究从比较单一的理论思维走向更为全面、科学的研究范式。

2009 年第 11 届全国语用学研讨会的主题涉及语用与社会研究、语用与文化研究、语用与教学研究、语用与翻译研究、语用与认知、语篇语用研究、语用与话语分析研究、语用方法研究、语言语用分析等领域的问题。

2011 年第 12 届全国语用学研讨会的议题涉及语用学理论研究、语用学应用研究、语用与翻译研究、语用与认知研究、语用学与汉语研究、语用学与外语教学研究、语用学跨学科及其他研究。

2013 年的第 13 届全国语用学研讨会恰逢中国语用学研究会 10 周年庆，因而别具纪念意义。研究会成立后的 10 年间，从去年开始，我们增办了中国语用学高端论坛。为中国语用学者之间以及与世界语用学者之间搭建了很好的交流平台。去年在大连理工大学外语学院召开的"中国语用学首届专题论坛"上，国际语用学会秘书长 Verschueren 教授专程前来出席我们的论坛，做了精彩的学术报告，我们也为他的 60 大寿欢庆一番，会议的盛况至今难忘。我们希望今年在西南大学召开的语用学专题论坛办得更好，也希望以后大家能继续此项活动。

中国语用学研究会成立这 10 年来，我们的学者与国际语用学界的接触越来越多，除了与国际语用学协会（IPrA）有紧密的学术联系之外，美国语用学会（AMPRA）和我们也有密切的交往。他们的创会会长 Istvan Kecskes 每年都来中国讲学。也有中国的语用学者去美国和欧洲从事学术交流，受聘为美、欧与语用学有关的国际学术期刊的编委；我们参加 IPrA 和 AMPRA 活动的会员越来越多，出席欧洲和美国的国际语用学大会的人员也越来越广。在近 10 年的国际语用学大会上，我国与会学者的选题面广，发言的方式也多种多样：主持专题讨论、讲演、小组发言、论文展示等都有参与。这表明，中国的语用学研究已经与世界接轨，我对此深感欣慰和高兴。

自上次大会以来，我们研究会已经启动了《语用学学人文库》的编撰工作，目前已出版了三部专著，还有一部关于语言模因理论与应用、语用翻译的专著即将出版发行，今年就能与读者见面，紧随的还有多部学术专著业已完成审读,即将付梓。我希望大家继续踊跃支持这项工作。此外,我们最近还策划了一套名为《语用学与学语用》的普及语用学系列丛书,只要内容涉及语言的使用和理解,都会被收入丛书。大家有兴趣的话,欢迎投稿。可电邮到中国语用学研究会秘书处或与我本人联系。

目前,我们研究会已经有了年刊《语用学研究》(高等教育出版社出版)、《语用学学人文库》和《语用学与学语用》通俗系列丛书。我们下一个努力方向是努力做好我们刚开始的与浙江外语学院合作创办的语用学专业期刊。我们期待这个"语用学梦"通过大家的努力而最终得以实现。

蒋:何教授,刚才您提到语用学研究应与时代相结合,要注意理论思维的创新性和前瞻性,那为什么总有人说中国学者对理论的研究缺乏原创性?

何:弄清缺乏理论原创性的原因,是前进的开始。有人说我们的研究缺乏理论原创性是有一定原因的。如:1)我们长期将实用研究与基础理论研究对立起来,轻视那些非功利的理论。但实际上这些理论研究是很必要的,如不加以重视,最终的结果必是将实用研究的源头也掐断了;2)现有的理论指向不太明确。语用学理论大多具有解释性(解释语言交际何以成为可能)而不是指导性("教"人如何使用礼貌语言、如何推理等属于指导人们如何交际的学科有伦理学、公关学、交际语言学等)。语用学的一些原则与假设同当代语言学其他理论一样,是针对语言运作的普遍机理提出的。而研究某一语言的个性(如用汉语为语料),是为了更全面、更深刻地揭示语言的共性,使语言理论(包括语用学理论)更严谨、更具概括性。有了这样的理论目标,研究者的理论意识就会增强,而理论意识增强,创造性的研究才会多起来;3)恐怕是与我们的文化心理传统、外语学者的素质有关。例如,同是理论创造,对来自国外的,我们会有众多学者长时间地依傍不舍;但对来自国内同侪的见解,却吝施扶持。两者形成鲜明对照。这恐怕还得从文化心理与学者的素质上找原因。比如说,2003年我们根据桂诗春教授的指引,开展了模因论的引介以及从我们自己认定的语用学视角来研究模因论。那时就曾有学者质疑,认为模因论与语言关系不大,说国外没有几篇论文谈语言模因,我们是在水中捞月,弄不出名堂来。曾几何时,语言模因论提出后很快就受到国内学者们的注意,写出大量有关的论文,国内不少学术刊物也重视发表这方面的成果。我们自己撰写的《语言模因理论与应用》一书很快也要出版了。其实,国外学者对模因论也是十分关心的,只是他们对模因论的有关讨论涉及得更广。我们注意到,meme 这个英语词成了美国的 Merriam-Webster 词典发行公司定为 2012 年的十大最常用词;早在 2006 年,就有语言学家

Powell 以 meme 为题写成的词条，收进 2006 年出版的 *Encyclopedia of Language and Linguistics*（Second Edition）了。从此，模因已正式作为语言与语言学术语进入语言类百科大典。说实在的，对国内同侪提出的学术见解，我们要多思考、多观察。互相吹捧不好，互相冷漠以待就更不好了。我们学西方的语言学理论，其实也是为了我们的创新。温故能知新，是要我们学习别人的，从而打开新知之门；但温故何尝不是创新？有扎实的基础理论修养，就会有新的发现。创新不是无中生有，而是在前人成果的基础上创造出来的。

语用学在世界范围内确立时间不算长，在中国的引进期就更短。有了丰富的引进垫底，创新是可以期待的。

莫：请问您对中国语用学的发展趋势和努力方向有什么建议或看法？

何：从最近几届全国语用学研讨会的主题看，我们觉得中国语用学在以下方面还需继续努力。第一，关于语用能力及其培养的研究很多，但水平不高，重复性研究较多，没有从语用学理论本身去指导我们语用能力的提高，反而从别的学科去侈谈语用能力的问题。第二，跨文化语用研究过于集中讨论外语学习者在交际中的语用失误问题。如何才算语用失误，哪些语用失误会影响交际等问题其实都没有明确的认识，这方面的研究似乎没有什么新的突破。第三，语用学的理论研究有一些新的看法，但还缺少系统的理论阐释。社会语用学的宏观和微观研究都有待加强。第四，在研究方法上，实证性、演绎性研究都要加强。从最近几届国际语用学大会的内容看，中国语用学研究的视野还需大大拓宽。

至于中国语用学的发展，从 21 世纪以来在全国语用学研讨会上发表的国内语用学研究成果来看，语用学在中国的发展最重要的一点是立足于实际，加强语用学理论的原创性及其应用的研究。

说到建议，我个人认为，引进与创造的关系要正确分配。首先有一点要肯定的是：问题不在于因为引进与介绍得太多所以就得把这方面的步伐放慢，相反，是在于我们的理论创造跟不上。因为大量的引进与介绍不是引起理论创造缺乏的直接原因，甚至连间接原因都不是。介绍国外理论对创造自己的理论有益无害。一个国家有一部分学者引进、介绍国外的理论是正常的，全部学者都去搞引进介绍而提不出自己的见解，肯定是不正常的。有兴趣搞引进的，尽可以继续；但鼓励理论创造。

蒋：您认为在当今的语用学研究领域，有哪些观点值得我们借鉴？

何：我认为在"Pragmatics 研究"中，如下观点是值得考虑的：借鉴国外选题时，有两点原则：第一，借其形式（如案例），而不抄袭其结论与理论形态。这种情形可比喻为"借窝下蛋",窝是人家的,蛋是自己下的;第二,借鉴思路,自引事实,自下结论,建立自己的理论形态。这种情形可比喻为"自筑窝自下蛋",从形式到内容都有原创性。

蒋:我们敬仰您的学识与学问,对您的"语用三论"特别感兴趣,请您谈谈"语用三论"的由来?

何:谈到"语用三论",我想就其中由来做一简单说明。20世纪90年代,我有机会赴英国深造,接触了关联论和顺应论。那时,我就有一个心愿,希望将关联论和顺应论编成教材式的专著,供从事语用学研究的同仁学习和参考。也正是在那个时候,我从桂诗春先生那里第一次听到meme和memetics。他用"文革"年代的流行语和现代社会的广告和炒作作为例子,指出meme的存在和影响。我觉得这种现象可以很好地解释语言的运用,可以纳入语用学的研究视角。我曾考虑,编一本书,集关联论(relevance)、顺应论(adaptation)、模因论(memetics)三种语用学理论在一起的入门书,这不是很有意义吗?于是,我同我的博士后研究人员谢朝群一起,决心实现这个计划。正是在这个时候,上海教育出版社策划一套译介西方最新语言学理论的丛书。他们对我说,沈家煊先生向我约写一本介绍关联论的专著,这与我想写《语用三论》的愿望相近。于是我大胆"模仿"20世纪末赛尔斯编写的"句法三论",将书名从单一的"关联论"扩充为"语用三论"。为了全面地介绍语用三论和当时对三论的研究心得,我们刻意把那时期发表的与论题相关的成果"克隆"进来,充实了书本内容,希望让读者清晰地了解"语用三论"。不过,"语用三论"中的模因论只是一个开头,我们没有按西方的路子从文化进化的广阔角度研究模因论,而是从语用学的角度研究"语言模因论"。三论中前二论是纯粹的引介,模因论则渗有我们自己的一些分析,但随之而来的"语言模因论"就有我们更多的独立见解在其中了:我们自发组建了一个以年轻学者为主力的校际的语言模因论研究小组,每月集中学习、研讨有关文献,一年来翻译了西方的模因论新著之一《自私的模因》,同时也完成并即将出版一部专著,取名为《语言模因理论与应用》。

莫:meme这个词有很多种翻译,您给出的翻译是模因,这个译名一出现,就吸引了学术界的注意力,您能否谈谈"模因"这个词的汉语翻译原由?

何:meme一词最早出现在Dawkins于1976年出版的《自私的基因》一书中,其实在Dawkins提出meme以前也有不少人注意到这种文化单位,并给予各种说法,如culturgen、lingueme等等。Dawkins是一位新达尔文主义者,达尔文时代只谈遗传,而没有谈基因,把达尔文主义延伸到社会和文化,就构成一个新科学的分支"社会生物学"(social biology)。严格地说,Dawkins 是一位进化生物学家,我们不能因为他写过一本 Ethology 就说他是动物学家,因为 Ethology 是动物行为学,而不是动物学。Dawkins 创造 meme 主要是为了说明文化进化的规律。在他看来,meme 是人类文化进化的基本单位,也是文化遗传单位。

我们考察了 meme 的理论成因,并在此基础上结合该术语与"基因"的关系及其近似的发音,最后决定译为"模因"。我们将 meme 译成"模因",是有意让人们联想它是一些模仿现象,是一种与基因相似的现象。基因是通过遗传而繁衍的,但模因却通过模仿而传播,是文化的基本单位。"模因"这个译名可以说译出了 meme 的意义,而且通俗易懂。Dawkins 创造的 meme 具有两个含义:一是"文化传播单位",一是"模仿单位"。meme 一词的核心意思就是"模仿",将 meme 译成中文时似乎不能不考虑这个意思。Dawkins 模仿 gene 创造出 meme,我们模仿他的做法,比照 gene 的汉译"基因",将 meme 的译名定为"模因"。"模因"一词较好地表达了 meme"模仿"的含义,将 meme 译成"模因"是译出了 meme 的精髓和要义,因此觉得这似乎是比较妥当的翻译。有意思的是,英语的 meme 到汉语的"模因",恰好反映出了人的模仿天性。

莫:现在是个网络时代,人们对某种事物,如标语口号、时髦用语、音乐旋律、创造发明、流行时尚等,要有人带个头,大家就会自觉或不自觉地跟着模仿起来,"炒作"起来,您是怎样看待这种现象?

何:模因像病毒那样感染和传播,从一个宿主过渡到另一个宿主,不断变化着形态,但始终保持其固有的性质或相同的模式。我们肉眼看不到病毒如何传染,但我们注意到它可能走的路径和可能导致的症状。模因也是那样,我们从别人那里学来的单词、语句以及它们所表达的信息在交际中又复制并传播给另外的人。当这些信息在不断地复制和传播的时候,模因就形成了。

在人们日常生活交际中,或者通过各种媒介产生的语言不计其数,然而其中能够形成语言模因的却极少。这是由于模因可以因宿主感受到的语境而具有选择性,不同的语言信息传播能力各不相同。有些信息更容易被记住从而流传下去,成为模因;而另一些信息的第一次出现也可能是其唯一一次呈现,未能成为模因。

可见,语言模因的传播需要语境的触发。语言信息在未获得复制传播前只处于一定的语用潜势(pragmatic potential)中。这里的语用潜势指在某种特定语境中,某种语言信息被讲话人为应当时语境而选用去表达他的语用意图,这时语言信息就会被其他有同感的宿主高频复制传播而成为语言模因。所以我们说，语言模因的复制传播是需要被引发的。触发和形成语言模因的外部环境是一系列的语境，它们是语言模因的主要触发因素。语言模因可以被一种或多种语境的诱导或刺激而开始其复制、传播的行程。这些语境包括情景语境、语言语境、认知语境和社会语境。

语言模因的传播主要基于两方面的动力。其一是语言模因本身的规律，它要千方百计地在宿主的大脑里存储，并从一个宿主进到另一个宿主那里复制和传播自己；其二是语言模因宿主的能动作用，它要带着意向顺应特定的社会语境，有效地使用语言。可见，模因的传播与语境的关系十分密切。模因宿主根据交谈过程中得到的信息和他模拟的情景范围相对照，有选择地做出意向性的顺应，为语言交际的目的创建一个语境化表达方式。这样，语言模因的传播就同语境结合在一起了。

蒋：近年，我注意到何教授发表了一系列关于名称翻译的论文，特别提出了重命名是更高层次的名称翻译，说它是一种比一般直译或音译原文名称要深刻得多的翻译行为。为什么这样说呢？为什么翻译名称过程中会出现重命名？

何：这是一个很有意思的问题。近年来我对名称翻译产生兴趣，因为我发觉有些名称可以直译或音译的，却由于某些人为的原因被刻意重命名了；同时，我还发现，有时我会对某些汉语名称如何译成英语犯难。作为译者，如果没有授权我给译名重新命名的话，我会感到束手无策。这里我想举几个例子：

许多外国译制片不按原片名直译或意译，而是将它译为吸引观众的或耸人听闻的名字。也有一些是译者觉得原名不能让观众立即了解影片内容而决心改成一个与影片内容吻合的名字。例如：电影 *Don't Say A Word* 在香港地区取名为《赎命密码》，既吸引了观众，也透露了一点剧情，但这与原片名的字面意思相去甚远，不易引起联想；再如，有一个名为 Theme 的国外服装品牌，多年前曾在广州有奖征求汉译名，结果有人将它译为"掂"，拿走了大奖。虽然这个"掂"字按广东方言有"顺利""成功"的意思，但在标准汉语中它只表示估量轻重，没有太多的含意，加上只用一个单音词作为品牌，似不符合汉语习惯，读音不够响亮，说着也感到别扭。另外，还有一个名字，除非授权我重命名，否则我深感无法将它译成一个"像样"的英译名："湖北省推进武汉城市圈全国资源节约型和环境友好型社会建设综合配套改革试验区建设领导小组办公室"。这个机关名称共 45 个字，如何译才好呢？大家不妨试试。

莫：何老师从教几十年，请问您在外语治学方面有什么特别的心得体会？

何：在我走过的道路上，有一些东西也许因为我的遭遇而体会得更深，这就是：一要通过自己的实践对自己所从事的外语专业培养出浓厚的兴趣；二是学外语最重要的是语言训练，要通过"重复、联想、归纳"的规律来学好外语；三是要勤奋，多读书、多思考，培养观察和分析语言现象的习惯，并将领悟与心得记录下来，写出有理、有据的论文；四是英雄莫问出处，要谦虚谨慎，不慕虚荣，多出实际成果。通过艰苦努力而获得实力，必能博得社会对自己的承认。

莫：您的这些经验和体会对我们学习和研究外语的人来说是十分宝贵的财富，很值得我们去学习、领悟，谢谢！